Guido Knopp

DAS WELTREICH DER DEUTSCHEN

Eingang am: 09.02.2013
Eigentümer: Dieter Reiter

Guido Knopp

DAS WELTREICH DER DEUTSCHEN

Von kolonialen Träumen, Kriegen und Abenteuern

in Zusammenarbeit mit Anja Greulich, Alexander Hogh, Ricarda Schlosshan und Mario Sporn

Mit 168 Abbildungen

Pendo München Zürich

Inhalt

»Da und dort ein junges Deutschland gründen« SEITE 8

STURM ÜBER SÜDWEST SEITE 26

Die erste Kolonie des Deutschen Reiches SEITE 30

Ein raues Paradies SEITE 36

Bunte Völkervielfalt SEITE 38

Blutige Machtkämpfe SEITE 42

Zwei Welten prallen aufeinander SEITE 44

Der Umgang mit dem Fremden SEITE 50

Der Sturm braut sich zusammen SEITE 58

Aufstand in Südwest SEITE 61

»Ströme von Blut« SEITE 72

Tod in der Wüste SEITE 79

Kopfgeld und ein Schießbefehl SEITE 82

Die Folgen des Krieges SEITE 84

Sieger und Besiegte SEITE 88

Neuanfang und Diamantenfieber SEITE 92

Deutschland und Namibia – eine Bilanz SEITE 97

DER TRAUM VON DER SÜDSEE Seite 100

Reiseträume Seite 108

»Morbus consularis« Seite 115

Einfallstor nach Osten Seite 119

Aufstand der Boxer Seite 122

Zwischen Kasino und Malaria Seite 126

»Queen Emma«, die Königin der Südsee Seite 130

»Kolonisieren heißt missionieren« Seite 136

Illusion vom gerechten Kolonialismus Seite 138

Dunkle Schatten über dem Paradies Seite 144

Vom Menschenfressern und Missionaren Seite 150

Mord im Morgengrauen Seite 154

Frauen für die Kolonien Seite 160

Der Herr der Kokosnüsse Seite 165

Das Ende aller Träume Seite 171

Die Festung Kiautschou fällt Seite 173

KOPFJAGD IN OSTAFRIKA SEITE 176

Griff nach Ostafrika SEITE 183

Pionier und Herrenmensch SEITE 187

Der Aufstand der Küstenvölker SEITE 194

Der Fall »Hänge-Peters« SEITE 198

Kopfjagd in Deutsch-Ostafrika SEITE 200

»Erziehung zur Arbeit« SEITE 208

Wassertropfen und Maschinengewehren SEITE 214

Das »Kesseltreiben« kann beginnen SEITE 219

Zwischen Rassismus und Pazifismus SEITE 222

Die Kehrtwende nach dem Aufstand SEITE 225

Der Herr der Fliegen SEITE 229

Ruhe vor dem Sturm SEITE 233

Der »Löwe von Ostafrika« SEITE 234

Allein unter Deutschen SEITE 243

Deutschland und Ostafrika – eine Bilanz SEITE 246

Zeitleiste SEITE 250
Anhang SEITE 262

»DA UND DORT EIN JUNGES DEUTSCHLAND GRÜNDEN«

DAS WELTREICH DER DEUTSCHEN
»DA UND DORT EIN JUNGES DEUTSCHLAND GRÜNDEN«

Berlin, 15. November 1884. An einem trüben Herbsttag hatte sich im großen Festsaal des Reichskanzlerpalais in der Berliner Wilhelmstraße eine ganze Heerschar von Diplomaten im Frack versammelt. Was Rang und Namen unter den Weltmächten hatte, war anwesend: die Vertreter Großbritanniens, Frankreichs, Russlands und vieler weiterer europäischer Staaten sowie die Abgesandten der USA und des Osmanischen Reiches. Sie alle erwarteten gespannt den Auftritt des deutschen Kanzlers. Denn Otto von Bismarck eröffnete an diesem Tag eine denkwürdige Konferenz, die am grünen Tisch über die Zukunft eines ganzen Kontinents entscheiden sollte.

Im Hintergrund des Raumes war eine fünf Meter hohe Wandkarte angebracht, die den afrikanischen Erdteil zeigte. Sie sollte das wichtigste Utensil in den nächsten Wochen werden. Denn obwohl es auf dem Kongress offiziell nur um die Errichtung einer Freihandelszone im Kongo ging, steckten die imperialen Mächte bei der Gelegenheit gleich auch ihre territorialen Ansprüche in Afrika ab – mit Bleistift und Lineal. Die schnurgeraden Grenzlinien vieler afrikanischer Staaten erinnern noch heute an den historisch einmaligen Vorgang: »Niemals zuvor in der Geschichte der Menschheit haben sich die Staaten eines Kontinents zur Aufteilung eines anderen zusammengefunden, eines Erdteils, dessen rechtmäßige Herrscher von dieser Aufteilung nicht einmal Kenntnis hatten«, betont der amerikanische Historiker Godfrey Uzoigwe. Denn Afrikaner waren auf dem Kongress, der später als »Kongokonferenz« in die Geschichte einging, nicht anwesend.

Die Europäer waren in Berlin zusammengekommen, um ihre eigenen Interessen zu vertreten, nicht die der Einheimischen, die vollständig entrechtet wurden. Die Hegemonialmächte gingen ganz selbstverständlich davon aus, dass die Eingeborenen sich ohnehin nicht selbst regieren könnten. Sozusagen als gesamteuropäischer »Entwicklungsauftrag« gegenüber Afrika wurde deshalb ein »Aufruf« verfasst, in dem sich die anwesenden Großmächte verpflichte-

« Eingeborene Krieger in Deutsch-Ostafrika

‹ Neuguinea, 4. November 1884. Reichskommandant zur See Schering hisst die Reichsflagge – der Bismarck-Archipel wird Kolonie des Deutschen Reiches.

ten, »die Eingeborenen zu unterrichten und ihnen die Vorteile der Civilisation verständlich und werth zu machen«.

Nicht umsonst besitzt Afrika diese geraden, wie mit dem Lineal gezogenen Grenzen. Vieles davon geht auf die Berliner Kongo-Konferenz und auf die nachfolgenden Verträge zwischen den einzelnen Kolonialmächten zurück.
HORST GRÜNDER, HISTORIKER

Für Otto von Bismarck war die Ausrichtung der internationalen Kongokonferenz ein gewaltiger außenpolitischer Erfolg: Sie besiegelte die Aufnahme des Reiches in den illustren Kreis der Kolonialmächte, in den es wenige Monate zuvor überhaupt erst eingetreten war. Am 24. April 1884 hatte der deutsche Kanzler erstmals einen kaiserlichen »Schutzbrief« für ein Gebiet in Übersee aufsetzen lassen.

Der europäische Hochimperialismus hatte zu dieser Zeit beträchtlich an Fahrt aufgenommen, die »alten« Kolonialmächte – Großbritannien und Frankreich zuallererst –, waren eifrig damit beschäftigt, sich weltweit ihre Pfründe zu sichern. In Afrika hatten Briten, Franzosen, Belgier, Spanier und Portugiesen ihre Gebiete längst abgesteckt. Auf der Berliner Kongokonferenz ging es nur noch darum, die Grenzen zu bestätigen und Kriterien für die weitere Aufteilung Afrikas zu bestimmen.

Es schien also fünf vor zwölf zu sein, als auch das Deutsche Reich versuchte, noch einen Teil vom Kuchen abzubekommen. Bei dem Afrika-Monopoly in Berlin schnitt die »verspätete Nation« dann aber gar nicht so schlecht ab: Dem Deutschen Reich wurden Togo, Kamerun, Deutsch-Südwest, Deutsch-Ostafrika sowie Ruanda und Urundi an den großen Seen zugeschlagen.

Mit der Kongokonferenz wurde der Grundstein gelegt für den Aufstieg des kaiserlichen Deutschlands zu einem kolonialen Weltreich. Nur zwanzig Jahre nach dem denkwürdigen Treffen wehte die schwarz-weiß-rote Flagge des Kaiserreichs nicht nur über den auf der Konferenz verhandelten Kolonien Afrikas, sondern unter anderem auch über der Bucht von Kiautschou in China, auf Samoa und in Neuguinea. Ein gewaltiges Gebiet, beinahe sechs Mal so groß wie das Mutterland. Gemessen an seinem neuen überseeischen Landbesitz war das Deutsche Reich damit nun die viertgrößte Kolonialmacht der Welt geworden und herrschte über gut 14 Millionen Eingeborene.

Doch warum strebte das Deutsche Reich überhaupt nach Kolonialbesitz? Welche Wünsche, Hoffnungen und Ziele, aber auch welche Ängste und Sorgen steckten hinter dem kolonialen Projekt? Welche Motive bewegten das Kaiserreich dazu, in allen Winkeln der Welt seine Herrschaft etablieren zu wollen?

Kolonien sind das beste Mittel, um Industrien, Export und Import und schließlich eine geachtete Seemacht zu entwickeln.
FRIEDRICH LIST, NATIONALÖKONOM, 1840

Die deutsche Kolonialgeschichte ist eingebettet in die Geschichte der europäischen Expansionsbestrebungen, die Mitte des 15. Jahrhunderts ihren Ausgang nahmen – in einer Epoche der Entdeckungen und Eroberungen, der »Zivilisierung« und christlichen Missionierung, die auch die Ausbeutung und Unterdrückung fremder Völker nach sich zog. Von Anfang an waren auch Deutsche an kolonialen

Projekten beteiligt: So betrieben schon zu Beginn des 16. Jahrhunderts deutsche Bankhäuser ihre kolonialen Geschäfte in der »Neuen Welt«, in Afrika und Indien. Die Nürnberger Welser etwa gründeten in Venezuela unter spanischer Oberherrschaft ihre eigene Kolonie, die sie allerdings schon nach dreißig Jahren wieder verloren. Ebenso kurzlebig waren die Versuche des Kurfürsten von Brandenburg im 17. Jahrhundert, in Afrika Fuß zu fassen; eine preußische Festung in Ghana kündet bis heute von der Anwesenheit der Deutschen.

Vornehmlich der lukrative Sklavenhandel lockte, doch ohne eine schlagkräftige Flotte mussten all diese Übersee-Unternehmen nach nur wenigen Jahrzehnten wieder aufgegeben werden. Diese frühen kolonialen Experimente hinterließen kaum nennenswerte Spuren in der deutschen Geschichte. Für lange Zeit blieb es danach einigen Kaufleuten, Missionaren und Forschern überlassen, den Kontakt zwischen Deutschland und dem Rest der Welt zu pflegen. In den vierziger Jahren des 19. Jahrhunderts rückte dabei mehr und mehr ein neues Gebiet in das Zentrum der Aufmerksamkeit – Afrika, ein für die Europäer zu dieser Zeit wirklich noch »dunkler Kontinent«. Denn wegen seines unzuträglichen Klimas und der vielen Tropenkrankheiten galt Afrika lange als »Grab des weißen Mannes«. Die Präsenz der europäischen Kolonialmächte blieb daher für Jahrhunderte auf die Küstengebiete beschränkt, in denen ein etwas angenehmeres Klima herrschte. Erst mit der Entwicklung der Chininprophylaxe in den vierziger Jahren des 19. Jahrhunderts sollte sich dies ändern. Nun wurde auch das Landesinnere zum wichtigen Betätigungsfeld für Missionare, welche die Seelen der »armen Schwarzen« retten wollten, für Kaufleute, deren Profitstreben keine Grenzen kannte, und für Forscher, denen für jede große Entdeckung internationaler Ruhm und nationale Ehre winkten.

Als 1848 die Bürger für einen demokratisch verfassten und einheitlichen deutschen Nationalstaat auf die Barrikaden gingen, erschien es vielen nur als folgerichtig, die nationalen Ambitionen auch mit der Idee einer deutschen »Weltpolitik« zu verbinden. Der Wunsch nach Kolonien diente als Projektionsfläche für die Verwirklichung nationaler Einheit und Größe. Erste Kolonialvereine wurden gegründet, die Projekte zur Errichtung eines »Neudeutschlands« in Übersee initiierten – von Plänen zu einer deutschen Besiedlung Palästinas bis zur wirklichen Gründung der Kolonie »Dona Francisca« in Brasilien durch eine in Hamburg ansässige Aktiengesellschaft. Immerhin 8000 Kolonisten brachen zu diesem Experiment nach Südamerika auf. Hoch im Kurs stand ebenso der Ruf nach Kolonialerwerb in Südostasien, im Pazifik, aber auch in Afrika.

> **Nun wollen wir in Schiffen über das Meer fahren, da und dort ein junges Deutschland gründen. Wir wollen es besser machen als die Spanier, denen die neue Welt ein pfäffisches Schlächterhaus, anders als die Engländer, denen sie ein Krämerkasten wurde. Wir wollen es deutsch und herrlich machen.**
> RICHARD WAGNER, 1848

Das Flottenprogramm, das man nun aus der Taufe hob, ist aus der bürgerlichen Aufbruchsstimmung heraus zu verstehen, die »allüberall für die Entfaltung der Machtherrlichkeit« des deutschen Volkes sorgen sollte. Die Flotte galt sozusagen als Verkörperung der Prinzipien nationaler Einheit und bürgerlicher Freiheit. »Die

Mit Zirkel und Lineal –
die Aufteilung der Kolonien

Auf Einladung des deutschen Reichskanzlers Otto von Bismarck trat am 15. November 1884 in Berlin die internationale Afrikakonferenz zusammen. Bis zum 26. Februar des folgenden Jahres entschieden die Diplomaten der 14 teilnehmenden Nationen über eine Neuordnung des afrikanischen Kontinents. Vor einer fünf Meter hohen Landkarte sitzend, nahm man Maß und teilte die neuen Besitzungen, die als »weiße Flecken« auf der Karte galten, unter sich auf. Die Konferenz war der entscheidende Startschuss im Wettlauf um Afrika. Waren bis 1876 nur etwa 10 Prozent des Kontinents in europäischer Hand, änderte sich das in den folgenden Jahrzehnten dramatisch. 1902 herrschten die Kolonialmächte über 90 Prozent des Territoriums. Die Zeitschrift »Gartenlaube« kommentierte die Konferenz damals so: »Es gab eine Zeit, in welcher eifrige Patrioten warnend ihre Stimme erhoben und von einer Lebensgefahr für die deutsche Nationalität sprachen, die in der zunehmenden Ausbreitung der englischen Kolonialmacht zu suchen wäre. Die Politiker der alten Schule schüttelten ihre Häupter ob dieser sonderbaren Warnung, denn sie konnten nicht begreifen, dass der wachsende überseeische

Einfluss Englands und seine Alleinherrschaft auf dem Meere dem deutschen Volke jemals gefährlich werden könnte. Es erhob sich auch bald ein heftiger Streit, und lange Reden für oder wider deutsche Kolonien wurden gehalten. Aber diesmal sollte die neue Strömung nicht spurlos verrinnen, rasch folgte dem Worte die Tat, und über alle Erwartungen schnell war Deutschland in die Reihe der kolonialen Mächte eingetreten. Und die Sache war nicht so schlimm, wie man befürchtete. Die Entfaltung der deutschen Fahne in überseeischen Ländern rief keinen Krieg hervor. Im Gegenteil, am deutschen Herde sammeln sich heute die Völker, um friedlich über die Lösungen schwebender kolonialer Fragen zu beraten; und nur wenige folgten widerwillig dem Rufe des deutschen Kaisers, als Freunde sind die meisten gekommen, selbst der gallische Erbfeind ist als Bundesgenosse erschienen. Im Hause des deutschen Reichskanzlers wird heute über das Schicksal Afrikas beraten – ein Vorgang, der als Verkörperung einer großen geschichtlichen Wendung gelten muss, die für die ganze Welt von unberechenbarer Tragweite ist. Denn von den Beschlüssen dieser Konferenz wird in Zukunft das Schicksal eines ganzen Weltteils abhängen, und sie ist berufen, ein neues Recht auf einem Gebiete zu schaffen, auf dem bis jetzt zumeist Willkür und Waffengewalt herrschten.«

‹ Kongokonferenz in Berlin. Bismarck eröffnet die Sitzung im großen Saal des Reichskanzlerpalais.

› Im August 1884 stellt Bismarck einen Schutzbrief für das Lüderitz-Territorium aus. Vor Ort signalisieren Flagge und Reichsadler, wer die neuen Herren sind.

See ist die Hochstraße des Erdballs«, schrieb der Vater des Deutschen Zollvereins, Friedrich List, »der Paradeplatz der Nationen; die See ist der Tummelplatz der Kraft und des Unternehmergeistes für alle Völker der Erde.« Manch Abgeordneter hoffte durch den »Verkehr mit anderen Völkern« auf einen »geistigen Fortschritt« auch im eigenen Land: »Die Geschichte zeigt uns, dass handeltreibende Völker der alten und der neuen Zeit es waren, wo neben der Civilisation das freieste politische Leben sich entwickelte und herrschte.«

Die Kolonisation ist so schnell und so nachdrücklich als möglich praktisch einzuleiten, damit nicht noch jahrelang der Strom unserer Auswanderung ungehemmt in fremde Rassen abfließt, und nicht noch mehr von den besten außereuropäischen Länderstrecken von Fremden okkupiert werden.
CARL PETERS, 23. MÄRZ 1884

Doch mit dem Scheitern der Revolution war es auch mit allen Schwärmereien von einem deutschen Kolonialreich vorerst wieder vorbei. Dafür begannen seit dem Ende der 1850er Jahre private Handelshäuser an der afrikanischen Westküste und im Pazifik damit, ausgedehnte Handelsnetze aufzubauen. Auch die Deutschen mischten mit. Das Hamburger Handelshaus Godeffroy etwa habe sich ein wahres »Handelsimperium in der Südsee« errichtet, so Horst Gründer. Gegen Elfenbein und Gold aus Afrika sowie Kokosöl, Perlmutt und Baumwolle von den fernen Südseeinseln tauschten die Europäer meist Gewehre, Tand und Schnaps.

Nach der Reichsgründung im Jahr 1871 erhielt die koloniale Begeisterung neuen Auftrieb. Das geeinte deutsche Reich strotzte vor nationalem Selbstbewusstsein und Tatendrang. Die Broschüre eines Missionsleiters mit dem Titel »Bedarf Deutschland der Kolonien?« wurde 1879 zum Bestseller. Die Überlegungen gingen in mehrere Richtungen. Zum einen fürchtete man als Folge der industriellen Revolution eine Bevölkerungsexplosion, eine »Überproduktion von Menschen« (Heinrich von Treitschke), von denen viele ihr Glück wohl in der Ferne würden suchen müssen. 95 Prozent aller Auswanderer, die das Deutsche Reich seit Mitte des Jahrhunderts aus wirtschaftlichen oder politischen Gründen verlassen hatten, waren in die Vereinigten Staaten von Amerika ausgewandert. Eine Entwicklung, die als »ein schwerwiegender Verlust nationaler Energien« empfunden wurde, wie der Kolonialhistoriker Horst Gründer schreibt. In Zukunft wollte man Auswanderer deshalb in ein »Deutschland in Übersee« umlenken, damit sie sich nicht als »Völkerdünger« in der Welt zerstreuen.

Die Zeit des deutschen Kolonialismus fiel in eine Epoche des Übergangs. Mit dem Beginn der industriellen Revolution hatte sich die Welt so rasch wie nie zuvor gewandelt, die Menschen waren mobiler geworden, die Kontinente rückten immer näher aneinander. Doch immer wieder erschütterten heftige Finanz- und Absatzkrisen die noch junge Weltwirtschaft. Die Befürworter von Kolonialbesitz waren davon überzeugt, dass in der zunehmenden globalen Konkurrenz um Rohstoff- und Absatzmärkte allein »Ergänzungsräume« in Übersee die wirtschaftliche Wohlfahrt einer modernen Industrienation gewährleisten könnten.

Stärkster Motor für die kolonialen Ziele war aber wohl das Bedürfnis des frischgebackenen Nationalstaates, mit den anderen Großmächten gleichzuziehen. »Über Kolonialreiche zu gebieten, auch wenn sie hauptsächlich aus weißen Flecken auf der Landkarte bestanden, wurde Attribut des Machtstaats«, so der Historiker Michael Stürmer. Das junge Deutschland war im Zeitalter der »Weltherrschaft Europas« auf der Suche nach einer Identität, wobei nationales Kraftgefühl nicht selten mit einem übersteigerten »Sendungsbewusstsein« einherging: »Am deutschen Wesen soll die Welt genesen«, formulierte der Dichter Emanuel Geibel schon im Jahr 1861.

Eine Rechtfertigung für die Expansionsbestrebungen fand der europäische Griff nach der Welt in der damals modernen Lehre des Sozialdarwinismus, die das »Recht des Stärkeren« als naturgegeben ansah – und damit als legitim. Eine »stärkere Rasse« besaß nach dieser Lehre demnach auch die Erlaubnis, die Herrschaft über »schwächere« Völker auszuüben.

Reichskanzler Otto von Bismarck hingegen war nie ein großer Befürworter deutscher Besitzungen in Übersee. Er war der Überzeugung, dass sich die Unterwerfung fremder Völker einfach nicht rechne – und befand sich darin in Übereinstimmung mit dem größten Teil der deutschen Wirtschafts- und Finanzwelt. Als ihm ein Abgesandter der Kaiserin Eugénie im Laufe des deutsch-französischen Krieges 1870 Cochinchina als Gegenleistung für einen Friedensschluss anbot, antwortete Fürst Bismarck: »Oh! Oh! Cochinchina! Das ist aber ein sehr fetter Brocken für uns; wir sind aber noch nicht reich genug, um uns den Luxus von Kolonien leisten zu können«, und forderte stattdessen das Elsass. Nach Bismarcks Meinung waren Kolonien für Deutschland »wie der seidene Zobelpelz in polnischen Adelsfamilien, die keine Hemden haben«. Und noch zehn Jahre später, als das Reich längst geeint war, verkündete der Kanzler: »Solange ich Reichskanzler bin, treiben wir keine Kolonialpolitik. Wir haben eine Flotte, die nicht fahren kann, und wir dürfen keine verwundbaren Punkte in fernen Weltteilen haben, die den Franzosen als Beute zufallen, wenn es losgeht.«

Neulich sagte der Fürst [Bismarck] zu Bötticher: »Diese ganze Kolonialgeschichte ist ja Schwindel, aber wir brauchen sie für die Wahlen.«
Friedrich von Holstein,
deutscher Diplomat, September 1884

In der deutschen Öffentlichkeit aber wollte die koloniale Diskussion nicht mehr verstummen. Auch die deutschen Handelsoffensiven in Übersee gingen weiter. Hunderte Schiffe waren für die Unternehmer aus Deutschland im Einsatz. Kaufleute wie Woermann operierten in der Südsee und in Afrika, der Bremer Tabakhändler Lüderitz ließ an der westafrikanischen Küste einen Stützpunkt errichten. 1882 gründete Lüderitz an der Küste Südwestafrikas eine weitere Handelsniederlassung. Doch schon im Jahr darauf musste er das Reich um Schutz anrufen. Als Fürst Bismarck im April 1884 daraufhin den ersten Schutzbrief für ein Gebiet außerhalb des Mutterlandes ausstellte, konnte das koloniale Abenteuer beginnen.

In kurzer Zeit raffte sich das Reich mithilfe dieser Schutzbriefe einen gewaltigen Besitz zusammen: 1884 wurden die Interessensgebiete hanseatischer Handelshäuser an der westafrikanischen Küste unter Reichsschutz gestellt, der Gründungsakt für die Kolonien Kamerun und Togo. Ein Jahr später kam Deutsch-Ostafrika hinzu, während zur gleichen Zeit auch im Pazifik die deutsche Fahne gehisst wurde: auf

Neuguinea, im Bismarck-Archipel und auf den Marschall-Inseln.

Nicht von ungefähr nannte Bismarck die Erwerbungen »Schutzgebiete«, denn den Begriff »Kolonien« wollte er vermeiden. Der Kanzler war der Meinung, dass privatwirtschaftliche Interessen Vorrang hätten, Reich und Kaiser lediglich »Schutz« gewähren sollten. Von staatlichen Verwaltungskolonien hielt er wenig – sein Ziel war »der regierende Kaufmann und nicht der regierende Bureaukrat in jenen Gegenden, nicht der regierende Militär und der preußische Beamte«. Die Kolonien sollten sich möglichst selbst verwalten und auch tragen.

Kolonien, die das Ausplündern verlohnten wie Indien, sind glücklicherweise nicht mehr zu haben, und die Kolonien, die allenfalls noch zu haben sind, bieten infolge der niederen Kulturbedürfnisse der Ein- und Anwohner so geringe Aussichten auf Absatz, dass an eine erhebliche Besserung unseres Handels und unserer Industrie durch eine mehr oder weniger abenteuerliche Kolonialpolitik nicht zu denken ist.
August Bebel, SPD, 1881

Doch Bismarcks Plan scheiterte innerhalb weniger Jahre. Das Versagen der deutschen Investoren, die Konkurrenz der etablierten Kolonialmächte und zahlreiche Aufstände der Eingeborenenstämme zerschlugen sein Konzept. Schon nach vier Jahren mussten alle Protektorate in Reichskolonien umgewandelt werden, um die sich von nun an in Deutschland eine Kolonialabteilung unter dem Dach des Auswärtigen Amtes in Berlin kümmerte.

Durch diese Erfahrung in seiner kritischen Haltung bestätigt, wollte Fürst Bismarck von weiteren kolonialen Erwerbungen des Reiches nichts mehr wissen. Als der Afrikaforscher Eugen Wolf ihm im Jahr 1888 noch mehr Territorien zwischen Kap und Kairo schmackhaft machen wollte, winkte der Kanzler kategorisch ab: »Ihre Karte von Afrika ist ja sehr schön, aber meine Karte von Afrika liegt in Europa. Hier liegt Russland, und hier – nach links deutend – liegt Frankreich, und wir sind in der Mitte; das ist meine Karte von Afrika.« Dass er am liebsten den »Kolonialschwindel« schnell wieder losgeworden wäre, belegt auch die Tatsache, dass er sogar dem Hamburger Senat die Verwaltung der Kolonien anbot. Die Hanseaten jedoch lehnten dankend ab. Das Deutsche Reich würde in Zukunft die Finanzierung der Kolonien wohl oder übel selbst übernehmen müssen – und tat dies mit dem geringst möglichen Aufwand. Die »ungeliebten« Kolonien waren für Jahrzehnte unterfinanziert, die deutsche Herrschaft in Übersee blieb auch aus diesem Grund lange Zeit fragil.

Die Kolonialskeptiker, allen voran die Sozialdemokraten, fühlten sich in ihrer Haltung bestätigt. »Im Grunde genommen ist das Wesen aller Kolonialpolitik die Ausbeutung einer fremden Bevölkerung in höchster Potenz«, erklärte der Führer der Sozialdemokraten, August Bebel, 1889 im Reichstag. »Wo immer wir die Geschichte der Kolonialpolitik in den letzten drei Jahrhunderten aufschlagen, überall begegnen wir Gewalttätigkeiten und der Unterdrückung der betreffenden Völkerschaften, die nicht selten schließlich mit deren vollständiger Ausrottung endet.« Besonders wurmte Bebel der Gedanke, dass die Kolonien viel Geld kosten, aber nichts einbringen würden. »Und um die Ausbeutung der afrikanischen Bevölkerung im vollen Umfang und möglichst ungestört be-

DAS WELTREICH DER DEUTSCHEN

»DA UND DORT EIN JUNGES DEUTSCHLAND GRÜNDEN«

treiben zu können, sollen aus den Taschen des Reiches, aus den Taschen der Steuerzahler Millionen verwendet werden. Dass wir als Gegner jeder Unterdrückung nicht die Hand dazu bieten, werden Sie begreifen.« Doch zu dieser Zeit gab es längst kein Zurück mehr. Im Gegenteil.

Nach Bismarcks Entlassung im Jahr 1890 änderte sich die zurückhaltende Politik des Reiches. »Wir verlangen auch unseren Platz an der Sonne«, donnerte etwa der Staatssekretär im Auswärtigen Amt und spätere Reichskanzler Bernhard von Bülow unter lauten »Bravo«-Rufen im Berliner Reichstag: »Wenn die Engländer von einem Greater Britain reden, wenn die Franzosen sprechen von einer Nouvelle France, wenn die Russen sich Asien erschließen, haben auch wir Anspruch auf ein größeres Deutschland.« Auch für Kaiser Wilhelm II., der im Jahr 1888 den Thron bestieg, war »Weltpolitik« ein erklärtes Ziel. Unter seiner Herrschaft setzte eine »zweite Welle« der Kolonisierung ein: 1897 annektierte das Deutsche Reich Kiautschou in China, nur zwei Jahre später kamen die pazifischen Inselgruppen der Marianen und Karolinen sowie Palau und fast ganz Samoa hinzu. Die »zu spät gekommene Nation« hatte in kurzer Zeit ein Kolonialreich zusammengerafft, das eine glänzende Zukunft im illustren Kreise der Weltmächte versprach.

Die hochgesteckten Erwartungen sollten sich indes nicht erfüllen. Fast alle Kolonien des Deutschen Reiches wurden zu einem staatlich

Deutsche Kolonisten in Deutsch-Südwestafrika, um 1900.
Nur wenige wagten den Umzug in die Fremde.

Dieses Bild zierte 1913 den Titel der Wochenschrift »Kolonie und Heimat«.

bezuschussten Verlustgeschäft, die Kosten beliefen sich von 1884 bis 1914 nach Abzug der Einnahmen aus Steuern und Zöllen immer noch auf satte 646 Millionen Mark. Der Warenverkehr zwischen Mutterland und Kolonie war dagegen kaum der Rede wert, Export und Import blieben für das Reich deutlich unter einem Prozent der Außenhandelsbilanz. Hinzu kam, dass die zahlreichen Aufstände und Kriege in den Kolonien nicht nur einen gewaltigen Blutzoll forderten, sondern auch Unsummen verschlangen. So beliefen sich die Kosten allein für die Militäreinsätze in Deutsch-Südwestafrika, in Deutsch-Ostafrika und in China auf insgesamt 825 Millionen Mark. Während der Steuerzahler über Jahrzehnte das koloniale Abenteuer finanzieren musste, profitierte nur eine Handvoll Kaufleute und Unternehmer vom kolonialen Handel – das aber zum Teil mit beträchtlichem Gewinn.

Der Zustrom deutscher Siedler in die neuen Kolonien war ebenfalls enttäuschend. Die meisten Auswanderer zog es auch nach Gründung der Schutzgebiete wie jeher in Richtung Amerika. 1914 lebten gerade einmal 24000 Deutsche in den Kolonien, die Hälfte davon in Deutsch-Südwestafrika. Die Prognosen über eine drohende Überbevölkerung im Deutschen Reich hatten sich nicht bewahrheitet, die letzte große Auswanderungswelle endete anno 1893. Seit Beginn des 20. Jahrhunderts herrschte sogar Arbeitermangel im Reich.

Innenpolitisch boten verschiedene »Kolonial-Skandale« immer wieder Anlass für hitzige Debatten im Reichstag. Viele Kolonisten setzten ihr Regiment in Übersee mit maßloser Gewalt durch. Die Prügelstrafe zur »Züchtigung« der Einheimischen und Zwangsarbeit wurden fester Bestandteil des kolonialen Staates. Begünstigt wurde dies auch dadurch, dass eine Vielzahl Europäer, die in den Kolonien lebten, von einem rassistischen Weltbild geprägt waren. Die kolonisierten Völker wurden im besten Fall als »Kinder« betrachtet, die man »hart, aber gerecht« erziehen müsse. Im schlimmsten Fall

DAS WELTREICH DER DEUTSCHEN
»DA UND DORT EIN JUNGES DEUTSCHLAND GRÜNDEN«

Über 90 Prozent der Deutschen in den Kolonien hatten einheimische Geliebte – hier ein Matrose mit einer Samoanerin.

wurden sie als die Diener einer »Herrenrasse« angesehen, deren Willkür sie hilflos ausgeliefert waren. Das galt auch für die sexuelle Ausbeutung einheimischer Frauen. 90 Prozent der Deutschen in den Kolonien hatten eine oder mehrere Konkubinen, entsprechend nahm die Zahl der Kinder aus solchen Verbindungen zu. »Mischehenverbote« sollten ausschließen, dass Kinder aus diesen Verbindungen das deutsche Bürgerrecht erhalten konnten.

Der Neger ist ein blutdürstiges, grausames Raubtier, das nur durch die Peitsche des Bändigers in Respekt gehalten werden kann. Der Afrikaner ist von der Vorsehung geschaffen, dem Weißen zu dienen. Wenn sich die Schwarzen weigern, ihre namenlose Faulheit abzulegen, haben sie keine Existenzberechtigung mehr auf Erden.
August Boshart, Kolonialoffizier, »Die Behandlung der Eingeborenen in den deutschen Kolonien«

Im Kaiserreich folgte auf die kurzen Phasen des »Kolonialfiebers« Mitte der 1880er und Ende der 1890er Jahre eine allgemeine »Kolonialverdrossenheit«. Für die Mehrheit der Deutschen hatten die teuren Überseegebiete in der Ferne ohnehin keine allzu große Bedeutung. Tatsächlich blieb die Kolonialbewegung in Deutschland immer auf eine Minderheit beschränkt. Vor Ausbruch des Ersten Weltkriegs zählte die Deutsche Kolonialgesellschaft gerade einmal 42 000 Mitglieder, während etwa im Flottenverein über zwei Millionen Deutsche organisiert waren.

Zumindest aber schienen sich am Vorabend des Ersten Weltkriegs die Verhältnisse in den deutschen Kolonien, die lange von Misswirtschaft und Ausbeutung, Krisen und Aufständen geprägt waren, zu bessern. Nach Einsetzen eines deutschen Reformprogramms seit 1907 konnten die deutschen Untertanen in den Kolonien auf eine humanere Behandlung und mehr Rechtssicherheit vertrauen. Der Ausbau der Infrastruktur, von Eisenbahnen, Straßen, Brücken und Häfen, wurde vorangetrieben, die Verwaltung rationalisiert. Doch mit dem Ausbruch des Ersten Weltkriegs endete die deutsche Kolonialgeschichte abrupt.

Nach nur einem Jahr Krieg waren mit Ausnahme Deutsch-Ostafrikas alle deutschen Ge-

»Diener der Herrenrasse« – wer nicht spurte, den erwartete die Prügelstrafe oder »Kettenhaft«.

Stolzer Jäger – Justizrat Dietrich mit erlegtem Krokodil, 1906 in Deutsch-Ostafrika.

biete in Übersee von den Mächten der Entente besetzt. Was Kolonialenthusiasten aber nicht davon abhielt, für den Fall eines Sieges im Weltkrieg Pläne für ein gewaltiges, mittelafrikanisches Reich zu schmieden, ein »deutsches Indien«, das sich vom Atlantik bis hin zum Indischen Ozean erstrecken sollte. Doch die Realität sah ganz anders aus: In Europa ging der Weltkrieg verloren – eine Tatsache, an der auch der zähe Guerillakampf, den die deutschen Schutztruppen unter der Führung Paul von Lettow-Vorbecks bis zum Ende des Krieges in Deutsch-Ostafrika führten, nichts ändern konnte. Nach dem Ende des Weltkriegs hoffte das Reich auf einen milden Frieden. Umso größer war die Empörung im Land, als bekannt wurde, dass Deutschland alle seine Kolonien gemäß dem Vertrag von Versailles verlieren würde. Die Alliierten begründeten diesen Schritt mit »Deutschlands Versagen auf dem Gebiet der kolonialen Zivilisation«. Ein Vorwurf, gegen den sich fast alle Parteien energisch verwahrten. Bald schon machte das Wort von der »kolonialen Schuldlüge« die Runde. Vor allem rechte Parteien profitierten von der allgemeinen Ablehnung dieser Bestimmung des Friedensvertrags von Versailles: »Die ›Kolonialschuldlüge‹ wurde elementarer Bestandteil der ›Kriegsschuldlüge‹, jenes schleichenden Gifts, das zusammen mit der Dolchstoßlegende der Weimarer Republik zusetzte«, so Horst Gründer. War das Thema Kolonien in der Öffentlichkeit des Kaiserreichs oftmals mit Desinteresse oder gar Ablehnung behandelt worden, protestierten 1919 in einer Unterschriftenaktion 3,8 Millionen Deutsche gegen den »Raub der Kolonien«. Selbst für besonnene Politiker wie Gustav Stresemann und Konrad Adenauer wurde die Rückforderung der Kolonien zur politischen Selbstverständlichkeit.

»Was deutsch war, muss wieder deutsch werden« – die Kolonialbewegung rührte in der Weimarer Republik emsig die Propagandatrommel: Eine Welle an Erinnerungsliteratur, an Vorträgen und Umzügen, an Devotionalien wie Bierdeckeln oder Aschenbechern mit kolonialen Motiven überschwemmte den jungen Staat. Immer wieder machte nun auch das Wort vom »Volk ohne Raum« die Runde. Die einst krisengeschüttelten, teuren Kolonien wurden zum Inbegriff der vergangenen Pracht und Größe. Doch in der zweiten Hälfte der 1920er Jahre flaute das Interesse wieder ab, andere Fragen wurden drängender. 1927 dürfte Thomas Mann vielen Deutschen aus der Seele gesprochen haben: »Ich glaube, dass die Ereignisse uns gelehrt haben, unsere Freiheit von kolonialem Gepäck als einen Vorteil zu empfinden.«

Die Führer der Kolonialbewegung sahen das freilich anders. Sie suchten – und fanden – Ende der 1920er Jahre für ihre revisionistischen Ziele einen neuen Verbündeten im Land: den Nationalsozialismus. Hitler ließ keinen Zweifel daran, dass er alles daran setzen würde, um Deutschland wieder Weltgeltung zu verschaf-

»Margeritentag« in Deutsch-Ostafrika, 1912

fen. »Die Wegnahme der Kolonien bedeutet für uns einen unersetzlichen Verlust«, soll Hitler bereits 1919 geäußert haben. Lange schien es nach der »Machtergreifung« der Nazis 1933 so, als wäre die Rückgewinnung der Übersee-Kolonien ein wichtiger Punkt im Programm der NSDAP. Dass die SA ihre braunen Uniformen von den Schutztruppen übernommen hatte, mochte dabei als symbolische Brücke dienen. Tatsächlich aber waren die Kolonien in Übersee für Hitler nur von sekundärer Bedeutung. Seine Pläne zielten vielmehr auf die Eroberung von »Lebensraum im Osten«, wie er schon in »Mein Kampf« gefordert hatte.

Bis 1941 tauchte dennoch immer wieder die Idee eines großen Mittelafrika-Reichs in deutschen Strategieentwürfen auf. Nach ersten Siegen des Afrikakorps schien eine Realisierung dieses Plans für kurze Zeit auch zum Greifen nah, in Berlin wurde bereits ein eigenes »Kolonialministerium« eingerichtet. Doch nach dem Angriff auf die Sowjetunion musste der Afrikaplan vorerst zurückgestellt werden. Einmal mehr hatte die »Ostkolonisation« Vorrang. Die späteren Niederlagen Rommels in Afrika ließen den Traum vom Kolonialreich endgültig zerplatzen. 1943 wurde das »Kolonialministerium« aufgelöst, die Beamten wurden zur Wehrmacht eingezogen.

Nach dem Ende des Zweiten Weltkriegs konnte von einer kritischen Aufarbeitung der Kolonialgeschichte lange Zeit keine Rede sein. Bis in die 1960er Jahre hinein wurde die koloniale Vergangenheit

Der Traum vom »Deutschen Indien« platzte endgültig nach Rommels Niederlage im Afrikafeldzug.

in der Bundesrepublik eher verklärt. Kolonialhelden wie Paul von Lettow-Vorbeck, der legendäre »Löwe von Afrika«, galten vielen nach wie vor als leuchtende Vorbilder. Die Präsenz der kolonialen Vergangenheit in Denkmälern und in Straßennamen erregte nirgendwo Anstoß. Überdeckt von der Erfahrung zweier katastrophaler Weltkriege, geriet die koloniale Vergangenheit Deutschlands mehr und mehr in Vergessenheit. Erst seit den 1970er Jahren setzte ein Umdenken ein – und eine Diskussion, die bis heute anhält. Die blutigen Kriege der Kolonialzeit und die Repressionen gegenüber den Einheimischen warfen die Frage nach Schuld und Sühne auf. Und nach Kontinuitäten in der deutschen Geschichte.

Innerhalb einer Generation hat Deutschland ein ganzes überseeisches Reich gewonnen und wieder verloren. Die Weltgeschichte weist wenige Kapitel auf, die gleichzeitig von solcher Bedeutung, so knapp im Umfang, so vollkommen in sich abgeschlossen und politisch so lehrreich wären.
ARTHUR PERCIVAL NEWTON,
BRITISCHER HISTORIKER, 1919

Auch in den einstigen Kolonien blieb nach Erlangung der Unabhängigkeit der Umgang mit dem deutschen Erbe zwiespältig. Unvergessen sind Ausbeutung, Unterdrückung und die verlustreichen Kriege gegen die kolonialen Herren. So forderte eine Organisation der Herero 2001 vor einem amerikanischen Zivilgericht Entschädigungsleistungen der Bundesrepublik für die hundert Jahre zuvor im Hererokrieg erlittenen Schäden. Dem Antrag war allerdings kein Erfolg beschieden. Der Bundestag lehnte im Jahr 2008 sämtliche Forderungen ab, obwohl die damalige Bundesministerin für wirtschaftliche Zusammenarbeit und Entwicklung, Heidemarie Wieczorek-Zeul, bereits vier Jahre zuvor bei einem Besuch in Namibia erklärt hatte: »Wir Deutschen bekennen uns zu unserer historisch-politischen, unserer moralischen und unserer ethischen Verantwortung – und zu der Schuld, die Deutsche damals auf sich geladen haben.«

Doch ebenso unvergessen ist in vielen der ehemaligen Kolonien, dass die deutsche Herrschaft auch den Grundstein für die Bildung einer Nation und eines modernen Staates gelegt hat. Die Etablierung einer zentralen Verwaltung zum Beispiel und die Einführung einer einheitlichen Amtssprache trug in mehreren ehemaligen Kolonialstaaten wesentlich zum Prozess des »Nationbuilding« bei. In vielen der einstigen Kolonien wird heute noch immer die Infrastruktur genutzt, die von den deutschen Kolonisten errichtet wurde.

Das koloniale Erbe ist – im positiven wie im negativen Sinne – an vielen Orten bis heute lebendig. Doch welche Geschichten verbergen sich hinter so klingenden Namen wie Bismarck-Archipel, Lüderitzbucht oder Kilimandscharo? Wer waren die Deutschen, die einst in den Kolonien lebten? Welchen Einfluss nahmen sie auf die jeweiligen Gebiete? Die Geschichten der Protagonisten aus drei der wichtigsten deutschen Kolonien – Deutsch-Südwestafrika, das Südsee-Gebiet und Deutsch-Ostafrika – erzählen vom vergessenen »Weltreich der Deutschen«. Es sind Geschichten von Gewinnern und Verlierern, von Glücksfällen und Schicksalsschlägen, von Helden und Schurken – und nicht zuletzt auch davon, dass kein Mensch und keine Nation das Recht besitzt, mit Gewalt über Andere zu herrschen.

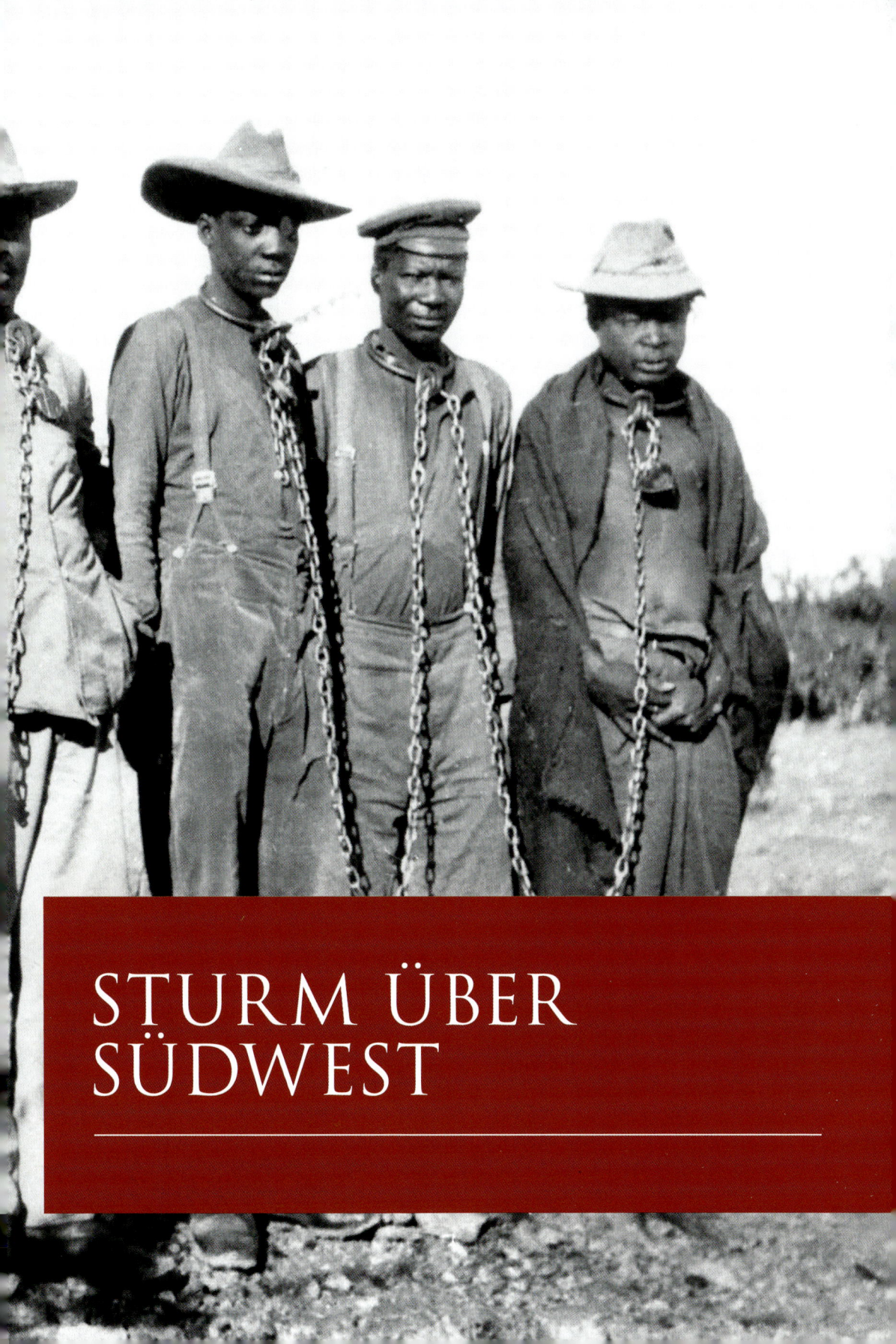

STURM ÜBER SÜDWEST

DAS WELTREICH DER DEUTSCHEN
STURM ÜBER SÜDWEST

Frühjahr 1883: An der verlassenen Sandküste von Südwestafrika hissen einige Abenteurer die Fahne des Kaiserreichs. Ein historischer Moment: Der erst seit wenigen Jahren geeinte »kleindeutsche« Nationalstaat schickte sich an, in die Reihe der Kolonialmächte aufzusteigen. Ein Jahr darauf stellte Bismarck den Besitz, den der Kaufmann Adolf Lüderitz für einige Hundert Pfund Sterling und ein paar Gewehre von lokalen Stammesführern zusammengerafft hatte, unter den Schutz des Reiches. In Deutsch-Südwestafrika sollten deutsche Händler und Siedler afrikanischen Boden nun in blühende Landschaften verwandeln. Die Realität jedoch sah meist anders aus: Die Deutschen verstrickten sich in einen jahrelangen Kleinkrieg mit den Völkerstämmen des Schutzgebiets. 1904 eskalierte die Lage, als sich die Herero erhoben und das Kolonialregime ins Wanken brachten. Die Niederschlagung des Aufstands wurde zum blutigen Menetekel einer Kolonialherrschaft, die dem selbst gestellten Kulturauftrag Hohn sprach.

《 Nach der Niederschlagung des Aufstands wurden die Herero in Ketten gelegt, viele wurden hingerichtet.

‹ Herero im Kampf gegen die Garnison von Windhuk, 1904

13. Januar 1904, auf einer deutschen Farm in Deutsch-Südwestafrika. Hoch über dem Waterberg haben sich dunkle Wolken zusammengezogen. Im Nachhinein kam Else Sonnenberg das schwere Gewitter wie ein Vorbote des Unglücks vor. Erst hatte heftiges Wetterleuchten den geheimnisvollen Tafelberg zum Glühen gebracht, gefolgt von Donnergrollen und kräftigen Windstößen. »Da plötzlich glänzte oben am Waterberg ein grelles rotes Licht, welches wie eine Kugel die Riesenmauer entlangrollte. Wir waren wie geblendet«, beschrieb sie die dramatische Szenerie in ihren Memoiren. »Alsbald folgte ein kurzer, heftiger Donnerschlag. ›Mir ist bange‹, sagte ich. ›Lass uns hineingehen.‹« Auch Elses Ehemann Gustav fröstelte, trotz der schwülen Sommernacht. Regen war um diese Jahreszeit keine Seltenheit. Deutsch-Südwestafrika, das heutige Namibia, liegt auf der Südhalbkugel der Erde. Herrscht in Europa tiefster Winter, ist in Namibia Hochsommer, der immer wieder auch kräftigen Regen mit sich bringen kann. Aber diesmal war etwas anders. »Es war eine sonderbare Erscheinung«, schreibt Else über den denkwürdigen Abend.

Der Tag nach dem ungewöhnlichen Gewitter am Waterberg sollte sich Else Sonnenberg tief ins Gedächtnis einprägen. Er war anstrengend gewesen. Wieder, wie schon in den letzten Tagen, hatten sich zahlreiche Herero in ihren kleinen Laden gedrängt und versucht, ihn leer zu kaufen, als gäbe es kein Morgen mehr. Am Ende war den Sonnenbergs nichts übrig geblieben, als die Leute energisch hinauszutreiben. Um halb vier Uhr nachmittags deckte sie den Kaffeetisch, während ihr Mann im Haus seinen Nachmittagsschlaf hielt. Ihr drei Monate alter Sohn Werner saß zufrieden dreinblickend auf dem Schoß von Krankenschwester Marianne, die eigens für die Geburt des Kleinen an den Waterberg gekommen war.

Als einige Herero nahten, war Frau Sonnenberg nicht weiter beunruhigt, sie kannte die meisten. Einer von ihnen war ihr Angestellter, der Hererojunge Ludwig, ein anderer ein guter Kunde, Perenna. »Wo ist der Herr?«, fragten die Männer. »Er schläft«, antwortete sie, ohne aufzublicken. Doch da drängten sich die Herero auch schon an ihr vorbei ins Haus. »Das war stark, meinen Mann einfach wecken zu wollen«, schrieb sie in ihren Memoiren, »und ich rief: ›Was fällt euch ein, kommt sofort zurück‹, und das wiederholend sprang ich auf. Doch da stürzte Perenna auf mich zu, hielt mich fest, riss die Gewehre von der Wand und gab sie einem der vielen, die plötzlich im Zimmer standen. Laut rief ich den Namen meines Mannes. Da – drei dumpfe, furchtbare Schläge dröhnten aus dem Schlafzimmer, ein kurzes Gemurmel, ich taumelte, Perenna ließ mich frei. Auf die Portiere zustürzend, sah ich Ludwig. Er hielt einen schweren Steinhammer in der Hand, seine Gesichtszüge waren furchtbar entstellt und: ›Otjurumbu backoka‹ (der Weiße ist tot) schreiend, stürzte er aus dem Hause.«

Mit zitternden Knien wankte Else Sonnenberg ins Schlafzimmer. Der jungen Mutter bot sich ein Bild des Grauens. Ihr Mann Gustav, 27 Jahre alt, lag mit zerschlagenem Schädel in seinem Bett. »Ein schmaler Blutstrom rann die Backe herab auf das weiße Kissen. Der Mund war wie zum Sprechen geöffnet, aber so, wie ich ihn zuletzt gesehen, lag mein teurer Mann da. Ein Fuß stand auf dem Boden, die Hände waren über die Brust gekreuzt. Einige Sekunden war es still im Zimmer. Ich war allein mit ihm. – Er konnte nicht tot sein! Da drangen sie herein, die Scharen der Räuber, und stürzten sich auf Kisten und Koffer, Wäsche und Kleider hinausschleifend. Einer zerschlug das Fenster.«

Die erste Kolonie des Deutschen Reiches

Im Januar 1904 begann in Deutsch-Südwestafrika der Aufstand der Herero gegen die deutschen Kolonialherren. Genau zwanzig Jahre zuvor war für »Deutsch-Südwest« der erste Schutzbrief des Kaiserreichs ausgestellt worden. Die Gründung der Kolonie ging besonders auf die Initiative eines Mannes zurück: Adolf Lüderitz. Nach Wanderjahren in Nord- und Mittelamerika hatte er sich 1878 als Tabakhändler in Bremen niedergelassen. Der Kaufmann eröffnete eine Niederlassung an der westafrikanischen Goldküste, wo er mit Gewehren, Spirituosen und Tabak handelte.

Die Gewinne aus diesem Geschäft sollten genutzt werden, um im noch unbesetzten Südwestafrika eine weitere Niederlassung zu gründen. Wie viele Kaufleute trieb Lüderitz die Hoffnung auf Diamant- und Goldfunde. Im Mai 1883 entsandte er seinen Agenten Heinrich Vogelsang in die Bucht Angra Pequena. Zwar siedelten in der nahen Walfischbucht schon die Briten, auf das Land um Angra Pequena aber hatte noch keine europäische Macht Anspruch erhoben, wie Vogelsang erfreut feststellte. »Am Abend unseres ersten Tages auf südwestafrikanischem Boden ließen wir die Becher kreisen und tranken auf das Wohl unseres Chefs und seiner Firma«, berichtete der 21-jährige Expeditionsführer von der Feierlaune der Pioniere.

Es gelang Vogelsang, dem dort ansässigen Häuptling der Nama, Joseph Fredericks, die Bucht von Angra Pequena sowie das Land im Umkreis von fünf Meilen für 100 Pfund in Gold und 200 Gewehre abzukaufen – ein Spottpreis für das Gebiet, das bald als »Lüderitzland« bekannt wurde. Die Stimmung war daher fast ein wenig feierlich. Selbst bei den Nama, wie ein Missionar später berichtete: »Derselbe (Joseph Fredericks) hatte sich in seinen schwarzen Sonntagsanzug geworfen und hätte gewiss ein recht einnehmendes Äußeres präsentiert, wenn nur seine Hände nicht so schmutzig gewesen wären.«

Von Fairness oder gar Augenhöhe beim Abschluss des Vertrages konnte indes keine Rede sein. Vogelsang hatte offen gelassen, ob der Messgröße die deutsche geografische Meile (ca. 7,4 Kilometer) oder die kürzere englische Meile zugrunde gelegt worden war. Als Lüderitz später selbstverständlich von der deutschen Maßeinheit ausging, fühlten sich die Nama getäuscht. Doch es war zu spät. Wenige Monate später ließ sich Vogelsang in einem zweiten Vertrag den gesamten Küstenstreifen vom Oranje-Fluss bis zum 26. Breitengrad mitsamt dem Hinterland zusichern. Damit herrschte Adolf Lüderitz über ein Gebiet,

Der Kaufmann Adolf Lüderitz gilt als Pionier der Kolonialgeschichte von Deutsch-Südwestafrika.

Die Geburtsstunde der deutschen Kolonialpolitik

Im November 1882 sandte der Bremer Kaufmann Adolf Lüderitz eine Eingabe an das Auswärtige Amt: »Hohes Kaiserliches auswärtiges Amt! ... Das von mir ins Auge gefasste Land liegt zwischen dem 26. und 29. Grad südl. Breite. Von den besten Buchten haben die Engländer leider bereits Besitz ergriffen. Das Land ist auf einige Meilen, von der Küste in das Innere, sandig und steril, und zwar bis zu den Hügelreihen. Hinter diesen Hügeln beginnt fruchtbares Land. Die Eigentümer desselben sind die Nama, von deren Häuptlingen ich das Besitzrecht erwerben werde. ... Würde ich mich nun, ohne den Schutz der deutschen Flagge, an der Küste niederlassen, so würden mir die benachbarten Engländer bald genug das Handwerk legen ... Wie ich ferner höre, sollen die im Nama-Land liegenden Berge teilweise reich an Kupfer und Silber sein. Sollte sich ergeben, dass es der Mühe lohnt, auch auf den Gewinn von Erzen zu arbeiten, so würde ich Arbeiter heranzuziehen wissen, um Minen anzulegen und auszubeuten. Jedenfalls muss ich aber, ehe ich ein derartiges größeres Unternehmen beginne, im festen Besitze passenden Landes sein, und dazu kann ich nur gelangen, wenn ich den Schutz der deutschen Flagge genieße, um welchen ich hierdurch wiederholt ergebenst bitte. In baldiger Erwartung eines, hoffentlich günstigen, Bescheides, habe ich die Ehre zu verharren.« Im April 1884 war Lüderitz am Ziel, das Deutsche Reich stellte seine erworbenen Ländereien unter Schutz. In einer Rede vor dem Reichstag erläuterte Bismarck seine Entscheidung: »Ich habe mich dann entschlossen, an die englische Regierung die Frage zu stellen, ob sie auf Angra Pequena Rechtsansprüche geltend mache, und wie sie, im Fall dass es so wäre, glaube, diese begründen zu können ... Ich habe mich überzeugen können, dass dort nur die eingeborenen Stämme bisher eine Souveränität ausüben, und dass da Zweifel nicht vorliegen.« Damit war die Geburtsstunde der deutschen Kolonialpolitik eingeläutet.

DIE GEBURTSURKUNDE DER DEUTSCHEN KOLONIALPOLITIK

DIE DEPESCHE BISMARCKS AN DEN DEUTSCHEN KONSUL IN KAPSTADT

Diese Depesche Bismarcks an den deutschen Konsul in Kapstadt enthält die Aufforderung, die Besitzungen Alfred Lüderitz' unter den Schutz des Reiches zu stellen.

› Landkarte der ersten Kolonie des Deutschen Reiches in Südwestafrika, 1907

DAS WELTREICH DER DEUTSCHEN
STURM ÜBER SÜDWEST

Drei Angestellte der Firma Lüderitz in Angra Pequena.
Links im Bild Heinrich Vogelsang.

das zwar größer war als das heimatliche Reich, sich aber als eher unwirtliches Fleckchen Erde präsentierte: »So weit das Auge reicht, Sand, nichts als Sand, hügelartig, wie unendliches, totes Meer«. Und doch mit der verlockenden Aussicht auf reiche Beute – Gold, Silber, Edelsteine und Erzvorkommen.

Lüderitz freilich wusste: Als Privatmann konnte er mit seinen Besitzungen angesichts der unüberhörbaren britischen Ansprüche auf diesen Teil Afrikas nicht lange überleben. Er wurde deshalb beim Auswärtigen Amt in Berlin vorstellig und bat um den Schutz des Reiches für seine Besitzungen. Er ahnte wohl, dass es zu Konflikten mit den Eingeborenen und den in Südwestafrika stark vertretenen englischen und burischen Händlern kommen könnte, und wollte Rückendeckung. Bismarck reagierte erwartungsgemäß zurückhaltend. Der Reichskanzler hatte am Erwerb überseeischer Besitzungen im Grunde kein Interesse. Zu gefährlich erschien ihm bei einem Vorpreschen Deutschlands der außenpolitische Zündstoff. Auch sah er wenig wirtschaftlichen Nutzen in den Übersee-Projekten. »Solange ich Reichskanzler bin, treiben wir keine Kolonialpolitik«, hatte er noch 1881 kategorisch erklärt.

Fürst Bismarck leerte mit mir eine Flasche, wünschte mir ferneres Gedeihen meines Unternehmens und war höchst liebenswürdig gegen mich ... derselbe versicherte mich seines und des Reiches ausgedehntesten Schutzes.
SCHREIBEN VON LÜDERITZ AN VOGELSANG, 19. APRIL 1884

Doch schon bald konnte er sich den Kolonialenthusiasten im Reich nicht mehr entziehen und gab nach: Nach einem Treffen mit Lüderitz ließ er dessen südwestafrikanische Besitzungen am 24. April 1884 unter den Schutz des Reiches stellen. Bismarcks Depesche war ein Einschnitt: Sie markierte den offiziellen Beginn der deutschen Kolonialpolitik. Im Kampf um die letzten weißen Flecken auf der Erde hatte das Deutsche Reich seinen Hut in den Ring geworfen. Noch im selben Jahr folgten »Schutzverträge« für das Togoland und Kamerun.

Wie es zu dieser Sinneswandlung Bismarcks kam, darüber ist viel spekuliert worden. Einer der Gründe war laut Bismarck-Biograf Lothar Gall das Bestreben des Kanzlers, das europäische Gleichgewicht zu erhalten. Die meisten

DAS WELTREICH DER DEUTSCHEN
STURM ÜBER SÜDWEST

der Gebiete, auf die das Reich nun Anspruch erhob, lagen in Englands Interessensphäre, und tatsächlich beanspruchte Großbritannien die gesamte südwestafrikanische Küste für sich, obwohl es de facto dafür keine Titel erworben hatte. Dadurch, dass Bismarck England nun vor den Kopf stieß, erhoffte er sich eine Annäherung an den alten Feind Frankreich. Darüber hinaus dürften wirtschaftliche Zwänge seine Entscheidung begünstigt haben. Im Deutschen Reich grassierte die Angst vor einer Depression bei einer gleichzeitigen industriellen Überproduktion. Man dachte, die Konjunktur könnte durch die Erschließung neuer Rohstoffquellen und Absatzmärkte belebt werden. Verschiedene Interessengruppen behaupteten, so der Historiker Hans-Ulrich Wehler, »die gewaltige Produktion der deutschen Industriewirtschaft brauche ein ›Sicherheitsventil‹, das nur im Export, möglichst auch in eigenen Kolonien zu finden sei«.

Um 4 ½ Uhr zog unter brausendem Hurrah aller Anwesenden die deutsche Flagge am Mast auf. Vom Schiff aus salutierte man mit Gewehrsalven, und nachdem auch an Land eine größere Anzahl Schüsse gefeuert worden war, begaben sich sämtliche Teilnehmer zum Chef, welcher Champagner hatte anfahren lassen.
AUS DEM TAGEBUCH VON HEINRICH VOGELSANG, 12. MAI 1883

Auch innenpolitische Gründe spielten eine Rolle. Die Reichstagswahlen standen vor der Tür, und um seine Machtposition zu sichern, kam Bismarck den Kolonialbefürwortern entgegen. An den deutschen Botschafter in London schrieb er: »Die öffentliche Meinung legt gegenwärtig in Deutschland ein so starkes Gewicht auf die Kolonialpolitik, dass die Stellung der Regierung im Innern von dem Gelingen derselben wesentlich abhängt.« Von da an ging es Schlag auf Schlag. Im März des Jahres 1884 ernannte der Kanzler den bekannten Afrikaforscher Dr. Gustav Nachtigal kurzerhand zum »Reichskommissar für die Westküste von Afrika« und gab ihm den Auftrag, »Freundschafts-, Handels- und Protektoratsverträge« mit den lokalen Häuptlingen abzuschließen und dort die deutsche Fahne zu hissen. Am 7. August 1884 gingen die Kriegsschiffe »Elisabeth« und »Leip-

Mitten in der Einöde entstanden die ersten Handelsniederlassungen des Bremer Kaufmanns Lüderitz.

Auf einer Expedition ins Landesinnere starb Lüderitz 1886 in den Fluten des Oranje-Flusses.

Südwestafrikas durch Verträge an das Deutsche Reich gebunden. Dem eigentlichen »Gründer« der Kolonie war allerdings wenig Glück beschieden. Da die erhofften Bodenschätze ausblieben, war Adolf Lüderitz' Kapital bald aufgebraucht, er stand vor dem finanziellen Ruin. Schon 1885 musste er »seine Kolonie« an die neu gegründete Deutsche Kolonialgesellschaft für Südwestafrika verkaufen. Ende 1886 ertrank er während einer Erkundungsfahrt auf dem Oranje-Fluss.

zig« in der Bucht von Angra Pequena vor Anker. Während die Bordkapellen lautstark den Preußenmarsch intonierten, gingen Offiziere und Mannschaften in Paradeuniform an Land. Die beiden Schiffe feuerten donnernd Salut, die Matrosen präsentieren das Gewehr, dann wurde unter dreifachem »Hurra« und den Klängen der Nationalhymne offiziell die schwarz-weiß-rote Reichsflagge über dem sandigen Küstenstreifen gehisst.

Meine von Seiner Majestät dem Kaiser gebilligte Absicht ist, die Verantwortlichkeit für die materielle Entwickelung der Kolonie ebenso wie ihr Entstehen der Tätigkeit und dem Unternehmungsgeiste unserer seefahrenden und handeltreibenden Mitbürger zu überlassen.
BISMARCK VOR DEM REICHSTAG, 26. JUNI 1884

In der Folgezeit trieben die nach Südwestafrika entsandten kaiserlichen Beauftragten die Ausdehnung des Territoriums durch zahlreiche »Schutzverträge« mit einzelnen Eingeborenenstämmen zügig voran. Bis zum Jahr 1894 waren auf diese Weise fast alle Stämme

Ein raues Paradies

Else Sonnenberg hatte schon als Kind von exotischen Ländern geträumt. Sie wurde 1879 in einem Dorf bei Braunschweig geboren, ihr Vater betrieb einen Kolonialwarenladen. Während sie den duftenden Kaffee abfüllte, bittersüße Schokoladentafeln fein säuberlich stapelte oder half, überseeische Gewürze nach Farben zu arrangieren, stellte sie sich wahrscheinlich die Länder vor, aus denen diese Düfte kamen. »Aus unseren Dörfern sind um 1900 sehr viele ausgewandert«, berichtet der Pfarrer des Ortes. »Afrika hat Else immer fasziniert, die große Tiervielfalt und dann die Weite. Man muss sich vorstellen, als später ein Nachbar wieder zurückkommt in ihr Dorf und dort erzählt, dass er eine Farm hat, die so groß ist wie das ganze Herzogtum Braunschweig, und von dieser Weite, die nicht eingegrenzt ist durch Zäune, von den großen Herden – in ihrem eigenen Stall hatten die Bauern höchstens drei, vier Kühe, dort hatten sie auf einmal hundert –, da kamen Träume von Freiheit und Unabhängigkeit auf.« Jahre später wagte ihr Verlobter Gustav, ein Gastwirtssohn aus dem Nachbardorf, den langen

Weg nach Deutsch-Südwest. 1903 kam er zurück in die Heimat, um Else zu heiraten und mit ihr gemeinsam das Glück in der Fremde zu finden. Den beiden schwebte eine eigene Farm zur Rinderzucht vor.

Als der Dampfer am 5. März 1903 auf der Reede von Swakopmund vor Anker ging und die bald 24-jährige Else Sonnenberg ihre neue Heimat das erste Mal erblickte, war sie von ihrem Mann bereits vorsichtig auf den »Schock« vorbereitet worden. »Darum war meine Enttäuschung nicht allzu groß, als ich von der Seeseite her, neben einigen wenigen Gebäuden, nichts als Sand und wieder Sand erblickte, so weit das Auge zu reichen vermochte.« Auf ähnliche Weise hatte ein deutscher Marinesoldat 1894 seine Eindrücke geschildert: »In der heißen Sonne, die flimmernd über dem Land lag, dehnte sich unabsehbar eine weite gelb-rötliche Sandfläche, die langsam von der Küste anstieg. Da waren weder Baum noch Strauch, weder Palmen noch Wälder; es war alles nackt und kahl. Das sollte ihr Afrika sein? Was sie vor Augen sahen, war eine unwirtliche, namenlose Öde. Ein feindseliges, fremdes Land.«

Namibia, das ehemalige Deutsch-Südwest, wird durch zwei Wüsten geprägt: Im Westen durch die Namib und im Osten durch die Kalahari. Zwischen beiden Wüsten liegt das durchschnittlich 1700 Meter hohe Binnenhochland mit der Hauptstadt Windhuk. Das Klima ist meist heiß und trocken, nur im Caprivi-Streifen ganz im Norden regnet es häufiger, weshalb hier ein ausgedehntes Flusssystem und tropischer Urwald zu finden sind. Während Namibia heute ein beliebtes Touristenziel ist, das mit spektakulären Sonnenaufgängen über den Dünen, dem Etoscha-Nationalpark oder dem märchenhaften Köcherbaumwald bei Keetmanshoop lockt, war der erste Eindruck für Reisende, die im 19. Jahrhundert per Schiff über den Atlantik kamen, indes abweisend: sandige Wüste, wohin man auch blickte, während der kalte Benguelastrom an der Atlantikküste für kühle Luft sorgte und die Küstenstadt Swakopmund meist in Nebel hüllte. Schnell war klar, dass die Neuankömmlinge nicht etwa ein exotisches Paradies, sondern ein raues Land erwartete, in dem es nicht einfach sein würde, ein Auskommen zu finden.

Von nun an haben alle deutschen Kaufleute und Unternehmer Anspruch auf Schutz ihrer Tätigkeit, Erwerbungen und ihrer Niederlassungen, die auf bisher herrenlosem, von keiner anderen Macht beanspruchtem Lande liegen.
REICHSKANZLER OTTO VON BISMARCK

Wer aber eine Zeit lang in Afrika lebt, so heißt es bis heute, den lässt es nicht mehr los. Auch die Siedler hatten trotz aller Strapazen Augen für die Schönheit des Landes. »Die Namib bot einen großartigen Anblick, ganz in blauen Dunst gehüllt, über dem rosig im Glanz der

Der Traum von einer eigenen Farm lockte die ersten Siedler nach Deutsch-Südwestafrika.

Sonne die gewaltige Masse der Brandberge lagerte«, bemerkte die Siedlerin Margarethe von Eckenbrecher einmal, obwohl sie sich gerade auf einer äußerst beschwerlichen Reise durch das Land befand, bei der ihr Ochsenwagen in abschüssigem Gelände umgefallen war und sie sich die Hand schwer verstaucht hatte. »Es ist mit das Schönste, was ich je in meinem Leben erblickt habe, so großartig erhaben und doch so trostlos und einsam.« Und Else Sonnenberg berichtet über einen Spaziergang am Waterberg: »Hohe Bäume wölbten ihr Laubdach über riesigen Felsblöcken, unter deren einem die klare Quelle frisch sprudelnd hervorquillt. Wie erquickend war ein Trunk aus der silberklaren Quelle. Vor uns die weite Ebene und im Rücken die hoch aufragenden Steinmassen des Waterbergs, in deren Spalten Klippdachse hausen und auf deren Höhen die Paviane ihr Spiel treiben, da ließen wir uns zur Rast nieder. Wie schmeckte das Frühstück.«

Bunte Völkervielfalt

In Deutsch-Südwest lebten ganz verschiedene Bevölkerungsgruppen. Die Herero etwa waren im Rahmen der großen Bantu-Völkerwanderungen nach Südwestafrika eingedrungen. Die Bantu zeichnen sich durch eine dunkelbraune Hautfarbe und großen Körperwuchs – 1,80 Meter galt als durchschnittliche Größe – aus. Sie waren Rinderzüchter und hatten auf ihrer Suche nach Weideland das südwestafrikanische Binnenhochland für sich entdeckt.

Die ihnen sprachverwandten Himba, ebenfalls Rinderzüchter, hatten sich im etwas kargeren, nordwestlich gelegenen Kaokoland niedergelassen. Im zentralen Norden wiederum waren die Ovambo, ebenfalls ein Bantustamm, als Ackerbauern oder Viehzüchter sesshaft geworden. Von Süden her wanderten später die Nama ein, ein Hirtenvolk, das Ziegen, Schafe, aber auch Rinder züchtete. Zwischen ihnen und den Herero waren von jeher immer wieder Kämpfe um die begrenzt vorhandenen Wasserstellen und Weideflächen entbrannt.

Man hatte den Anspruch, eine zivilisatorische Mission zu erfüllen, das heißt, in »unzivilisierte« Regionen Kultur und Zivilisation zu bringen.
Marianne Bechhaus-Gerst, Afrikanistin

Aufgrund der vielen Stämme herrschte eine große Sprachvielfalt im Land. Die Nama gehören der Khoisan-Sprachfamilie an. Wegen der hierfür charakteristischen Klick- und Schnalzlaute wurden sie von den Kapholländern »Hottentotten«, »Stotterer« genannt. Zur gleichen Sprachfamilie gehören die San und die Damara, die man auch als Buschmänner bezeichnet. Sie sind klein und zierlich, von hellgelber Hautfarbe, und leben vom Sammeln und der Jagd. Während die Damara von den Herero unterworfen wurden und eine Art Sklavendasein fristeten, hatten sich die San in den Osten des Landes zurückgezogen. Bei aller Vielfalt war das Gebiet aber nur dünn besiedelt: Auf der 835 000 Quadratkilometer großen Fläche der späteren deutschen Kolonie lebten kurz vor der Ankunft der Deutschen gerade 220 000 Eingeborene.

Auf dieses komplexe Völkergemisch trafen die ersten Europäer, die Südwestafrika erreichten – portugiesische Seefahrer, die im 15. Jahrhundert vor Anker gingen, aber schnell wieder das Weite suchten. In der Folgezeit war das Gebiet ein Anlaufpunkt für europäische Walfänger, Guanosammler, Forscher oder burische Großwildjäger, die mit den Stämmen der Nama oder Herero Tauschgeschäfte abwickelten.

Im Jahr 1840 kam die Rheinische Missionsgesellschaft nach Südwestafrika, um die Nama und die Herero zum Christentum zu bekehren. Die Frau des Missionars Carl Hugo Hahn, der die erste Missionsstation im Stammesgebiet der Herero gründete, führte die viktorianischen Missionskleider der Hererofrauen ein, die diese heute noch zu festlichen Anlässen tragen. Allerdings machten die Rivalitäten zwischen den Nama und Herero die Arbeit der Missionare so gut wie unmöglich, sodass die Gottesmänner die Proklamation der deutschen Schutzherrschaft einhellig begrüßten.

Von 1884 an leisteten einzelne Missionare bei Vertragsabschlüssen zwischen Reichsvertretern und einheimischen Chiefs als Dolmetscher und Unterhändler tatkräftige Hilfe. Der spätere Gouverneur Theodor Leutwein fand sogar, dass sie wesentlich dazu beigetragen hätten, die »nominelle Schutzherrschaft in eine tatsächliche« umzuwandeln. Dass es bei diesen Verträgen nicht immer mit rechten Dingen zuging, darüber sahen die Gottesmänner geflissentlich hinweg. Der südafrikanische Reformkleriker und spätere Nobelpreisträger Desmond Tutu brachte es einmal wie folgt auf den Punkt: »Als die ersten Missionare nach Afrika kamen, besaßen sie die Bibel und wir das Land. Sie forderten uns auf, zu beten. Und wir schlossen die

Ordensmissionare bemühten sich seit 1840, den christlichen Glauben unter den afrikanischen Völkern zu verbreiten.

Hererofrau (links) in viktorianischer Kleidung, die die ersten Missionare mit ins Land brachten. Neben ihr eine Frau aus dem Volk der Buschmänner.

kein Ende nahmen, war eine Anwerbung von Siedlern für die Region äußerst schwierig. Das war besonders ärgerlich, weil Deutsch-Südwest seinerzeit die einzige Kolonie war, die aufgrund ihres trockenen Höhenklimas für eine Besiedlung infrage kam. Andere Schutzgebiete wie Kamerun, Togo und Deutsch-Ostafrika waren wegen dort grassierender Tropenkrankheiten nur bedingt geeignet.

Das Deutsche Reich sah sich bald, entgegen seiner ursprünglichen Pläne, gezwungen, aktiv einzugreifen, um die friedliche Entwicklung des Landes einigermaßen gewährleisten zu können. Im Sommer 1889 wurde deshalb eine Truppe von fünfzig Soldaten geschickt, die an der Nahtstelle zwischen den beiden rivalisierenden Stämmen stationiert wurde; fünf Jahre später wurde sie schließlich auf 400 Mann verstärkt und offiziell in eine kaiserliche Schutztruppe umgewandelt. »Südwestafrika ist deutsches Land und muss als deutsches Land geschützt werden«, kommentierte Bismarcks Nachfolger, Georg Leo Graf von Caprivi, die Notwendigkeit zum Handeln, »einerlei ob es gut war, es zu erwerben, oder nicht.« Erster Kommandeur der neuen Schutztruppe wurde Hauptmann Curt von François. Er machte das

Augen. Als wir sie wieder öffneten, war die Lage genau umgekehrt: Wir hatten die Bibel und sie das Land.«

Da aber die kriegerischen Auseinandersetzungen zwischen den Stämmen auch nach der Proklamation der deutschen Schutzherrschaft

zentral gelegene Windhuk zum Verwaltungssitz der Kolonie und baute mitten in der Stadt eine Festung, um die Machtstellung der Kolonialherren zu untermauern.

Kolonisieren ist im Grunde ja nichts anderes als Erobern. Im ersten Stadium tritt dieses Moment nicht so deutlich für den Eingeborenen zutage ... Sobald aber die eigentliche Besiedlung beginnt, ändert sich das Verhältnis. Naturgemäß regt sich jetzt bei dem Eingeborenen der Widerstand, der Wunsch, das Joch abzuwerfen.
CURT VON FRANÇOIS, ERSTER KOMMANDEUR DER SCHUTZTRUPPE FÜR SÜDWESTAFRIKA

Die rivalisierenden Nama und Herero beeindruckte das wenig, eine Befriedung der beiden Völker schien in weiter Ferne. Das änderte sich erst, als die Deutschen die beiden Stämme erfolgreich gegeneinander ausspielten.

Reichskommissar Heinrich Ernst Göring, Vater der späteren Nazi-Größe Hermann Göring, schloss im Jahr 1885 mit den Herero einen Schutzvertrag, der nach kurzer Unterbrechung 1890 erneuert wurde. In jenem Jahr hatte Samuel Maharero das Amt seines verstorbenen Vaters, Häuptling Kamaherero, übernommen. Die Rechtmäßigkeit der Nachfolge war unter seinen Stammesbrüdern aber durchaus umstritten. Von einer Zusammenarbeit mit den Deutschen versprach er sich nicht nur eine Unterstützung im Kampf gegen die Nama, sondern auch die Festigung seiner internen Machtstellung. Samuel Maharero schwebte eine Art Oberhäuptlingsschaft über das ganze Volk der Herero vor. Das war eine Position, die es bislang nicht gab, die aber schon sein Vater zu etablieren versucht hatte. Bislang hatten sich die Herero auf mehrere Familienclans aufgeteilt, an deren Spitze jeweils ein Häuptling oder Kapitän installiert war. Als eine Art beratendes Gremium standen ihm die reicheren und vornehmeren unter den Herero, die »Großleute«, zur Seite.

Die Konzeption einer »Hereronation« mit einem einzigen Herrscher an der Spitze sollte dazu dienen, sich auch gegen die Ansprüche anderer Stämme abzusichern. In weiser Voraussicht hatte schon der alte Kamaherero den Deutschen die Grenzen »seines« Landes in einer Proklamation schriftlich mitgeteilt. »Die Position Mahareros beruhte mit Sicherheit auf dem Pfeiler der deutschen Kolonialmacht«, bestätigt Horst Gründer. »Er hat sich ja auch oft und gerne in deutscher Uniform gezeigt und

Samuel Maharero in Uniform – mithilfe der Deutschen wollte er sich zum Oberhäuptling aller Hererostämme ausrufen lassen.

sich als Vertreter der Kolonialmacht gesehen. Es hat lange gedauert, bis er von dieser Haltung Abstand nahm.«

Du wirst zum Ende schwer bereuen, dass Du Dein Land und Deine Regierungsrechte in die Hände der Weißen gegeben hast.
BRIEF DES NAMAHÄUPTLINGS
HENDRIK WITBOOI AN SAMUEL MAHARERO

Samuel Maharero pflegte engen Kontakt zu den Deutschen, mit Gouverneur Leutwein verband ihn fast eine Art Freundschaft. Nicht alle Weißen fanden das »angemessen«. So schrieb Helene von Falkenhausen, die im Jahr 1893 mit ihren Eltern nach Klein-Windhuk gekommen war: »Samuel war oftmals unser Gast; aber wir waren von dieser uns zuteil werdenden Ehre durchaus nicht erbaut. Er konnte entsetzlich betteln, und wir glaubten, möglichst alle seine Wünsche erfüllen zu müssen, um nicht in Ungnade zu fallen. Auch von Herren unserer Regierung wurde der schwarze Gast sehr kajoliert.«

Nicht nur in der Kolonie, auch in Berliner Kolonialkreisen gab es Kritik an der Milde Leutweins. Der Gouverneur war bestrebt, die Kolonie nicht nur mit militärischen, sondern auch mit diplomatischen Mitteln zu regieren. Wenngleich das Gewaltmonopol zweifelsohne bei der deutschen Kolonialmacht lag, wollte Leutwein Blutvergießen nach Möglichkeit vermeiden. Sein System beruhte auf dem alten römischen Kolonialprinzip »divide et impera«, teile und herrsche. Das bedeutete zunächst, die Gegner in einem Land in Untergruppen aufzuspalten, um sie anschließend leichter besiegen zu können. »Gouverneur Leutwein hat sich aus diesem Grund erst mit den Herero verbündet, dann erst mit den Nama. Aber genau diese Reihenfolge war entscheidend«, erklärt der Historiker Horst Gründer.

Leutwein ließ den Häuptlingen vorerst ihre Machtstellung, erwartete im Gegenzug jedoch Loyalität und im Bedarfsfall »Heeresfolge«. Er wollte sie schrittweise an die deutsche »Oberherrschaft« gewöhnen, um sie alsdann in das koloniale System zu integrieren. Obwohl der Gouverneur wusste, dass das »Endziel jeder Kolonisation, von allem idealen und humanen Beiwerk entkleidet, schließlich doch nur ein Geschäft ist«, versuchte Leutwein als Amtsträger in Deutsch-Südwest »in dem Verhalten gegen Eingeborene den richtigen Mittelweg zwischen Nachsicht und Strenge zu finden«.

Blutige Machtkämpfe

Das funktionierte zunächst auch ganz gut. Im Jahr 1894 brachte er Samuel Maharero dazu, einer festen Südgrenze des Hererogebietes zuzustimmen. Dadurch wurde »deutsches Kronland« und damit wertvolles Siedlerland frei. Als Kompensation für die Gebietsverluste erhielt Maharero eine jährliche Rente von 2000 Mark. Später vereinbarten Leutwein und er, dass Hererovieh, das die Südgrenze überschritt, von den Deutschen gepfändet werden durfte. Da Maharero ein Teil des Verkaufserlöses versprochen wurde, willigte er auch darin ein. Kurz darauf wollte Leutwein die Nordgrenze festlegen. Als sich nun aber die Ostherero in die Enge getrieben fühlten und im März 1896 einen Aufstand wagten, wurde dieser mit Billigung Mahareros niedergeschlagen.

Die Nama indes führten Krieg nicht nur gegen die Herero, sondern auch bewusst gegen die deutschen Kolonialherren. »Die (anderen

DAS WELTREICH DER DEUTSCHEN
STURM ÜBER SÜDWEST

»Ich bin mein eigener Schutzherr« – Hendrik Witbooi, »Kapitän« der Nama.

Häuptlinge) haben alle nicht verstanden, was sie unterschrieben haben. Ich habe es verstanden, darum schieße ich vorher, nachher ist es zu spät«, erklärte Namakapitän Hendrik Witbooi sein Verhalten. Witbooi war eine beeindruckende Persönlichkeit. Er war bereits als junger Mann von Missionaren der Rheinischen Missionsgesellschaft betreut und getauft worden, war intelligent, beherrschte mehrere europäische Sprachen und kommunizierte meistens per Brief mit seinen Gegnern.

Ich bin mein eigener Schutzherr und will das für mich und mein Volk auch bleiben.
NAMAHÄUPTLING HENDRIK WITBOOI

Einen Schutzvertrag mit den deutschen Kolonialherren wies Hendrik Witbooi mit Hinweis auf die Souveränität des Namavolkes zurück. An Major Theodor Leutwein schrieb er im Jahr 1894: »Sie sagen ferner, dass es Ihnen leidtut, dass ich den Schutz des Deutschen Kaisers nicht anerkennen will, und dass Sie mir dies als Schuld anrechnen und mich mit Waffengewalt strafen wollen. Dies beantworte ich so: Ich habe den Deutschen Kaiser in meinem Leben noch nicht gesehen, deshalb habe ich ihn auch nicht erzürnt mit Worten oder Taten. Gott, der Herr, hat verschiedene Königreiche auf die Welt gesetzt, und deshalb weiß und glaube ich, dass es keine Sünde und kein Verbrechen ist, dass ich als selbständiger Häuptling meines Landes und Volkes bleiben will, und wenn Sie mich wegen meiner Selbständigkeit über mein Land und ohne Schuld töten wollen, so ist das auch keine Schande und kein Schade, denn dann sterbe ich ehrlich über mein Eigentum. Nehmen Sie Ihren Krieg zurück, gehen Sie von mir weg, dies ist mein ernstliches Ersuchen an Sie.«

Witboois Überfälle versetzten Herero und europäische Siedler gleichermaßen in Angst und Schrecken. So berichtete Helene von Falkenhausen von den enttäuschten Hoffnungen erster Auswanderer: »Sie alle waren in dem frommen Glauben, sofort auf die Farm ziehen zu können, ins Land gekommen; doch schon in Swakopmund war ihnen Kunde geworden von Hendrik Witboois jüngsten Mordtaten und dass vorläufig an ein ruhiges Farmerleben nicht zu denken sei.«

Als der Namakapitän im Jahr 1892 überraschend Frieden mit den Herero schloss, ahnten die Deutschen, dass sich diese Vereinbarung gegen sie richtete. Daraufhin beschloss der damalige Kommandeur der Schutztruppen, Curt von François, Hendrik Witboois Macht endgültig zu brechen. Am 12. April 1893 überfielen deutsche Soldaten Hornkranz, den privaten Wohnsitz Witboois, und eröffneten das Feuer.

Witbooi konnte zwar mit seinen Kriegern entkommen, unter den zurückgelassenen Frauen und Kindern aber richteten die Deutschen ein Blutbad an. »Die schwer zu schätzenden Verluste der Hottentotten waren beträchtlich, die Werft bot einen gar schrecklichen Anblick. Leichen von Menschen und Tieren, Hausgerät und Waffen lagen herum«, berichtete ein Augenzeuge von dem Geschehen.

Die Deutschen lassen sich in unserem Gebiet nieder und drängen uns ihre Gesetze auf. Sie verbieten den Menschen, denen diese Gebiete gehören, das freie Herumstreifen, verbieten ihnen freie Verfügung über ihre eigenen Weiden, ihr eigenes Wasser. Ich verstehe nicht, was Ihr Capitaine Euch dabei gedacht habt, als Ihr Euch unter den Schutz dieser Menschen stelltet?
BRIEF HENDRIK WITBOOIS AN DEN HÄUPTLING JOSEPH DAVID FREDERICKS, JUNI 1892

Im folgenden Jahr griff Hendrik Witbooi immer wieder deutsche Posten und Farmer an, ohne von den Schutztruppen gefasst zu werden. Erst François' Nachfolger Major Theodor Leutwein gelang es im Jahr 1894, Witbooi in den Naukluftbergen aufzuspüren und zu Verhandlungen zu zwingen. Es folgte ein Friedensvertrag, der immerhin bis 1904 hielt – ein ganzes Jahrzehnt lang herrschte in der Kolonie eine Periode relativer Ruhe, während der sich nun endlich auch vermehrt deutsche Kaufleute, Händler und Siedler in das Schutzgebiet wagten.

Zwei Welten prallen aufeinander

Majestätisch erhebt sich der Waterberg aus der Savanne und leuchtet glühend rot in der untergehenden Sonne. Als der Missionar Carl Hugo Hahn das nördlich von Windhuk gelegene Tafelberg-Massiv zum ersten Mal sah, war er überwältigt: »Je näher wir kamen, desto schöner wurde die Gegend. Erst passierten wir eine grüne Wiese, auf der sich wie an den Ufern der Bäche in der Heimat die Vergissmeinnicht wie ein blauer Teppich ausbreiteten. Das Gartenland ist unermesslich.«

Dieser Bericht hatte einst den Ausschlag für die Rheinische Mission gegeben, in der Gegend eine Missionsstation zu errichten. Weil sich dort außerdem der Oberkapitänsplatz der Herero und damit ein lukrativer Kundenstamm befand, folgten bald die ersten Kaufleute. Darunter waren auch die Gebrüder Voigts. Gustav Voigts stammte wie Else Sonnenberg aus der Gegend um Braunschweig – sein Vater hatte in Meerdorf einen

im Mantel.

DAS WELTREICH DER DEUTSCHEN

STURM ÜBER SÜDWEST

Bauernhof. Wie es die Tradition wollte, erbte der älteste Sohn den Hof, die Nachgeborenen – Gustav war als zweites von acht Kindern zur Welt gekommen – mussten sich etwas anderes suchen. Zuerst verschlug es ihn nach Chile, doch als sein Bruder Albert in Deutsch-Südwest eine Anstellung bei einem Deutschen namens Wecke fand, folgte ihm Gustav 1891 nach Afrika. Zusammen gründeten die drei das Handelsunternehmen »Wecke & Voigts«, das bis heute zu den bekanntesten Geschäftshäusern des Landes gehört. Ihren ersten Laden eröffneten sie in Okahandja am Waterberg. Mit den dort ansässigen Herero handelten sie auf Tauschbasis: Waren gegen Vieh. »Beim Tausche galt ein Hemd oder eine Blechschüssel oder ein Hut einen Hammel, ein Anzug galt einen großen fünfjährigen Ochsen, ein Sattel oder eine Rolle Segelleinen oder ein gleich großer Fleischtopf von Eisen, der 14 Gallonen fasste, galt drei Och-

Uniformen der deutschen Schutztruppe für Südwestafrika.
Im April 1893 zogen die Soldaten gegen den Kapitän der
Nama in den Kampf.

Trotz verschiedener Beihilfen verlief die Ansiedlung deutscher Kolonisten nur schleppend.

sen, fünf Pfund Zucker galten eine Ziege«, so beschrieb Gustav Voigts die Geschäftsgebaren später in seinen Memoiren.

Er war mit dem Handel sehr zufrieden, allein die ersten vier Wochen brachten ihm mehr als 500 Ochsen ein. Der logistische Aufwand des Geschäfts war allerdings beträchtlich. Anfangs mussten die Voigts ihre Tiere bis nach Transvaal in Südafrika treiben, um sie dort zu verkaufen. Die Waren für den Laden wiederum mussten von Swakopmund, wo sie mit dem Schiff eintrafen, abgeholt und mit dem Ochsenwagen mühsam ins Landesinnere gebracht werden. Erst als der dritte Bruder Richard im Jahr 1894 aus Deutschland kam, um den Laden in Okahandja zu managen, konnte Gustav endlich nach Windhuk übersiedeln, wo er die Ochsen an Ort und Stelle verkaufte. Dankbarer Abnehmer war meist die deutsche Schutztruppe. Damit hatte die Kolonie ihren ersten »inneren« Markt in Windhuk.

Obwohl koloniale Kreise im fernen deutschen Mutterland detaillierte Pläne zur Kolonisierung von Deutsch-Südwest entworfen hatten, verlief die Besiedlung des Schutzgebietes weiterhin schleppend, zumal man anfangs vornehmlich auf private Initiativen vertraute. Im Jahr 1891 lebten im heutigen Namibia gerade einmal 539 Weiße, wovon nur knapp die Hälfte aus dem Deutschen Reich stammte, die andere Hälfte setzte sich aus Buren und Engländern zusammen.

Die Kolonialpolitik ist nur ein Zweig der Weltpolitik, die das Deutsche Reich zum Schutz seiner kontinentalen Stellung verfolgen muss. Die Zeit ist vorüber, da das deutsche Spießbürgertum vergessen durfte, was draußen in der Welt vorgeht!
KAISER WILHELM II. VOR DER DEUTSCHEN KOLONIALGESELLSCHAFT

1891 gründete die Deutsche Kolonialgesellschaft eine spezielle Siedlungsgesellschaft, die gezielt die Ansiedlung von bis zu vierzig deutschen Familien in der Umgebung von Windhuk in Angriff nehmen sollte. Geplant war die Errichtung von Kleinsiedlungen, die durch Garten- und Ackerbau und ein wenig Viehzucht ihren Eigenbedarf selbst decken sollten. Die Regierung vor Ort unterstützte den Plan und stellte unentgeltlich Siedlungs- und Weideland zur Verfügung; bis 1894 konnten tatsächlich 34 Familien in Klein-Windhuk angesiedelt werden. Kurz darauf änderte die Siedlungsgesellschaft ihre Strategie und verlegte sich auf den Verkauf von großen Farmflächen, da diese für die einträgliche Viehzucht besser geeignet waren. Dies sollte noch zu Konflikten führen.

Mit der Zeit ergriff auch der Gouverneur in Windhuk selbst die Initiative, um die Besiedlung der Kolonie voranzubringen. Bis dahin hatten private Land- und Minengesellschaften nahezu ein Drittel der Gesamtfläche Südwestafrikas in ihren Händen gehalten, das Land aber kaum für die Besiedlung zur Verfügung gestellt. Erst mit der dauerhaften Etablierung der deutschen Herrschaft, die mit der Unterwerfung und räumlichen Zurückdrängung der Einheimischen einherging, konnte auch der Landeshauptmann Regierungs- oder »Kronland« anbieten. Bis zum Ausbruch des Hererokrieges im Jahr 1904 umfasste diese Fläche etwa 204 000 Quadratkilometer.

Damit sich die Siedler das Land überhaupt leisten konnten, legte der Kaiserliche Landeshauptmann 1894 einen Mindestpreis von 0,50 bis 1 Mark für einen Kapschen Morgen (etwa 0,81 Hektar) fest. Einige Jahre später konnten wehrpflichtige Deutsche und ehemalige Angehörige der Schutztruppe Farmen bis zu einer Größe von 5000 Hektar zu Sonderkonditionen erwerben. Außerdem gewährte das Gouvernement seit der Jahrhundertwende sogenannte Ansiedlungsbeihilfen in Form von Vieh, Saatgut, landwirtschaftlichen Geräten und Baumaterial. So wurden bis zum Ausbruch des Hererokrieges Grundstücke für 128 Farmen aus dem Kronland an Siedler verkauft, während die privaten Gesellschaften nur einen Bruchteil ihrer Flächen abgaben.

Einheimische hatten in der Regel keinen Rechtsbegriff, was Landbesitz betraf. Land gehörte allen, wurde allenfalls durch den Häuptling verwaltet und konnte auch eigentlich nicht ohne Erlaubnis der Stammesgemeinschaft verkauft werden.
HORST GRÜNDER, HISTORIKER

Leicht war es indes für die Siedler trotz der verschiedenen Beihilfen zu keiner Zeit. Zahlreiche Berichte beklagten nicht nur die Unwirtlichkeit des Landes, immer wieder grassierende Viehkrankheiten und die angebliche »Faulheit« oder »Verschlagenheit« der Eingeborenen. So berichtete Helene von Falkenhausen von überteuerten Preisen in den Kaufhäusern Windhuks, hohen Zöllen auf Einfuhrwaren, erdrückenden Steuerlasten und der Arroganz vieler Regierungsbeamter. Siedler, so schrieb sie, seien im Gegensatz zu Beamten oder Soldaten das »Proletariat der Kolonie« gewesen. Wegen der oft ungeklärten Besitzverhältnisse dauerte es lange, bis die Neuankömmlinge Farmland er-

Der Gouverneur von Deutsch-Südwestafrika, Major Theodor Leutwein.

Der Traum von der eigenen Farm wurde nicht für alle Siedler Wirklichkeit. Auch die Sonnenbergs hielten sich mit einem Laden wie diesem über Wasser.

suchte sich eine Zeit lang als fahrender Händler. Die lang ersehnte Farm erwarb er am Ende direkt von Samuel Maharero. Dorthin zog er mit Frau und Kind, behielt aber, wie die meisten Siedler, die Handelstätigkeit bei.

Land direkt von den Eingeborenen zu kaufen, war die günstigste Möglichkeit, an Grund und Boden heranzukommen. In der Regel wechselten Landstriche den Eigentümer, die noch nicht in den Besitz der Regierung oder der Gesellschaften übergegangen waren und innerhalb derer die einzelnen Volksstämme aufgrund von Schutz- oder Freundschaftsverträgen eine gewisse Autonomie behalten hatten. Dabei war es für die Siedler von Vorteil, dass sich das Rechtsdenken etwa der Herero deutlich von dem der Europäer unterschied.

Das Weideland, das sie für ihre Viehherden benötigten, gehörte dem ganzen Volk; die Häuptlinge regelten nur die Verteilung von Wasserstellen und Weideplätzen. Privates Eigentum im Wortsinn gab es nicht. Die Stammesregierung, also der Häuptling mit seinen Großleuten, war aber berechtigt, über das Land zu verfügen, es also auch zu verkaufen. Dabei waren sie gehalten, die Interessen ihres Stammes nach Möglichkeit zu wahren.

werben konnten. Übereinstimmend berichteten etwa die Siedlerinnen von Falkenhausen, Sonnenberg und von Eckenbrecher, dass sie ihre Pläne, eine Farm zu kaufen, aufgeben oder vertagen mussten. Friedrich von Falkenhausen etwa begann zunächst mit Gartenbau und ver-

Leider war das nicht bei jedem Häuptling der Fall. Besonders fahrlässig ging offenbar der Oberhäuptling der Herero, Samuel Maharero, mit dem Land seiner Leute um. »Jeder kaufte natürlich sein Land da, wo er es am billigsten erhalten konnte«, schrieb Theodor Leutwein in seinen Memoiren »Elf Jahre Gouverneur in Deutsch-Südwestafrika«: »Infolgedessen drängten die Käufer nach den Stammesgebieten, vor allem nach denjenigen der Herero. Hier lockten nicht nur die allgemein besseren Wasser- und Weideverhältnisse, sondern auch die Nähe der Bahn sowie ein über die Maßen genusssüchtiger und verschwenderischer Oberhäuptling, der für seine Rechte als Herr der Herero sehr viel Verständnis besaß, für seine Pflichten aber umso weniger.«

Im Laden von Gustav Voigts in Okahandja war der schillernde Oberhäuptling Stammgast. »Samuel drängte immerfort bei mir auf größeren Kredit«, berichtete Voigts. »Was er entnahm an Waren, sollte zunächst auf Borg gehen; ich hatte Verständnis für seine Lage, ich wusste, dass die Besucher von ihm, dem Oberhäuptling, Geschenke erwarteten nach altem Brauche, und er hatte viele Besucher, und sein Ansehen bedurfte der Nachhilfe durch besondere Geschenke.« Aber es waren nicht nur die Nöte eines Häuptlings, die Samuel in die Schuldenfalle tappen ließen. »Er war ein Trinker«, konstatierte Gustav Voigts.

Im Januar 1895 belief sich die Summe, die er den Brüdern Voigts schuldete, auf 10000 Mark. Da Maharero sich weigerte zu zahlen, wandte sich Gustav Voigts hilfesuchend an Gouverneur Leutwein und drohte damit, seinen Laden in Okahandja zu schließen. Leutwein ließ Maharero zum Rapport kommen, und nach einigem Hin und Her wurde schließlich ein Vertrag aufgesetzt. Samuel Maharero verkaufte zur Begleichung seiner Schulden ein 15000 Hektar großes Stück Land an Gustav Voigts. Unterschrieben wurde der Vertrag von sieben Hererokapitänen. Noch heute ist die Farm »Voigtskirch« – benannt nach einer Kirche, die die Herero auf dem Land errichten – im Besitz der Familie Voigts.

Im Rückblick sprechen die heutigen Herero-Häuptlinge in Namibia zwar mit großem Respekt von ihrem Vorfahren Samuel Maharero. Zu Kolonialzeiten brachte er sie jedoch zur Verzweiflung. »›Oberhäuptling Samuel‹ war die

Herero beim Melken des Viehs. Nicht immer wahrten die Häuptlinge Augenmaß, wenn es um den Verkauf von Land an deutsche Siedler ging.

fortgesetzte Sorge aller seiner Distriktchefs, die ihn zuweilen geradezu unter Kuratel stellen mussten«, berichtete Theodor Leutwein. »Und doch kam er auch beim Verkauf einer Farm nach der anderen aus seinen Schulden niemals heraus. Er zehrte daher an dem Kapital seines Volkes und huldigte offensichtlich dem bekannten Grundsatz ›après nous le déluge‹ (nach uns die Sintflut). Auch Ermahnungen und Warnungen, die ich persönlich an ihn verschwendete, nützten nichts. Er pflegte schuldbewusst das Haupt zu senken, sein und seiner Leute Leichtsinn einzugestehen und – weiter Farmen zu verkaufen.«

Der Umgang mit dem Fremden

Als die Sonnenbergs 1903 nach Deutsch-Südwest kamen, hatte die Kolonie bereits Gestalt angenommen. Ein Jahr zuvor war die Bahnstrecke von Swakopmund nach Windhuk eröffnet worden, eine Telegrafenleitung verband inzwischen die Küste mit dem Landesinnern. Die Sonnenbergs fuhren mit dem Zug bis nach Karibib. Dann begann der beschwerliche »Treck« mit dem Ochsenwagen. Ochsen waren die in Deutsch-Südwest üblichen Zugtiere, Pferde gab es kaum, und sie hätten die Last der schweren Planwagen in dem unwegsamen Gelände auch nicht bewältigen können. »Nicht weniger als 18 große kräftige Tiere, mit riesigen Hörnern in jeder Form, wurden vor unseren Wagen gespannt. Jeder Ochse hatte seinen Namen, auf den er hörte«, berichtete Else Sonnenberg. Begleitet von Treiber, Tauleiter, Ochsenwächter und zwei Hererojungen, machten sie sich auf den Weg über steinige Pfade, steile Felsklippen, durch Dorngengebüsch und sandige Flussbetten, die man in diesem Teil Afrikas »Reviere« nennt. Ihre erste Station war die Farm eines Deutschen im Norden, den Gustav Sonnenberg noch aus der Heimat kannte. Vor Ort wollte man sich nach geeignetem Farmland umsehen.

Als das Ehepaar einige Monate später immer noch keine passende Farm zum Ansiedeln gefunden hatte, wurde den Sonnenbergs überraschend angeboten, am Waterberg einen »Store« zu übernehmen. Der Laden samt Wohnräumen befand sich in unmittelbarer Nähe einer Missionsstation, also sagten sie zu. Nach ihrer Ankunft versuchte Frau Sonnenberg, ein bisschen alte Heimat in die neue Welt zu bringen. Sie hängte Gardinen auf, stellte ihre Kommode gegen die Lehmwand, buk Berliner Pfannkuchen und kochte Marmelade. Neben dem Handelsgeschäft versuchten die Sonnenbergs in der Folge, mit Viehwirtschaft ihren Lebensunterhalt zu bestreiten. Sie lebten sich schnell ein, und vor allem Else zeigte reges Interesse an den Einheimischen.

Sie notierte, wie die Frauen ihre Hütten, die »Pontoks«, bauten, machte sich über den Aberglauben ihrer Angestellten lustig, die im Brausen des Windes einen Geist vermuteten, und beschrieb den Respekt, den die Herero ihrem alten, erblindeten Häuptling Kambazembi entgegenbrachten, der am Waterberg herrschte. »Manchmal kam ich mit meinem Manne auf die große Heidenwerft des alten ›Beibei‹, wie die Herero ihren Häuptling Kambasembi nannten. Diese Werft war ein großer Platz mit vielen Pontoks, eingezäunt mit Dornbüschen, die dicht übereinander und nebeneinander gelegt waren. Des Abends kamen Hunderte von Kühen in die in der Werft befindlichen Kraale, wo

In solchen »Pontoks«, Rundbauten aus Lehm, lebten die meisten Stämme der Bantu in Südwestafrika.

die Frauen, alle in ihrer braunen und übelriechenden Fellkleidung, mit Milchgefäßen warteten. Kambasembis Lehmhäuschen war nicht rund wie ein Maulwurfshaufen, gleich den anderen, sondern viereckig, und lag in der Mitte der Werft, dort brannte auch das heilige Feuer, welches nie verglimmte. Kambasembi aß mit Vorliebe Zucker, und darum hatten wir ihm bei unserer Ankunft in Waterberg einen Eimer voll geschenkt. Er hatte großen Einfluss auf sein Volk und hielt es gehörig in Zucht, besonders auch die Frauen.«

Über Letztere äußerten sich indes fast alle Siedlerfrauen abfällig, vor allem, wenn sie sich in »Heidentracht« präsentierten: »Mir gefielen am wenigsten die vornehmen Heidenfrauen in ihrer nach meinem Geschmack sehr hässlichen Tracht, mit den schweren Eisenringen an den Füßen und den Eisenperlen im Kopfputz. Sie merkten es wohl, wenn man vor dem fürchterlichen Geruch, der von ihnen ausging, die Nase kraus zog, und schimpften untereinander darüber. Dieser Geruch entstand durch das öftere Einreiben ihres Körpers mit Fett. Sie hielten es für den schönsten Schmuck, wenn ihre Haut von Fett glänzte (Spottname: ›Ölsardinen‹)«, schrieb Else Sonnenberg.

Trotz ihres Wohlwollens geht aus Else Sonnenbergs Berichten hervor, dass sie die Herero oft für einfältig oder begriffsstutzig hielt, abgesehen davon, dass sie alle als »Heiden« bezeichnete. Generell gingen die Siedler damals von

Hererofrau mit klassischer »Tracht« aus Tierfellen. Vor allem Siedlerinnen äußerten sich wiederholt abfällig über den Brauch, die Haut mit Tierfett einzureiben.

einem zivilisatorischen Gefälle zwischen Weiß und Schwarz aus. »Afrikaner, so war die allgemeine Auffassung, waren so etwas wie Untermenschen, sie waren auf der hierarchischen Skala des Menschengeschlechts auf jeden Fall ganz unten einzuordnen«, meint Historikerin Marianne Bechhaus-Gerst. Wenn die Siedler Einheimische nicht ausschließlich danach beurteilten, wie gut sie zur Arbeit zu gebrauchen waren, sahen sie es als ihre Aufgabe an, den »Neger« an die Zivilisation heranzuführen.

»Während ich unter den Herero lebte, hatte ich keine schlechte Meinung von ihnen in Betracht dessen, dass sie doch ein unkultivierter Negerstamm waren«, schrieb Else Sonnenberg. »In Deutschland hatte ich sie mir viel roher und zügelloser, besonders auch Weißen gegenüber, gedacht. Aus eigener Anschauung fand ich aber, dass sie vielmehr geneigt waren, die Angewohnheiten der Weißen nachzuahmen, soweit sie ihnen gefielen, um sich einen vornehmen Anstrich zu geben. Ihre Faulheit, vermute ich, beruht mehr auf Stolz als auf der Unlust zu arbeiten.«

Trotz des Leids, das sie auch persönlich erfahren hatte durch den Hererokrieg, hat sie nicht durchweg negativ über die Herero geurteilt, sondern sich bemüht, ein ausgewogenes Bild zu zeichnen.
MARIANNE BECHHAUS-GERST, AFRIKANISTIN, ÜBER ELSE SONNENBERG

Das Urteil der Siedlerin Margarethe von Eckenbrecher hingegen fiel sehr viel negativer aus. »Die Hauptcharaktereigenschaften des Herero sind Hochmut, Grausamkeit und Faulheit. Als Angehöriger des alten Herrenvolkes sieht er herab auf alles, was nicht seines Stammes ist. Ungern nur fügte er sich dem Joch der Deutschen, denen er den Namen ›Otjirumbu‹, das ist gelbes Ding, beilegte. Nur in der Liebe zum Vieh legt der Herero seine Trägheit ab. Die Viehzucht ist das Einzige, wofür er Interesse hat.«

Margarethe von Eckenbrecher hatte sich 1902 mit ihrem Mann Themistokles im Damaraland nordöstlich von Swakopmund niedergelassen. Dort hatten sie ein bescheidenes Häuschen gebaut, lebten vom Gartenbau und züchteten Rinder, Schafe, Ziegen und Hühner. Für die Schönheiten des Landes war Frau Eckenbrecher durchaus empfänglich, zur einheimischen Bevölkerung aber blieb sie bis zuletzt auf Distanz.

Noch fremdartiger fand man die »Neger« im Deutschen Reich. 1896 wurde in Berlin eine »Deutsche Colonial-Ausstellung« abgehalten, an der sich hundert Afrikaner beteiligten. Dafür wurde im Treptower Park ein »Negerdorf« aufgebaut. Die Aufgabe der Afrikaner bestand darin, sich exotische Kostüme anzuziehen, oder besser noch, sich zu entkleiden. Den Zuschauern sollten sie das präsentieren, was man sich gemeinhin unter dem »echten« Afrika vorstellte. Sie spielten dörfliches Leben nach, führten kriegerische Tänze auf und zeigten ihre Handwerkskunst. Der »unzivilisierte« und »wilde« Fremde sollte dem erstaunen Publikum greifbar gemacht werden. »Im Grunde genommen haben die Deutschen sich mit dieser ersten großen Völkerschau 1896 in eine Tradition eingereiht, die letztlich seit Kolumbus bestand«, erklärt Horst Gründer. »Man hat immer wieder Menschen aus Übersee nach Europa gebracht und sie dort zur Schau gestellt; im 18. Jahrhundert im schlimmsten Fall sogar ausgestopft. Im Deutschen Reich war diese Praxis der Zurschaustellung von Exoten, wie man damals sagte, nach 1880 gang und gäbe. Karl Hagenbeck machte mit seinen Völkerschauen den Anfang. Weil das reine Zoogeschäft nicht mehr so gut lief, war er auf die Idee gekommen, man könne doch auch Einheimische aus den Kolonien ausstellen. Das faszinierte damals ein breites Publikum. Zum einen sicher aus Interesse an Exotik und Erotik, zum anderen aber auch, weil man in der Evolutionslehre des 19. Jahrhunderts davon ausging, dass sich eine Entwicklung vom Natur- zum Kulturmenschen vollzog. Man sah

Margarethe von Eckenbrecher vor dem Eingang ihres Hauses in der Nähe von Swakopmund.

in einer Völkerschau, in einer Ausstellung von kolonisierten Untertanen, sozusagen die eigene Vergangenheit – auf einer früheren Stufe.« Außerdem wollte man Kolonialskeptikern am Beispiel des »kolonialen Untertanen« vorführen, dass die »Wilden« dringend eine zivilisierte Führung benötigten.

Marianne Bechhaus-Gerst weist allerdings darauf hin, dass die Teilnehmer an diesen Völkerschauen nicht ausschließlich als Opfer anzusehen sind. »Es wurden richtige Geschäftsverträge abgeschlossen, in denen ganz genau festgelegt wurde, was die Leute an Lohn zu bekommen hatten, wie viele und welche Nahrungsmittel und welche Anzahl an Decken. Es ist auch belegt, dass Völkerschauteilnehmer streiken, wenn die Verträge nicht erfüllt wurden. Manche ließen sich, getrieben von Abenteuerlust und Geschäftssinn, auch immer wieder anwerben.« Ein Völkerschauteilnehmer aus Togo machte sich sogar selbständig und tingelte mit seiner eigenen Truppe durch Europa.

Letztlich lockte vor allem die Aussicht auf Erotik die Bürger scharenweise in die Ausstellungen. Während das wilhelminische Deutschland sich prüde von Kopf bis Fuß bedeckte, ließen halbnackte Afrikaner sexuelle Phantasien erblühen. Schon damals existierte die Vorstellung von der »schwarzen Frau als verführerischer Schlange, der ein weißer Mann hilflos ausgeliefert sei, und vom schwarzen Mann, der besser ›ausgestattet‹ als sein weißer Rivale sei«, so Bechhaus-Gerst. »Wir wissen, dass bei der Abreise von Völkerschautruppen deutsche Mädchen mit ihren Köfferchen am Bahnhof standen und mitfahren wollten. Heute würde man sagen, die afrikanischen Männer hatten regelrechte Groupies. Es ist bekannt, dass aufgeregte Eltern oft nur mit Mühe ihre Töchter davon abhalten konnten, in den Zug einzusteigen.«

Friedrich Maharero, Sohn des Oberhäuptlings Samuel, kam im Jahr 1896 gemeinsam mit zwei weiteren Chief-Söhnen und einem Dolmetscher nach Berlin. Wie die übrigen »Schauneger« sollte er an der Ausstellung teilnehmen und eine »Herero- und Hottentottenkarawane« vorführen – was auch immer die Ausstellungsmacher darunter verstanden. Der christliche getaufte Hereroprinz hielt nichts davon, sich in »Negerkluft« zu zeigen, und trat hoch erhobenen Hauptes im feinen Anzug auf.

Eigentlich war Friedrich gekommen, um das wilhelminische Deutschland kennenzulernen und diplomatische Kontakte zu knüpfen.

Der Reiz des Exotischen war den »Lustigen Blättern« eine Titelseite wert.

DAS WELTREICH DER DEUTSCHEN
STURM ÜBER SÜDWEST

Diese »Hottentottenkarawane« mit Friedrich Maharero war auf der Berliner Kolonialausstellung 1896 zu sehen.

Bernhard von Bülow, der spätere Reichskanzler, berichtete dem Kaiser, der junge Herero wünsche eine Audienz. Ein Grund dafür sei: »Außerdem möchte der Wortführer, welcher kürzlich in den Zeitungen gelesen hat, dass dem Landeshauptmann von Südwest-Afrika, Herrn Major Leutwein, zu große Nachsicht gegenüber den Herero zum Vorwurf gemacht wird, Seiner Majestät aussprechen, dass der Landeshauptmann ihr volles Vertrauen besäße und ihren Charakter gut verstünde. Die Herero erwarten eine Versicherung, dass Seine Majestät gewillt sind, den Frieden mit ihnen zu halten.«

Auch wenn Friedrich Maharero mit seinem Ansinnen Erfolg hatte und mit seinen Begleitern die gewünschte Audienz beim Kaiser erhielt, hatte er sich offenbar mehr von seinem Aufenthalt im Deutschen Reich versprochen: »Wir waren dort ein Jahr lang. Gar nichts wurde uns beigebracht. Wir haben nur mit Pferden reiten müssen und wurden gekleidet und gedrillt wie Soldaten.« Was der Kaiser von ihm hielt, weiß man nicht. Die Frauen Berlins aber waren von dem Hereroprinzen ganz hingerissen. Noch einige Jahre später empörte sich ein Redakteur in der »Deutschen Kolonialzeitung« über die »beschämenden Erinnerungen an die Kolonialausstellung von 1896 in Berlin«, »wo weiße Frauen und Mädchen solchen Negern aus Kamerun und anderen Kolonien nachliefen. Unter diesen Negern war auch Friedrich, der Sohn des berüchtigten Oberhäuptlings der

Nur wenige Europäer legalisierten ihre Beziehungen zu einheimischen Frauen; nach dem Mischehenverbot war dies ohnehin nicht mehr möglich.

Herero, Samuel Maharero, der für sklavische Frauenseelen gar zur königlichen Hoheit wurde. Für Friedrich kamen noch lange nach seiner Rückkehr nach Okahandja Liebesbriefe und allerlei Pakete mit Geschenken an. Zum Glück hat er sie nie erhalten, sie wurden auf irgendeinem Wege abgefangen. Die Negerjungen in Afrika sollen erfahren, dass es zwischen ihnen und weißen Mädchen eine Entfernung gibt, die ihnen zu überschreiten nicht gestattet ist.«

Weißen Frauen, die sich für »schwarze Männer« interessierten, hielt man »Würdelosigkeit« und »mangelndes Rassebewusstsein« vor. Solche Verbindungen waren ohnehin äußerst selten. Aber auch Beziehungen zwischen deutschen Männern und Afrikanerinnen standen unter kritischer Beobachtung. Die meisten der Männer, die nach Deutsch-Südwestafrika kamen, waren ledig, weiße Frauen eine Rarität. Laut Gouverneur Leutwein bestand im Januar 1903 die gesamte weiße Bevölkerung im Schutzgebiet aus 4640 Menschen, darunter etwa 3000 Deutsche. 3391 waren Männer, während die Frauen mit 1249 deutlich in der Minderheit waren. 622 der Männer waren verheiratet, 42 von ihnen mit Afrikanerinnen. Als Grund für die Legalisierung einer Beziehung mit einer einheimischen Frau gaben viele Männer an, die Frauen brächten Land und Vieh mit in die Ehe. Der Frauenmangel führte aber auch dazu, dass sich europäische Männer afrikanische Frauen immer wieder mit Gewalt nahmen.

Hinter dem Mischehenverbot stand die Sorge, dass, würde man solche Ehen legalisieren, längerfristig eines der ganz zentralen Grundmuster kolonialer Herrschaft wegfallen könnte – nämlich die Differenz zwischen Herrschenden und Beherrschten, zwischen Weißen und Schwarzen.
ANDREAS ECKERT, HISTORIKER

Sprösslinge, die aus schwarz-weißen Ehen hervorgingen, erhielten automatisch die Staatsangehörigkeit des Vaters. Für Gouverneur Leutwein war das ein existenzielles Problem. »Infolgedessen wächst im Schutzgebiet allmählich ein Stamm Bastards mit der Zugehörigkeit zu einer weißen Nation heran. Dass ein Umsichgreifen dieser Rasse nicht wünschenswert sein würde, liegt auf der Hand.« Bestärkt wurde er in dieser Ansicht durch einen Vortrag, den er von Bergrat Dr. Busse in Koblenz gehört hatte. »Es ist eine bekannte Tatsache, dass sich bei Mischehen zwischen Weißen und Farbigen schlechte Eigenschaften der Eltern auf die Kinder in höherem Grade vererben als die guten ... Nicht die Frau und die Nachkommenschaft steigt herauf zu der Bildungsstufe des weißen Mannes und Vaters, sondern der Mann sinkt zurück auf diejenige der Frau. Sein Haus wird nicht zur Stätte deutschen Wesens und deutschen Familienlebens werden, sondern er verlumpt und verkommt mehr oder minder in seiner Hütte.«

Diese Meinung war weit verbreitet. Siedler, die offen mit Einheimischen zusammenlebten, hatten zuweilen auch unter sozialer Diskriminierung zu leiden. Helene von Falkenhausen schrieb: »Fritz (von Falkenhausen) hat öfters beobachtet, wie diese Weiber sich mit anderen Kaffern über den Mister lustig machen. Die aus den Ehen hervorgegangenen Mischlingskinder finde ich abschreckend hässlich. Mit einer eingeborenen Frau sinken die Weißen beinah ausnahmslos zu den Eingeborenen hinab.«

Auch Else Sonnenberg berichtete von einem solchen »verkommenen« Mann, der ihnen eine Zeit lang half. »Als er überdies die Unverschämtheit hatte, in unser Haus ein junges Hereromädchen zu bringen und als seine Frau vorzustellen, entließ mein Mann ihn kurzerhand. Der Mangel an weißen Frauen bringt große Übelstände für die dortigen Verhältnisse mit sich.«

Man war davon überzeugt, dass die Männer in den Kolonien – wie man es damals nannte – »verkaffern« würden, das heißt also, sich früher oder später den als Untermenschen angesehenen Afrikanern anpassen würden.
MARIANNE BECHHAUS-GERST, AFRIKANISTIN

Die Zahl der »Mischehen« blieb allerdings sehr gering, 1909 erreichte sie mit fünfzig ihren Höchststand. Nach dem Aufstand der Herero und Nama verbot Gouverneur Friedrich von Lindequist 1905 den Kolonialbeamten die standesamtliche Schließung von Mischehen, 1906 folgte das Verbot der kirchlichen Trauung. Als Begründung führte Lindequist an, dass diese Ehen »nicht nur ein Verbrechen gegen die Reinerhaltung deutscher Rasse und deutscher Gesittung seien, sondern die Stellung des weißen Mannes überhaupt sehr gefährdeten«. Letzten Endes ging es um die koloniale Herrschaftssicherung. 1908 wurden auch die vor dem Verbot geschlossenen Mischehen für nichtig erklärt.

Die Frauen sollten das »deutsche Wesen« repräsentieren, die berühmte weiße Tischdecke auspacken, anständig aussehen und so die deutsche Kultur vertreten, egal wie unmöglich die Situation gerade war.
MARIANNE BECHHAUS-GERST, AFRIKANISTIN

Um zu verhindern, dass aus dem deutschen Schutzgebiet eine »Bastardkolonie« wurde und eines Tages der Ruf »Südwestafrika den Afrikanern« erschallte, mussten nach Meinung Leutweins mehr weiße Frauen angeworben werden. Auch im Deutschen Reich war man sich dieses »Problems« bewusst – ab 1898 betrieb die Deutsche Kolonialgesellschaft ein Einwanderungsprogramm für ledige deutsche Frauen. Zufrieden verzeichnete Theodor Leutwein in seinen Erinnerungen, dass aufgrund dieser Initiative bis 1902 tatsächlich »18 Bräute, 21 Dienstmädchen und 18 weibliche Familienangehörige von Farmern« nach Deutsch-Südwest kamen, und das auch noch »unentgeltlich«. Als großartiger

Die Deutsche Kolonialgesellschaft warb gezielt um ledige Frauen – allerdings mit bescheidenem Erfolg.

Erfolg können diese Zahlen indes nicht gewertet werden. Weiterhin bestimmten außereheliche Konkubinate, Prostitution und in großer Zahl auch Vergewaltigungen den kolonialen Alltag, wobei die Grenzen fließend waren. Das Ausmaß sexueller Übergriffe war so groß, dass dies als einer der Gründe für den Krieg der Herero gegen die Kolonialmacht angeführt wird. »Aber das schlimmste Übel ist, was viel Blut und Streit hervorgerufen hat, die Vergewaltigungen unserer Frauen durch Weiße«, berichteten Samuel und Friedrich Maharero einem Missionar nach dem Krieg. »Manche Männer sind totgeschlagen worden wie Hunde, wenn sie sich weigerten, ihre Frauen und Töchter preiszugeben, und dachten, sie mit der Waffe zu verteidigen. Wären solche Dinge nicht geschehen, wäre kein Krieg gekommen.«

Der Sturm braut sich zusammen

Dennoch herrschte nach Ansicht des Historikers Horst Gründer bis 1897 »ein weitgehend gleichberechtigter, kaum rassisch eingefärbter Verkehr zwischen den Kolonialeroberern und den Großleuten und Kapitänen«. Das änderte sich, als eine Katastrophe die Herero in eine verheerende Krise stürzte: Denn mit der großen Rinderpest des Jahres 1897 änderte sich alles für das stolze Volk. Zwar waren auch die deutschen Siedler von der tödlichen Seuche betroffen – so verloren etwa die Brüder Voigts fast die Hälfte ihres Ochsenbestandes. Während es aber den weißen Siedlern gelang, einen Großteil ihres Viehbestandes durch Impfungen zu retten, fielen die meisten Rinder der Herero der Seuche zum Opfer. Zum Teil kamen sie gar nicht erst an den teuren Impfstoff heran, manche sträubten sich aber wohl auch gegen die ihnen bis dahin unbekannte Vorbeugemaßnahme.

Zu allem Übel kam noch eine Malaria-Epidemie auf, später ein Heuschreckeneinfall, gefolgt von einer Dürreperiode. Fast von einem Tag auf den anderen war das Leben der Herero in seinen Grundfesten erschüttert. Rinder waren für sie nicht nur ihre »Währung«, also ein wirtschaftlicher Faktor. Sie signalisierten politische Macht und das soziale Prestige ihrer Besitzer. Darüber hinaus hatten manche Tiere sogar eine quasi religiöse Funktion. Sie wurden als »heilig« angesehen und gar nicht oder nur zu bestimmten Gelegenheiten geschlachtet.

Im Zuge dieser Katastrophe verloren die Herero nicht nur Besitz und Ansehen, sie mussten sich nun auf den Farmen der weißen Siedler als Lohnarbeiter verdingen – eine Demütigung für die als »stolz und herrisch« geltenden Herero. Für die Siedler war die Situation höchst profitabel: Das Rindermonopol der Herero war gebrochen, die Rinderpreise stiegen, sodass sich die Zucht endlich auch lohnte. Außerdem zwang die Rinderknappheit die Herero zunehmend zum Landverkauf. Insgesamt wurden bis zum Beginn des Aufstands 2 200 000 Hektar Grund für 220 Farmen auf aus dem Bestand der Herero an Siedler verkauft.

Gouverneur Theodor Leutwein betrachtete die Entwicklung mit Sorge. Obwohl er bestrebt war, die Kolonie möglichst schnell zu erschließen, zu besiedeln und zu entwickeln, beruhte seine Politik nach wie vor auf der Einbeziehung der Stämme in das Kolonialsystem. Einen Ausverkauf der Eingeborenen wollte er vermeiden. Auch die Missionare beobachteten das Schwinden des Stammesvermögens der Eingeborenen

Herero auf ihren Reitochsen. Nach der großen Rinderpest des Jahres 1897 verlor das Volk fast seinen gesamten Viehbestand.

mit Missfallen. Sie beklagten die Hinterlist einiger Händler, die Herero absichtlich in den Bankrott trieben, und warnten vor Landspekulanten. Vehement forderten sie beim Gouverneur die Einrichtung von unverkäuflichen Reservaten für die Eingeborenen ein. Als aber im September 1903 die vorläufigen Grenzen der geplanten Reservate im Gebiet von Okahandja und Gobabis bekannt wurden, waren die Herero entsetzt. Sie sollten auf ihre besten Weidegründe und Wasserstellen verzichten und den Ort Okahandja, Sitz von Chief Samuel Maharero, aufgeben. Die Kolonialverwaltung versuchte zu beschwichtigen: Immerhin 25 Prozent des Stammlandes würde zu Reservaten deklariert werden und damit auch dem Zugriff der Chiefs entzogen, die in der Vergangenheit nicht immer im Sinne ihres Volkes gehandelt hatten. Diese Information ging jedoch nach hinten los. Nun fürchteten die Herero erst recht eine bevorstehende Enteignung und die Entmachtung ihrer Kapitäne.

Auch andere Faktoren trugen mit dazu bei, dass sich Fronten bildeten – und auch verhärteten. Seit Jahren gaben skrupellose Händler Kredite für überteuert angebotene Waren, die zu einer enormen Verschuldung der Eingeborenen führte. Um der problematischen Kreditwirtschaft Herr zu werden, erließ die Regierung im Jahr 1903 eine Verordnung, nach der »Schulden nicht mehr durch Stammes-, sondern nur noch durch Individualbesitz« abgedeckt werden konnten. Damit sollte ein Ausverkauf des Stammlandes verhindert werden. Darüber hinaus wurde die Verjährungsfrist von Krediten auf ein Jahr festgesetzt.

Ich erinnere mich, dass ein Händler kam, welcher von einem Herero 5 Mark zu fordern hatte. Der Herero bat seinen Gläubiger, ein bis zwei Tage zu warten, damit er sein Vieh holen lassen könne vom Viehposten. Für das Warten berechnete ihm aber der Händler 100 Mark.
AUS DEN AUFZEICHNUNGEN ELSE SONNENBERGS

Eigentlich war die Verordnung zum Schutz der Herero gedacht gewesen. Sie führte indes dazu, dass die Händler jetzt noch rigoroser und oft unter Anwendung von Gewalt ausstehende Schulden eintreiben und weiterhin an ihren Wucherpreisen festhielten. Selbst Helene von Falkhausen beklagte diese Unsitte: »Einzelne Händler schlugen bei dieser Art des Einziehens ihrer Außenstände ungeheure Unkosten auf und rechneten das Vieh zu den schlechtesten Preisen.« In den Augen vieler Herero kam dieses Geschäftsgebaren einer Konfiszierung gleich. Horst Gründer zitiert in seiner »Geschichte der deutschen Kolonien« einen Herero, der darin einen der Gründe für den späteren Aufstand sieht: »Einmal waren es die ›Stuurmann‹ (Kaufleute) mit ihrem schrecklichen Wucher und eigenmächtigen, gewaltsamen Eintreiben. Für 1 sh (Schilling) Schuld wollten sie nach Jahresfrist 5 sh und für 1 £ nach 12 Monaten 5 £ Zinsen haben, und wer nicht zahlen wollte oder konnte, den verfolgten und plagten sie.« Die unrühmlichen Praktiken einiger Händler und Kaufleute drangen sogar bis nach Berlin vor. SPD-Chef August Bebel wetterte im Reichstag: »Das blutsaugerische Volk der Händler hat die armen Herero in den Klauen.«

Eine weitere Ursache für den Aufstand lag in der wachsenden Rechtsunsicherheit der Afrikaner, die sich trotz der Allgewalt des kolonialen Staates nur unzureichend geschützt sahen. Misshandlungen von Seiten der Siedler nahmen zu, ohne dass sich die Häuptlinge angemessen dagegen wehren konnten. Die Prügelstrafe war ein gängiges Strafmittel, wenn sie auch niemals Ausmaße wie in Deutsch-Ostafrika annahm. »Für kleinste Vergehen wurden sie geschlagen. Diese Prügelexzesse auf den Farmen sind auch in Einzelfällen durchaus dokumentiert, haben sogar gelegentlich zu Verurteilungen von Farmern geführt, meistens aber lächerlich gering: Geldstrafen, manchmal Gefängnis, zumindest angedroht, dann aber doch nur zur Bewährung ausgesetzt«, so Horst Gründer.

Die Kolonialjustiz urteilte einseitig zugunsten der Weißen, begleitet von einer, wie Gründer meint, »im Steigen begriffenen rassistischen Ideologisierung«. Während über Schwarze wegen Mordes Todesurteile verhängt wurden, kamen Weiße, die Einheimische getötet hatten, mit einer Gefängnisstrafe zwischen drei Monaten und drei Jahren davon. Gouverneur Leutwein dokumentierte einen Fall, bei dem ein betrunkener Weißer eine Hererofrau erschoss, die friedlich in einem Wagen schlief. Als der Weiße vor Gericht freigesprochen wurde, kam es zu Unruhen im Hereroland. In der Berufung wurde gegen den Täter zwar eine Freiheitsstrafe von drei Jahren verhängt, aber Leutwein war der Meinung, der Fall habe zur »Erregung unter den Herero« beigetragen. Später hieß es zwar, der Aufstand der Herero habe die Kolonie überraschend getroffen. Doch im Grunde hatte es genügend Warnzeichen gegeben.

Samuel Maharero etwa beschwerte sich direkt bei Leutwein über die wachsende Rechtsunsicherheit und Diskriminierung: »Du weißt, wie viele Herero durch die weißen Leute, besonders durch Händler, mit Gewehren und in Gefängnissen getötet sind«, schrieb er an den Gouverneur. »Und immer, wenn ich diese Sache nach Windhuk brachte, immer kostete das Blut meiner Leute nicht mehr als einige Stücke Kleinvieh.« Der Missionar Johann Brockmann hielt sein zunehmendes Unbehagen in seinen Aufzeichnungen fest: »Wie fernes Donnergrollen vor dem Gewitter konnte es mir sein, als mein treuer Gemeindeältester Elphas mir eines Tages sagte: ›Muhonge, wir wünschen nicht geschlagen zu werden, sonst könnte es sein, dass wir auch mal wiederschlagen.‹«

Überall da, wo es Siedlungskolonien gab, das heißt, dort, wo die Europäer nicht nur als Kolonialherren kamen, sondern wo sie länger bleiben wollten, da wurde die einheimische Bevölkerung besonders grausam unterdrückt.
HERMANN JOSEPH HIERY, HISTORIKER

Eines Tages wurde aus Geschäften im ganzen Land gemeldet, Herero kauften Vorräte an Sachen auf, die man für einen Krieg verwenden könnte: Stiefel, Sättel, jede Menge warme Decken, aber auch Pferde. Viehdiebstähle häuften sich. Seit dem Jahr 1903 hatte auch der Waffen- und Munitionsschmuggel im Land der Herero stark zugenommen; er wurde meist über britische Händler abgewickelt. Die Kolonialregierung versuchte zwar, die Einfuhr von Waffen zu kontrollieren und zu beschränken, doch offenbar nicht mit dem gewünschten Erfolg. Die Herero galten als »Gewehrgesellschaft« und besaßen auch Waffen aus vorkolonialen Kriegen. Dennoch schien man nicht ernsthaft besorgt.

Wahrscheinlich glaubte man schlicht nicht daran, dass die Herero zu einem gemeinsamen, geordneten Losschlagen in der Lage wären.

Aufstand in Südwest

Margarethe von Eckenbrecher hatte schon seit Wochen ein unbehagliches Gefühl. Es nahm zu, als sich »sibyllinische Äußerungen« der Herero häuften. Als sie eines Tages mit einem der Damara-Unterkapitäne den Verlauf einer Reise besprach, sagte dieser: »Ich fühle, du kommst nicht weit. Bleib hier.« – »Wie kommst du darauf?« – »Ihr Weißen müsst nicht denken, dass Ihr sicher seid hier im Lande der Schwarzen. Ich habe oben in den Wolken gelesen: Gott der Herr wird einen furchtbaren Krieg schicken, der das Land verheert und die Weißen tötet.« Die Siedlerin kümmerte diese Aussage zunächst nicht weiter. »Wir hielten die Worte für Großtuerei und albernes Geschwätz.« Stutzig wurde sie erst, als ihre Waschfrau Emma, Angehörige eines Hottentottenstammes, plötzlich ein eigenartiges Lied anstimmte, das offensichtlich auf Margarethes Kind gemünzt war: »Oh, ihr armen Weißen. Ihr kommt ja doch um in diesem Lande. Du kleines Kind kannst nichts dafür, dass du hier geboren bist. Auch du musst sterben«, sang sie unter den irritierten Blicken von Margarethe von Eckenbrecher.

Als es im Oktober 1903 zu einem Aufstand der Bondelzwarts, eines Hottentottenstamms, im Süden der Kolonie kam, schien die Gelegenheit zum Losschlagen da. Leutwein hatte sich mit einem Großteil der Schutztruppe dorthin begeben, um den Aufstand eilig zu beenden. Im Norden war nur das Nötigste an Mannschaft zurückgeblieben – das Hereroland war militä-

Hauptmann Viktor Franke in seinem Arbeitszimmer. Als seine Kompanie nach Süden ausrückte, war die Gelegenheit zum Losschlagen für die Herero gekommen.

risch entblößt. Als auch Hauptmann Franke mit seiner 2. Feldkompanie nach Süden ausrückte und nur vier Mann in der Feste Omaruru zurückblieben, wurden die dortigen Siedler langsam unruhig. »Stets gewalttätig und herrisch, waren sie noch hochmütiger geworden«, empörte sich Margarethe von Eckenbrecher über die Herero. »Einzelne benahmen sich unbotmäßig gegen uns Weiße. Auf ihren Werften, sonst freudig begrüßt, wurde man nun mit eisiger Kälte empfangen.«

Historiker gehen heute davon aus, dass das Auftreten von Leutnant Zürn, Distriktchef von Okahandja, die Situation weiter verschärft hat. Zürn hatte sich schon bei der Besprechung der Reservatsgrenzen gegenüber den Hereroführern überheblich und rüde gezeigt. Er soll Samuel Maharero sogar mit den Worten »Halt's Maul, du Schwein!« über den Mund gefahren sein. Darüber hinaus hatte er in der Reservatsangelegenheit die Signaturen einiger Häuptlinge gefälscht. Als Zürn angeblich Morddrohungen gegen Samuel Maharero verlauten ließ, schaukelte sich die Stimmung gefährlich hoch. Unter den Weißen machte sich damals eine Art Pogromstimmung breit. Paul Leutwein, Sohn des Gouverneurs, berichtet von einer Silvesterfeier, die Farmer im Kasino von Windhuk abhielten, Folgendes: »Diese waren durchweg mit dem herrschenden Grundsatz, die Farmen der Weißen nicht mehr auf Kosten der Herero zu vergrößern, unzufrieden. Alle dachten, dass nun der Augenblick gekommen sei, diesen Standpunkt zugunsten der Weißen zu ändern. Keiner dachte an eine Gefahr. Ich sehe noch heute Hauptmann a. D. Curt von François, einen der ältesten ›Afrikaner‹, vor mir, wie er in sehr heftiger Rede eine allgemeine Razzia gegen die Herero predigte.«

Krieg lag in der Luft – unter den Deutschen kursierten nun immer mehr Gerüchte über einen bevorstehenden Aufstand: Waffenfähige Herero seien verschwunden, sie würden große Versammlungen abhalten und untereinander geheime Botschaften austauschen. Die Chiefs der verschiedenen Hererogruppen trafen sich in Okahandja und am Waterberg. Wahrscheinlich versuchten sie Samuel Maharero von der Notwendigkeit zu überzeugen, die Zusammenarbeit mit den Deutschen aufzukündigen. Mit

Erfolg. In der Nacht vom 11. auf den 12. Januar des Jahres 1904 begann der Aufstand der Herero. Die ersten Opfer waren das Händlerehepaar Diekmann in Okahandja. Frau Diekmann wurde auf offener Straße erschossen, ihr Mann im nächsten Augenblick totgeschlagen.

Anfang Januar war Themistokles von Eckenbrecher als Reservist eingezogen worden. Seine Frau blieb allein auf der Farm zurück. »Am 13. Januar mittags erschienen zwei mir gut bekannte Herero mit ihren Dienern. Sie wollten mir ein Schaf verkaufen. Es fiel mir auf, dass die Leute, sechs an der Zahl, bewaffnet waren. Zwei trugen Gewehre, die Diener Kirris (Keulenstöcke).« Frau von Eckenbrecher bat die Männer herein und verkaufte ihnen, um sie loszuwerden, zwei Hemden. »Geert Afrika, der älteste der Herero, fragt mich: ›Hältst Du es für richtig, dass die Herero den Krieg mit den Weißen anfangen wollen?‹« Von Eckenbrecher verneinte und sagte: »›Seid Ihr so unklug und fangt an, dann wird viel Blut fließen, Ihr werdet Land und Vieh verlieren, und Euer Leben wird in der Hand des weißen Mannes sein!‹ Da meinte ein anderer: ›Oh, sorge Dich nicht. Wir sind die Diener des weißen Mannes. Der Löwe, der schläft, merkt nicht, wenn ihm Gefahr kommt.‹«

Dann stellten sich plötzlich je zwei Männer vor die beiden Türen, um Margarethe den Ausweg zu versperren, während Geert Afrika drohend auf sie zukam. Doch mit einem beherzt-arroganten »Platz, du Lump!« zwängte sich Frau Eckenbrecher an dem Herero vorbei. Verdutzt traten nun auch die Männer an der Tür zur Seite – und sie war draußen. Vor dem Haus fühlte sie sich vorerst in Sicherheit, weil sich hier Dutzende Bergdamaras aufhielten, die den Herero eher ablehnend gegenüberstanden. Zunächst suchte Frau von Eckenbrecher Schutz im Missionarshaus, später verbarrikadierte sie sich mit anderen weißen Siedlern in der Militärstation von Okombahe, beschützt von einigen wenigen Soldaten, darunter ihr Ehemann. Befreit wurden sie später von Hauptmann Franke und dessen Kompanie.

Die Eingeborenen sind Augenblicksmenschen. Tieferen Mitleids oder anderer edler Gefühle sind sie nicht fähig.
HELENE VON FALKENHAUSEN

Frau von Falkenhausen hatte weniger Glück. Ihr Mann war am 12. Januar nach Windhuk gefahren. Als er unterwegs von den Unruhen in Okahandja hörte, machte er kehrt um, um seine Familie in Sicherheit zu bringen. Unterwegs legte er einen kurzen Zwischenstopp bei einem Bekannten ein. Als er sein Pferd wieder besteigen wollte, fielen auf einmal sechs Herero über ihn her und knüppelten ihn zu Tode. Währenddessen klopfte es bei seiner Frau an der Tür. Draußen standen einige Herero und kündigten Post an. »Weil ich einen Brief erwartet hatte, öffnete ich ahnungslos die Tür ein wenig; in dem Moment stemmten beide Leute sie vollständig auf. Ich hielt noch die Hand nach dem Brief ausgestreckt, da sauste schon ein Schlag mit dem Kirri auf meinen Kopf, und ich stürzte rücklings zur Tür hinaus und fiel mit dem Oberkörper in eine durch den letzten Regen angesammelte Wasserlache.« Helene von Falkenhausen war damals mit ihrem dritten Kind etwa im siebten Monat schwanger.

Blutüberströmt wachte sie nach einer Weile auf und versuchte, sich zur nächsten Hererowerft zu schleppen, in der Annahme, dass man ihr dort wohlgesinnt sei. Dort begegnete man ihr nur mit Hohn. Unter Todesangst machte sie sich nun mit ihren Kindern und in Begleitung einiger treuer Diener zu Fuß zum Haus des Missionars auf. Stundenlang stolperte sie im Dunkeln durch die Steppe, an der Hand ihren Jungen und das Kind einer Dienerin. Eine Zeit lang hatte sie versucht, auch ihr Baby zu tragen. Als sie vor Erschöpfung stürzte, überließ sie es ihren Begleitern. Noch immer rann Blut aus ihrer Kopfwunde, ihre Kleidung hing bald in Fetzen an ihrem Körper herab. Endlich beim Missionshaus angekommen, brach Helene ohnmächtig zusammen. Hier erfuhr sie später auch vom grausamen Tod ihres Mannes.

Der Aufstand richtete sich primär gegen die Siedler, denn das waren ja diejenigen, die vor Ort die eigentliche Unterdrückung praktizierten.
HORST GRÜNDER, HISTORIKER

Gustav Voigts war am 8. Januar auf seinem Pferd losgeritten, um sein Vieh von Oupembameva nach Voigtland zurückzuschicken. Normalerweise reiste er allein und unbewaffnet. Diesmal hatte er ein Gewehr dabei und einen »Bastardjungen« als Begleitung. Seit Herero im Dezember bei Windhuk Ochsen aus dem Besitz der Schutztruppe gestohlen hatten, quälte ihn ein beklemmendes Gefühl. Als plötzlich zwölf Herero herangeritten kamen, alle mit Gewehren bewaffnet, schien sich dieses Gefühl zu bestätigen. Auf die Frage, was sie wollten, gaben sie eine unklare Auskunft, gehorchten aber zu Voigts Erleichterung, als er sie aufforderte zu verschwinden.

Wieder zu Hause, fiel er aus allen Wolken, als seine Frau Frida ihm mitteilte: »Du bist eingezogen, die Herero stehen auf.« Schweren Herzens zog Gustav Voigts als Reserveoffizier in den Krieg gegen die Herero. Er war entsetzt, als er die Einzelheiten über die Morde erfuhr – die Toten waren ja alle Freunde oder Bekannte. Fassungslosigkeit machte sich breit: »Wir waren doch keine Hererofeinde. Sehr viele Herero waren uns vertraut und waren von uns geachtet. Und ich kann das nicht ändern, ich hatte das stolze, eigentümliche Volk gern. Ich hatte drei Jahre allein unter den Herero gelebt, ich hatte ihre Sprache gelernt, ich hatte mich mit Ernst bemüht, mich in ihre Anschauungen und Riten hineinzudenken, ich hatte richtige Freundschaft mit manchem von ihnen gehalten, ich hatte geglaubt, ich kenne sie. Mir waren die tierischen Mordtaten ein schaudervolles Rätsel.« Bis heute ist die Familie davon überzeugt, dass Samuel Maharero seinen Leuten Befehl gab, den Händlern Voigts kein Haar zu krümmen.

123 Siedler und Soldaten wurden in diesen ersten blutigen Tagen des Aufstands erschlagen, darunter auch fünf Frauen. Das öffentliche Entsetzen war groß. Bald darauf gab Kapitän Samuel Maharero die Parole aus, zukünftig Frauen und Kinder, Missionare sowie »Nichtdeutsche« – damit meinte er vor allem Engländer und Buren –, zu verschonen. Der Kapitän war sich darüber bewusst, dass tote Zivilisten wenig förderlich für das öffentliche Ansehen der Herero waren. Die Kämpfer hielten sich auch weitgehend an die neue Order und konzentrierten sich von nun an auf andere Ziele. Die Aufständischen kappten Telegrafenverbindungen, zer-

störten Eisenbahntrassen und griffen gezielt Militärstationen an; sie belagerten sämtliche größere Ortschaften, plünderten alle von Weißen bewohnten Gebäude und zündeten Farmhäuser an. In Okahandja wurde auch der Laden von Wecke & Voigts niedergebrannt. Am 14. Januar war der ganze Ort eingeschlossen.

An der Spitze der Erhebung stand Samuel Maharero als militärischer Oberbefehlshaber. Es mag durchaus verwundern, dass die anderen Chiefs ihm diese herausragende Stellung zubilligten, galt Samuel doch als deutschfreundlich. Es spricht allerdings für die These, dass die Herero die Kolonialherren nicht vertreiben, sondern Verhandlungen einleiten und eine politische und wirtschaftliche Verbesserung ihrer Stellung durchsetzen wollten.

In den ersten Wochen stand die Lage Spitz auf Knopf. Der strategische Vorteil lag bei den Herero, die den Deutschen auch zahlenmäßig zunächst überlegen waren. Ihr Trupp war etwa 8000 Mann stark, bewaffnet mit mehreren Tausend, allerdings meist veralteten Gewehren. In den Quellen schwanken die Zahlen zwischen 2500 und 4000. »Am Anfang hatten die Herero mit Sicherheit ein Übergewicht, zumal ja auch keine größeren Truppen im Aufstandsgebiet vorhanden waren«, so Horst Gründer. »Hinzu kam, dass die Herero militärisch durchaus gut ausgerüstet waren. Ein großer Teil der Kämpfer verfügte über Pferde und auch über Feuerwaffen. Sie kämpften keineswegs nur mit Speeren oder Pfeil und Bogen, sondern waren sehr disziplinierte Schützen. Man weiß sogar heute aus den militärischen Unterlagen, dass sie sehr bewusst auf die deutschen Offiziere, die zum Teil prächtige Uniformen mit Rangabzeichen trugen, die in der Sonne blinkten, gezielt haben. Deshalb hatten gerade die Offiziere anfangs einen ungeheuren Blutzoll zu zahlen.«

Schnell rückten die Herero zu den zentralen Schaltstellen der Administration vor. »Die gro-

Der Laden Wecke & Voigts in Okahandja nach seiner Zerstörung. Gustav Voigts und seine Familie wurden von den Aufständischen verschont.

»Zu den Waffen« – die Männer der Siedlerfamilien Voigts und Wecke

O. Voigts,	G. Voigts,	Wecke jun.,
Vizefeldwebel d. R.	Leutnant d. R.	Unteroffizier d. R.

Eine kriegerische Familie aus dem Kriegsjahre 1904.

toriker Andreas Eckert. Doch zu einer konzertierten Aktion, um die Fremdherrschaft abzuschütteln, fehlte den Herero entweder ein klares Konzept oder der Wille.

Die aufständischen Herero versuchten nicht, planmäßig Ortschaften und Militärstationen in ihre Gewalt zu bringen und die Nachrichten- und Verkehrsverbindungen zu stören – das geschah nur vereinzelt. Stattdessen verzettelten sie sich in Überfällen auf Farmen und Händler. »Einige meinen, der Aufstand sei eher ein Signal gewesen, in der Hoffnung, danach auf mehr Gehör bei der Kolonialmacht zu stoßen«, so Eckert. Wenn dem tatsächlich so war, hatten sich die Herero gründlich verrechnet.

Die Kolonialherren scheuten weder militärischen Aufwand noch Kosten, um den Krieg für sich zu entscheiden. Für Leutwein, der wiederholt für seinen Umgang mit den Herero kritisiert worden war, wurde der Krieg zur Bewährungsprobe. Er brach den Feldzug im 600 Kilometer entfernten Süden ab und blies zum Rückmarsch. Umgehend verstärkte er die nur rund 800 Mann starke Schutztruppe durch die Einberufung von ebenso vielen Reservisten und forderte Unterstützung aus dem Reich an. Hauptmann Viktor Franke be-

ße Frage ist: Was wäre eigentlich passiert, wenn es den Aufständischen gelungen wäre, diesen Überraschungsmoment zu nutzen und tatsächlich das Machtzentrum der deutschen Kolonialmacht zu erobern – und so einen ganz entscheidenden Schlag zu landen?«, so der His-

fand sich mit seiner Truppe in Gibeon südlich von Mariental, als er über den Heliografen die Nachricht vom Aufstand bekam. Sofort machte er sich mit seiner 2. Feldkompanie auf den 380 Kilometer langen Rückweg. Trotz strömenden Regens erreichte er in einem Gewaltmarsch Windhuk in nur vier Tagen.

Am 27. Januar, des Kaisers Geburtstag, befreite er Okahandja. Die Bewohner waren vor Angst so erstarrt, dass sie Franke nicht einmal mit Jubel begegneten. »Erst als ich mit dem Säbel gegen das verrammelte Tor klopfte, ward es aufgetan«, notierte er in seinem Tagebuch. »Die Feste wimmelt von Menschen. Der Bahnhof ist besetzt. Alle Herrenhäuser sind verlassen, die Stores geplündert, und unausgesetzt feuern die schwarzen Halunken aus den Bergen weiter, allerdings ohne etwas zu treffen.«

Als Viktor Franke später die Herero am Kaiser-Wilhelm-Berg besiegte und die verbliebenen Kämpfer in die Flucht schlug, hatte der Krieg endlich einen Helden. 1908 wurde zu Ehren Frankes in Omaruru ein Turm errichtet, der noch heute dort steht.

Als Nächstes rückte Franke über Karibib nach Omaruru. Die Zivilbevölkerung des Garnisonsortes hatte sich in der Feste verschanzt und war seit Wochen von der Außenwelt abgeschnitten, von Stellungen der Herero umringt. Es entbrannte ein heftiges Gefecht mit Frankes Reitern, im Laufe dessen sich die Herero in die alte Station zurückzogen. Da entschloss sich Franke zum frontalen Sturmangriff. »Jedenfalls brüllte ich mit ausgebrannter Kehle, so gut es gehen wollte, das Kommando: ›Zum Sturm!‹, ritt vor die Schützenlinie und im Galopp auf die Feste (gemeint ist die alte Station) los. Ich vermutete instinktiv, den schützenden toten Winkel unter den Schießscharten zu erreichen.

Ein Blick rückwärts bewies mir, dass mein Bangen unnötig war, denn wie elektrisiert sprangen die soeben noch wie tot am Boden Liegenden empor und folgten mir mit einem schier jauchzenden Hurra. Der Feind war derartig verblüfft, hatte er doch geglaubt, wir Deutschen wären erledigt, dass er bis auf einige, die mit dem Bajonett wichen, in heller Flucht seine mächtige Bastion aufgab, sodass ihn dieser Rückzug unter unseren Gewehren eine riesige Menge Opfer kostete.« Zwei Stunden später konnte Franke die eingeschlossenen Soldaten und Zivilisten befreien. Auf deutscher Seite waren sieben Soldaten gefallen, die Herero hatten etwa hundert Mann Verlust zu beklagen.

Im Reich hatte die Nachricht vom Aufstand wie eine Bombe eingeschlagen. »Spätestens als größere Truppenteile Richtung Deutsch-Südwestafrika verschifft wurden, ist vielen klar geworden, dass es eben nicht einfach nur ›Scharmützel‹ in einer weit entfernten Kolonie waren, sondern dass es hier auch grundsätzlich um die Frage der Aufrechterhaltung der deutschen Kolonialherrschaft ging«, meint der Historiker Andreas Eckert. Schnell wurden Forderungen laut, den Eingeborenen zu zeigen, wer der Herr im Hause sei. »Es war ein Krieg, der gewonnen werden musste, weil eine Niederlage natürlich das Gesamtbild ›Deutschland als Kolonialmacht‹ empfindlich gestört hätte.« Die heimische Presse berichtete wiederholt von »Gräueltaten Schwarzer« und von »Abschlachtungen weißer Frauen und Kinder«. Der Deutsche Kolonialbund in Berlin gab ein Flugblatt heraus, auf dem behauptet wurde, »dass die Europäer ihrer Herrschaft nur durch Suprematie der Rasse Geltung verschaffen könnten«, und drangen auf einen raschen Vergeltungsschlag, um die Autorität wiederherzustellen. Auch manche Soldaten glaubten damals, einen Kampf um die Vorherrschaft der Rasse führen zu müssen.

Kanzler Bernhard von Bülow indes urteilte durchaus differenzierter. In einer Denkschrift für den Reichstag wurden die Herero als ein »von alters her freiheitsliebendes, eroberndes und maßlos stolzes Volk« bezeichnet, das die deutsche Herrschaft als lästig empfunden habe. Der Krieg sei auf Interessenskonflikte zwischen den Einheimischen und der kolonisierenden Macht zurückzuführen. Bülow predigte in dieser Denkschrift zwar Strenge bei der Wiederherstellung der Regierungsautorität, lehnte Gewalt aber ab. Allerdings legte der Kanzler die Denkschrift erst Ende November vor, als der Kampf bereits entschieden war.

Das Hauptmotiv der deutschen Regierung, dem Ganzen Einhalt zu gebieten, war, dass die Herero natürlich auch ein wichtiges Potenzial an Arbeitskräften stellten.
ANDREAS ECKERT, HISTORIKER

Als der Reichstag im Januar 1904 über die Bewilligung der Gelder für die Niederschlagung des Aufstands abstimmte, wollte selbst die sonst so kolonialskeptische SPD-Fraktion Siedlern, Frauen und Kindern militärischen Schutz nicht verweigern. Die Gelder wurden mit der Stimmenthaltung der Sozialdemokraten bewilligt. August Bebel nahm den Aufstand aber zum Anlass, die Kolonialpolitik des Reiches vehement anzuklagen. »Das Recht zum Aufstand, das Recht zur Revolution hat jedes Volk. Der Aufstand der Herero ist nur die natürliche Folge unserer Kolonialpolitik, des Verhaltens der Ansiedler, kurz, der ganzen Tätigkeit, die von uns in Südwestafrika ausgeübt worden ist.« Bebel verlangte, dass der Krieg mit »möglichster Menschlichkeit« geführt werden sollte und auch keine Racheakte erfolgen dürften. Beachtet wurde dieser Vorschlag nicht.

Nach und nach gelang es den Deutschen, die Bahnstrecke zwischen Swakopmund und Windhuk wieder zu reparieren und damit den Nachschub zu sichern. Bis Juni kam es immer wieder zu erbitterten Gefechten zwischen Aufständischen und der Schutztruppe. Die Herero hatten den Vorteil, dass sie das Gelände gut kannten und in kleinen Gruppen aus dem Hinterhalt angriffen. Sie kämpften dabei mit ganz erstaunlicher Geschlossenheit, die Fehden zwischen den einzelnen Stämmen schienen weitgehend vergessen. Immer wieder gelang es ihnen, den Deutschen empfindliche Niederlagen zuzufügen. Obwohl die Schutztruppe regelmäßig verstärkt worden war – sie betrug bald 7500 Mann und 5000 Pferde – und im Gegensatz zu den Herero über Maschinengewehre und Artillerie verfügte, gelang es ihr nicht, die Hauptgruppen der Herero zu schlagen. Die Moral der Hererokämpfer war hoch, unter anderem weil die Hererofrauen bei Gefechten stets hinter den Kampflinien standen und ihre Männer zu Tapferkeit anspornten. »Das hatte auch zur Folge, dass die Männer nicht den Rückzug antreten konnten«, erklärt die Häuptlingsgattin Menesia Maharero, »dadurch stabilisierten die Frauen die Front.«

Die frisch aus der Heimat eingetroffenen Soldaten, von den altgedienten Kräften auch spöttisch »Klippdachse« oder »Schweißfußindianer« genannt, waren nur für Europa ausgebildet. Mit den afrikanischen Gegebenheiten hatten sie keinerlei Erfahrungen. »Als wir uns anschickten, die Maultiere einzuspannen, lief fast die Hälfte weg«, berichtete ein Soldat frustriert. »250 km in zehn Tagen, auf schlechten

Wegen mit untrainierten Pferden, nicht eingefahrenen Wagen, dazu 1100 m Steigung, ist eine sehr gute Leistung«, so der Oberarzt Georg Hillebrecht in seinem Tagebuch. »Eine Kompanie, die vor uns marschiert ist, hat 14 Tage gebraucht und ist in ziemlich desolater Verfassung angekommen, vor allem was die Pferde betrifft.«

Vielen der Neuankömmlinge war die Bedeutung, die Pferden als Fortbewegungsmittel im afrikanischen Krieg zukam, nicht klar, sie kümmerten sich nur nachlässig um die Wasser- und Futterversorgung. Die Folge war, dass die Pferde reihenweise eingingen. Hinzu kam, dass die schwere Artillerie, die die Soldaten auch in dichtestem Dornengestrüpp mit sich herumschleppen mussten, die Truppenbewegungen langsam und unflexibel werden ließ. Verpflegungstransporte blieben oft stecken oder wurden von Herero überfallen.

Die langen Märsche, das ungewohnte Klima und verseuchte Wasserstellen zermürbten die Männer mit der Zeit. Malaria- und Typhusepidemien brachen aus und forderten viele Todesopfer. Der Gefreite Peter Moor berichtete von den Leiden der an Typhus erkrankten Seesoldaten, die man im Februar zur Verstärkung nach Südwestafrika geschickt hatte: »Gegen Abend kam ein neuer Kranker mit schleppenden Füßen und halbgeschlossenen Augen, blass wie der Tod. Am Vormittag kamen wieder zwei. Nun lagen da neben 17 Verwundeten 14 Kranke. Die drückende Hitze des Tages und die schnei-

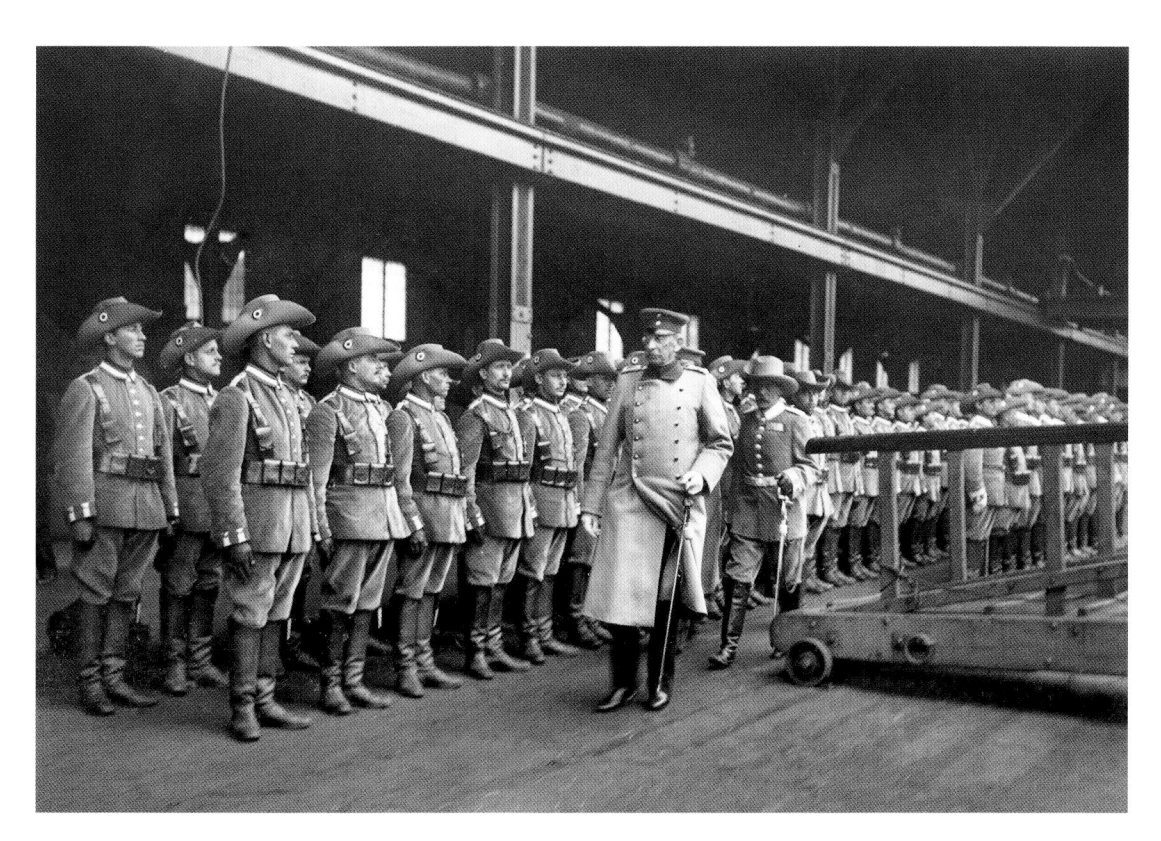

Als Truppen verlegt wurden, begriff man auch im Deutschen Reich, dass der Konflikt nicht irgendein »nebensächliches Scharmützel« in einer Kolonie war.

Soldaten der Schutztruppe – unwegsames Gelände und Krankheiten ließen den Feldzug gegen die Herero für viele zur Tortur werden.

dende Kälte der Nacht, die jämmerliche Nahrung, das erbärmliche Wasser machten immer mehr Kameraden schlaff, träge und gleichgültig. Wir wurden immer hungriger, schmutziger, kranker. Gleichmütig und still sahen wir an jedem Abend einen oder zwei von uns in ihre abgerissenen, schmutzigen Lumpen und in ihre grauen Wolldecken gewickelt in der fremden, grauen Erde liegen; schwer und müde hoben die Befohlenen die Arme in die Luft zum Feuern, den Toten zur Ehre; müde und stumpfsinnig schaufelten sie Erde auf sie und legten Dornen darauf.«

Gouverneur Leutwein hatte nicht vor, die Herero vernichtend zu schlagen, sondern baute nach deren zu erwartender Niederlage auf einen Verhandlungsfrieden. Deshalb hatte er bereits kurz nach seiner Rückkehr aus dem Süden Kontakt zu Samuel Maharero aufgenommen und nach den Gründen für den Aufstand gefragt. Seine Motive waren weniger moralischer, sondern eher praktischer Natur: »Die Aufständischen müssen wissen, dass ihnen auch noch ein Rückweg freisteht, welcher nicht auf alle Fälle zum Tod führt. Andernfalls treiben wir sie zur Verzweiflung, und ein nicht enden wollender Krieg ist die Folge, bei welchem der Nachteil auf unserer Seite ist«, schrieb er am 23. Februar 1904 an die Kolonialabteilung.

Wenn es einmal vor der Geschichte ein Abwägen von Schuld und weniger Schuld gibt, dann kann es keinen Zweifel geben, dass das größere Maß Schuld auf unserer Seite ist.
August Bebel, 17. März 1904

Dort verlangte man allerdings entrüstet die »bedingungslose Unterwerfung« der Herero und verbot Leutwein Verhandlungen mit den Aufständischen. »Eine Vernichtungspolitik beraubt uns nicht nur eines wichtigen Faktors im wirtschaftlichen Leben der Kolonien, nämlich der eingeborenen Arbeitskräfte, sondern sie führt auch unvermeidbar zum Guerillakrieg. Und für einen solchen gibt es auf der ganzen Welt vielleicht keinen ungünstigeren Boden als unser Südwestafrika«, schätzte Leutwein indes die Situation richtig ein.

Beim Gefecht von Oviumbo am 13. April wurde die deutsche Hauptabteilung von Herero eingeschlossen. »Bei jedem Feuerschlag der

Eine Beisetzung deutscher Soldaten – wer nicht im Kampf fiel, starb an Krankheiten oder Erschöpfung.

DAS WELTREICH DER DEUTSCHEN
STURM ÜBER SÜDWEST

Schützen warteten die Herero, eng in die Vertiefungen des Bodens gepresst, hinter Büschen und Bäumen und ließen die Schrapnells über sich ergehen, um sich dann zum Sturmangriff auf die deutschen Linien zu erheben. So ging es stundenlang. Sengende Glut lag über dem Gefechtsfeld, der Durst quälte Menschen und Tiere; nirgends war Wasser zu bekommen, denn der Feind hatte es im Besitz«, beschreibt Walter Nuhn in seinem Buch »Sturm über Südwest« die dramatische Situation. Nur durch einen Befehl zum Rückzug mitten in der Nacht konnte Leutwein die Truppen vor dem Untergang bewahren. Nach diesem verlustreichen Gefecht beschloss er, größere Operationen vorerst einzustellen. Er wollte auf weitere Verstärkung warten und begann, die deutschen Positionen zu befestigen. Als sich Ende April die Masse der Herero unerwartet an den Waterberg zurückzog, sah er seine Stunde gekommen. Dort hoffte er, eine Entscheidungsschlacht herbeiführen zu können.

Wilhelm II. gab von Trotha die Botschaft mit auf den Weg, in der Kolonie erst einmal richtig aufzuräumen.
HORST GRÜNDER, HISTORIKER

Im Deutschen Reich aber mehrte sich die Kritik an Leutweins Vorgehensweise. Man verstand nicht, warum die Herero noch nicht besiegt waren. Leutwein habe den Ernst der Lage zu spät erkannt und die Kampfkraft des Gegners unterschätzt, hieß es. Man warf ihm vor, ein »Kaffernfreund« zu sein, weil er »Verständnis für die historisch gewordene Eigenart der vorgefundenen Bevölkerung« einer Kolonialpolitik »mit Blut und Eisen nach der Art eines Tataren-Khans« vorzog.

Auch ehemalige Missionsschüler meldeten sich freiwillig zu den Waffen.

Mitte Mai löste Kaiser Wilhelm II. Leutwein von seinem Frontkommando ab und setzte Generalleutnant Lothar von Trotha an seine Stelle. In Berlin übernahm der Chef des Generalstabes, Alfred von Schlieffen, die militärische Gesamtleitung des »Krieges gegen die Herero«, wie der Kampf gegen die Aufständischen inzwischen bezeichnet wurde.

Am 11. Juni 1904 traf der neue Kommandeur in Swakopmund ein. Kurz vor Ankunft seines Nachfolgers versuchte Leutwein noch einmal, die Herero zur Kapitulation zu überreden. Er ließ am 30. Mai 1904 eine Proklamation an die.

Major Ludwig von Estorff sah, wie viele »alte Afrikaner«, der Ankunft von Trothas skeptisch entgegen.

Aufständischen verteilen, in der er sie aufforderte, »Gewehre und Munition« abzugeben. Als Berlin davon erfuhr, wurde ihm jegliche militärische Entscheidungsgewalt entzogen. Leutwein blieb nur noch die Aufgabe eines zivilen Gouverneurs. Im November 1904 gab er resigniert auf und verließ nach elf Jahren Dienstzeit die Kolonie.

»Ströme von Blut«

Generalleutnant Lothar von Trotha hatte sich während des Aufstands der Wahehe in Ostafrika (1894–1897) Meriten erworben und auch bei der Niederschlagung des Aufstands der Boxer in China einschlägige Erfahrungen gesammelt. »Die Afrikaner« glaubte er bestens zu kennen. »Sie gleichen sich alle in dem einen Gedankengut, dass sie nur der Gewalt weichen. Diese Gewalt mit krassem Terrorismus und selbst mit Grausamkeit auszuüben, war und ist meine Politik«, betonte er Leutwein gegenüber. »Ich vernichte die aufständischen Stämme in Strömen von Blut und in Strömen von Geld.« Aus diesen Bemerkungen lässt sich schließen, dass Lothar von Trotha den Kolonialkrieg nicht rein militärisch, sondern als Rassenkampf verstand. Der Generalleutnant war mit dem klaren Auftrag in die Kolonie gekommen, den Aufstand um jeden Preis niederzuschlagen. Wie, das blieb ihm überlassen. Der Veteran des deutsch-französischen Krieges hatte sich zum Ziel gesetzt, die Herero militärisch zu vernichten, ihnen gleichsam ein »Sedan« zu bereiten. Dass aus der militärischen Vernichtung des Gegners im Laufe des Krieges eine physische wurde, passte durchaus in sein Konzept.

Skeptisch sahen hingegen viele der »alten Afrikaner« von Trothas Ankunft entgegen: »Er war ein schlechter Staatsmann, wie er als Führer im Kriege nicht ausreichte ,und dazu ein unedler, selbstsüchtiger und kaltherziger Mensch«, schrieb Major Ludwig von Estorff. »Wissmann, der ihn von Ostafrika kannte, hatte sich seiner Ernennung widersetzt, aber er ward nicht gehört. Er hatte das vernichtende Urteil über ihn: Ein schlechter Führer, ein schlechter Afrikaner und ein schlechter Kamerad! Der General war aber durchaus eine schöne, stattliche Soldatenerscheinung und machte durch sein selbstbewusstes Auftreten den Eindruck, dass er viel könne. Er war jedoch ein Mensch der Oberflächlichkeit und des Scheins.«

Allerdings handelte von Trotha bei seinen Entscheidungen nicht eigenmächtig. Die Verantwortung für die Kriegsführung lag nach wie vor beim Generalstab. Und hier war man laut Einschätzung der Historikerin Susanne Kuß der Ansicht, »dass der Endkampf mit den Afrikanern ohnehin unvermeidbar und nur eine Frage der Zeit gewesen sei. Wer kolonisieren wolle, müsse zuerst zum Schwert greifen und Krieg führen – bis zur völligen Niederwerfung

Befestigte deutsche Stellung während des Aufstands der Herero. Die mitgeführte schwere Artillerie behinderte das Fortkommen der Truppen.

der afrikanischen Bevölkerung.« Nach den blutigen Übergriffen der Herero zu Beginn des Aufstands stieß diese Strategie auch bei vielen Siedlern auf Zustimmung: »Die Deutschen sind erfüllt von einem furchtbaren Hass und schrecklichen Rachedurst, ja ich möchte sagen: Blutdurst gegen die Herero«, schrieb ein Missionar damals entgeistert an seine Gesellschaft. »Man hört in dieser Beziehung nichts als: ›aufräumen, aufhängen, niederknallen bis auf den letzten Mann, kein Pardon‹ etc.«

Solche Reaktionen waren allerdings sicher auch der Gräuelpropaganda geschuldet, die seit Kriegsausbruch grassierte. So hieß es, die Herero hätten Frauen und Kinder abgeschlachtet und ihre Opfer verstümmelt. Im Nachlass von Hauptmann Viktor Franke fand sich der Bericht eines Mannes, der angeblich Augenzeuge eines Mordes auf der Farm Frauenstein war: »Der Mann gab eine sehr grausige Schilderung, weil er die zerstückelten Leichen der Frauen erblickt habe. So wollte er zum Beispiel die abgeschnittenen Brüste der Frauen erblickt haben, an den Dornbüschen vor dem Hause hängend … Eine Geschichte, ganz mustergültig brauchbar und ähnlich den Zeitungsnachrichten, die damals in Deutschland Entsetzen und Empörung gegen diese ›schwarzen Bestien‹ hervorriefen. Bezeichnend für den Wert dieser Gerüchte ist die Tatsache, dass ich wenige Tage später in Okahandjas Feste jene beiden Frauen unversehrt vorfand.«

»Schneidige Erscheinung, aber selbstsüchtig und kaltherzig«, so beschrieb Major von Estorff den neuen Kommandeur Lothar von Trotha.

Man kann mit Sicherheit davon ausgehen, dass sowohl von Deutschen wie von Herero Gräueltaten im Krieg begangen worden sind. Gerüchte von deutschen Rohheiten und Grausamkeiten wurden im März 1904 sogar Gegenstand einer Reichstagsdebatte. Auslöser waren Briefe der Soldaten im Feld, die meldeten, es sei der Befehl ergangen, keine Gefangenen zu machen und alle Schwarzen zu erschießen. Leutwein gab zu, dass keine Gefangenen gemacht worden waren und die Soldaten »nicht mit besonderer Schonung« vorgingen, auch Fälle von Lynchjustiz gestand er ein. Ein großer Teil der Erzählungen muss aus heutiger Sicht aber als Übertreibung oder gar Erfindung eingeschätzt werden. Dennoch haben sich vor allem Berichte über die angeblichen Mordtaten der Herero über ein Jahrhundert lang gehalten und werden heute noch von deutschstämmigen Namibiern kolportiert.

Meine genaue Kenntnis so vieler zentralafrikanischer Stämme, Bantu und anderer, hat mir überall die überzeugende Notwendigkeit vor Augen geführt, dass sich der Neger keinem Vertrag, sondern nur der rohen Gewalt beugt.
RAPPORT VON GENERAL VON TROTHA, 1904

Eine andere, besonders oft zitierte »Hörensagen-Geschichte« war die von der Patrouille von Bodenhausen, die in verschiedenen kolonialen Darstellungen zu finden ist. »Die Herero beraubten die Toten ihrer Kleider und Waffen und verstümmelten die entkleideten Leichname in der grauenhaftesten Weise; als man die Leichen fand, waren einzelnen die Augen ausgestochen, der Schädel zertrümmert, der Hals bis auf den Wirbel durchgeschnitten, die Hände abgehackt, der Leib aufgeschlitzt.«

Zunächst tat es von Trotha seinem Vorgänger Leutwein gleich und bereitete die Entscheidungsschlacht am Waterberg vor. Dorthin hatte sich inzwischen das gesamte Volk der Herero samt seiner gewaltigen Viehherden zurückgezogen. Schätzungen gehen davon aus, dass sich 35 000 bis 50 000 Männer, Frauen und Kinder sowie rund 60 000 Rinder am Waterberg versammelt hatten. Die Herero hatten sich diesen Ort ausgesucht, weil der 1900 Meter hohe Tafelberg mehrere Wasserquellen, Weideplätze und Verstecke bot. Hier erwartete Maharero einen Verhandlungsfrieden – oder die Entscheidungsschlacht. Von Trothas Strategie sah vor, die Aufständischen von allen Seiten einzukesseln und ihnen »eine so entscheidende Niederlage beizubringen, dass sie sich nicht mehr davon erholen würden«, formuliert Andreas Eckert. Seiner Meinung nach hatte von Trotha zu diesem Zeitpunkt nicht die Vernichtung oder »totale Ausrottung« der Herero im Sinn, »aber schon ein ganz massives Vorgehen und Zurückdrängen, auf dass kein Herero mehr auf die Idee kommen würde, gegen die Deutschen noch in irgendeiner Form vorzugehen.« Die Zeit spielte für die Deutschen, denn aus dem Reich waren inzwischen mehrere Verstärkungstransporte mit Soldaten, Offizieren, Ärzten und frischen Pferden eingetroffen.

Für den Generalleutnant zählte nur die Durchsetzung der deutschen Herrschaft.
HORST GRÜNDER, HISTORIKER

Am 11. August bei Sonnenaufgang begann die Schlacht am Waterberg. Im Grunde bestand sie aus mehreren, zum Teil weit auseinanderliegenden Gefechten. Sechs Abteilungen, insgesamt rund 4000 Soldaten, gingen in der Nacht gegen etwa 6000 Hererokrieger in einem weiten Ring um den Waterberg in Stellung. Waffentechnisch waren sie mit 36 Geschützen und

Die deutschen Truppen waren im Umgang mit Gefangenen nicht gerade zimperlich. Berichte über Gräueltaten waren sogar Gegenstand einer Reichstagsdebatte.

14 Maschinengewehren den Herero überlegen. Um die Kommunikation unter den Abteilungen zu gewährleisten, hatte man Heliografen aufgestellt, mit denen man per Lichtsignalen Nachrichten senden konnte. Damit hatten die Deutschen einen wichtigen strategischen Vorteil gegenüber den Herero.

Der Feind verteidigte nicht nur seinen Reichtum an Vieh usw., sondern er wusste genau, was ihm blüht, wenn es ihm nicht gelang, wieder nach Okahandja durchzubrechen, sondern mit Sack und Pack ins wasserlose Sandfeld entfliehen musste.
AUS DEN AUFZEICHNUNGEN DES GEFREITEN CHRISTIAN DÖHLER

Trotzdem war die Lage äußerst unübersichtlich: Die Front war 100 Kilometer lang und wies mehrere Lücken auf. Wider Erwarten mussten von Trothas Truppen etliche Verluste einstecken. Während sich die Herero flink im Gelände bewegten und von den Deutschen meist gar nicht entdeckt wurden, hatten Letztere immer wieder Probleme, ihre Kanonen in Stellung zu bringen. »Bald knallte es nun auch von rechts und von vorn auf uns los, und das Pfeifen der Kugeln wurde immer häufiger«, so Hauptmann Kurd Schwabe. »Unsere Batterie fing nun an, in langsamem Feuer mit Schrapnells den Busch zu bestreichen. Auf jeden Schuss erfolgte die Antwort in Gestalt einiger Kugeln. Wir mussten Munition vorbringen; aber auch von der Feuerstellung aus konnte man vom Feinde nichts sehen, obwohl die Schüsse aus nächster Nähe kamen. Dann erfolgte ein schärferer Angriff von rechts. Die Geschütze wurden dorthin geschoben und schossen mit kürzeren Feuerpausen. Auch die Maschinengewehre beteiligten sich.

So entwickelte sich ein lebhaftes Gefecht. Die Kaffer griffen uns von allen Seiten nacheinander an, mitunter auch von zwei Seiten zugleich. Der Kampf dauerte bis gegen Nachmittag. Wir alle glaubten, dass wir den Feind am Waterberg zusammendrängen und vernichten würden.«

Der Plan war es, die Herero unter massiven Beschuss zu nehmen und immer enger einzukreisen. Die Entscheidung sollte dann an den Wasserstellen von Hamakari südöstlich des Tafelbergs fallen. Aber ausgerechnet an der Stelle, an der die Herero ihre Hauptstreitmacht versammelt hatten, war das deutsche Kontingent an Truppen eher schwach. Hier standen einzig die Abteilungen Mühlenfels und von der Heyde, Letztere verfügte noch nicht einmal über Maschinengewehre. Zudem hatte sich die Abteilung auf dem nächtlichen Marsch zu den Wasserstellen verirrt und traf erst Stunden nach Gefechtsbeginn am Ende ihrer Kräfte in Hamakari ein.

Dort stießen sie unvermutet auf massive Gegenwehr der Herero. In einem Bericht des Generalstabs zur prekären Lage heißt es: »Hier war der Feuerkampf auf das Heftigste entbrannt, und es zeigte sich, dass die kleine deutsche Schar einen um ein Vielfaches überlegenen Feind gegenüber hatte. Beide Flügel waren umklammert, schon tauchten im Busche zahlreiche schwarze

DAS WELTREICH DER DEUTSCHEN
STURM ÜBER SÜDWEST

Gestalten im Rücken der deutschen Soldaten auf. Immer kühner drängten die Herero vor, laut ›Kajata‹ und ›Assa‹ brüllend.« Das waren die Namen der Hererokapitäne, die hier die Kämpfe anführten.

»Gegen 400 nachmittags unternahmen die Hereros plötzlich aus nächster Nähe wie auf ein verabredetes Zeichen von allen Seiten gleichzeitig einen Sturmanlauf; so energisch er auch ausgeführt wurde, dicht vor der deutschen Front brach sich seine Kraft am wohlgezielten Feuer der Deutschen.« Nur knapp entkam die Abteilung von der Heyde der Katastrophe. Es war sieben Uhr abends, als endlich alle Wasserstellen in deutscher Hand waren. Die Kämpfe selbst endeten erst bei völliger Dunkelheit.

Zwischen den Abteilungen Mühlenfels und von der Heyde war aber eine riesige Lücke im Einschließungsring entstanden. Die Mehrzahl des Hererovolkes konnte mitsamt ihrer gewaltigen Viehherden nach Südosten entkommen. In dieser Richtung aber lag die Omaheke-Wüs-

Die Schlacht am Waterberg – südöstlich des Tafelberges, so planten die Deutschen, sollte die Entscheidung fallen.

te, auch Sandfeld genannt. »Es war ein schwerer Fehlschlag, dass der Masse der Herero dieser Durchbruch gelang, wenn auch in der Flucht«, urteilte Major Ludwig von Estorff. »Denn nun zog sich der Feldzug noch lange hin, und das große sichtbare Ergebnis, auf das alle gewartet hatten, blieb aus.«

Wenn dem General nicht von vornherein die Abdrängung der Herero in die wasserlose Omaheke als operatives Ziel vorschwebte, so passte die physische Vernichtung des Gegners anstelle der militärischen als Alternativlösung genauso gut in sein Konzept.
Horst Gründer, Historiker

Unter Historikern ist bis heute umstritten, ob Generalleutnant von Trotha von vornherein geplant hatte, die Herero in die Wüste zu treiben, damit sie dort verdursteten, oder ob ihr Ausbrechen in Richtung Sandfeld vielmehr ein Versehen oder gar militärisches Versagen war. Gegen eine Absicht spricht die Tatsache, dass von Trotha nachweislich die Herero an Ort und Stelle vernichtend schlagen wollte und Interesse an einem klaren Ausgang der Gefechte hatte. Die Absicht ändert nichts daran, dass er nach der Schlacht die Verfolgung und Vernichtung der Herero einleitete.

Umstritten sind auch die Motive der Herero für die Flucht in die Omaheke. Manche sagen, dass die Herero von Anfang an die Option in Betracht gezogen hätten, nach Südosten abzuziehen – in Richtung Britisch-Betschuanaland. Die Briten hatten ihnen schon im Vorfeld im Falle einer Niederlage Asyl zugesagt. Da in der Omaheke-Steppe in der Regel ausreichend Wasser für einen Durchzug vorhanden sei, so die Argumentation, sei die Katastrophe, die nun über die Herero hereinbrach, vor allem auf deren Fehleinschätzung der damaligen Wassersituation in diesem Gebiet zurückzuführen.

Andere wiederum sind fest davon überzeugt, dass den versprengten Aufständischen gar keine andere Wahl geblieben war, als nach Südosten zu fliehen. Nur hier war eine Lücke in der Einkesselung entstanden. Sie seien gestorben, weil man sie an der Rückkehr in ihre Stammesgebiete hinderte.

Das Kriegsziel, die Herero in der Schlacht am Waterberg militärisch zu vernichten und den Aufstand zu beenden, war vorerst gescheitert. 26 tote deutsche Soldaten, sechzig zum Teil schwer Verwundete und Hunderte von verendeten Truppenpferden waren für den »großen General« nicht unbedingt eine gute Bilanz. In Richtung Berlin stellte von Trotha die Lage naturgemäß etwas anders dar. »Der Feind, der mit außerordentlicher Zähigkeit kämpfte, erlitt, trotz sehr gewandter Aufstellung im dichtesten Dornbusch, schwere Verluste. Tausende Vieh erbeutet. Zersprengt und im Rückmarsch nach allen Seiten begriffen, bewegt sich die Hauptmacht des Feindes nach Osten.«

Erfreut erwiderte der Kaiser: »Mit Dank gegen Gott und hoher Freude habe ich Ihre Meldung aus Hamakari über den erfolgreichen Angriff auf die Hauptmacht der Herero empfangen. Wenn bei dem zähen Widerstand des Feindes auch schmerzliche Verluste zu beklagen sind, so hat die höchste Bravour, welche die Truppen unter größten Anstrengungen und Entbehrungen nach Ihrem Zeugnis bewiesen, mich mit Stolz erfüllt. Wilhelm.« Und auch die Kolonialgesellschaft jubelte: »Allenthalben ergab sich, dass der moralische Erfolg des Gefechts am Waterberg ein durchschlagender war.«

STURM ÜBER SÜDWEST

Ein Bild des Grauens bot sich den Truppen Ludwig von Estorffs, wenn sie in der Omaheke-Wüste auf halb verdurstete und verhungerte Herero stießen.

Tod in der Wüste

Wie die kommenden Ereignisse indessen lehren sollten, wurde gerade dieser fluchtartige Abzug der Herero nach Südosten in die zu dieser Zeit wasserlose Omaheke ihr Verhängnis. Die Verfolgung des geschlagenen Feindes zeigte die rücksichtslose Energie der deutschen Führung in glänzendem Licht. Keine Mühen, keine Entbehrungen wurden gescheut, um dem Feinde den letzten Rest seiner Widerstandskraft zu rauben: Wie ein halb zu Tode gehetztes Wild ward er von Wasserstelle zu Wasserstelle gescheucht, bis er schließlich willenlos ein Opfer der Natur seines eigenen Landes wurde. Die Natur sollte ihnen ein vernichtenderes Schicksal bereiten, als es die deutschen Waffen je selbst durch eine noch so blutige und verlustreiche Schlacht hätten tun können«, heißt es im Generalstabswerk, das im Jahr 1906 in Berlin veröffentlicht wurde.

Die Natur allein wurde den Herero aber keineswegs zum Verhängnis, sondern die Deutschen, die sie nun bewusst in die wasserlosen Gebiete im Osten des Landes abdrängten. Die Soldaten nahmen in den folgenden Tagen und Wochen nach der Schlacht am Waterberg die Verfolgung der Flüchtigen auf. Ziel war es, den Herero den Rückweg abzuschneiden und ein Entkommen nach Westen, Süden oder Norden zu verhindern. Der Offizier Ludwig von Estorff, der zu den größten Kritikern der von Trotha-schen Kriegsführung gehörte, hatte die Aufgabe, einen Rückzug der Herero nach Osten zu verhindern. Entsetzt beschrieb er das Bild, das sich ihm bot: »Ich folgte ihren Spuren und erreichte hinter ihnen mehrere Brunnen, die einen schrecklichen Anblick boten. Haufenweise lagen die verdursteten Rinder um sie herum, nachdem sie diese mit letzter Kraft erreicht hatten, aber nicht mehr rechtzeitig hatten tränken können. Die Herero flohen nun weiter vor uns in das Sandfeld. Immer wiederholte sich das schreckliche Schauspiel. Mit fieberhafter Eile hatten die Männer daran gearbeitet, Brunnen zu erschließen, aber das Wasser ward immer spärlicher, die Wasserstellen seltener. Sie flohen von einer zur anderen und verloren fast alles Vieh – und sehr viele Menschen. Das Volk schrumpfte auf spärliche Reste zusammen, die allmählich in unsere Gewalt kamen, Teile entkamen jetzt und später durch das Sandfeld in englisches Gebiet. Es war eine ebenso törichte wie grausame Politik, das Volk so zu zertrümmern, man hätte noch viel von ihm und seinem Herdenreichtum retten können, wenn man es jetzt schonte und wieder aufnahm. Bestraft waren sie genug. Ich schlug dies dem General von Trotha vor, aber er wollte ihre gänzliche Vernichtung.«

In verschiedene kleinere Gruppen aufgeteilt, versuchten die Herero, durch das Sandfeld zu entkommen. »Wenn sie an einen Sandbrunnen kamen und es gab Wasser, dann tranken die Krieger«, berichtet der namibische Journalist Alex Kaputu. »Die Frauen tranken nicht, damit die Männer Kraft hatten, zu kämpfen. Und wenn sie Hunger hatten, sagten die Männer zu den Frauen: Das Kind kann ruhig sterben. Ich muss aus deiner Brust die Milch saugen, ich sage dir, ich kann nicht anders, damit ich wieder kämpfen kann.«

Der Gruppe um Samuel Maharero gelang es nach vielen Strapazen, Ende Oktober das im Osten gelegene Britisch-Betschuanaland zu erreichen. Der Häuptling blieb dort bis zu seinem Tod am 14. März 1923 im Exil. Die meisten Mitglieder seines Volkes aber schafften es nicht. »Je mehr die Truppe vorankam, umso breiter und unregelmäßiger wurde der Fluchtweg. Überall lag verendetes und sterbendes Vieh, das einen entsetzlichen Geruch ausströmte, der die heiße, flimmernde Luft verpestete«, berichtete Hauptmann Bayer von der Verfolgungsjagd. »Vielen Tieren war die Gurgel durchschnitten und die Eingeweide herausgerissen worden: Von Wassernot gepeinigt, hatten die flüchtenden Herero mit der Feuchtigkeit aus den Tierleibern ihre vertrockneten Gaumen beschwichtigt.«

Meine Verachtung für diesen edlen General steigt von Tag zu Tag. Arme Kolonie, diese ganze militärische Unternehmung ist eine Farce schlimmster Art. Hier handelt es sich um eine verpfuschte Sache. Ich kann und will damit nichts zu tun haben.
Viktor Franke über von Trotha

Aber auch der Zustand der »Verfolger« verschlechterte sich zusehends. »Die Truppe ist ohne Verpflegung, die Pferde ohne ein Korn Hafer, sie fallen wie die Fliegen. Der ganze Platz ist vergiftet von sterbendem Aas«, berichtete Hauptmann Franke am 16. August 1904 über seine Truppe. Auch Ruhr und Typhus ließen sich nicht eindämmen. »Gegen 0400 Uhr erreichten wir endlich eine große Pfanne mit Wasser, Erindi-Endeka«, so Christian Döhler, Gefreiter in der Abteilung Mühlenfels. »Beim ersten Hinsehen dachten wir, dass die Termiten hier sogar im Wasser ihre Hügel gebaut hätten, es stellte sich aber heraus, dass es lauter aufgedunsenes Vieh war. Wir stürzten auf das Wasser zu, warfen uns auf den Bauch, bliesen ins Wasser, damit der Fettschaum, mit Haaren vermischt, einen kleinen Raum freigab, und tranken unaufhörlich. Der Magen nahm das Wasser gar nicht erst an, sondern stieß es in hohem Bogen wieder heraus, aber es war wenigstens eine Erfrischung. Die Offiziere waren machtlos bei dem Versuch, uns vom Trinken abzuhalten, sie hätten bei Gewaltanwendung wohl die ganze Abteilung über den Haufen schießen müssen. Ihr Ruf, doch besser Filtrierlöcher zu graben, wurde nicht mehr beachtet – wir hatten den Typhus in uns aufgenommen. Täglich meldeten sich jetzt fünf bis sechs Leute krank, sodass die Ärzte zu ihrem Schrecken feststellen mussten, dass der Typhus in ganz erschreckender Weise um sich griff.«

An einer Wasserstelle wie dieser war es am 14. August 1904 noch einmal zu einem größeren Gefecht mit Herero gekommen, aus dem die Deutschen als Sieger hervorgegangen waren. Seitdem kam es immer wieder zu kleineren Zusammenstößen mit isolierten Hererotrupps. Meist wurden sie gefangengenommen oder zersprengt. Auf deutscher Seite gab es kaum noch Verluste im Kampf, während die Herero jedes Mal viele Tote zu verzeichnen hatten. Ein organisiertes Vorgehen der Hereroclans gab es zu diesem Zeitpunkt längst nicht mehr.

Am Morgen des 29. September machten die Deutschen eine wichtige Gefangene: Amanda, die Tochter des Häuptlings Zacharias Zeraua von Otjimbingwe. Einem Bericht von Hauptmann Bayer zufolge erzählte sie, dass unter den einzelnen Gruppen Uneinigkeit und Kopflosigkeit herrschen würde: »Sie seien bettelarm geworden, Krankheiten, Hungersnot und Durst forderten zahlreiche Opfer. Verzweiflung habe die meisten gepackt, die Häuptlinge versuchten, sich alleine zu retten, nur einzelne, wie ihr Vater, seien bei dem Rest des Stammes geblieben. Die Krieger könnten nicht mehr kämpfen, es fehle an jeder Leitung und keiner habe dazu noch den Mut. Jeder sei nur noch bestrebt, das nackte Leben zu retten. Das Volk sei in Auflösung begriffen und ginge nun dem Dursttod im Sandfeld entgegen. Der Krieg sei zu Ende.«

Es ging nicht nur um das Brechen der militärischen Widerstandskraft, sondern um den Massenmord an Frauen und Kindern, Kriegern und Nicht-Kriegern, Alten und Jungen.
Jürgen Zimmerer, Historiker

Generalleutnant von Trotha aber war unzufrieden. Eine letzte Entscheidungsschlacht ließ sich nicht mehr herbeiführen, der Gegner stellte sich nicht länger dem Kampf. Die Versorgungslage seiner Soldaten war so katastrophal, dass jede weitere zermürbende Verfolgungsjagd ausgeschlossen war. »Am 23. September erhält die Truppe Verpflegung für 3 1/2 Tage. Dekret: die Verpflegung muss mindestens bis 30. reichen. Gut: Am 29. abends Dekret des Hauptquartiers: bis 4. Oktober auskommen«, schrieb Oberleutnant Epp in sein Tagebuch.

Andererseits waren die Herero immer noch nicht vernichtend geschlagen. Jederzeit – so fürchtete von Trotha – könnten Gruppen von ihnen zurückkehren und erneut angreifen. Verhandlungen wollte er aber auf gar keinen Fall anbieten, »bestände dann nicht die Gefahr, dass doch eines Tages die alte Stammesorganisation der Herero wieder aufgebaut und damit erneut Konflikte mit weißen Siedlern mit unabsehbaren Folgen auftreten könnten? Könnte dann nicht ein neuerlicher, womöglich noch blutigerer Aufstand, vielleicht auch unter Beteiligung der anderen Stämme in Südwestafrika, ausbrechen? Nein, diese Aufstandsbewegung muss ein für alle Mal, auch als warnendes Beispiel für andere Stämme im Lande, mit Stumpf und Stiel ausgebrannt werden.« So rekonstruiert Walter Nuhn in seinem Buch »Sturm über Südwest« die Argumentation des Befehlshabers.

»Dass sie immer wieder entwichen, dass sie immer wieder Überfälle auf einzelne deutsche Einheiten vornahmen, dass man keine Chance sah, jetzt die gefangenen Herero auch so vom Kampf zu isolieren, dass sie nicht wieder entwichen und von Neuem zu Kämpfern wurden. All das hat dazu geführt, dass von Trotha letztlich in einer Art Torschlusspanik, in frustrierter Hybris, diesen Schießbefehl erlassen hat. Es war keineswegs ein Befehl aus der Stärke heraus, sondern aus einer Position der Schwäche. Um diese Schwäche zu überspielen, setzte von Trotha ganz auf den militärischen Sieg«, erklärt der Historiker Horst Gründer das dramatische Geschehen, das in Deutsch-Südwestafrika nun folgen sollte.

Kopfgeld und ein Schießbefehl

Generalleutnant Lothar von Trotha beschloss, die Verfolgung einzustellen. Die Wüste sollte die Vernichtung vollenden. Er ließ die Omaheke auf rund 250 Kilometern abriegeln und die Wasserstellen besetzen. Am 2. Oktober erließ von Trotha eine Proklamation, die als »Vernichtungsbefehl« in die Geschichte einging und ihn zum Inbegriff des hässlichen Kolonialdeutschen machte: »Ich, der große General der deutschen Soldaten, sende diesen Brief an das Volk der Herero. Die Herero sind nicht mehr deutsche Untertanen. Sie haben gemordet und gestohlen, haben verwundeten Soldaten Ohren und Nasen und andere Körperteile abgeschnitten und wollen jetzt aus Feigheit nicht mehr kämpfen. Ich sage dem Volk: Jeder, der einen der Kapitäne an einer meiner Stationen als gefangen abliefert, erhält 1000 Mark, wer Samuel Maharero bringt, erhält 5000 Mark. Das Volk der Herero muss jedoch das Land verlassen. Wenn das Volk dies aber nicht tut, so werde ich es mit dem Groot Rohr dazu zwingen.« Für Entsetzen sorgte vor allem die folgende Passage: »Innerhalb der deutschen Grenzen wird jeder Herero mit und ohne Gewehr, mit oder ohne Vieh erschossen, ich nehme keine Weiber oder Kinder mehr auf, treibe sie zu ihrem Volke zurück oder lasse auf sie schießen.« Unterschrieben hatte von Trotha mit »Der große General des mächtigen deutschen Kaisers«.

»Gefangene Hereroweiber!«, so lautet der Text auf der Rückseite dieses Bildes.

DAS WELTREICH DER DEUTSCHEN

STURM ÜBER SÜDWEST

Auf den berüchtigten Schießbefehl von Trothas folgten zahlreiche Hinrichtungen.

Bis heute ist unter Historikern umstritten, inwieweit man von einem Völkermord sprechen kann oder nicht. Letztlich ist es ein Streit um eine Begriffsdefinition. An der Größe des Verbrechens am Hererovolk zweifelt im Grunde kein seriöser Historiker. »Ich würde in diesem Fall tatsächlich von einem Genozidbefehl sprechen, einfach deshalb, weil er den Einheimischen keine Chance gab, aufzugeben, die Waffen niederzulegen und die Kampfhandlungen zu beenden«, urteilt Horst Gründer. »Und selbst, wenn er sich nicht gegen Frauen und Kinder richtete, ist die Absicht von Trothas doch eindeutig, und sie lässt sich auch durch sein Tagebuch nachweisen, in dem er ganz klar sagt, dass es ihm darum gehe, dieses Volk für immer und ewig zu vernichten – durch militärische Schläge. Und wenn das nicht möglich sei, es eben aus dem Lande zu treiben. All das deutet auf etwas hin, was man heute wohl als Völkermord bezeichnen würde. Stellt man dies alles in einen größeren Zusammenhang, ohne es entschuldigen zu wollen, wird deutlich, dass die Deutschen keineswegs alleine dastehen. Solche Massaker hat es in der Kolonialgeschichte immer wieder gegeben, bis hin zu Vernichtungsbefehlen und entsprechenden Aktionen. Die ganze Geschichte der Kolonien ist einfach mit einem hohen Maß an Gewalt verbunden.«

Um den »guten Ruf« des deutschen Soldaten zu wahren, präzisierte von Trotha in einem weiteren Tagesbefehl, dass die Anweisung »zum

Schießen auf Weiber und Kinder so zu verstehen sei«, dass über ihre Köpfe »hinweggeschossen wird, um sie zum Laufen zu zwingen. Ich nehme mit aller Bestimmtheit an, dass dieser Erlass dazu führen wird, keine männlichen Gefangenen mehr zu machen, aber nicht zu Gräueltaten gegen Weiber und Kinder ausartet.« Demnach lautete das Todesurteil für Frauen und Kinder nicht Tod durch Erschießen, sondern Tod durch Verdursten. Das Ergebnis blieb in seiner bitteren Konsequenz dasselbe.

Es war eine ebenso törichte wie grausame Politik, das Volk so zu zertrümmern.
MAJOR LUDWIG VON ESTORFF

Noch deutlicher wurden seine Absichten in einem Brief, den von Trotha am übernächsten Tag an den Generalstab in Berlin richtete: »Es fragte sich nun für mich nur, wie ist der Krieg mit den Herero zu beenden. Ich glaube, dass die Nation als solche vernichtet werden muss, oder, wenn dies durch taktische Schläge nicht möglich war, operativ und durch die weitere Detail-Behandlung aus dem Lande gewiesen wird. Es wird möglich sein, durch die erfolgte Besetzung der Wasserstellen von Grootfontein bis Gobabis und durch eine rege Beweglichkeit der Kolonnen die kleinen nach Westen zurückströmenden Teile des Volkes zu finden und sie allmählich aufzureiben. Außerdem würde Milde von Seiten der Herero nur als Schwäche aufgefasst werden. Sie müssen jetzt im Sandfeld untergehen oder über die Betschuanagrenze zu gehen trachten. Dieser Aufstand ist und bleibt der Anfang eines Rassenkampfes.«

Die Tragödie nahm ihren Lauf. »0600 Uhr: Theatralische Erhängung von zwei gefangenen Herero. Verteilung eines ungedruckten Ukas an dreißig gefangene alte Männer, Weiber und Kinder, dass für die Herero kein Platz mehr in deutschen Landen sei, Entsendung der dreißig in alle Winde …«, notierte Epp in sein Tagebuch. Von nun an wurde jeder Herero, der sich einer Wasserstelle näherte, erschossen; Frauen und Kinder verjagt. Aus der Wüste gab es kein Entkommen mehr. Das Militärwochenblatt zitierte einen Bericht des Grafen von Schweinitz, der sich Anfang März des Jahres 1905 einen Überblick über die Lage verschaffte: »Tausende gefallenen Viehs, zahlreiche Gerippe von Menschen und Pferden bleichten an der Sonne und bezeichneten mit entsetzlicher Deutlichkeit, dass der Zug des Todes diesen Weg gegangen war. Besonders in den dichteren Gebüschstellen am Wege, wo die durstenden Tiere Schutz vor den Sonnenstrahlen gesucht hatten, lagen die Kadaver zu Hunderten dicht neben- und übereinander. Wahrlich, es ist ein furchtbares Strafgericht, das hier das schuldige Volk der Herero betroffen hat.«

Die Folgen des Krieges

In Berlin, wo der Wortlaut der Proklamation erst Wochen später eintraf, war die Wirkung verheerend. Entsetzt kritisierte August Bebel die Absicht, »alles, was schwarze Farbe hat, niederzuschießen«, und bezeichnete von Trotha als »Metzgerknecht«. Karl Liebknecht prangerte General von Trotha als größten Schlächter der Geschichte an: »Vor Deutsch-Südwestafrika erbleichen selbst die Sterne eines Cortez, selbst eines Pizarro.« Auch Kanzler Bernhard von Bülow plädierte dafür, den »Schießbefehl« zurückzunehmen, denn »die vollständige Ausrottung der Herero würde das gebotene Maß der Bestrafung übersteigen«. Zudem würde er »dem deutschen Ansehen unter den zivilisierten Nationen Abbruch« tun. Bülow befand außerdem, dass »die gänzliche Vernichtung oder Vertreibung der aufständischen Eingeborenen die Entwicklungsfähigkeit der Kolonie auf das Schwerste beeinträchtigen« würde, denn »sowohl für den Ackerbau und die Viehzucht als auch für den Bergbau im Schutzgebiete sind die Eingeborenen unentbehrlich.« Die Vorstellung, dass Herero auf britisches Gebiet überlaufen und dort als »wertvolles Arbeitsmaterial« willkommen geheißen würden, machte ihm dabei besonders zu schaffen.

Der Chef des Generalstabes, General Alfred von Schlieffen, war im Prinzip mit von Trothas Vorgehen einverstanden, hielt es aber für klüger, zur Mäßigung zu mahnen. »Dass er die ganze Nation vernichten oder aus dem Land treiben will, darin kann man ihm beistimmen«, schrieb er an Reichskanzler von Bülow. »Der entbrannte Rassenkampf ist nur durch die Vernichtung oder vollständige Knechtung der einen Partei abzuschließen. Das letztere Verfahren ist aber bei den jetzt gültigen Anschauungen auf Dauer nicht durchzuführen. Die Absicht des Generals kann daher gebilligt werden. Er hat nur nicht die Macht, sie durchzuführen. Es wird daher kaum etwas anderes übrig bleiben, als zu versuchen, die Herero zur Übergabe zu veranlassen. Das wird erschwert durch die Proklamation des Generals von Trotha, der jeden Herero erschießen lassen will.«

Der Kaiser indes ließ sich nur ungern von dem einmal eingeschlagenen Weg abbringen. Bernhard von Bülow schrieb in seinen Erinnerungen: »General von Trotha, ein schneidiger Gardeinfanterist, war im Frühjahr 1904 mit der Leitung der Operationen in Südwestafrika betraut worden. Um rascher mit den Herero fertig zu werden, schlug er vor, sie mit Frauen und Kindern in eine wasserlose Wüste zu treiben, wo sie einem sicheren und qualvollen Tod entgegengegangen wären. Ich erklärte Seiner Majestät, dass ich meine Zustimmung zu diesem Vorgehen nicht gebe würde. Der Kaiser machte erst große Augen, dann geriet er in Erregung. Meinem Hinweis auf unser Christentum begegnete er mit der Einwendung, dass dessen Gebote gegenüber Heiden und Wilden keine Geltung hätten. Ich sagte ihm: ›Eurer Majestät Kein-Pardon-Rede hat schon viel Unheil angerichtet, obwohl das nur eine Ankündigung war. Wenn Sie jetzt von der Theorie zur Praxis übergehen, so richten Sie einen Schaden an, der den Einsatz nicht lohnt. Kriege können nicht rein militärisch geführt werden, die Politik muss mitsprechen.‹ Der Kaiser brauste auf, und wir trennten uns in nicht freundlicher Stimmung. Nach einigen Stunden erhielt ich einen Brief von ihm, in dem er mir mitteilte, er füge sich meinen Vorstellungen.«

Einen solchen Krieg wie Herr von Trotha kann jeder Metzgerknecht führen.
August Bebel im Reichstag

Ein weiterer Grund für die Rücknahme des »Schießbefehls« war, dass die Truppen inzwischen dringend im Süden gebraucht wurden. Dort hatten im Oktober 1904 die Nama den Kampf aufgenommen. Zehn Jahre lang hatten sie den Deutschen die Treue gehalten, Fährtensucher hatten der Truppe sogar im Kampf gegen die Herero zur Seite gestanden. Nun fürchteten sie, dass ihr Volk als Nächstes ausgerottet werden könnte, Drohungen in dieser Richtung gab es bereits. An der Spitze des Aufstands stand der legendäre Hendrik Witbooi. Anders als die Herero vermieden die Nama die große Feldschlacht und begannen stattdessen einen Guerillakrieg. Sie waren gut bewaffnet und beritten, griffen die Truppen blitzschnell aus dem Hinterhalt an und zogen sich dann wieder ins unwegsame Gelände zurück. Als Hendrik Witbooi im Jahr darauf im Kampf fiel, übernahmen verschiedene Unterstämme die Führung. Erst am 31. März 1907 wurde der Kriegszustand in Südwestafrika aufgehoben.

Von Trotha musste seine Proklamation am 9. Dezember 1904 auf ausdrücklichen Befehl des Generalstabs zurücknehmen. Er wurde angewiesen, mit Ausnahme der Anführer allen sich freiwillig ergebenden Herero das Leben zu schenken. Der General fiel aus allen Wolken. »In sein Tagebuch hat er notiert – ich will es mal vorsichtig sagen –, ›ich bin erschrocken, ich bin empört‹«, berichtet Trothas Nachfahr Gustav-Adolf von Trotha. »Nach Berlin hat er zurückgeschrieben, ›ja, dann seien wohl 25 Offiziere und rund 500 Mann von den deutschen Soldaten umsonst umgekommen‹. Er konnte es einfach nicht verstehen, vor allen Dingen, weil die Order vom Kaiser kam. Bis dahin war er immer sicher gewesen, ›alles, was ich tue, ist genau das, was Kaiser Wilhelm II. möchte‹.« Der plötzliche Gesinnungswandel des Kaisers erschien dem General scheinheilig, und verärgert notierte er in sein Kriegstagebuch: »Wasch mir den Pelz, aber mach mich nicht nass.«

In der Kolonie stellte sich nun die Frage, was mit den geschlagenen Herero anzufangen sei. Der Reichskanzler riet von Trotha am 11. Dezember in einem Telegramm, »Konzentrationslager für die Unterbringung und Unterhaltung der Reste des Hererovolkes« einzurichten. Derartige Lager hatten die Engländer schon im Burenkrieg (1899–1902) in Südafrika erprobt. Der

Führer der aufständischen Nama wurden 1905 in Gibeon aufgehängt.

Begriff »Konzentrationslager« war 1896 von den Spaniern während des Krieges auf Kuba verwendet worden. General von Trotha entwickelte sogleich eigene Vorschläge für die Unterbringung. »Dort werden sie an die Kette gelegt und zur Arbeit verwandt. Ich beabsichtige, den Gefangenen beider Geschlechter nicht abnehmbare Blechmarken zu applizieren mit den Buchstaben ›GH‹ (Gefangene Herero).« Dieser »Kettenbefehl« wurde später auf Anraten Kanzler von Bülows allerdings aufgehoben.

Bald entstanden über das ganze Land verteilt Lager. Interniert wurden nicht nur Herero- und Namakrieger, sondern auch Frauen, Kinder und Greise. »Dabei ist zwischen den von der Mission geführten ›Sammellagern‹, die dazu dienten, die versprengten und in Verstecken lebenden Herero unter Kontrolle zu bringen, und den von der Militäradministration errichteten ›Konzentrationslagern‹ zu unterscheiden«, so der Historiker Joachim Zeller. In den Lagern der Missionare wurden die Gefangenen gut behandelt, wenngleich sie auch hier zu Arbeitseinsätzen weitergeschickt wurden.

In den Konzentrationslagern wurden die Gefangenen, soweit sie dazu noch in der Lage waren, zur Zwangsarbeit auf Farmen, in Baumfirmen und Reedereien oder bei der Eisenbahngesellschaft eingesetzt. Man holte sie morgens zur Arbeit ab und brachte sie abends ins Lager zurück. Im Mai des Jahres 1906 betrug die Zahl der Gefangenen an die 14 800. Traurige Berühmtheit erlangte ein Konzentrationslager für gefangene Nama und Herero, das auf der Haifischinsel in der Lüderitz-Bucht eingerichtet wurde. Die Menschen waren von den Strapazen des Krieges ohnehin völlig entkräftet und abgemagert. In dem für sie ungewohnt rauen und feuchten Klima starben sie in Massen. »Vor allem waren es Skorbut und Darmkatarrhe, die die Leute aufs Krankenlager warfen«, berichtete ein Missionar. »Vor allen Dingen aber erhielten sie keine den Verhältnissen entsprechende Kost. Es kamen an manchen Tagen bis 27 Sterbefälle vor. Karrenweise wurden die Toten zum Friedhofe gebracht.«

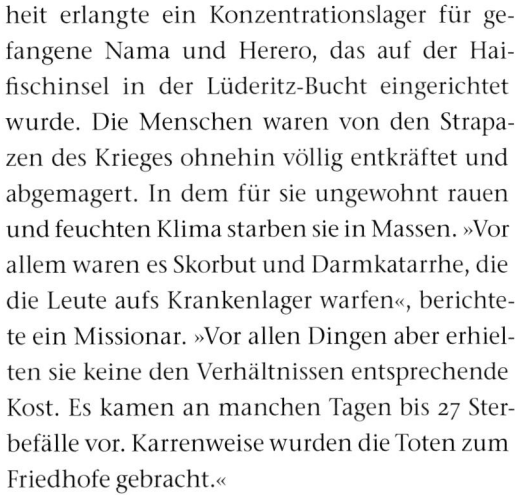

Obwohl die Geistlichen und auch Zivilpersonen die Verhältnisse immer wieder anprangerten, wurde das Lager auf der Haifischinsel erst geschlossen, als Major Ludwig von Estorff das Kommando der Schutztruppe übernahm und das Lager im April 1907 besuchte. »Vom September 06 sind von 1795 Eingeborenen 1032 auf Haifischinseln gestorben«, berichtete er schockiert nach Berlin. »Für solche Henkersdienste, mit welchen ich auch meine Offiziere nicht beauftragen kann, übernehme ich keine Verantwortung.« Insgesamt starben zwischen Oktober 1904 und März 1907 allein 7682 Gefangene – 30 bis 50 Prozent aller Inhaftierten.

Der neue Zivilgouverneur von Südwestafrika, Friedrich von Lindequist, konnte von einer Inspektionsreise durch das Land berichten: »Der Norden und die Mitte des Landes sind so gut wie entblößt von Hereros. Wohl habe ich gelegentlich vereinzelte Fußspuren von Hereros gesehen. Allein hierbei handelte es sich um einzelne wenige, die noch nicht den Mut und das Vertrauen bekommen haben, sich an den Sammelstellen dem Missionare zu stellen, und die nun ein kärgliches Leben im Felde führen.

Glückliche Tage – Else und Gustav Sonnenberg.
Else kehrte im April 1904 nach Deutschland zurück.

Den Willen zum bewaffneten Aufstand und Widerstand haben die Hereros nicht mehr.« Der Krieg zwischen Deutschen und Herero war endültig vorbei.

Sieger und Besiegte

Else Sonnenberg war nach dem gewaltsamen Tod ihres Mannes von ihrer treuen Dienerin Tapita zusammen mit Schwester Marianne in das Haus des Missionars W. Eich gebracht worden. Noch benommen vom eigenen, grausamen Schicksal erfuhr sie von den Gräueltaten am Waterberg: Die gesamte Besatzung der Polizeistation war getötet worden, ebenso mehrere Kaufleute und Beamte – insgesamt 13 Deutsche. Im Missionarshaus hatte sich etwa ein Dutzend Überlebende versammelt, die meisten Frauen und Kinder. Herero gingen dort ein und aus. »Öfters sehe ich meine Sachen an ihnen, aber erkenne sie vor Schmutz kaum wieder«, schrieb Else Sonnenberg noch sichtlich erregt in ihr Tagebuch. »Kopfkissenbezüge, in der Mitte durchgerissen, tragen sie als Gürtel, Tischdecken als Umschlagtücher. Oh, wie ich die schwarze Gesellschaft hasse, die sich mit dem Blute deutscher Männer befleckt hat.«

Als Samuel Maharero Ende Februar 1904 sein gesamtes Volk zu sich befohlen hatte, nahmen die Herero vom Waterberg die Insassen des Missionshauses mit. Sie behandelten sie wie

Gefangene. Wochenlang reisten sie auf einem Ochsenwagen durch die Wildnis, bis sie auf mehrere Häuptlinge trafen, unter ihnen Samuel Maharero. Dankbar denkt Frau Sonnenberg an ihn zurück. Als einige Herero zudringlich wurden, kam Samuel ganz nahe an ihren Wagen, »und ich hielt es für eine gute Vorbedeutung, dass er befahl, mir Platz zu machen, als er bemerkte, dass ich nicht an die Seitenkiste des Wagens herankommen konnte, um eine sorgfältig gehütete Dose kondensierter Milch für Werner herauszunehmen.« Endlich beschlossen die Herero, die Siedler in Freiheit ziehen zu lassen. Kaum waren sie zehn Minuten unterwegs, als sie unter Kriegsgeheul von einer Gruppe Herero überfallen wurden. »Da kam Samuel in größter Not, trieb den Haufen zurück und befahl uns, eine weiße Fahne auf den Wagen zu stecken und dann schnell weiterzufahren. Wir taten es. Gerettet! Gerettet, aber halb tot vor Angst und Aufregung.« Kurz darauf trafen die Siedler auf Soldaten der Schutztruppe.

Ende April 1904 kehrte Else nach Deutschland zurück. Eine Zeit lang sah es so aus, also ob ihr Sohn Werner die Strapazen der Reise nicht überleben würde, doch dann erholte er sich wieder. Er sollte von seiner Mutter das Fernweh erben: Als junger Mann zog es ihn nach Südwestafrika, später nach Brasilien. Oft dachte Else mit Wehmut und Trauer an die glücklichen Tage in der Kolonie zurück. »Und wiederum muss ich des Bildes gedenken in der Sandwüste, das sich mir zeigte: ein herrlicher, blauer See mit grünen Bäumen, nachdem es uns hinzog auf unserer Fahrt. Es war eine Täuschung. Und so ist eine Täuschung alle Pracht und Glückseligkeit dieser Welt. Mit unsichtbaren Fäden fühle ich mich an ein Heim gekettet, ich weiß, dass dort er und mein Glück ist.«

Lothar von Trotha hielt seine Aufgabe nach dem Tod des Nama-Chiefs Hendrik Witbooi für beendet. Er bat um seine Abberufung und verließ am 19. November des Jahres 1905 das Land. Sein Nachfolger als Gouverneur wurde Friedrich von Lindequist, Kommandeur der Schutztruppe wurde Oberst Berthold von Deimling. Von Trotha wurde für seine militärischen Verdienste mit dem Orden »Pour le mérite« ausgezeichnet und zum General der Infanterie befördert. Seine militärische Laufbahn endete mit der Rückkehr nach Deutschland. Er ging in den Ruhestand und starb Ende März 1920.

Manchmal, wenn ich am Sonntag hinaufsteige auf die Berge hier und die Glocken heraufklingen, gedenke ich des Waterbergs und des Glöckleins der schlichten Kirche unter dem Missionsgarten. Dann steigen die alten Bilder herauf, der alte Schmerz beginnt zu brennen, und ich fühle, wie unendlich viel ich verloren habe.
ELSE SONNENBERG

Samuel Maharero starb am 14. März 1923 in Britisch-Betschuanaland. Seine Leiche wurde von seinen Söhnen nach Namibia überführt und in allen Ehren in Okanhandja beigesetzt. »Die Männer im Trauerzug tragen Militäruniformen, Polizeijacken, hochgeschlagene Hüte, Tropenhelme und vereinzelt viktorianisch-wilhelminischen Federkopfputz, Schärpen und aufgemalte schwarze Kreuze. Sie repräsentieren die ›oturupa‹, die sogenannte Truppenspielerbewegung«, schreibt ein Historiker über diesen Tag. Das Wort »oturupa« bedeutet auf Deutsch »Truppe«. 1600 Menschen versammelten sich in Okahandja, die Beerdigung des früheren Oberhäuptlings glich einem Staatsbegräbnis.

Sie war auch ein Versuch, eine neue Herero-Identität zu schaffen. Okahandja lag damals mitten in weißem Siedlungsgebiet. Die Beisetzung war der Versuch, zumindest symbolisch den Ort zurückzuerobern, der zentral im Hereroland liegt, Sitz des Mahareroclans war und an dem 1904 der Krieg ausgebrochen war. Seit diesem Tag pilgern die Herero am letzten Sonntag im August nach Okahandja, um den Hererotag zu feiern und ihrer Ahnen zu gedenken.

Die Herero als eigenständigen Stammesverband gab es nicht mehr. Ihre Häuptlinge waren entweder hingerichtet worden oder lebten im Exil. Etwa 2000 hatten es nach Angaben Walter Nuhns in britisches Gebiet geschafft. Eine unbekannte Anzahl war nach Norden zu den Ovambo geflohen. Tausende überwanden die Absperrungen der Deutschen und kehrten in ihre Heimat zurück, die meisten von ihnen wurden in die Gefangenenlager gebracht. Das heilige Feuer, das vom jeweiligen Häuptling eines Familienzweiges gehütet wurde und nicht ausgehen durfte, weil es die Verbindung zwischen den Lebenden und Toten aufrecht erhielt, war erloschen. Nach General von Trothas »Vernichtungsstrategie« und anschließender Gefangenschaft waren laut Horst Gründer von geschätzten 60- bis 80000 Herero nur noch rund 15 000 am Leben. Demnach wären bis zu 80 Prozent des Stammes umgekommen. Es gibt bis heute keine zuverlässigen Zahlen bezüglich der exakten Bevölkerungsgröße vor und nach dem Krieg. »Doch selbst wenn man die niedrigsten Schätzungen zugrunde legt«, so die Historikerin Susanne Kuß, »ist zumindest ein Drittel der Herero im Krieg oder an den Kriegsfolgen gestorben.« Von geschätzten 20000 Angehörigen des Stammes der Nama lebte nach dem Krieg noch knapp die Hälfte.

Für den Historiker Jürgen Zimmerer gibt es keine Zweifel: Würde man dem Geschehen die in der UN-Charta niedergelegte Genoziddefinition zugrunde legen, so sei das Verhalten von Trothas und der deutschen Armee eindeutig als Völkermord zu identifizieren. Für ihn ist bei der Frage, ob es während des Hererokrieges zum Genozid gekommen ist, der entscheidende Faktor die Intention. »Es braucht den Willen zur ›Vernichtung‹ einer bestimmten, von den ›Tätern‹ definierten Gruppe. Und die eigentliche Tat, also den Beginn des genozidalen Prozesses, nicht jedoch dessen Vollendung.« Dabei sei die Höhe der Opfer nicht ausschlaggebend, es sei unerheblich, ob 70000 oder »nur« 10000 Herero umgekommen seien.

Auf deutscher Seite waren 14000 Soldaten zum Einsatz gekommen, knapp 1500 waren im Feld oder durch Krankheiten gestorben. Die Niederwerfung des Aufstands hatte den deutschen Steuerzahler rund 585 Millionen Mark an Kolonialanleihen gekostet. Als Abgeordnete der Sozialdemokraten und der Zentrumspartei einen Nachtragsetat zur Finanzierung des Kolonialkrieges ablehnten, löste von Bülow kurzerhand den Reichstag auf und ließ Neuwahlen ausschreiben. Der Wahlkampf wurde zur Abstimmung über Deutschlands Kolonialpolitik. Aus den »Hottentottenwahlen«, wie sie später genannt wurden, ging 1907 der Bülow-Block aus Konservativen, National- und Linksliberalen als Gewinner hervor. Kolonialfreunde legten diesen Sieg ganz in ihrem Sinne aus: Die braven Soldaten, die in der Wüste Afrikas begraben liegen, seien nicht umsonst gefallen.

Der Krieg gegen die Herero und Nama hatte die Bevölkerung im Deutschen Reich so beeindruckt, dass er eine wahre Flut an »Südwester«-Literatur auslöste. Memoiren und Tagebücher von Siedlern und Feldzugsteilnehmern, Editionen von Feldpostbriefen, Romane und Kinderbücher fanden reißenden Absatz. Hinzu kam Kriegslyrik wie die »Reiterbriefe aus Südwest« oder »Die Patrouille«. Thema war immer wieder der deutsche Held, der tapfer gegen den Feind ritt, während sengende Sonne und Wüstensand ihm das Leben zur Hölle machten. Interessanterweise wurde die Vernichtung der Völker der Herero und Nama in diesen frühen Veröffentlichungen nicht bestritten, sondern in der Auseinandersetzung zwischen »Schwarz« und »Weiß« als sinnvoll und gerechtfertigt dargestellt. So auch in dem Bestseller »Peter Moors Fahrt nach Südwest« von Gustav Frenssen. Der Roman erzählt die Geschichte eines Freiwilligen, der als Matrosengefreiter in die Kolonie kommt und sich im Feldzug gegen die Herero bewähren muss. Mit ihm hatten die Deutschen endlich ihren eigenen »Lederstrumpf«-Helden. Nur trug er statt einem ledernen Fransenhemd und Mokassins die Südwester-Uniform, hohe Lederstiefel und ein Gewehr. Die rassistische Tonart des Jugendromans war allerdings unüberhörbar: »Diese Schwarzen haben vor Gott und Menschen den Tod verdient, nicht weil sie die zweihundert Farmer ermordet haben und gegen uns aufgestanden sind, sondern weil sie keine Häuser gebaut und keine Brunnen gegraben haben. Gott hat uns hier siegen lassen, weil

In Konzentrations- und Sammellagern
wurden die Gefangenen interniert und von dort
zu Arbeitseinsätzen geschickt.

»Schuften für die Sieger« – in dieser Ziegelei in Windhuk arbeiteten Herero für den Aufbau der neuen Infrastruktur.

wir die Edleren und Vorwärtsstrebenden sind.« Noch 1912 wurde der Autor für den Literaturnobelpreis vorgeschlagen. Eine positive Folge des Aufstands war immerhin die Einrichtung eines Kolonialstaatssekretariats unter dem liberalen Bankier Bernhard Dernburg. Er versuchte, einen Reformkurs einzuleiten. Endlich entschloss sich auch die Reichsregierung, stärker in die Infrastruktur der südwestafrikanischen Kolonie zu investieren. Als Erstes wurde der Eisenbahnbau forciert, wichtigste Voraussetzung für die Erschließung, Besiedlung und Kontrolle des Landes. »Mehr Dampf! Baut Bahnen! Jahrelang erscholl vergebens der Weckruf. Neuerdings aber ist es anders geworden«, vermerkte 1912 zufrieden ein Befürworter der Kolonien. Das Schienennetz in Deutsch-Südwestafrika wuchs von 382 Kilometern 1904 in nur zehn Jahren auf stolze 2100 Kilometer. Die Verwaltung, die im Jahr 1900 nur aus 26 Beamten bestanden hatte, wurde bis 1913 auf 2000 Mitarbeiter aufgestockt, Post und Telegrafenwesen beförderten im gleichen Jahr sage und schreibe sechs Millionen Briefsendungen, 156 000 Pakete und 380 000 Telegramme. 1907 schließlich belebte die Erschließung neuer Kupferlager den südwestafrikanischen Bergbau.

Neuanfang und Diamantenfieber

Viele Siedler aber mussten nach dem Krieg wieder fast von vorne beginnen. »Einige der Niederlassungen waren zerstört, Mitarbeiter waren ermordet und Geschäfte geplündert worden – das war ein sehr schwerer Anfang«, berichtete Dieter Voigts vom Geschäft seines Großvaters. Die Farmbetriebe wirtschafteten nun fast ausschließlich mit extensiver Viehwirtschaft, andere verlegten sich später auf die Zucht von Karakulschafen oder Straußen beziehungsweise spezialisierten sich auf Obst- und Weinanbau.

Im Jahr 1908 sorgte die Entdeckung von Diamanten für Aufregung in der Kolonie Deutsch-Südwest. Der Bahnmeister August Stauch hatte im Mai 1908 bei Kolmannskuppe in der Nähe von Lüderitz zufällig das funkelnde Mineral entdeckt. Die Nachricht löste einen wahren Diamantenrausch aus, Glücksritter von nah und fern stürmten die Wüste und scharrten nach

»Gefangene Kaffernweiber schleppen Brennholz heran«, so der originale Bildtext zu dieser Aufnahme.

Diamantenfieber in der Kolonie

den glitzernden Steinen. Kolmannskuppe, wo der Kies gewaschen und gesiebt wurde, entwickelte sich zu einer blühenden Diamantenstadt. Im September wurde der »Wildwestmanier« allerdings ein Ende gesetzt, indem die Schürffreiheit aufgehoben wurde.

Auch andere Städte in Deutsch-Südwest erlebten nach dem Hereroaufstand eine Phase des Wachstums. Verstärkt wurde in die koloniale Architektur investiert, neben Amtsgebäuden entstanden auch neue Schulen und Krankenhäuser, die freilich Europäern vorbehalten

Das Deutsche Reich erhob Anspruch auf die Bodenschätze und erklärte einen 100 Kilometer breiten Küstenstreifen zwischen Oranje und dem 26. Breitengrad zum Sperrgebiet. Die Ausbeutung der Diamantenfelder wurde nun dem Großkapital übertragen. Zwischen 1908 und 1913 wurden immerhin 4,7 Millionen Karat im Wert von rund 150 Millionen Mark gewonnen, etwa ein Fünftel der Weltförderung. Die »Südwester-Steine« waren klein, aber klar und auf dem Markt sehr beliebt.

blieben, während sich die einheimischen Völker mit prophylaktischen Massenimpfungen durch die Deutschen zufriedengeben mussten. Die Hauptstadt Windhuk wuchs bis zum Ersten Weltkrieg auf eine Größe von 11 000 Einwohnern an. Wie in allen kolonialen Städten achteten die weißen Einwohner auch hier darauf, dass die Volksgruppen in der Stadt strikt getrennt blieben – alle Afrikaner wurden in eigene Viertel zwangsumgesiedelt. Im Jahr 1910 wurde in Windhuk die Christuskirche feierlich

Das Eisenbahnnetz wurde innerhalb von nur zehn Jahren auf eine Länge von 2100 Kilometern ausgebaut.

Gouverneur von Lindequist die letzten Konzentrationslager auflösen und erließ eine »Eingeborenenverordnung«. Damit wurden die alten Schutzverträge hinfällig. Es kam zu einer umfassenden Neuausrichtung der »Eingeborenenpolitik«, die nur ein Ziel hatte: die endgültige machtpolitische und wirtschaftliche Ausschaltung der einheimischen Völker.

Deutsch-Südwest galt als die »Lüderitz'sche Sandbüchse«, die nicht viel hervorbrachte. Erst als man 1908 dort Diamanten fand, wandelte sich diese Einstellung.
HORST GRÜNDER, HISTORIKER

eingeweiht, eine wahrhaft deutsche Kirche: Die Orgel stammte aus Ludwigsburg, die Fenster kamen aus Nürnberg, die Glocken aus Apolda. Kaiserin Auguste Victoria hatte die Bibel gestiftet. Zwei Jahre später wurde das bekannteste Symbol deutscher Herrschaft in der Stadt errichtet: Der »Südwester Reiter«. Überlebensgroß und aus Bronze hält der Reiter sein Pferd fest am Zügel, in der Rechten das auf dem Oberschenkel abgestützte Gewehr. Aufgestellt wurde er »zum ehrenden Angedenken an die tapferen deutschen Krieger, welche für Kaiser und Reich zur Errettung und Erhaltung dieses Landes während des Herero- und Hottentottenaufstandes 1903 bis 1907 und der Kalahari-Expedition 1908 ihr Leben ließen. Zum ehrenden Angedenken auch an die deutschen Bürger, welche den Eingeborenen im Aufstande zum Opfer fielen.« Es folgen, fein säuberlich in Granit gehauen, die Namen der gefallenen Soldaten und Zivilisten. Die einheimischen Opfer sind nicht erwähnt.

Nahm die Kolonie seit 1907 auch einen erstaunlichen wirtschaftlichen Aufschwung, so profitierte die einheimische Bevölkerung davon nicht – im Gegenteil. Im Januar 1908 ließ

Als billige Lohnarbeiter sollten sie beim Eisenbahnbau, in Minen und auf Farmen eingesetzt werden. Das Stammesvermögen wurde eingezogen und den Völkern wurde die Rechtsfähigkeit abgesprochen. Von nun an galten sie als unmündig. Die kollektive Enteignung von Land und Vieh entzog den Einheimischen jede Lebensgrundlage, niederlassen durften sie sich von nun an nur noch an festgelegten Orten, den »Lokationen«, aber nie mehr als zehn Familien in einer Werft. Die Herero waren kein Volk aus stolzen Viehzüchtern und Nomaden mehr, sondern Tagelöhner, die man zur Arbeit zwang. Jeder Einheimische wurde vom siebten Lebensjahr an registriert, er musste eine Passmarke sichtbar um den Hals tragen und ein »Dienstbuch« über seine

DAS WELTREICH DER DEUTSCHEN
STURM ÜBER SÜDWEST

Arbeit führen. Wer keine Papiere besaß, konnte von der Polizei jederzeit wegen »Landstreicherei« belangt werden.

Nach dem Hererokrieg war der Weg endlich frei, um Deutsch-Südwest in die lange ersehnte »Kolonie der Siedler«, so der Historiker Winfried Speitkamp, umzuwandeln. Die Zahl der weißen Bevölkerung wuchs von nun an stetig. Lebten 1906 lediglich 3000 Europäer in der Kolonie, so betrug die Einwohnerzahl zu Beginn des Ersten Weltkriegs immerhin 14 000. In Deutsch-Südwest wurde in erster Linie Farmwirtschaft betrieben, die Siedler erwarben billiges Land von der Regierung und betrieben Viehzucht – die afrikanische Konkurrenz war ja nun dauerhaft ausgeschaltet.

90 Prozent der männlichen afrikanischen Bevölkerung stand schließlich im Dienst der Weißen. Auf den Farmen waren die Arbeiter der Willkür ihrer Dienstherren ausgeliefert. Wie in allen Siedlungskolonien der Europäer war auch hier der Gegensatz zwischen Kolonialherren und Untertanen besonders stark ausgeprägt, ging es doch letztlich um die unerbittliche Verdrängung der alten Landbewohner zugunsten der Neuankömmlinge. Mit der Entmündigung der Eingeborenen radikalisierte sich das Sozialverhalten der europäischen und deutschen Siedler zusätzlich. Zum einen hatten sie keine ernsthafte Gegenwehr mehr zu befürchten. Zum anderen waren sie nicht mehr auf die Bereitschaft lokaler Häuptlinge angewiesen, ihnen Siedlungsrechte oder Arbeitskräfte zu vermitteln. Auf abgelegenen Farmen entstand damals eine regelrechte »Prügelkultur«. Misshandlungen und Selbstjustiz unter den Siedlern waren an der Tagesordnung. Paul Rohrbach, der zeitweise als Ansiedlungskommissar

Der Stolz der Kolonisten – Zug der Lüderitzbuchtbahn, 1911

Soldaten der deutschen Schutztruppe während des Ersten Weltkriegs.

in Deutsch-Südwest tätig war, empfahl die Nilpferdpeitsche zur Zivilisierung der Eingeborenen. Es begann eine Zeit totalitärer Herrschaft der Deutschen in Südwestafrika. Sie war allerdings nicht lückenlos. Es gelang den Herero immer wieder, sich der Kontrolle zu entziehen. Durch Geschick und vor allem, weil die Farmer auf ihre Arbeitskraft angewiesen waren, schafften sie es auch mit der Zeit, wieder eigene Viehherden aufzubauen. Viele flohen aus unliebsamen Arbeitsverhältnissen und kehrten zu ihren alten Siedlungsplätzen zurück, von wo aus sie ihre sozialen Netzwerke wieder zu rekonstruieren versuchten. Grundsätzlich aber änderte sich bis zum Ersten Weltkrieg nur wenig an dem »kompakten System von Unterdrückung, Kontrolle und Arbeitszwang«, urteilt der Historiker Udo Kaulich. Die Forderungen nach einer »humaneren Behandlung« der Kolonisierten aus dem fernen Berlin verpufften ebenso wirkungslos wie die meisten regulativen Maßnahmen des Gouvernements vor Ort.

Alle Anstrengungen, die gestiegenen Investitionen, die Förderung der Bodenschätze und die Zwangsmaßnahmen gegen die einheimische Bevölkerung, konnten nicht verhindern, dass die Kolonie für das Deutsche Reich ein reines Verlustgeschäft blieb. Im Kolonialhaus-

Die südafrikanischen Unionstruppen besetzen Windhuk – der Traum vom »Platz an der Sonne« ist vorbei.

halt für Südwestafrika standen 1910 Ausgaben von 32 Millionen Mark nur Einnahmen aus Zöllen und Steuern von 13,6 Millionen Mark gegenüber. Bismarck hatte mit seiner kritischen Haltung von Anfang an Recht gehabt.

Mit dem Ausbruch des Ersten Weltkriegs im August 1914 endete der Traum vom »Platz an der Sonne«. Die 5000 Mann starke Schutztruppe ergab sich im Juli 1915 den an Soldaten und Ausrüstung weit überlegenen südafrikanischen Unionstruppen. Fürst von Bülow äußerte zwar noch 1916 die Hoffnung, dass die Deutschen nicht umsonst im Hererokrieg gefallen seien und »die älteste deutsche Kolonie, das große Gebiet, wo Deutschland, von Bismarck geführt, zum ersten Mal afrikanischen Boden betrat«, wieder in deutschen Besitz zurückkehren werde. Doch er hoffte vergebens.

Nach Kriegsende wurde das deutsche Kolonialgebiet unter den Siegern aufgeteilt. Südwestafrika wurde zum Mandatsgebiet des Völkerbundes erklärt und unter die Verwaltung Südafrikas gestellt. Erst am 21. März 1990 erhielt Namibia, nach mehr als hundertjähriger Fremdbestimmung, seine Unabhängigkeit.

Deutschland und Namibia – eine Bilanz

»Rechts um!« – »Im Gleichschritt – Marsch!« Im Gleichschritt marschieren die Herero über den Sandplatz. Es ist der letzte Sonntag im August 2009 – Hererotag. Heute gedenken sie in Okahandja des Krieges von 1904 und ihrer Ahnen. Sie tragen Uniformen wie zur deutschen Kaiserzeit und werden begleitet von den Anfeuerungsrufen ihrer Frauen, die zum Festtag ihre viktorianischen Kleider angelegt haben und die zu Hörnern geformten Kopfbedeckungen. Sie symbolisieren die Hörner von Rindern, die den Herero von jeher wichtig und heilig sind. »Die oturupa-Regimenter übernahmen bereits während des Ersten Weltkriegs eine Kommandohierarchie mit Rängen und Uniformen nach deutschem Vorbild«, heißt es in einem Aufsatz zum Thema. Das Exerzieren hatten die Herero schon ab 1890 von den ersten deutschen Soldaten gelernt. »Bis heute gibt es zum Beispiel die folgenden Ränge: omajora, oloitnanta, ohauptmana, ofelmarshara. Führer der oturupa nannten sich nach dem Ersten Weltkrieg auch ›Seine Majestät der Gouverneur von Deimling‹.«

Die Übernahme deutscher Exerzierformen und militärischer Ränge, Uniformen und Titel ist aus der Kolonialzeit zu erklären, in der die Herero, selbst eine »Gewehrgesellschaft«, eng mit der Schutztruppe zusammenarbeiteten. Sie ist aber nicht nur Ausdruck der Suche nach einer Identität. »Ich glaube, sie ist auch Zeichen für Respekt den Leuten gegenüber, gegen die sie einst gekämpft haben«, sagt Mbwumba Kerina, Professor an der Universität Windhuk. »Deut-

»Südwester Reiter« in Windhuk. Das Denkmal erinnert an die deutschen Gefallenen des Krieges gegen die Herero. Die einheimischen Opfer wurden nicht erwähnt.

sche und Herero respektieren einander bis heute, das ist die Ironie der Geschichte.«

Obwohl die deutsche Kolonialzeit nur dreißig Jahre währte, ist sie auf eigenwillige Weise präsent. Noch heute heißen die Orte Lüderitz und Mariental. Noch heute stehen in Windhuk die »Christuskirche« und die »Alte Feste«, und man genießt die Aussicht auf die Stadt von der Terrasse der »Heinitzburg«. In Lüderitz übernachtet man im »Hotel zum Sperrgebiet«, und die Straßen heißen »Moltke-Straße« und »Bismarck-Straße«. Von 1,8 Millionen Einwohnern sind heute 22 000 deutschstämmige Siedler. Sie pflegen die Kultur ihres Ursprungslandes. Ihre Namen sind deutsch, sie gehen auf deutsche Schulen, und dass jemand seine Muttersprache vergessen könnte, wie es Auswanderern zuweilen passiert, ist hier undenkbar. Das »Südwesterlied«, das Heinz Anton Klein-Werner im Jahr 1937 unter dem Eindruck des wieder erstarkten Nationalgefühls für die Pfadfinder schrieb, ist heute noch die inoffizielle Landeshymne vieler Siedler: »Hart wie Kameldornholz, ist unser Land. Und trocken sind seine Reviere. Die Klippen, sie sind von der Sonne verbrannt, und scheu sind im Busch die Tiere. Und sollte man uns fragen – Was hält euch hier fest? Wir könnten nur sagen: Wir lieben Südwest.«

Das Erbe der Kolonialzeit wirkt bis heute nach. Weiße stellen zwar nur rund sechs Prozent der Gesamtbevölkerung, aber über die Hälfte des kommerziell genutzten Farmlands befindet sich in ihrem Besitz. Als 2002 in Simbabwe weiße Farmer gewaltsam enteignet wurden, bekamen es auch die »Südwester« mit der Angst zu tun. Dennoch blickt Dieter Voigts optimistisch in die Zukunft. »Mein Vater hat einmal gesagt, niemand würde ihm den Glauben an dieses Land nehmen. Er habe Jahre der Rezession, der Depression, der Rinderpest und Trockenheit erlebt. Aber seine Erfahrung sei, dass dieses Land in normalen Jahren wieder mit vollen Händen gebe. Das hat mich sehr beeindruckt. Und das ist etwas, das ich auch so erlebe. Heute spielt die Hautfarbe keine Rolle mehr. Ich glaube, dass wir inzwischen alle miteinander ein sehr gutes Verhältnis haben. Und das ist auch das, was mich immer wieder in meinem Optimismus für dieses schöne Land bestätigt.«

Die Herero, einst das mächtigste Volk in ganz Südwestafrika, haben nie wieder an ihre frühere Stellung anknüpfen können. Das Volk der Ovambo stellt heute die herrschende Politikerklasse. Für die Herero ist der Krieg von 1904 bis heute ein Trauma. Viele wollen Wiedergutmachung für das erfahrene Leid. 2001 wurde vor einem US-Gericht im Auftrag der »Herero People's Reparations Corporation« (HPRC) des Hereroführers Kuaima Riruako Klage in Höhe von zwei Milliarden US-Dollar eingereicht. Die Klage wurde abgewiesen.

Die einzigen konsequenten Gegner der Kolonien waren die Sozialdemokraten, aber auch sie haben im Laufe des Revisionismus der 1890er Jahre einen Wandel vollzogen und auch nie eine konkrete Alternative zur praktizierten Form des Kolonialismus aufgezeigt.
HORST GRÜNDER, HISTORIKER

Das erste versöhnliche Signal aus Deutschland kam im August des Jahres 2004, als die damalige Entwicklungshilfeministerin Heidemarie Wieczorek-Zeul zum hundertsten Jahrestag an den Gedenkfeiern für die Schlacht am Waterberg teilnahm. Die Rede, in der sie sich zur politischen und moralischen Verantwortung Deutschlands für das damalige Vorgehen der deutschen Truppen bekannte, wurde mit Wohlwollen aufgenommen und wird bis heute immer wieder zitiert.

Ein weiterer Meilenstein in der Beziehung zwischen Deutschen und Herero ist sicher auch die Privatinitiative der Familie von Trotha. Obwohl nicht in direkter Linie mit dem berüchtigten General Lothar von Trotha verwandt, reisten Familienmitglieder im Jahr 2007 nach Namibia, um ihr tiefes Beschämen auszudrücken. Wolf-Thilo von Trotha, Sprecher der Familie, ist heute noch sehr bewegt, wenn er an den festlichen und freundlichen Empfang zurückdenkt. »Unser Ausdruck des Bedauerns für das, was damals geschehen ist, wurde von den Einheimischen voll akzeptiert.« Weitergehende Versöhnungsgespräche sind geplant.

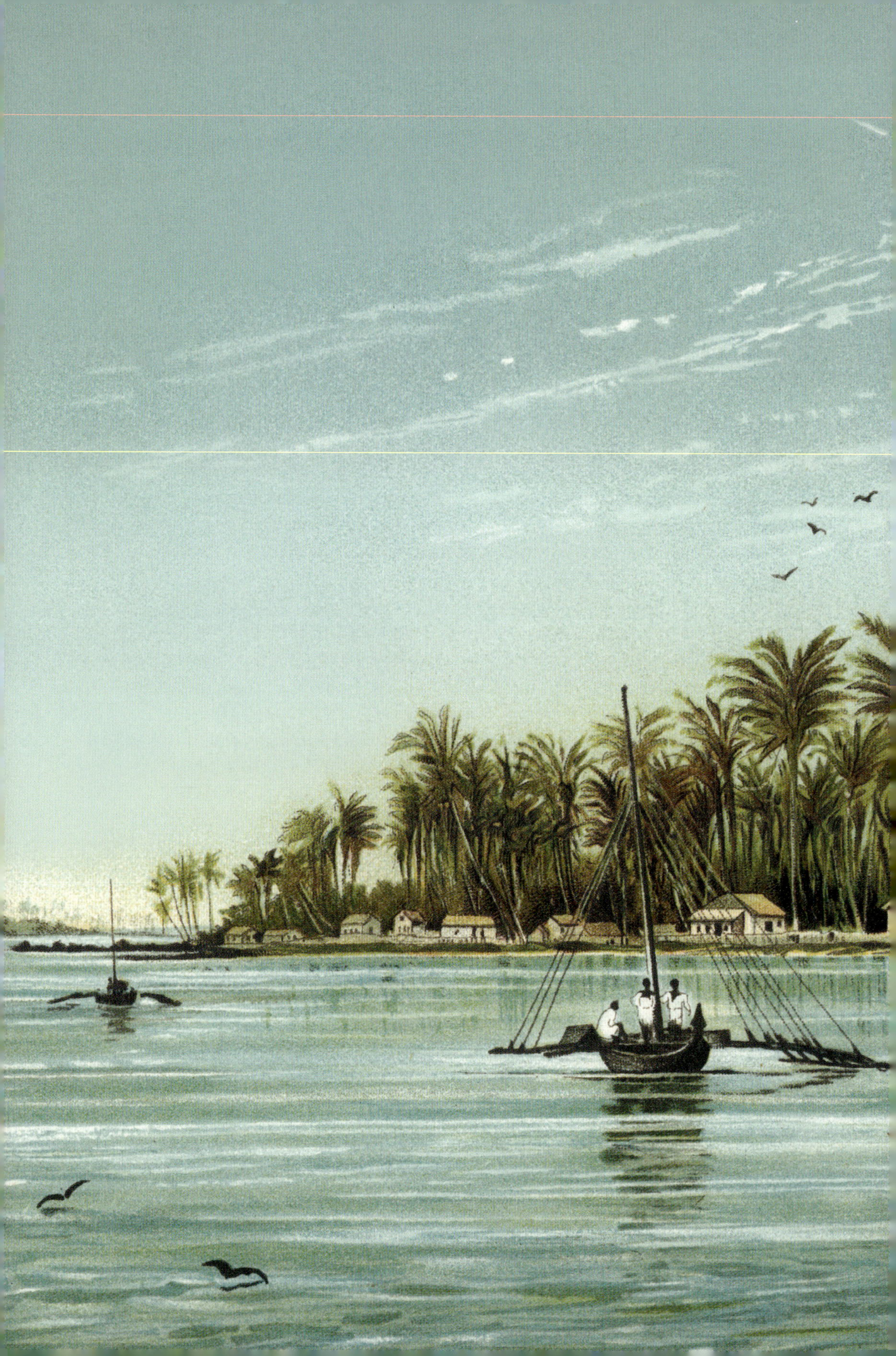

DER TRAUM
VON DER SÜDSEE

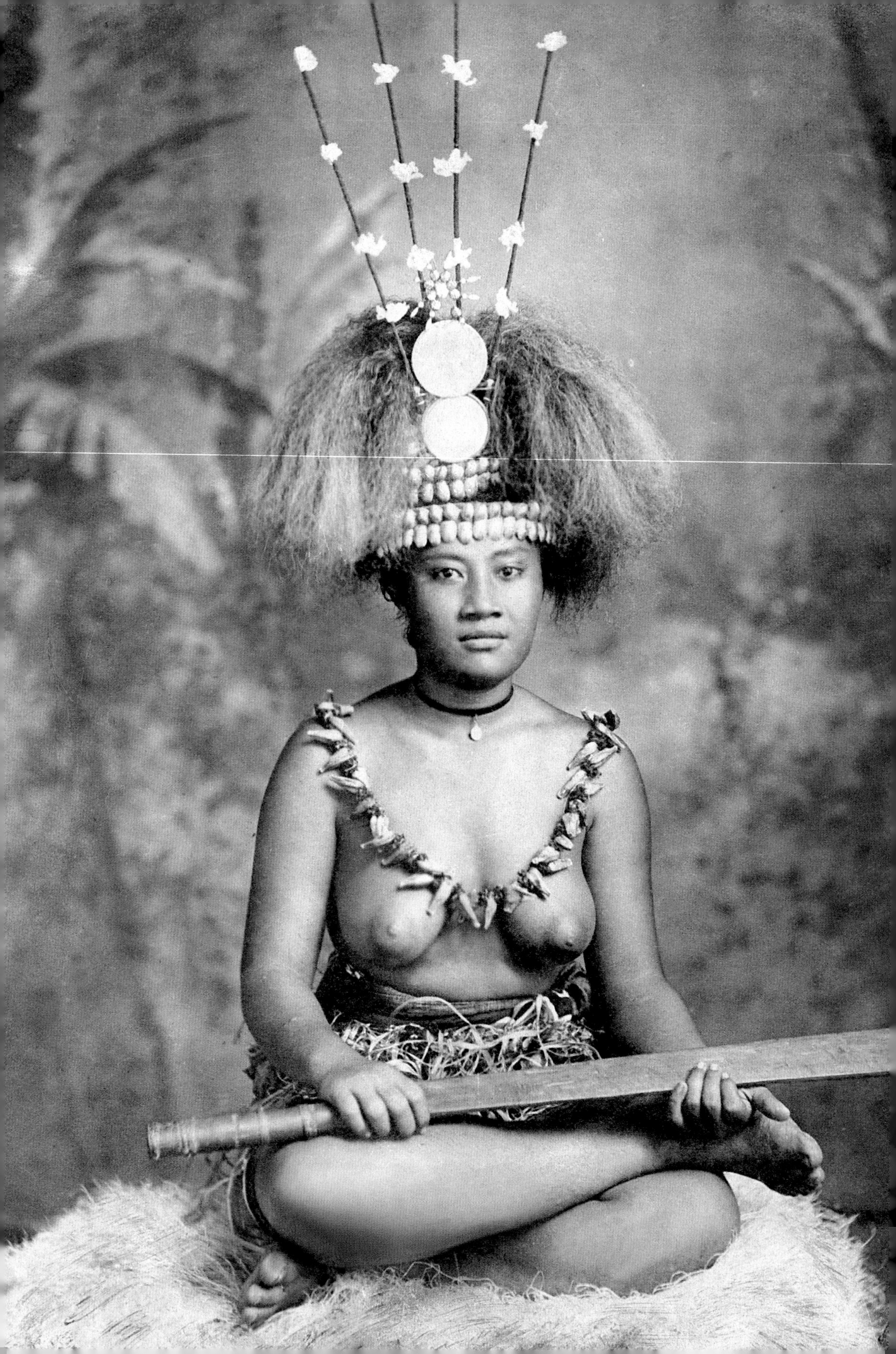

DAS WELTREICH DER DEUTSCHEN
DER TRAUM VON DER SÜDSEE

Reiseberichte hatten Mitte des 18. Jahrhunderts in Europa ein wahres »Südseefieber« ausgelöst. Weiße Strände, malerische Palmenhaine und schöne Frauen verhießen ein Stück vom Paradies. Seit dem 19. Jahrhundert betrieben deutsche Kaufleute in der Südsee Handel. Als deren Geschäfte in Turbulenzen gerieten, erklärte das Deutsche Reich ab Ende 1884 Teile von Neuguinea sowie ein halbes Dutzend kleinerer Inselgruppen zu Schutzgebieten. Aber der Traum vom Paradies sollte sich nicht erfüllen: Aus wirtschaftlicher Sicht blieben die Kolonien bedeutungslos, die unwirtlichen Lebensbedingungen setzten den meisten Siedlern zu. Das Zusammentreffen mit Eingeborenen löste auf beiden Seiten einen Kulturschock aus. Die eher stiefmütterliche Behandlung im Reich barg jedoch auch Chancen: Die Amtsträger vor Ort betrieben eine sehr viel behutsamere »Eingeborenenpolitik« als in Afrika. Auch von Aufständen blieben die Deutschen in der Südsee weitgehend verschont.

《《 So stellten sich wohl die meisten Deutschen das Paradies vor – deutsche Station auf dem Jaluit-Atoll.

《 Samoanerinnen waren im wilhelminischen Kaiserreich für viele der Inbegriff von Schönheit und Exotik.

Sie gehörte einst zu den begehrtesten Frauen der Südsee – und sie war märchenhaft reich: Emma Kolbe, auch »Queen Emma« genannt, war die Tochter einer samoanischen Prinzessin und eines amerikanischen Walfängers. Der dunkelhäutigen Schönheit gehörten die fruchtbarsten Kokosnuss-Plantagen des ganzen Bismarck-Archipels, sie residierte in einem luxuriösen Anwesen auf Neuguinea und galt als der unumstrittene Mittelpunkt der kleinen Kolonialgesellschaft in der Südsee. Ihre Champagnerfeste waren legendär, ihre rauschenden Gesellschaften galten für damalige Verhältnisse als ausgesprochen ungezwungen und frivol. Viermal war sie mit weißen Männern verheiratet, zuletzt mit einem Deutschen. Niemand verkörperte den Traum von sagenhaftem Reichtum und sexueller Freizügigkeit, der viele Weiße in die Südsee lockte, so sehr wie sie.

Die Wirklichkeit sah freilich etwas anders aus. Das unangenehm feucht-heiße Klima, die unzähligen Moskitoschwärme und die damit einhergehenden Krankheiten forderten unter den Südsee-Abenteurern aus Europa hohen Tribut: Über ein Drittel aller Europäer in der Südsee starb an rätselhaften Tropenkrankheiten, darunter häufig auch junge, kräftige Männer. An der hohen Sterblichkeitsrate konnte selbst die Chinin-Prophylaxe, die es damals bereits gab, nichts ändern: »Morgens mit Sonnenaufgang tauchte man unter seinem Moskitonetz hervor, wenn man nicht gerade wieder einen Fieberanfall hatte, wusch sich mit Regenwasser, in dem Moskitolarven nur so wimmelten«, so der deutsche Kolonialschriftsteller Stephan von Kotze über seinen Aufenthalt im vermeintlichen Paradies. Hinzu kamen immer wieder grauenvolle Fälle von Kannibalismus und blutige Zusammenstöße mit Eingeborenen, die mancherorts aus dem Traum von der Südsee rasch einen Albtraum werden ließen.

Für das deutsche »Mutterland« war aus den Kolonien im Pazifischen Ozean wirtschaftlich nicht viel herauszuholen. Und für umfangreiche Besiedlungsprojekte kamen die Besitzungen ebenfalls kaum in Betracht, dazu waren die Lebensbedingungen für Europäer viel zu ungünstig. So geriet der »Platz an der Sonne« mit der Zeit immer mehr zum Tummelplatz für Abenteurer, Missionare und Phantasten, während das Deutsche Reich die Inselgruppen eher stiefmütterlich behandelte.

»Was die Deutschen in der Südsee wollten, ist bis heute schwierig zu beantworten«, meint auch der Historiker Hermann Joseph Hiery. »Die ganze Region ist viel zu weit entfernt von Deutschland. Seit Mitte des 19. Jahrhunderts gab es dort zwar einige deutsche Händler und Siedler, deren Interessen man schützen wollte. Aber was das langfristige Ziel gewesen sein könnte, wird nicht ganz klar. Später argumentierte man im Reichstag, man wolle die deutsche Kulturmission dort verwirklichen. Das Deutsche Reich erhob damals den Anspruch, es könne besser als andere europäische Mächte die einheimische Bevölkerung zivilisieren. Genau das wollte man der Welt nun beweisen.«

Gerade einmal dreißig Jahre währte die deutsche Kolonialzeit in der Südsee, jenem Teil des Pazifik, der sich beiderseits des Äquators von Neuguinea bis zur Osterinsel Rapa Nui erstreckt. In diesem Gebiet, das etwa ein Drittel der Erdoberfläche umspannt, liegen Tausende von Inseln verstreut. Zusammen bilden sie eine Gesamtfläche von 1,2 Millionen Quadratkilometern – etwas mehr als ein Achtel der Größe Europas. Zentrale Inselgruppen sind die »Gesellschaftsinseln« mit dem Hauptteiland Tahiti, aber auch der Samoa-Archipel und die Fidschi-Inseln. Viele der Eilande in der Südsee bestehen nur aus Korallengebilden – es sind kleine Inselchen, die mit ihren palmengesäumten und schneeweißen Sandstränden geradezu den Inbegriff jeder Südsee-Romantik verkörpern. Die größeren Inseln im Westen, die einst mit Australien oder Asien verbunden waren, sind dagegen häufig gebirgig und von dichter Vegetation überwuchert. Bis heute werden sie von Erdbeben heimgesucht, die meist mit Flutwellen verbunden sind und große Verwüstungen anrichten – wie etwa im September des Jahres 2009 vor der Küste der Samoa-Inseln.

Man nimmt an, dass diese »menschenfeindliche« Inselwelt erst relativ spät besiedelt wurde. Die ältesten Spuren reichen nicht weiter zurück als bis ins 11. Jahrhundert vor Christus. Der norwegische Forscher Thor Heyerdahl stellte die These auf, dass die Südsee einst von Südamerika aus

DAS WELTREICH DER DEUTSCHEN
DER TRAUM VON DER SÜDSEE

besiedelt wurde. Seine berühmte Expedition mit dem aus Balsa-Holz gefertigten Floß »Kon-Tiki« im Jahr 1947 bewies eindrucksvoll, dass es durchaus möglich ist, den Pazifischen Ozean von Südamerika aus zu überqueren. Doch ob die ersten Südseebewohner tatsächlich auf diese Weise aus Südamerika auf die Inseln kamen, ist damit nicht hinlänglich geklärt. Wissenschaftler gehen heute davon aus, dass die Besiedlung Ozeaniens – wie die Inselwelt der Südsee auch genannt wird – eher in umgekehrter Richtung, also von Südostasien aus über die Inseln des westlichen Pazifiks gen Osten verlief. Aber weder Vergleiche von Sprachen und Dialekten noch die Einordnung der wenigen archäologischen Funde oder eine 2008 veröffentlichte Studie von Erbgutuntersuchungen hat einen endgültigen Beweis für die eine oder andere Theorie ergeben. Woher auch immer die ersten Bewohner Ozeaniens kamen, es waren

Südseeträume – zeitgenössisches Bild vom Leben auf den Inseln im Pazifik.

Ein Haufen weit verstreuter Inselchen

Die Deutschen Kolonialgebiete in der Südsee erstreckten sich über ein gewaltiges Territorium – für die Verwaltung ein Albtraum, denn die Inseln lagen zum Teil Tausende Kilometer voneinander entfernt. In Berlin begründete Bernhard von Bülow, damals Staatssekretär im Auswärtigen Amt, die Neuerwerbung der Karolinen-, Marianen- und Palau-Inseln so: »Durch diese Erwerbung wird zunächst unser Besitz in der Südsee vervollständigt. Wie ein Blick auf die Karte zeigt, bildeten unsere Schutzgebiete im Großen Ozean bisher einen flachen Halbkreis, eine langgestreckte und unzusammenhängende Linie. Nun wird der Kreis geschlossen. Wenn diese Inseln aus spanischem Besitz in denjenigen einer anderen Macht als Deutschland übergegangen wären, so würde dadurch unser Schutzgebiet in der Südsee zerrissen, in seiner Entwicklung gehemmt und minderwertig geworden. Vom Standpunkt unserer

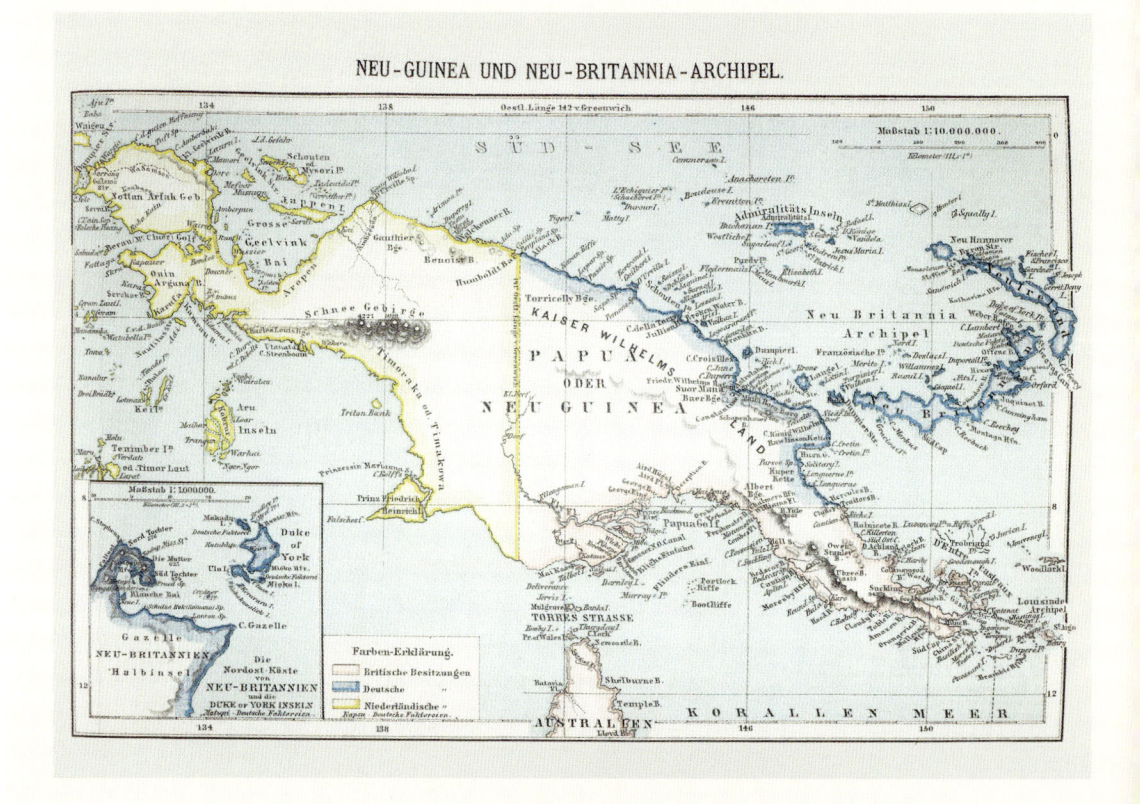

DAS WELTREICH DER DEUTSCHEN
DER TRAUM VON DER SÜDSEE

Deutsche Kolonialgebiete in der Südsee – links Neuguinea zu Beginn der deutschen Herrschaft 1885, rechts Bismarck-Archipel und Kaiser-Wilhelmsland 1910.

allgemeinen politischen Interessen in der Südsee ist die jetzt erreichte Erweiterung nützlich und notwendig, die Lage der neu erworbenen Inseln eine besonders günstige ... Ich möchte nun darauf hinweisen, dass alle Inseln sich in vorzüglichem Maße für den Plantagenbau eignen, schon wegen ihres großen Wasserreichtums. Die größeren Inseln sind mit vortrefflichen Holzbeständen bedeckt. Auf allen Inseln gedeiht die Kokospalme, die das Kopra liefert, den hauptsächlichen Handelsartikel dieser Zonen. Das Klima ist verhältnismäßig gesund ... Die Marianen können sich zu Stützpunkten für den Schiffsverkehr zwischen Südostasien und Zentralamerika entwickeln, wie wir überhaupt durch unsere Erwerbungen wichtige maritime und wirtschaftliche Stationen gewinnen auf dem Wege von Kaiser-Wilhelmsland nach Kiautschou.«

James Cooks Reiseberichte lösten eine regelrechte Hysterie aus. Insgesamt drei Mal bereiste der Forscher den Pazifik.

meist sesshafte Siedler, die hauptsächlich vom Anbau von Süßkartoffeln, verschiedenen anderen Knollenfrüchten und Bananen lebten. Da die Inselgruppen weit auseinanderliegen, häufig Tausende von Kilometern, kam es nie zu einer einheitlichen gesellschaftlichen, geschweige denn politischen Entwicklung. Während die Polynesier etwa in Tahiti ein Königtum mit einer Art Klassenstruktur erreichten, blieb die Gesellschaft in Melanesien weitgehend egalitär.

Reiseträume

In diese ferne Welt drang 1513 die europäische Zivilisation in Gestalt des spanischen Eroberers Vasco Núñez de Balboa vor: Nach seiner abenteuerlichen Überquerung des mittelamerikanischen Festlandes erreichte er als erster Europäer ein unbekanntes Gewässer, das er »Mar del Sur«, also »Südmeer«, taufte. Da nach der Vorstellung der damaligen Zeit alles als »herrenlos« galt, worauf noch nie ein Weißer seinen Fuß gesetzt hatte, erklärte Balboa das soeben entdeckte Meer und seine Inseln kurzerhand zu spanischem Hoheitsgebiet.

Die Südsee war nicht das Primärziel der Europäer, sie galt als Sprungbrett für den Handel mit Asien.
HORST GRÜNDER, HISTORIKER

Doch war es ein Portugiese, dem es als Erstem gelingen sollte, das Gewässer auch zu überqueren. Fernão de Magalhães, auch bekannt als Ferdinand Magellan, gab dem neuen Meer im Westen den Namen »Mar Pacifico« – »Stiller Ozean«, so friedlich kam ihm nach den Stürmen im Atlantik das Gewässer vor.

Die Suche nach Gold und anderen Bodenschätzen, die Ausweitung des Asienhandels und der Wunsch, in der fernen Inselwelt politische Macht auszuüben, ließ in den kommenden Jahrhunderten nahezu alle Nationen Europas in die Südsee reisen. Für viele Seefahrer hatte die ferne Inselwelt aber noch einen ganz besonderen Reiz: »Trotz unserer Vorsichtsmaßnahmen kam ein junges Mädchen an Bord«, schrieb der Abenteurer Louis Antoine de Bougainville, der in der zweiten Hälfte des 18. Jahrhunderts bei seiner Weltumsegelung auf Tahiti Station machte. »Das junge Mädchen ließ unachtsam ihr Lendentuch fallen und erschien vor aller Augen so, wie Venus sich weiland dem phrygischen Schäfer gezeigt. Ich frage mich, wie kann man inmitten eines solches Schauspiels vierhundert Franzosen bei der Arbeit halten, junge Leute dazu, die sechs Monate lang keine Frau gesehen haben.«

Es sind Schilderungen wie diese, die zu jenem erotisierten Südsee-Bild beigetragen haben, das unsere Vorstellungen bis heute prägt. »Diese Phantasien steckten einfach in den Köpfen der Europäer, damals wie heute«, ist Historiker Hiery überzeugt. »Doch mit Erotik allein wird die Südsee nicht erfasst. Sie besteht ja aus Hunderten von Kulturen, in denen ganz unterschiedliche Verhaltensweisen dominierten: Es gab in Neuguinea Kulturen, in denen eine ähnlich strikte Sexualmoral herrschte wie in Europa. Mancherorts mussten Frauen und Männer jungfräulich in die Ehe gehen. Aber es gab natürlich Kulturen, die auf so etwas keinen Wert gelegt haben, und die – der Europäer hat es jedenfalls so gesehen – relativ freizügig mit Sexualität umgingen, ohne dass diese mit einer Heirat verknüpft war.«

Auch James Cooks Fahrten in die Südsee, bei denen er zahlreiche Inseln entdeckte, vermaß und kartografierte, weckten bei vielen Europäern die Sehnsucht nach jener vermeintlich sinnlichen Welt Ozeaniens. Die ersten deutschen Berichte sind dem Naturforscher Johann Reinhold Forster und dessen Sohn Georg zu verdanken, die Cook 1772 auf seiner zweiten Reise begleiteten. Die Wissenschaftler trafen auf eine völlig fremde Welt, die beinahe steinzeitlich anmutete. »Es gab überhaupt keine Metallwerkzeuge, die Menschen dort besaßen keinerlei Werkzeuge, die mit den europäischen Produkten in irgendeiner Form hätten mithalten können. Sie liefen häufig nackt oder doch zumindest halbnackt herum, was für die Europäer sehr anstößig war«, erklärt der Historiker Simon Haberberger. »Auch die Art und Weise, wie sie politisch organisiert waren, ohne klare Hierarchien, irritierte die Europäer. Denn die Vorstellungen von Eigentum, von Recht, vom Zusammenleben und auch von der Religion waren völlig andere als in Europa. Das führte zu einer Art Kulturschock.«

Auf der zweiten Cook-Reise war ein Deutscher dabei, Georg Forster, der das Werk »Eine Reise um die Welt« veröffentlichte. Danach brach geradezu ein Tahiti- und Südseefieber aus.
HORST GRÜNDER, HISTORIKER

Die Südseebewohner navigierten mithilfe der Sterne und Strömungen, ihre Waffen bestanden aus Holz oder Stein. Ihre halbnackten Körper schmückten sie mit Ketten aus Haifischzähnen und Perlmutt, die sie um Hüften und Hälse schlangen. In Tagebüchern haben die ersten deutschen Südseereisenden ihre Eindrücke und Erfahrungen sehr detailliert festgehalten: »Nach allem, was wir auf dieser Insel gesehen

Der Naturforscher Johann Reinhold Forster und dessen Sohn Georg segelten 1772 mit Cook durch die Südsee.

Fremde Welten – für die Eingeborenen wie für die neuen »Eroberer« lösten die ersten Begegnungen nicht selten einen Kulturschock aus.

und erfahren, dünkte sie uns, im Ganzen genommen, einer der glücklichsten Winkel der Erde«, heißt es in Forsters Darstellung über Tahiti. Die Veröffentlichung eines dieser Reisetagebücher unter dem Titel »Eine Reise um die Welt« löste in Europa ein regelrechtes »Südseefieber« aus.

Die Einheimischen freilich konnten dem plötzlichen Interesse an ihrer Heimat wenig Positives abgewinnen: »Alles, was sie zu begehren schienen, war, dass wir wieder verschwanden«, bemerkte schon James Cook. Die Eroberer aus dem fernen Europa ließen sich davon keineswegs beeindrucken. Sie nahmen das vermeintlich »herrenlose« Land in Besitz, enteigneten die Einwohner und rissen alles an sich, was nicht niet- und nagelfest war. Der freundliche Empfang, den die Bevölkerung von Tahiti Cook bei seiner ersten Südseereise noch bereitet hatte, schlug bald um in Abwehr. Als Cook 1776 zum dritten Mal in die Südsee aufbrach und drei Jahre später die Insel Hawaii erreichte, fand er dort den Tod: Am 14. Februar 1779 wurde er von den Einwohnern an der Küste erschlagen und zerstückelt.

Trotz solcher Erfahrungen, die das paradiesische Bild von der Südsee Lügen straften, unternahmen Anfang des 19. Jahrhunderts zahlreiche deutsche Handelsunternehmen erste Vorstöße in die ferne Inselwelt. Allen voran das Hamburger Handelshaus »Johann Cesar Godeffroy und Sohn«, das zunächst auf Tahiti, Samoa und anderen Inseln im Südpazifik Handelsstationen einrichtete und später einen Teil der Samoa-Hauptinsel Upolu als Handelsmittelpunkt in der Südsee erwarb.

Auch wenn bislang noch keine europäische Nation offiziell Anspruch auf Samoa erhoben hatte, lebten dort schon etliche Weiße, »größtenteils Leute von der schlimmsten Sorte«, wie der erste Agent des Hauses Godeffroy, August Unshelm, in die Heimat schrieb: »Glücksritter, junge verlaufene Taugenichtse, desertierte Matrosen und dergleichen mehr. Gesetze existieren nicht, und im Notfall würde es kein anderes Mittel geben, als das Gesetz in die eigene Hand zu nehmen. Die ›Besseren‹ unter den Weißen wählen aus ihrer Mitte ein Tribunal, um bei vorkommenden Streitigkeiten zu entscheiden.«

Gut zwanzig Jahre vorher hatten sich die ersten Europäer auf Samoa niedergelassen, vor allem Missionare der Londoner Missionsgesellschaft. Ihnen waren Kaufleute verschiedener Nationen gefolgt, die sich vor allem für den samoanischen Reichtum an Kokosnüssen interessierten. Die Bevölkerung wurde einfach für ihre Zwecke eingespannt, musste die Kokosnüsse ernten und daraus Kokosöl pressen. Unshelm stellte allerdings bei seinem Besuch in Samoa schnell fest, dass die Einwohner als zuverlässige Arbeitskräfte wenig taugten: »Die Eingeborenen sind eine freie Rasse Menschen, doch da die Natur ihnen alles reichlich liefert, was sie zum Leben bedürfen, so sind sie, obgleich lebhaften Naturells, dennoch ungemein faul und träge, was Arbeiten und das Sammeln von Produkten anbetrifft, und sie betrachten sich als weit über den Weißen stehend, was zu verzeihen ist, wenn man berücksichtigt, welche Beispiele sie vor Augen haben. Es existiert kein eigentlicher Beherrscher dieser Inseln; jede Insel ist in kleine Distrikte eingeteilt, und jeder Distrikt hat seinen eigenen Häuptling. Die Folge hiervon ist ein beständiger kleiner Krieg zwischen den Eingeborenen, welcher oft einen allgemeinen Charakter annimmt und dann sehr störend auf das Geschäft wirkt.«

Die Deutschen mussten sehr bald einsehen, dass das Bild vom Südsee-Idyll mit der Realität nichts gemeinsam hatte.
SIMON HABERBERGER, HISTORIKER

Tatsächlich glich das Leben auf Samoa nie der paradieshaften Vorstellung, die bis heute das westliche Bild von der Südsee prägt. Die Bevölkerung lebte in kleinen Dörfern entlang der Lagunen, mehrere Großfamilien bildeten eine Lebensgemeinschaft mit einem ausgeklügelten System von Unterordnung und Gehorsam. Der »matai«, eine Art Familienoberhaupt, herrschte jeweils über einen Haushalt und vertrat die Interessen seiner Familie bei den Dorfsitzungen. Die einzelnen »matais« unterschieden sich in Ansehen und Machtbefugnissen. Aus ihren Reihen wurde jeweils ein Dorfchef gewählt, der meist auf Lebenszeit über die Gemeinschaft bestimmte.

Unter den Dörfern und ihren Häuptlingen herrschte häufig Konkurrenz; peinlichst achtete man auf Grenzen und verteidigte energisch die eigenen Bezirke. Vor allem zwei Verwandtschaftsgruppen, die »königlichen Linien«, rangen beständig um ihre Vormachtstellung auf Samoa. In den achtziger Jahren des 19. Jahrhunderts wurde Samoa von äußerst blutigen Erbfolgekämpfen erschüttert, die auch die europäischen Unternehmen, die auf der Insel Handel trieben, in Schwierigkeiten brachten. Deren Versuche, die eine oder andere Partei zu unterstützen, um auf Samoa eine stabile Monarchie zu etablieren, scheiterten und trugen oft noch zur Verkomplizierung der ohnehin verworrenen Lage bei.

Dennoch gelang es dem Hamburger Haus Godeffroy auf Samoa die ersten Kokonuss-Plantagen aufzubauen; auch weitere Gebiete Ozeaniens wurden in Besitz genommen. Von Samoa aus betrieb Godeffroy schließlich ein 45 Stationen umspannendes Handelsnetz, das von den Tonga-Inseln bis zu den Salomonen und vom Bismarck-Archipel bis zu den Marschall-Inseln reichte. Für die Plantagen auf Samoa rekrutierte das Hamburger Handelsunternehmen häufig Arbeitskräfte von anderen Inseln. Das gewonnene Palmöl oder Kopra – nach einer neuen Methode wurde das Kokoskernfleisch getrocknet und in Säcken nach Europa geschafft, um erst dort Öl daraus zu pressen – ließ Godeffroys Handel so stark florieren, dass es bald auch andere deutsche Firmen in die Südsee zog. 1870 wurden allein 34 deutsche Schiffe im Hafen der samoanischen Hauptstadt Apia registriert. Das Deutsche Reich schickte sogar Kriegsschiffe in den Südpazifik, um die deutschen Unternehmer zu unterstützen.

Je reicher die europäischen Handelsfirmen wurden, umso mehr verarmte die einheimische Bevölkerung. Die Unternehmer kauften den Eingeborenen im großen Stil Land ab – sie zahlten zum Teil in bar oder mit Waffen, die die Eingeborenen im internen Kampf um Titel und Macht einsetzten. Da die Samoaner häufig nicht bereit waren, nach ihrer Enteignung für die Fremden auf deren Plantagen zu arbeiten, litten etliche Not. Aus Europa und Asien eingeschleppte Krankheiten und das bis dahin unbekannte Genussmittel Alkohol taten ein Übriges. Erst später wurde der Verkauf von Alkohol an Einheimische von der deutschen Kolonialverwaltung strikt verboten.

Johann Cesar Godeffroy immerhin war einer jener Unternehmer, denen daran lag, die Südsee nicht nur wirtschaftlich auszubeuten, sondern auch zu erforschen. Er finanzierte etliche wissenschaftliche Expeditionen und gründete in Hamburg ein eigenes ethnologisches Museum, um seinen Landsleuten die Südsee näherzubringen. Seine Bemühungen, im deutschen Reichstag eine »Schutzherrschaft über Samoa« zu erwirken, scheiterten jedoch 1878.

Die Eingeborenen, die in sauber und stark gebauten Kanus mit mächtigem Ausleger bald vertrauensvoll die Schiffe umschwärmten, sind von kleiner kräftiger Gestalt und kupferbrauner Farbe und zeigen im Allgemeinen wohlgebildete Gesichtszüge – bis auf die Nase, die stark gebogen ist und namentlich den Frauen ein orientalisches Aussehen verleiht.
BERICHT VON HARRY KOENIG, SCHIFFSARZT AUF DER »ELISABETH«

Im gleichen Jahr meldete das traditionsreiche Handelshaus Godeffroy überraschend Bankrott an. Godeffroy hatte seine Gewinne aus dem Südsee-Geschäft fehlinvestiert, nun sah er sich gezwungen, einen Teil seiner Besitzungen auf Samoa zu verpfänden. Das englische Haus Baring war interessiert – was wiederum Reichskanzler Otto von Bismarck auf den Plan rief. Er sah nicht nur das Geschäft in der Südsee gefährdet, sondern auch das Ansehen des Deutschen Reiches, wenn ein großes deutsches Handelshaus an die Briten überginge. Doch die Bemühungen des Kanzlers, das Unternehmen durch eine Staatsgarantie zu retten, scheiterten

DAS WELTREICH DER DEUTSCHEN
DER TRAUM VON DER SÜDSEE

am Widerstand im Reichstag. Die Südsee-Organisation des Handelshauses wurde schließlich in weiten Teilen von der »Deutschen Handels- und Plantagengesellschaft« übernommen. Mit dem Untergang Godeffroys kam vorerst auch die koloniale Entwicklung in der Südsee zum Stillstand.

An der Nordküste Neuguineas, im November 1884. Die »SMS Elisabeth« und die »SMS Hyäne» gehen vor Anker. Die deutschen Kriegsschiffe haben eine weite Reise hinter sich: Im April waren sie in Kiel ausgelaufen, hatten im August in Angra Pequena in Südwestafrika die deutsche Flagge gehisst und dann Kurs auf das »Neubritannien-Archipel« genommen. Bald darauf wehte auf Matupi und den beiden größeren Inseln des Archipels, die von nun an »Neupommern« und »Neulauenburg« hießen, die schwarz-weiß-rote Reichsflagge.

Wollte man auch Neuguinea unter den Schutz des Reiches stellen, war höchste Eile geboten: England hatte bereits den Südosten der Insel zu seinem Hoheitsgebiet erklärt, den westlichen Teil hielten seit Anfang des 19. Jahrhunderts die Niederländer besetzt. Nach seiner Entdeckung im 16. Jahrhundert war Neuguinea weitgehend in Vergessenheit geraten, nun, dreihundert Jahre später, wurde die zweitgrößte Insel der Welt zum Streitobjekt der europäischen Nationen. 1882 hatten deutsche Unternehmer und Bankiers die »Neuguinea-Kompagnie« mit dem Ziel gegründet, die noch »herrenlosen« Besitzungen im nordöstlichen Teil der melanesischen Insel

Expeditionsleiter Otto Finsch schließt im Auftrag der »Neuguinea-Kompagnie« Erwerbsverträge mit Eingeborenen ab.

»Tanz der Eingeborenen«, Neuguinea

zu erwerben. Im Auftrag des Konsortiums war der Südsee-Forscher Otto Finsch kurz darauf nach Neuguinea gereist und hatte dort mehrere Erwerbsverträge abgeschlossen.

Rund 200 000 Quadratkilometer konnte er für die »Neuguinea-Kompagnie« im Norden der melanesischen Insel sichern. Kurz darauf gingen die beiden Kriegsschiffe vor Neuguinea vor Anker, um die deutschen Besitzungen unter Reichsschutz zu stellen. »Am 20. November, früh acht Uhr, wurde die deutsche Kriegsflagge an Land gehisst und von Bord mit 21 Schuss salutiert, die in mächtigem, siebenmal widerhallendem Echo die Luft erschütterten«, schrieb Harry Koenig, Schiffsarzt auf der »Elisabeth« in einem Bericht. »Die Eingeborenen, die bis zum ersten Schuss die Fallreepstreppen belagert hatten, verschwanden bei dem Geschützdonner unter den deutlichen Zeichen der Angst und wagten sich auch nicht mehr hervor, als kurz darauf die Anker gelichtet wurden und die Schiffe den Hafen verließen.«

Reichskanzler Otto von Bismarck hatte dem ganzen Unternehmen seine ausdrückliche Zustimmung gegeben. Nach seiner anfangs sehr kritischen Haltung war er inzwischen von der kolonialen Bewegung seiner Zeit eingeholt worden. Die Kolonialpolitik des Kanzlers sah vor, privaten Unternehmen staatliche Schutzbriefe auszustellen – und diesen damit gleichzeitig den Handel und die Verwaltung der jeweiligen neuen »deutschen Schutzgebiete« zu übertragen. Der finanzielle und organisatorische Aufwand des Deutschen Reiches sollte so auf ein Mindestmaß reduziert werden. Bismarcks Strategie scheiterte allerdings innerhalb weniger Jahre: Aufgrund der schlechten finanziellen Situation in fast allen »Schutzgebieten« sowie der zum Teil prekären Sicherheitslage waren der Kanzler und seine Nachfolger gezwungen, alle Kolonien schließlich direkt und formell der staatlichen Verwaltung des Deutschen Reiches zu unterstellen.

»Morbus consularis«

Nachdem 1884 mehrere Inseln des »Neubritannien-Archipels« zum »deutschen Schutzgebiet« ernannt und in »Bismarck-Archipel« umgetauft worden waren und auch der Nordosten Neuguineas als »Kaiser-Wilhelmsland« unter deutschem Reichsschutz stand, rückten weitere Gebiete der Südsee in den Blick der deutschen Kolonialpolitik. Im Jahr 1885 wurde auch auf den Palau- und Karolineninseln die deutsche Flagge gehisst.

Doch Bismarck hatte mit seiner anfänglichen Skepsis gegenüber der Kolonialbewegung recht gehabt: Spanien, ursprünglich Entdecker der Karolinen, hatte seitdem wenig Interesse an den Inseln gezeigt. Nun erhob es plötzlich Ansprüche auf die mikronesische Inselgruppe und sorgte damit für politische Verwicklungen. Erst 1889 konnte das Deutsche Reich die Karolinen zusammen mit den Palau- und Marianeninseln für 16,75 Millionen Mark von Spanien erwerben, das nach dem verlorenen Krieg gegen Amerika dringend Geld brauchte.

Auch auf Samoa, der »Perle der Südsee«, konnte das Deutsche Reich seine Kolonialansprüche nicht ohne Weiteres behaupten; die rivalisierenden Nationen Amerika, England und Deutschland rangen dort um die Vorherrschaft. Die Inselgruppe war ein wichtiger Stützpunkt auf dem weiten Seeweg nach China, den alle drei Großmächte für sich beanspruchten. Nach dem Untergang des Handelshauses Godeffroys waren die deutschen Interessen auf Samoa empfindlich geschwächt worden. Obwohl der größere Teil des Plantagenlandes immer noch Deutschen gehörte, »schienen die Samoa-Inseln dem britischen Einfluss vollkommen verfallen zu sein«, wie ein deutscher Handelsreisender damals konsterniert formulierte. Um diesem Umstand entgegenzuwirken, ließ der deutsche Generalkonsul Otto Wilhelm Stübel 1884 die Hauptstadt Apia auf der Hauptinsel Upolu von deutschen Marinesoldaten besetzen.

Zu einer weiteren Verschärfung der Situation trugen Spannungen unter den Einheimischen bei, die um ihren Einfluss rangen. Nachdem sich Häuptling Malietoa Laupepa siegreich gegen seine Rivalen behauptet hatte, nötigte ihm

Machtkampf auf Samoa – Tupua Tamasese lässt Waffen unter seinen Anhängern verteilen.

»SMS Adler« in misslicher Lage. Ein schwerer Sturm brachte das Kriegsschiff zum Kentern.

Generalkonsul Stübel eine Vereinbarung ab, die den Deutschen mehr Einfluss auf die Angelegenheiten der Bevölkerung sichern sollte. Laupepa dachte jedoch nicht daran, sich an die Verabredung zu halten – für Stübel ein willkommener Anlass, dem störrischen Häuptling den Krieg zu erklären und ihn wenig später von einem deutschen Kriegsschiff deportieren zu lassen. An seiner Stelle installierten die Deutschen den ihnen wohlgesinnten Chief Tupua Tamasese, der seinerseits Unterstützung benötigte, um sich gegen seinen Rivalen Mataafa durchzusetzen. Als Tupua Tamasese aber versuchte, alle Titel an sich zu reißen, obwohl ihm dazu die notwendige Unterstützung der Bevölkerung fehlte, brach ein blutiger Streit aus, bei dem 16 Männer getötet wurden.

Der lokale Konflikt brachte Amerika, das britische Empire und das Deutsche Reich an den Rand eines internationalen Krieges. Denn als Anfang 1889 Samoaner unter der Führung ihres Häuptlings Mataafa das deutsche Konsulat niederbrannten, erklärte der deutsche Konsul Wilhelm Knappe kurzerhand »allen« den Krieg. Auch Engländern und Amerikanern, die Mataafas Partei verdeckt unterstützten. Im Hafen von Apia lagen sich plötzlich sieben feindliche Kriegsschiffe gegenüber.

Reichskanzler Otto von Bismarck in Berlin beeilte sich, das voreilige Handeln des deutschen Vertreters auf Samoa zu entschärfen, und berief Knappe umgehend ab. Der diplomatische Ausrutscher wurde entschuldigend als »morbus consularis« – »konsularisches Fieber« – bezeichnet. Ein neu entsandter Vertreter sollte die Wogen auf Samoa glätten. Doch bevor dieser die Südsee erreichte, suchte ein schwerer Tropensturm die Inselgruppe heim. »Obwohl ich im März 1889 erst zwölf Jahre alt gewesen bin, erinnere ich mich an alle Einzelheiten noch sehr genau«, berichtete ein Augenzeuge über das Geschehen. »Die Reede lag in jener Zeit wie gewöhnlich voll von Kriegs- und Handelsschiffen. Als am 15. März ein sehr starker Wind einsetzte, ist die Lage dieser Schiffe auf dem felsigen Grund zwischen Riffen bereits sehr gefährlich gewesen. Es ging aber noch alles gut. Am Abend wurde es plötzlich windstill, und die Nacht verlief ziemlich ruhig. Mit Sonnenaufgang aber brach ein Orkan von ungeheurer Wucht los. An Land wusste man, was er zu bedeuten hatte. Die Wellen gingen haushoch, und eine ungeheure Brandung entstand. Gegen acht Uhr sahen wir mit Entsetzen, dass die deutschen Kanonenboote ›Eber‹ und ›Adler‹, die leider kein Feuer unter den Kesseln hatten, auf das Land zutrieben. Es kamen Augenblicke ungeheurer Spannung, denn der Wind spielte mit den Schiffen, als ob sie ohne Gewicht seien. Plötzlich ein ungeheurer Schrei! Die ›Eber‹ war unter das Riff gedrückt worden! – Man sah noch ein paar Menschen auf den Wellen – vier sind lebend ans Land gekommen – alle anderen, sechs Offiziere und 71 Mann, waren verloren.

DAS WELTREICH DER DEUTSCHEN
DER TRAUM VON DER SÜDSEE

Jetzt hefteten sich alle Augen an die ›Adler‹. Sie trieb gleichfalls auf das Riff zu, wurde aber nicht darunter gedrückt, sondern darauf geworfen. Dort hieben nun die riesigen Wellen auf das Wrack ein. Wen sie fortrissen, der ertrank.« 93 Deutsche und 117 Amerikaner starben in dem tropischen Wirbelsturm auf Samoa.

hatten. Die alten Streitigkeiten unter den Samoanern indes ließen sich so schnell nicht beilegen. Im Jahr 1893 wurde Mataafa wegen Rebellion deportiert. Seine Anhänger kämpften unverdrossen weiter und witterten ihre Chance, als Laupepa verstarb. Unter den Samoanern brach ein blutiger Bürgerkrieg aus. Schließlich

Der Schrecken brachte die zerstrittenen Nationen zur Besinnung – und an den Verhandlungstisch: Noch im selben Jahr unterzeichneten Engländer, Amerikaner und Deutsche einen Vertrag, der die Gleichberechtigung der drei Parteien vorsah. Samoa sollte Monarchie bleiben, mit »König« Laupepa an der Spitze, jenem Mann, den die Deutschen 1887 verbannt

entsandten die drei Großmächte eine internationale Kommission zur Beendigung der Konflikte auf Samoa. Die Untersuchung der Kommission führte zu einem neuen Vertrag, der die Aufteilung Samoas zwischen den Vereinigten Staaten und dem Deutschen Reich beschloss und den Samoanern ihre Unabhängigkeit entzog. Die Deutschen erhielten die beiden größe-

Häuptling Laupepa während der Verlesung des Vertrags, der den drei Großmächten eine gleichberechtigte Stellung auf Samoa sichern sollte.

Zeitgenössische Karikatur anlässlich der Teilung Samoas zwischen dem Deutschen Reich und den USA.

Der Samoa-Streit
zwischen Deutschland und Amerika.

Herbert Bismarck (zum Bruder Jonathan): „Um die Pflaume weenste?!"

Manono und Apolima waren blumengekränzte Samoaner gekommen. Man schätzte ihre Zahl auf 5000. Der Hafen wimmelte von Booten, die Schiffe hatten über die Toppen geflaggt. Während ›Heil dir im Siegerkranz‹ erklang, die Ehrenwache präsentierte und der Kreuzer im Hafen den Flaggensalut schoss, stieg die deutsche Flagge hoch.«

Samoa war die letzte Kolonie, die das Deutsche Reich in der Südsee erwarb. Damit beherrschte es nun den ganzen westlichen Teil der Inselwelt des Pazifiks: Mikronesien mit den Marianeninseln ohne Guam, die Palau-Inseln, die Karolinen und die Marshall-Inseln mit dem Eiland Nauru, die Salomonen Bougainville und Buka, Melanesien mit dem Bismarck-Archipel, Kaiser-Wilhelmsland auf Neuguinea und schließlich noch Deutsch-Samoa. Unter dem Namen »Deutsch-Neuguinea« verstand man die Gesamtheit aller Südsee-Kolonien außer Samoa. Die Landfläche des deutschen Territoriums in der Südsee betrug nur etwas mehr als 240 000 Quadratkilometer, rund 460 000 Einwohner lebten auf den Inseln. Damit waren die deutschen Kolonien in der Südsee etwas »größer als zwei Drittel Preußens« mit halb so vielen Bewohnern wie die damalige Reichshauptstadt Berlin. Die einzelnen Teile der Südseekolonien lagen mitunter Tausende Kilometer voneinander entfernt. Um ren Inseln Upolu und Savaii, die USA bekamen die kleineren Inseln östlich von Upolu. Den Engländern, die auf ihre Ansprüche verzichteten, teilte man als Entschädigung die Tonga-Inseln und Gebiete auf den Salomonen sowie in Westafrika zu. Mit feierlichen Flaggenhissungen auf Upolu und Savaii im Jahr 1900 endete Deutschlands Einzug in die Südsee. »Ganz Apia war am Morgen des 1. März festlich geschmückt«, berichtete der deutsche Kaufmann Otto Riedel. »Überall wehten schwarz-weiß-rote Fahnen. Aus allen Teilen von Upolu, Savaii,

den Verkehr zwischen den vielen Inseln und damit den Aufbau der Verwaltung zu erleichtern, wurde ein eigenes Schiff eingesetzt, das regelmäßig seine Runden drehte.

Einfallstor nach Osten

Nachdem sich das Deutsche Reich im Pazifik sein Territorium gesichert hatte, wuchs das Interesse der Marine an einem Flottenstützpunkt an der chinesischen Küste. Lange Zeit hatte sich China gegen den Vorstoß der europäischen Händler und ihren Einfluss gewehrt. Das Land war weitgehend abgeriegelt worden, auch christlichen Missionaren war es kaum gelungen, in das Reich der Mitte vorzudringen. Anfang des 19. Jahrhunderts zählte man in China gerade einmal dreißig europäische Missionare. Doch nach der Niederlage im ersten »Opiumkrieg« gegen Großbritannien (1839–1842), bei dem China vergeblich versucht hatte, die Einfuhr von »fremdem Opium« vornehmlich bengalischen Ursprungs zu verhindern, musste sich das Land gezwungenermaßen öffnen.

Als »Kriegsentschädigung« schaffte China nach dem »Frieden von Nanking« im Jahr 1842 das Handelsmonopol für chinesische Händler ab, öffnete Vertragshäfen und übergab Hongkong an Großbritannien. »Ein großes Ereignis für den Welthandel«, schrieb der deutsche Unternehmer Friedrich List euphorisch, »ein größeres vielleicht, wenigstens was die augenblicklichen Folgen betrifft, als die Entdeckung von Amerika.« Der zweite »Opiumkrieg«, der 1856 von einem vereinten Heer der Engländer und Franzosen entfesselt worden war, »öffnete« schließlich elf weitere chinesische Häfen für den Handel mit dem Westen.

Vom »chinesischen Kuchen« wollten auch die deutschen Kaufleute etwas abhaben: »Wir sehen nicht ein, warum nicht auch Deutschland diese Gelegenheit ergreifen sollte, seinem auswärtigen Handel und seiner Schifffahrt einige Ausdehnung zu geben«, forderte List.

Obwohl sich schon in den vierziger Jahren des 19. Jahrhunderts etliche deutsche Handelsunternehmen in China niedergelassen hatten, befürchteten die Deutschen, den Anschluss zu verpassen. Eine preußische Expedition unter der Führung Graf Eulenburgs nach China erreichte schließlich 1861 den Abschluss eines Freundschafts-, Handels- und Schifffahrtsvertrags, der dem neuen Partner die gleichen Rechte wie den anderen Imperialmächten zusicherte. Wenige Jahre später gab es schließlich erste Bestrebungen, an der chinesischen Küste einen territorialen Stützpunkt einzunehmen.

Ohne Frage ist das erworbene Gebiet das günstigste, das für uns überhaupt infrage kommen konnte. Wir wollten ja nicht eine eigentliche Kolonie in China gründen nach Art unserer afrikanischen, sondern nur einen Stützpunkt für unsere Flotte und einen Eingangspunkt für unseren Handel.
Friedrich Behme, Amtsgerichtsrat in Tsingtau

Dass das deutsche Augenmerk am Ende auf die Bucht von Kiautschou an der chinesischen Ostküste fiel, war vor allem dem deutschen Geografen und Geologen Ferdinand von Richthofen zu verdanken, der vier Jahre lang durch die chinesischen Provinzen gereist war und eine entsprechende Empfehlung ausgesprochen hatte. Die Bucht, benannt nach der nächstgrößeren im Inland gelegenen Stadt, war das Einfallstor zur Provinz Shantung. Die Shantung-Halbinsel wiederum bildet die Grenze zwischen dem Golf von Bohai und dem Gelben Meer.

Als Richthofen das Gebiet bereiste, fiel ihm der Reichtum an Bodenschätzen auf. Vor allem den Kohlevorkommnissen maß er eine besondere Bedeutung zu: »Die Öffnung der ersten Kohleminen ist, nach meiner Meinung, der erste Schritt zur materiellen und geistigen Umwälzung dieses Reiches von vierhundert Millionen Seelen«, schrieb er an seine Eltern. »Damit ist den Fremden das Land geöffnet, sie werden die Bearbeitung der Minen schnell ausdehnen, europäische Industrie einführen, Eisenbahnen und Telegrafen bauen und China dem Weltverkehr und der Zivilisation eröffnen.« Im Jahr 1896 untersuchte Admiral Alfred von Tirpitz, damals Chef des Ostasiatischen Geschwaders, persönlich die Region und befand sie ebenfalls für geeignet. Seitdem hatte man nur noch auf die passende Gelegenheit gewartet, von Kiautschou Besitz zu ergreifen.

Ich bin fest entschlossen, unsere hypervorsichtige und in ganz Ostasien bereits als schwach angesehene Politik aufzugeben und mit voller Strenge und wenn nötig mit brutalster Rücksichtslosigkeit den Chinesen gegenüber endlich zu zeigen, dass der deutsche Kaiser nicht mit sich spaßen lässt und es übel ist, ihn zum Feind zu haben.
TELEGRAMM VON KAISER WILHELM II. AN DAS AUSWÄRTIGE AMT, 6. NOVEMBER 1897

Sie schien gekommen, als am 1. November 1897 die katholischen Patres Franz Xaver Nies und Richard Henle der Steyler Mission von Mitgliedern der »Gesellschaft der großen Messer«, einer der zahlreichen chinesischen Geheimorganisationen und Sekten, in der Provinz Shantung ermordet wurden.

Am 6. November erfuhr Kaiser Wilhelm II. von dem Vorfall. Bernhard Fürst von Bülow, später Reichskanzler und damals Botschafter in Rom, erinnerte sich: »Ich war kaum in Rom wieder zurück, als ich ein sehr langes, rhetorisches, etwas aufgeregtes Telegramm des Kaisers erhielt, das durch die Nachricht von der Ermordung katholischer deutscher Missionare in der Provinz Shantung hervorgerufen worden war. Der Kaiser bedrohte in sich immer wiederholenden, Entrüstung und und Zorn atmenden Wendungen das chinesische Heidenvolk, beteuerte seine Pflicht und seine Entschlossenheit, das Kreuz und dessen Diener zu verteidigen, und schloss damit, dass unser Kreuzergeschwader die Bestrafung der Mörder verlangen und inzwischen in die Bucht von Kiautschou einlaufen solle. Ich war wie der Kaiser der Ansicht, dass wir die Gelegenheit nutzen müssten, um in Kiautschou den nach langer und gründlicher Prüfung als geeignet erkannten Stützpunkt für unsere reicher Entfaltung fähigen ostasiatischen Interessen zu finden. Ich war auch der Meinung, dass dieses Ziel nicht mit tönenden Worten, sondern nur durch die richtige diplomatische Taktik, speziell gegenüber England und Russland, zu erreichen

DAS WELTREICH DER DEUTSCHEN

DER TRAUM VON DER SÜDSEE

Deutsche Marinetruppen besetzen die
Bucht von Kiautschou – zeitgenössische Lithografie.

sein würde.« Tatsächlich gab Wilhelm II. seine bisherige Zurückhaltung in der ostasiatischen Politik auf und war fest entschlossen, der Angelegenheit mit großer Strenge und Rücksichtslosigkeit zu begegnen.

Noch bevor die chinesische Regierung von den Morden erfuhr, entsandte der deutsche Kaiser am 7. November drei Kriegsschiffe nach Kiautschou. Eine Woche später landeten deutsche Marineinfanteristen an dem Küstenstrich und besetzten ihn kampflos. China versuchte vergeblich, den Abzug der deutschen Truppen zu erwirken. Am 6. März des Jahres 1898 trat das Reich der Mitte schließlich das rund 550 Quadratkilometer große Gebiet um Kiautschou an die Deutschen ab und räumte ihnen das Recht ein, innerhalb einer »neutralen Zone« militärische Kontrolle auszuüben. Durch einen sogenannten »ungleichen Vertrag«, der das Deutsche Reich zu keinerlei Gegenleistung verpflichtete, wurde der Küstenstrich für 99 Jahre zum deutschen Pachtgebiet erklärt.

Endlich hatte Wilhelm II. sein »deutsches Hongkong« – denn nichts anderes sollte Kiautschou sein. Primär war es ihm nicht darum gegangen, ein weiteres Kolonialgebiet zu erwerben, sondern im Fernen Osten macht- und kulturpolitisch an Einfluss zu gewinnen. Von Kiautschou aus wollte man China wirtschaftlich erschließen. Das kleinste aller deutschen Kolonialgebiete würde zudem als Stützpunkt für die deutsche Ostasienflotte dienen. Wilhelm II. unterstellte die Verwaltung der Region daher im Gegensatz zu allen anderen deutschen Kolonien nicht dem Reichskolonialamt, sondern dem Reichsmarineamt.

Großadmiral von Tirpitz betrachtete den Marinestützpunkt Kiautschou und das angrenzende »Interessengebiet« Shantung als »sein Reich«. Das Gebiet sollte zu einer »Musterkolonie« werden, in der die Marine »mit großem Zug in kleinem Rahmen« beweisen wollte, »wozu Deutschland imstande wäre«. Im Mai des Jahres 1898 wurde ein »Kaiserliches Gouvernement« eingerichtet, an dessen Spitze Carl Rosendahl, Kapitän zur See, als erster Amtsinhaber stand. Die etwa 83 000 ortsansässigen Chinesen behielten weitgehend ihre Rechte, doch waren weder sie noch die chinesische Bezirks- oder Zentralregierung in irgendeiner Form in die Verwaltung Kiautschous eingebunden. Allenfalls ein Komitee, das sich aus »angesehenen Chinesen« aus der Region zusammensetzte, wurde vom Gouverneur in Einzelfällen zu Rate gezogen. Eine Landverordnung wurde erlassen, die dem deutschen Gouvernement das Monopol über den Kauf von Land einräumte. Die chinesischen Eigentümer wurden enteignet, durften jedoch bleiben, solange das Land nicht gebraucht wurde. In der »Musterkolonie« Kiautschou entstanden bald Wohnbauten im deutschen Stil, sogar deutsche Brauereien wurden errichtet. Die Marineleitung ergriff außerdem Maßnahmen, die die hygienische und medizinische Versorgung verbesserten, ließ ein modernes Telegrafensystem einrichten und den Hafen zu einem der modernsten in ganz Ostasien ausbauen. Über eine neue Eisenbahnlinie war Kiautschou von 1904 an mit der Transsibirischen Eisenbahn von Deutschland aus in 13 Tagen zu erreichen. Die aufwendigen Investitionen machten die Region bald zur teuersten Kolonie; bis 1913 kostete sie allein das Deutsche Reich über 200 Millionen Mark – und damit mehr als jede andere Kolonie. Den Kaiser zumindest kümmerte das wenig. Das kleinste der deutschen Kolonialgebiete war seine Passion, mit Hingabe malte er zahlreiche mythische Propagandabilder vom Sieg des preußischen Adlers über den chinesischen Drachen.

Aufstand der Boxer

Doch schon bald regte sich Widerstand gegen die fremden Eindringlinge, vor allem in der chinesischen Bevölkerung. Großadmiral von Tirpitz hatte angesichts der geringen Machtmittel, die das Deutsche Reich im Fernen Osten vorweisen konnte, auf eine »friedliche Durchdringung« des Schutzgebietes gesetzt. Besorgt beobachtete er vor allem den Dauerkonflikt zwischen den katholischen Missionen und den chinesischen Behörden. Bei den Chinesen galten die christlichen Sendboten als »die bestgehassten von allen Ausländern«, wie es der kaiserliche Flottenchef Prinz Heinrich 1899 in einem Brief an seinen Bruder Kaiser Wilhelm II. formulierte. Aber auch die neuen Eisenbahn-

DAS WELTREICH DER DEUTSCHEN
DER TRAUM VON DER SÜDSEE

bauten und die Öffnung von Bergbauminen sorgten innerhalb der chinesischen Bevölkerung für großen Unmut, da sie ihrer Ansicht nach das Gleichgewicht zwischen der Natur und den Göttern durcheinanderbrachten.

oder Naturkatastrophe wurden die Weißen verantwortlich gemacht, die das »feng shui«, wörtlich »Wind und Wasser«, gestört hätten. Im Frühjahr 1900 kam es zu ersten blutigen Attacken gegen Ausländer, vor allem gegen christ-

Die »Boxerbewegung«, die ursprünglich zum Schutz gegen plündernde und mordende Räuberbanden entstanden war, erhielt vor dem Hintergrund der allgemeinen Unzufriedenheit und Angst vor einem immer größer werdenden Einfluss der Europäer starken Zulauf. Die Bewegung bestand aus rückwärtsgewandten Kräften, die jede Errungenschaft der Moderne verteufelten und die Weißen als »Barbaren« bezeichneten. »Wir werden die Häuser der Fremden verbrennen und unsere alten Tempel wiederherstellen«, hieß es in einem Aufruf der Boxer. Für jede Veränderung, jede wirtschaftliche Not

liche Missionare, bei denen zahlreiche Tote zu beklagen waren. Auch Eisenbahnlinien und andere moderne Einrichtungen von Weißen wurden Ziel der Ausschreitungen. Die chinesische Regentin, Kaiserinwitwe T'zu-Hsi, stellte sich hinter die Boxer und verteidigte sie als »gesetzestreue Menschen«.

In der Provinz Shantung, dem deutschen Interessengebiet, blieb es zwar während der Aufstände verhältnismäßig ruhig, da der chinesische Gouverneur als fortschrittlich galt und mit den Deutschen sympathisierte. Doch in den anderen Provinzen weiteten sich die Auf-

Der Reichsadler triumphiert über den chinesischen Drachen – zeitgenössische Postkarte aus dem Jahr 1898.

Der Mörder des deutschen Gesandten Freiherr von Ketteler wird während des Boxeraufstands öffentlich hingerichtet.

stände immer weiter aus, bis die chinesische Regierung am 19. Juni 1900 schließlich den europäischen Mächten ein Ultimatum stellte. Einen Tag später wurde der deutsche Gesandte in Peking, Clemens Freiherr von Ketteler, auf offener Straße von chinesischen Soldaten erschossen. Die Nachricht von der Ermordung Kettelers löste in Berlin einen Sturm der Entrüstung aus. Kaiser Wilhelm II. ordnete sogleich die Mobilmachung eines Expeditionskorps nach Ostasien an und drängte die anderen Nationen zu einer gemeinsamen Aktion gegen China. Zu seiner Genugtuung akzeptierten die Verbündeten Generalfeldmarschall Alfred Graf von Waldersee als militärischen Oberbefehlshaber des gemeinsamen Expeditionsheers.

Formell hatte zwar keiner der westlichen Staaten China den Krieg erklärt, dennoch verließen am 27. Juli 1900 die ersten deutschen Kriegsschiffe Bremerhaven in Richtung China. Kaiser Wilhelm II. verabschiedete sie mit seiner berühmt-berüchtigten »Hunnenrede«: »Zum ersten Mal, seit das Deutsche Reich wieder erstanden ist, tritt an Sie eine große überseeische Aufgabe heran«, ermahnte er die 15 000 Mann des Expeditionskorps. »Die Aufgabe, zu der ich euch hinaussende, ist eine große. Ihr sollt schweres Unrecht sühnen. Ein Volk, das, wie die Chinesen, es wagt, tausendjährige alte Völkerrechte umzuwerfen, und der Heiligkeit der Gesandten und der Heiligkeit des Gastrechts in abscheulicher Weise Hohn spricht, das ist ein

Vorfall, wie er in der Weltgeschichte noch nicht vorgekommen ist, und dazu von einem Volke, welches stolz ist auf eine vieltausendjährige Kultur. Aber ihr könnt daraus ersehen, wohin eine Kultur kommt, die nicht auf dem Christentum aufgebaut ist. Jede heidnische Kultur, mag sie noch so schön und gut sein, geht zugrunde, wenn große Aufgaben an sie herantreten. So sende ich euch aus, dass ihr bewähren sollt, einmal alte deutsche Tüchtigkeit, zum Zweiten die Hingebung, die Tapferkeit und das freudige Ertragen jedweden Ungemachs und zum Dritten die Ehre und Ruhm unserer Waffen und Fahnen. Ihr sollt fechten gegen eine gut bewaffnete Macht, aber ihr sollt auch rächen – nicht nur den Tod des Gesandten, sondern auch den vieler Deutscher und Europäer. Kommt ihr vor den Feind, so wird er geschlagen, Pardon wird nicht gegeben; Gefangene nicht gemacht. Wer euch in die Hände fällt, sei in eurer Hand. Wie vor tausend Jahren die Hunnen unter ihrem König Etzel sich einen Namen gemacht, der sie noch jetzt in der Überlieferung gewaltig erscheinen lässt, so möge der Name Deutschlands in China in einer solchen Weise bekannt werden, dass niemals wieder ein Chinese es wagt, etwa einen Deutschen auch nur scheel anzusehen.«

Bernhard Fürst von Bülow, der wenig später in der Nachfolge Bismarcks zum Reichskanzler ernannt wurde, versuchte vergeblich, die Verbreitung dieser Rede zu verhindern. Später bezeichnete Bülow in seinen 1930 erschienenen »Denkwürdigkeiten« die »Hunnenrede« als die »schlimmste Rede jener Zeit und vielleicht die schändlichste, die Kaiser Wilhelm II. jemals gehalten hat«. Tatsächlich wurden die Gefechte – weitgehend Nachhutgefechte – in China mit großer Brutalität geführt, ganz wie es der kaiserlichen Order entsprach. Einige zeitgenössische Briefe deutscher Soldaten legen darüber beredt Zeugnis ab.

Liebe Mutter, am 26. August haben wir 400 Chinesen erschossen. Erst halb totgeschlagen und die Leine zusammengebunden, dann Leine gezogen, aber an die Zöpfe gebunden. Erst haben sie müssen ihre Löcher graben und dann wurden sie erschossen. Er war graulich anzusehen, aber uns macht es Vergnügen; denn die Bande ist noch viel schlimmer.
FELDPOSTBRIEF DES DEUTSCHEN SOLDATEN HEINRICH WANROW AUS CHINA, 4. SEPTEMBER 1900

Generalfeldmarschall Alfred Graf von Waldersee erreichte indes erst am 17. Oktober 1900 Peking – da war die chinesische Hauptstadt längst durch eine alliierte Streitmacht eingenommen worden, die der britische General Alfred Gaselee kommandierte. Im »Boxerprotokoll« vom September 1901 wurde China zur Zahlung von insgesamt 1,4 Milliarden Goldmark verpflichtet, etwa zwanzig Prozent davon gingen an das Deutsche Reich. Darüber hinaus musste sich der chinesische Hof persönlich für den Mord am deutschen Gesandten Ketteler entschuldigen. Prinz Chun, Bruder des chinesischen Kaisers Guangxu, wurde mit dieser schmachvollen »Sühnemission« betraut. Am 4. September 1901 überreichte er dem deutschen Kaiser im Neuen Palais in Potsdam das offizielle Entschuldigungsschreiben der chinesischen Regierung und verbeugte sich zum »Kotau«, dem traditionellen chinesischen Unterwerfungszeichen. Wilhelm II. triumphierte. In Zukunft allerdings, so war man sich einig, wollte das Deutsche Reich bei der wirtschaftlichen Expansion im Fernen Osten eine größere Zurückhaltung an den Tag legen.

Zwischen Kasino und Malaria

»In jüngster Zeit häuften sich in erschreckendem Maße die an Europäern begangenen Morde, und bei nicht wenigen Leuten setzte sich daher die Überzeugung fest, dass diese verruchten Schwarzen, die nichts anderes können, als unschuldige Weiße abzuschlachten, so bald wie möglich mit Stumpf und Stiel auszurotten sind. In Wirklichkeit liegt die Schuld an diesen traurigen Vorkommnissen stets ausschließlich auf Seiten der Weißen, die, ohne mit den Anschauungen der Eingeborenen vertraut zu sein, sich blind in die Gefahr begeben, auch häufig genug durch ihr Auftreten die empfindlichen Seiten des Schwarzen aufs Schlimmste reizen. Endlich macht der Hass der Schwarzen sich auch in Angriffen auf Ansiedlungen der Weißen und in Mordtaten Luft, wenn sie sehen, dass man ihnen das Land abnimmt, sie zu Fronarbeiten zwingt und ihre alten Bräuche nicht mehr dulden will«, schrieb im Jahr 1914 etwa der deutsche Arzt Richard Neuhauß, der selbst einige Jahre auf Neuguinea gelebt und geforscht hatte.

Das Zusammenleben zwischen den deutschen Herren und den Einheimischen in der Südsee gestaltete sich alles andere als einfach, wenn es auch im Vergleich mit anderen Kolonien weitaus weniger blutige Auseinandersetzungen gab. Im Gegensatz zu den deutschen Gebieten in Afrika oder China wehrten sich die Einheimischen nicht ernsthaft gegen die weißen Eindringlinge. Im zersplitterten Inselreich der Südsee gab es keine Kraft, die den einheimischen Widerstand hätte bündeln und organisieren können. Auch die eher behutsame »Eingeborenenpolitik« der Gouverneure Wilhelm Solf und Albert Hahl, die beide zwölf Jahre lang ihr Amt in der Südsee versahen, trug mit dazu bei, dass es gar nicht erst zu gewaltsamen Erhebungen der Bevölkerung gegen die Kolonialherren kam.

Die Südsee war keine Siedlungskolonie. Siedlungskolonien machten in der Regel Probleme. Die Eingeborenen wurden verdrängt, wurden zu Arbeitern deklassiert oder wurden gar getötet. In Handelskolonien bemühte man sich, nicht nur zu herrschen, sondern auch zu handeln.
HORST GRÜNDER, HISTORIKER

»Ein Teil der Südsee war ja erst spät Kolonie geworden«, erklärt der Historiker Hermann Joseph Hiery. »Aus den negativen Erfahrungen, die in Afrika bereits gemacht worden waren, hatte man gelernt. Das gilt insbesondere für Samoa, das 1900 als letztes Territorium deutsche Kolonie wurde. Zu dieser Zeit blickte man bereits auf 15 Jahre Erfahrungen mit den Schutzgebieten in Afrika zurück. Ein ganz wichtiger Punkt war außerdem, dass in der Südsee im Gegensatz zu Afrika fast keine Adligen vor Ort waren, auch wenn man natürlich nicht sagen kann, dass sie prinzipiell schlechtere Kolonialpolitik betrieben hätten. Die Verwaltung in der Südsee wurde vom Bürgertum bestimmt, das sehr gut ausgebildet war und oft auf Universitätskarrieren verweisen konnte. In Afrika hingegen wurden sehr viel mehr Leute eingesetzt, die im Militär Karriere gemacht, und demnach in der Regel eine ganz andere Einstellung hatten. Außerdem gab es in der Südsee zwar Polizei, aber keine Schutztruppen. Das sind drei wesentliche Unterschiede. Hinzu kam die enorme Entfernung von der Heimat, die dazu führte, dass Entscheidungen einfach vor Ort getroffen werden mussten. Berlin konnte längst nicht so stark eingreifen, weil es einfach zu lange dauerte, bis ein Befehl ankam. Und das führte vor Ort zu einer gewissen Unabhängigkeit der Verwaltung.«

Die Kehrseite der Medaille war, dass die Kosten für die Verwaltung der weit verstreut liegenden Kolonien in der Südsee weit höher waren als die Erträge durch Handel und Plantagenanbau. Im Jahr 1914 standen 3,8 Millionen Mark an Ausgaben lediglich 2,1 Millionen Mark an Einnahmen gegenüber. Neben Perlen, Muscheln, Schildpatt und Haifischflossen waren es vor allem Pflanzungs- und Waldprodukte, die in der Südsee gewonnen wurden. Kopra, getrocknetes Kokosfleisch, aus dem Kokosöl gewonnen wurde, sowie Kakao, Gummi und Kautschuk, aber auch Ananas und Kaffee waren die Hauptexportgüter, die ins Deutsche Reich verschifft wurden. Versuchsweise wurden auf einigen Plantagen im deutschen Südseekolonialgebiet auch Zuckerrohr, Reis und verschiedene Obstarten angepflanzt. Doch der Erfolg war eher bescheiden zu nennen.

»In wirtschaftlicher Hinsicht stehen die deutschen Südseekolonien noch ganz am Anfang ihrer Entwicklung«, hielt 1910 auch der Forschungsreisende Dr. Hans Meyer fest. Historiker Hiery erklärt: »Man rechnete schon damit, dass hier aus wirtschaftlicher Sicht nicht viel zu erreichen war. Phosphat fand man in Mikronesien nur zufällig, Mineralien gab es auf Samoa überhaupt keine. Anders in Neuguinea. Hier gab es sehr viele Bodenschätze, was man allerdings erst spät entdeckte. Man setzte insgesamt auf eine langfristige Politik und wollte zuerst die Bevölkerung befrieden, wenn nötig auch mit Gewalt. Dann erst wollte man die Bodenschätze – Gold, Kupfer, Erdöl –, teilweise auch schon Erdgas, ausbeuten. Aber vor 1914 hatte man es damit nicht so eilig.«

Dass die Südseekolonien als Siedlungsgebiet nicht in Betracht kamen, war angesichts der klimatischen Verhältnisse bald klar. Täglich gingen auf den Inseln tropische Regengüsse

Den Erträgen der großen Kokosnuss-Plantagen standen gewaltige Ausgaben gegenüber, die auch die Südseekolonien zu einem defizitären Unternehmen werden ließen.

Zum Schutz vor der massiven Insektenplage errichteten deutsche Siedler ihre Häuser auf Pfählen.

nieder, die einen enormen Reichtum an Insekten förderten. Am »trockensten« waren die Marianen und nördlichen Marshall-Inseln mit bis zu 2500 mm Niederschlag pro Jahr und Quadratmeter, am feuchtesten die Karolinen mit Jahreswerten von bis zu 6500 mm. Zum Vergleich: In Deutschland fallen jährlich etwa 700 mm Regen. Auf vielen Inseln, vor allem aber im Kaiser-Wilhelmsland auf Neuguinea, litten die Menschen unter Malaria. Auch Fälle von Ruhr, Blattern und die durch Fadenwürmer hervorgerufene Krankheit Elephantiasis, die Körperteile auf bizarre Weise anschwellen lässt, traten in der Südsee häufig auf. Um sich besser gegen gefährliche Insekten zu schützen, gingen die Weißen mit der Zeit dazu über, sich nach dem Vorbild der Einheimischen Häuser auf Pfeilern zu bauen, die besonders imprägniert waren.

Für weiteren Schutz sollten engmaschige Fliegengitter an den Fenstern der Häuser sorgen.

Nur wenige Deutsche wollten dennoch dauerhaft auf den Inseln leben. Auf Samoa gab es im Jahr 1914 nur 373 Siedler, auf Neuguinea nie mehr als 549 Deutsche, die gemeinsam mit den anderen Europäern die koloniale Oberschicht bildeten. Es handelte sich meist um Kaufleute, Verwaltungsbeamte, Angestellte der Deutschen Handels- und Plantagengesellschaft und Pflanzer. Nach der Arbeit ein Mittagsschläfchen, um die heißeste Stunde des Tages zu überstehen, ein erfrischendes Wannenbad am späten Nachmittag und am Abend ein Besuch im »Kegelclub« oder Biergarten – so sah der Alltag für die meisten Europäer auf den Südseeinseln aus.

Das gesellschaftliche Leben im Archipel spielte sich in äußerst angenehmen und zwanglosen Formen ab, solange die deutschen Damen fehlten; dann begann es etwas formeller zu werden.
BERICHT DES HAMBURGER KAUFMANNS HEINRICH RUDOLPH WAHLEN

Die deutschen Kolonisten bemühten sich, auch in der Ferne an alten Gewohnheiten festzuhalten: »Im Übrigen wurde bei uns sehr auf Ordnung im Dienst gehalten«, erinnert sich der Hamburger Kaufmann Otto Riedel, dessen Gesellschaft auf Samoa tätig war. »Punkt neun Uhr saß jeder Angestellte auf seinem Platz und hatte bis ein Uhr flott zu tun. Dann läutete es zum Lunch. Auch die Handwerker und Arbeiter machten jetzt Pause bis zwei Uhr. Wir versammelten uns im Speisesaal. Es gab meist ein warmes Gericht und eine kalte Platte, wozu alkoholfreie Getränke gereicht wurden. Danach kam eine kurze Siesta, und um zwei Uhr rief die Glocke wieder zur Arbeit. Gewöhnlich wurde um fünf Uhr Schluss gemacht. Nun gingen wir baden, ritten oder fuhren, als die Wege besser wurden, im Wagen spazieren. Pünktlich um sieben Uhr musste jeder in tadellosem weißen Anzug im Speisesaal sein. Auf diese Sitte habe ich auch als Leiter sehr gehalten.«

DAS WELTREICH DER DEUTSCHEN
DER TRAUM VON DER SÜDSEE

Ein Kasino, das die Deutsche Handels- und Plantagengesellschaft in der Hauptstadt Apia unterhielt, war der Mittelpunkt der kolonialen Gesellschaft auf Samoa: »Zu den offiziellen Veranstaltungen der ›Firma‹ wollte jeder geladen sein, der in Apia etwas zu gelten glaubte. Die großartigste davon ist der traditionelle Silvesterball gewesen, bei dem unser ganzes Haus und der Garten ganz festlich geschmückt wurden. An den Palmen hingen bunte Lampions, und eine Kapelle bemühte sich, für rauschende Musik zu sorgen. Sogar deutsche Walzer wurden gespielt«, heißt es in Otto Riedels Erinnerungen. »Was die Möglichkeiten für private Unterhaltung anbelangt, so war die harmloseste wohl der Besuch von ›Lindenau‹, wie ein deutscher Biergarten außerhalb von Apia hieß, wo es Pschorrbräu in Temperaturen gab, die einen deutschen Biertrinker wahrlich zu einigen Wutausbrüchen hätten hinreißen können«, erklärt Otto Riedel weiter. »Dort spielten dann auch oft die Kapellen unserer Kriegsschiffe zum Tanze auf, wenn die Mannschaften an Land kamen. Dann konnte man beobachten, wie unsere ›blauen‹ oder richtiger unsere ›weißen‹ Jungens ihr Vaterland in der Südsee repräsentierten.« Auf welche Weise sie das genau taten, auch davon weiß Otto Riedel zu berichten: »Ich will ja nicht behaupten, dass jeder von ihnen einen Heiligenschein verdient, aber gemessen an den Besatzungen der Schiffe anderer Nationen, benahmen sie sich wie vollendete Gentlemen. Die hübschen Mädchen

Deutsche Matrosen mit Samoanerinnen

wussten das sehr zu schätzen und zwängten sich sogar Schuhe über die Füße, um für die deutschen Tänzer hergerichtet zu sein.«

»Queen Emma«, die Königin der Südsee

Mit den »hübschen Mädchen« waren die einheimischen jungen Frauen gemeint. Im wilhelminischen Zeitalter galt die »braune Venus«, so nannte man die Samoanerin – als Inbegriff der Südsee-Schönheit. Man verglich die Frauen mit antiken griechischen Statuen, hatte aber auch kein Problem damit, Samoanerinnen in deutschen Zoos auszustellen, wie 1910 in »Hagenbecks Tierpark« in Hamburg geschehen.

Mitunter als »Germanen der Südsee« bezeichnet, erhielten Samoaner so gut wie keine Prügelstrafen und wurden von den deutschen Kolonialherren in der Regel mit Respekt behandelt. Ganz anders gingen die Deutschen dagegen mit der Bevölkerung Mikronesiens und Melanesiens um. Schon James Cook hatte die Neuguinea-Bewohner als »äffisch« bezeichnet; deutsche Reisende fanden für die Menschen dort ebenfalls nur verächtliche Worte: »Man setze sich hin, nehme alle Phantasie zusammen und zeichne einen Kopf, so hässlich man ihn sich ausdenken kann. Und dieser wird unbedingt einem Eingeborenen der Gazelle-Halb-

Samoaner werden 1910 in Hagenbecks Tierpark in Hamburg »ausgestellt«.

insel ähnlich sehen«, schrieb der etwa Südsee-Forscher Hans Vogel. »Diebisch«, »mordlustig«, »träge« und »kindlich« waren für gewöhnlich die wenig schmeichelhaften Adjektive, mit denen die Kolonialherren die Inselbevölkerung Melanesiens und Mikronesiens bedachten. Beziehungen zu »schwarzen« Frauen galten dort eher als ungehörig – obwohl sie natürlich gang und gäbe waren. Auf Samoa hingegen gehörte es beinahe zum guten Ton, mit einer Einheimischen liiert zu sein. Die Frauen mit dem zarten braunen Teint, den ebenmäßigen Gesichtszügen und meist nackten Oberkörpern weckten bei den weißen Männern erotische Phantasien. Sowohl Seeleute, Forschungsreisende als auch Kaufleute schickten Postkarten in die Heimat, die mit Aktdarstellungen das Bild von der fernen, sinnlichen Inselwelt beförderten. »Fa'a samoa«, es auf »samoanische Weise tun«, war ein gängiger Begriff unter den Kolonialherren, der die »wilde Ehe« mit jungen Südsee-Schönheiten beschrieb.

Auch der deutsche Abenteurer und Schriftsteller Stefan von Kotze praktizierte diese Form der Liebesbeziehung. Der im Jahr 1869 geborenen Spross einer alten Adelsfamilie, die eng mit dem Hause Bismarck verbunden war, entfloh dem ihm eigentlich vorgezeichneten Weg einer Militärkarriere im Deutschen Reich, indem er die deutschen Übersee-Kolonien bereiste.

Nach abenteuerlichen Jahren in Afrika und im australischen Busch, unter Farmern und Goldgräbern, verbrachte er auch einige Zeit in der Südsee. Hier verfasste er seine »Südsee-Erinnerungen«, in denen er mit viel Spott und unverwechselbarem Humor die deutschen Versuche beschrieb, die einheimische Bevölkerung nach preußischem Vorbild zu organisieren. Auf Samoa verliebte sich Stefan von Kotze in das einheimische Mädchen Tuahina – für ihn der personifizierte Traum der Südsee. »Jene jungfräuliche Poesie des Paradieses lag damals noch über der Südsee, braune und weiße Leiber badender, lachender, singender Mädchen, blumengeschmückt, nur mit dem durchsichtigen Schleier der bleichen Nacht bekleidet«, notierte der Schriftsteller. »Gestern kanntest du mich noch nicht. Und nicht einmal meinen Namen vermagst du auszusprechen. Dafür habe ich aber auch keine andere Mitgift verlangt als deine Liebe, und die zahlst du gerne aus, mit Heller und Pfennig.« Für den jungen deutschen Adelsspross erfüllte sich damals ein Traum von freier Liebe, der im wilhelminischen Deutschland unmöglich gewesen wäre.

Das Schwierige bei einer Ehe mit einer Eingeborenen war, dass man in Samoa die »Ainga«, das ist die Verwandtschaft, in noch viel höherem Maße mitheiratet, als es bei uns mit den viel bewitzelten Schwiegermüttern der Fall ist.
Erinnerungsbericht von Otto Riedel, deutscher Kaufmann auf Samoa

Als es den Abenteurer nach einigen Monaten weiterzog, ließ er die Geliebte einfach zurück. So wie Stefan von Kotze verhielten sich die meisten Weißen in der Südsee. Selbst der Gouverneur von Deutsch-Neuguinea, Albert Hahl, war mit einer einheimischen Frau liiert und hatte ein Kind mit ihr. »Ich glaube, dass die meisten weißen Männer nicht nur auf Sexualität aus waren, sondern eine Art ›Ehe auf Zeit‹ schlossen«, meint Professor Hiery. »Wenn man fort musste, verließ man die Frauen kurzerhand wieder.« Um die Tatsache, dass in manchen der Südseekulturen bereits das Zusammenleben bedeutete, dass man gewisse Pflichten hatte, kümmerten sich die Kolonisten kaum.

Wenn wir in manchen Kolonien mehr Mischlinge als Europäer haben, dann tragen Beamte der Kolonialverwaltung einen erheblichen Teil Schuld daran.
MATTHIAS ERZBERGER, ZENTRUMSABGEORDNETER, 1912 IM REICHSTAG

Nur selten entstanden aus solchen »wilden Ehen« offizielle Verbindungen. Wer »ernsthaft« heiraten wollte, nahm dann doch lieber eine weiße Frau. So auch Albert Hahl, der im Jahr 1903 die Deutsche Luise Freiin von Seckendorff-Aberdar vor den Traualtar führte. Doch gab es auch Ausnahmen, wie Wilhelm Winkler, Stationsleiter der Palau-Inseln, der die Einheimische Ngeribongel heiratete und 1915 mit ihr nach Deutschland zurückkehrte.

Die Kinder aus Beziehungen mit Einheimischen – ob unehelich oder ehelich gezeugt – nannte man »Half-Castes«, Mischlinge, von denen es bald Tausende gab. Da viele dieser Kinder von ihren Vätern nicht anerkannt wurden und schon bald ein ernsthaftes Problem darstellten, ließ die Kolonialverwaltung in Vunapope auf Neuguinea ein eigenes Waisenhaus einrichten. Aus dem dort herrschenden Sprachengewirr aus Deutsch, Englisch, der einheimischen Sprache Tok Pisin und anderen gebräuchlichen Sprachen – allein auf Neuguinea sind es über eintausend – entwickelte sich mit der Zeit eine deutsche Kreolsprache, die »Unserdeutsch« genannt wurde. Es war ein ulkig klingendes Kauderwelsch: »I bezeugen, O mein Gott, Du has geschaffen mi, fi erkennen du und fi beten zu du. I bezeugen in diese Moment mein Schwäche und dein Mach, mein Armut und dein Reichtum. Is ni ein anders Gott, nur Du, de Helfer in Gefahr, de Selbstbestehender«, lautete ein Gebet auf »Unserdeutsch«. Während der Kolonialzeit wurde diese Sprache bis in den Nordosten Australiens gesprochen, inzwischen gilt sie als ausgestorben.

Die Mischlinge bildeten eine eigene, durchaus selbstbewusste Mittelschicht in den deutschen Südseekolonien. Viele hatten Schulen besucht und eine Ausbildung erhalten, sie waren als selbständige Handwerker, Händler oder Pflanzer tätig oder arbeiteten im Regierungsdienst. Dass es ausgerechnet einer Mischlingsfrau gelang, eine zentrale Rolle in der Kolonialgesellschaft in der Südsee einzunehmen, ist dennoch bemerkenswert: Emma Forsayth-Coe oder Emma Kolbe, besser bekannt unter dem Namen »Queen Emma«.

Sie ist eine herausragende Frau gewesen, man kann sie als emanzipiert bezeichnen. Sie hat ihr Leben selbst in die Hand genommen. Sie war vor allen Dingen wirtschaftlich äußerst aktiv – und das ist doch sehr ungewöhnlich für diese Zeit.
MARIANNE BECHHAUS-GERST, AFRIKANISTIN

Die bis heute legendäre »Königin der Südsee« wurde 1850 auf Savaii geboren und war die Tochter der samoanischen Prinzessin Le'utu Talelatale Malietoa und des amerikanischen Walfängers Jonas Myndersse Coe, der 1837 angeblich als Schiffbrüchiger nach Samoa gekommen war. Eingeborene retteten den Amerikaner, der bis zu seinem Lebensende auf der Insel blieb. Coe schloss sechs Ehen und zeugte insgesamt 18 Kinder. Eines davon, die kleine Emma, besuchte in Apia zunächst eine katholische Missionsschule, bevor ihre Erziehung in Syd-

DAS WELTREICH DER DEUTSCHEN
DER TRAUM VON DER SÜDSEE

Emma Forsayth-Coe (3. von rechts) inmitten ihres Clans. Hinter ihr Richard Parkinson, neben ihr ihre Schwester Phoebe (3. von links).

ney und San Francisco vollendet wurde. Emma war 18 Jahre alt und zu einer wahren Schönheit herangereift, als sie wieder auf ihre Heimatinsel zurückkam. Ihre Haut war etwas heller als die der meisten anderen Samoanerinnen, mit großen, glutvollen Augen und einer schlanken Figur. Durch den Aufenthalt in den Metropolen hatte sie auch an Selbstsicherheit gewonnen. Ein Mädchen wie sie, bei dem sich das exotisch-reizvolle Äußere der Eingeborenen mit den Umgangsformen der »zivilisierten« Welt verband, wurde von den Weißen auf Samoa natürlich besonders umworben. Nach einer kurzen Affäre mit einem Amerikaner heiratete Emma den britischen Geschäftsmann James Forsayth, der später bei einem Schiffsun-

glück im chinesischen Meer ums Leben kam. Von deutschen Händlern auf Samoa bekam Emma, die ein gutes Gespür für lohnende Geschäfte hatte, den Hinweis, dass es auf den fruchtbaren Inseln östlich von Neuguinea billiges Land gäbe – und noch billigere Arbeitskräfte. Mit ihrem neuen Geliebten und späteren Mann, dem australischen Kapitän Thomas Farrell, machte sie sich 1879 auf die dreieinhalbtausend Kilometer weite Reise. Emma und Tom landeten auf der kleinen Insel Mioko im Bismarck-Archipel, ließen sich dort nieder und kauften Plantagenland en gros. Als fünf Jahre später auf den Inseln die deutsche Reichsflagge gehisst wurde, musste der deutsche Bevollmächtigte Gustav von Oertzen mit Verwunderung feststellen, dass der größte Teil des fruchtbaren Landes bereits im Besitz einer gewissen Emma Forsayth-Coe war.

Faszinierend ist, dass sie als eine Halbsamoanerin trotzdem der Mittelpunkt der gesamten deutschen Kolonialgesellschaft gewesen ist.
HORST GRÜNDER, HISTORIKER

In den achtziger Jahren des 19. Jahrhunderts ließ sich die »Königin der Südsee« im Weiler Gunantambu, in unmittelbarer Nähe des Amtssitzes der deutschen Verwaltung in Herbertshöhe, eine weitläufige Residenz errichten. Aus ihrer samoanischen Heimat holte sie zahlreiche Verwandte nach Neuguinea, darunter auch ihre Schwester Phoebe, die mit dem Pflanzer und Forscher Richard Parkinson verheiratet war. Der 1844 in Dänemark geborene Sohn eines Briten war 1875 als Vertreter des deutschen Handelshauses Godeffroy nach Samoa gekommen. Eigentlich Botaniker, interessierte er sich besonders für ethnologische und naturkundliche Fragen. Aber als er mit seiner Frau Phoebe nach Neuguinea übersiedelte, übernahm er bald die Leitung von Emmas Unternehmen und unterstützte sie dabei, es zu einem mächtigen Imperium auszubauen. Mit Erfolg: Mehr als 10 000 Hektar bestes Plantagenland gehörten »Queen Emma«, eine eigene Flotte von einem halben Dutzend Schiffen und mehrere Handelshäuser. Einige Tausend Arbeiter bewirtschafteten ihre Plantagen, rund achtzig weiße Angestellte wachten darüber.

»Queen Emma« war die reichste Frau der Südsee, größeren Landbesitz besaßen nur noch die »Neuguinea-Kompagnie« und die »Deutsche Handels- und Plantagengesellschaft«. Die mächtige Clanchefin, die noch wenige Jahre zuvor als »Eingeborene« gegolten hatte, wurde zum Mittelpunkt des gesellschaftlichen Lebens in Deutsch-Neuguinea. In ihrem großzügigen Domizil versammelten sich regelmäßig weiße Plantagenbesitzer, Händler, Beamte der Kolonialverwaltung, Offiziere der deutschen Marine sowie Kapitäne und Geschäftsleute aus aller Herren Länder zu rauschenden Festen, bei denen Champagner in Strömen floss. Die Dame des Hauses pflegte dabei den großen Auftritt als imposante Gastgeberin: »Sie trug ein kostbares Kleid aus weißem Satin und eine Schleppe, die von einem halben Dutzend Mädchen getragen wurde, als sie die große Treppe zum Park herunterkam«, erinnerte sich ein Gast. »Eine kleine, mit Diamanten besetzte Krone blitzte in ihrem Haar.« Emma, die sich zur großen Freude der überwiegend männlichen Besucher stets mit jungen hübschen Nichten und anderen weiblichen Verwandten umgab, genoss das luxuriöse Leben als erfolgreiche Geschäftsfrau.

Am Wochenende versammelte sich die kleine Kolonialgesellschaft an ihrem Swimmingpool auf der Insel Mioko, unter der Woche fand man sich zu Skatabenden in Herbertshöhe ein. Da sie wegen ihres enormen Reichtums nahezu unantastbar war und fernab aller europäischen Konventionen quasi ihre eigenen Gesetze geschaffen hatte, ging es in ihrem Salon mitunter sehr ungezwungen zu: »Bei ihren Festen war die Queen selbst ihr bester Gast«, beschrieb der deutsche Kaufmann Heinrich Rudolph Wahlen aus Hamburg die »Südseekönigin«. »Leidenschaftlich trank sie Sekt, dabei ihre selbst gedrehten Zigaretten rauchend. Ein tolles Zeug! Samoanischer, von Eingeborenen gezogener Tabak in Bananenblätter gewickelt. An solchen Abenden verging die Nacht bei Tanz und Flirt.«

Ein anderer deutscher Gast erinnerte sich an Freiheiten, die in Europa als schamlos gegolten hätten: »Sie saß mir an einem großen Tisch gegenüber, rauchte ihre Zigarre und stöhnte über die Hitze. Sie hatte nur ein leichtes Kleid an. Plötzlich legte sie mit den Worten ›It's very hot‹ ihren großen Busen auf die Tischplatte und schien dadurch sehr entlastet. Ich aber fühlte mich mit meinen 23 Jahren doch etwas geniert.« Oftmals folgte den frivolen Festen die ein oder andere Liebelei: »Die jungen Nichten besuchten uns dann auch gelegentlich zusammen mit der Queen und ihrer Schwester und blieben für gewöhnlich mehrere Tage bei uns«, erinnerte sich Heinrich Rudolph Wahlen aus Hamburg, der mit seinem Schiff im Bismarck-Archipel Station gemacht hatte.

Leider ging es zu fortgeschrittener Stunde etwas wüst zu wie bei allen Partys Emmas, denn die anwesenden Herren waren sturzbetrunken und ließen sich natürlich gehen! Der Gouverneur und Dr. Schnee entfernten sich vorsichtshalber beizeiten. Die übrigen zogen ins Hotel Bismarck und becherten dort fröhlich weiter.
Aufzeichnungen der Missionarsgattin Johanna Fellmann über die Party zum fünfzigsten Geburtstag von »Queen Emma«

Der Historiker Hermann Joseph Hiery erklärt, dass in der Südsee, auch unter deutscher Kolonialverwaltung, vieles erlaubt war, was in Deutschland niemals akzeptiert worden wäre: »Es herrschte ein gewisses ›Laissez-faire‹, auch gerade bei der Verwaltung. Die Partys uferten in Gelage aus. Und es gibt eine Vielzahl von Geschichten wie diese: Ein deutscher Beamter saß bei Skat und Whisky, als einer der Söhne von Queen Emma hereinkam und sagte: ›Ja, Master Meyer, ich habe Sie gesucht. Aber Sie waren nicht zu Hause. Da habe ich schnell Ihre Frau vernascht.‹ Und Master Meyer sagte: ›Macht nichts. Demnächst ist Ihre dran.‹

Auch die »Queen« hatte unzählige Liebhaber, daneben gab es vier Ehemänner; ihr letzter Mann war der leitende Angestellte der »Neuguinea-Kompagnie« Paul Kolbe, mit dem sie fast zwei Jahrzehnte lang verheiratet war. »Das Eigenartige ist, dass sie eigentlich wie ein Mann lebte«, meint Historiker Hiery. »So, wie einheimische Männer, wenn sie reich waren, viele Frauen hatten, so hatte ›Queen Emma‹, weil sie reich war, viele Männer. Der erste Mann war gestorben, von einem anderen war sie geschieden, dann kam der nächste.«

Die Eheschließung mit Paul Kolbe war nicht ohne Probleme vonstatten gegangen. Georg Schmiele, der damalige deutsche Landeshauptmann, untersagte die Heirat, da angeblich von einem der ehemaligen Männer »Queen Emmas« keine Sterbeurkunde vorläge. Tatsächlich handelte es sich um reine Schikane; Schmiele neidete dem jüngeren Kolbe die vorteilhafte Verbindung mit der reichsten Frau der Südsee. Schließlich wurden Emma und Paul außerhalb der deutschen Territorialgewässer nach britischem Recht von einem methodistischen Pastor getraut. Für Emma, zu diesem Zeitpunkt bereits über vierzig und nicht mehr ganz so schlank, mochte es zwar nicht die große Liebe gewesen sein, doch begegneten sich die Ehepartner, so ein Beobachter, auf »Augenhöhe«: Als Emma bei einer feucht-fröhlichen Gesellschaft schwer alkoholisiert und wenig melodiös auf einem Klavier herumklimperte, soll Kolbe seiner einflussreichen Gattin kurzerhand den Pianodeckel auf die Finger geknallt haben.

Bevor der Erste Weltkrieg ausbrach, verkaufte Emma Kolbe ihre gesamten Anteile an Plantagen für die damals enorme Summe von einer Million US-Dollar. Einen Teil ihres Vermögens investierte sie in ein Apartment im mondänen Monte Carlo. Im Juli 1913 erkrankte dort Paul Kolbe an einem Herzleiden, seine besorgte Ehefrau reiste ihm eilig nach. Er starb in ihren Armen, Emma folgte ihm zwei Tage später. Die legendäre »Südsee-Königin« wurde in Bremen eingeäschert, ihre Urne nach Neuguinea überführt, wo sie auf ihrer Residenz Gunatambu die letzte Ruhe fand.

»Kolonisieren heißt missionieren«

1912 wurde ein Mischehenverbot für die Südseekolonien erlassen – für die Kolonialgesellschaft ein Schock. Veranlasst hatte diese Verordnung der deutsche Kolonialstaatssekretär Wilhelm Solf. 1888 war er als junger Mann nach seinem Studium der Indologie von der deutschen Regierung nach Kalkutta geschickt worden und dort im diplomatischen Dienst am Generalkonsulat tätig gewesen. In Indien hatte er die strikte Rassentrennung der britischen Kolonialpolitik kennengelernt und sich zu eigen gemacht. Solf scheute sich auch nicht, auf Reisen in anderen britischen Kolonien vom Erfahrungsschatz des Empire zu profitieren.

Nachdem er auch noch ein Jura-Studium erfolgreich abgeschlossen hatte, war Solf zunächst als Bezirksrichter in Deutsch-Ostafrika tätig, dann kam er als Munizipalitätspräsident in die Südsee. Als er 1900 zum Gouverneur der deutschen Kolonie auf Samoa ernannt wurde, war er davon überzeugt, dass die Einheimischen in ihrer kulturellen Identität so weit wie möglich geschützt werden müssten. Als »warnendes Beispiel« führte er Polynesien an, wo nach seiner Auffassung die Bevölkerung durch Mischehen verkommen sei: »Solche Ehen sind geschmacklos und eine Beleidigung für die weiße Frau, sie sind auch unmoralisch, denn sie prostituieren das Wesen und den sittlichen Wert der ehelichen Gemeinschaft bei den Kulturvölkern.« Schließlich erreichte er, dass nicht nur in Deutsch-Samoa, sondern in allen Kolonien eine Verordnung erlassen wurde, die zwar die Väter unehelicher Kinder aus einer Beziehung mit einer einheimischen Frau zum Unterhalt verpflichtete, die gleichzeitig aber gültige Eheschließungen zwischen Weißen und Einheimischen ausschloss. Kinder aus solchen Beziehungen wurden rechtlich der Mutter zugeordnet.

Es ist nicht die Absicht der deutschen Regierung, euch zu zwingen, unsere Sitten und Gewohnheiten anzunehmen, die Regierung nimmt Rücksicht auf eure alten Traditionen und achtet sie, soweit sie nicht verstoßen gegen die Gebote des Christentums und gegen die Wohlfahrt und die Sicherheit des Einzelnen.
Ansprache von Gouverneur Wilhelm Solf vor samoanischen Häuptlingen, 14. August 1900

Solf vertrat insgesamt eher eine gemäßigte Linie deutscher »Eingeborenenpolitik«, die von einer »Treuhandschaft für die eingeborenen Völker« ausging. »Kolonisieren ist missionieren«, sagte er später bei einer Rede im Berliner Reichstag im Jahre 1913, »und zwar missionieren in dem hohen Sinne der Erziehung zur Kul-

Häuptling Mataafa mit seinem Clan. Als Zeichen seiner Wertschätzung verlieh ihm Wilhelm II. einen rituellen Fliegenwedel.

tur, die in dem Boden und in der Heimat der Eingeborenen Wurzel fassen kann und ihrem geistigen und seelischen Zuschnitt angepasst ist.« Sicher war auch Solf dabei nicht ganz frei von dem damals vorherrschenden rassistischen Überlegenheitsgedanken. Solf wollte die »Eingeborenen« zu deutschen Untertanen erziehen, sodass auch sie einen Beitrag zur wirtschaftlichen Entwicklung des Mutterlandes würden beitragen können, doch lag ihm wenig daran, die einheimischen Kulturen zu vernichten. »Es gilt dabei nicht, die Eingeborenen zu Europäern zu machen! Das wäre aussichtslos und in der Absicht falsch. Das Ziel kann nur sein, eine bodenständige Kultur höheren Grades herauf- zuführen«, schrieb Solf später in »Mein politisches Vermächtnis«.

Sein Ziel war es, die deutsche Herrschaft möglichst gewaltfrei auszuüben: »Alle Radikalmittel sind von Übel, und Güte und Gerechtigkeit sind die besten Mittel in Samoa.« Er wollte dazu beitragen, die auf Samoa herrschenden Konflikte zwischen den einheimischen Parteien beizulegen, und dekretierte als Erstes die Abgabe sämtlicher Feuerwaffen. Bis 1901 wurden insgesamt 1500 Gewehre eingesammelt, die sich in den Händen der Bevölkerung befunden hatten. Klugerweise ordnete Solf an, dass jedem Samoaner bei der freiwilligen Herausgabe seiner Waffen eine stattliche Prämie ausge-

Von Gouverneur Solf unterzeichnete kaiserliche Urkunde für Häuptling Mataafa.

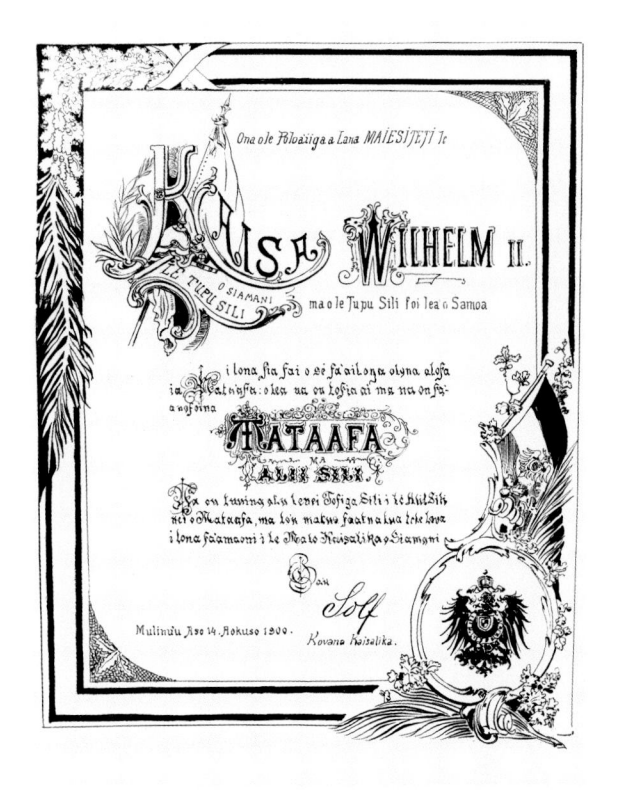

bedeutete und Mataafa zum Oberhäuptling der samoanischen Stämme machte. Gleichzeitig schaffte der Gouverneur das Königtum auf Samoa ab. Mataafa war nunmehr »Beamter« des Deutschen Reiches und erhielt als solcher dreitausend Mark Gehalt jährlich. Darüber hinaus verlieh ihm Wilhelm II. einen in Deutschland hergestellten Fliegenwedel als Zeichen seiner Macht und Würde.

Durch diesen Schachzug Solfs kehrte auf dem seit Jahrhunderten zerstrittenen Samoa endlich Frieden ein. Als Mataafa 1912 starb, erwiesen ihm nicht nur viele Samoaner, sondern auch die deutschen Siedler die letzte Ehre. Der Oberhäuptling wurde in einem steinernen Mausoleum auf der Halbinsel Mulinuu bei Apia beigesetzt. Mit seinem Tod verschwand auch sein eher repräsentatives Amt; der Nachfolger Solfs, Gouverneur Erich Schulz-Ewerth, schaffte die samoanische Selbstverwaltung kurzerhand ab und ernannte lediglich zwei Häuptlinge zu Ratgebern.

zahlt wurde. So sorgte er dafür, dass die traditionellen Herrschaftsinstrumente, die Samoas Gesellschaft bislang gekennzeichnet hatten und die auch für die blutigen Auseinandersetzungen verantwortlich gewesen waren, nicht wieder eingesetzt wurden.

Während Kaiser Wilhelm II. als Oberhaupt der Samoaner galt – in der Landessprache »Tupu Sili« genannt –, war der Gouverneur dessen Vertreter im deutschen Schutzgebiet und mit weitreichenden Vollmachten ausgestattet. Etwas überraschend verlieh Solf dem samoanischen Häuptling Mataafa, der noch wenige Jahre zuvor mit seinen Männern das deutsche Konsulat in Apia niedergebrannt hatte, den Titel eines »Alii Sili«, was so viel wie »hoher Herr«

Illusion vom gerechten Kolonialismus

Das Beispiel Solf zeigt, wie sehr man in den deutschen Südseekolonien im Gegensatz zu den afrikanischen Kolonien daran interessiert war, eine »gerechtere« Form des Kolonialismus zu etablieren. Auf lange Sicht wollte Solf sogar die einheimischen Landrechte schützen; die Samoaner sollten so wenig Land wie möglich an fremde Händler oder Pflanzer abgeben, sondern ihr Land selbst bestellen und Gewinne erwirtschaften. 1907 ordnete er an, dass nur im sogenannten Pflanzungsgebiet um die Hauptstadt Apia herum Land verkauft oder verpachtet werden durfte. In allen anderen Gebieten gab es eine strikte Beschränkung, mindestens 1,39 Hektar pro Kopf sollte der einheimischen Bevölkerung als Anbaufläche bleiben.

> **Solf hat mit allen Mitteln versucht, Siedler aus Samoa fernzuhalten, er hat sogar einen Prozess gegen einen besonders intensiven Siedlungspropagandisten geführt.**
> HORST GRÜNDER, HISTORIKER

Diese Auffassung kolonialer Politik teilten jedoch nicht alle Deutschen auf Samoa. Vor allem die »Deutsche Handels- und Plantagengesellschaft« versuchte auf recht zweifelhafte Weise an Land zu gelangen, indem sie beim Auswärtigen Amt die Abschaffung des Rechts der Samoaner, ihr Land zu verpachten, beantragte. Das Land sollte ohne Pacht- oder Kaufverträge an die Weißen übergehen. Solf erhob dagegen Einspruch und brachte das Gesuch zu Fall – damit zog er sich die Feindschaft vieler deutscher Unternehmer auf Samoa zu. Im alldeutschen »Pflanzerverein«, der von dem ehemaligen Reserveleutnant und Kakaopflanzer Richard Deeken angeführt wurde, versammelten sich die Gegner des Gouverneurs.

Deeken und Solf pflegten bereits seit einigen Jahren eine tiefe Feindschaft. Schon 1901 hatte Deeken das Buch »Manuia Samoa – Heil Samoa« veröffentlicht, das in Deutschland für eine regelrechte Samoa-Begeisterung gesorgt hatte. Solf hingegen hatte Deekens Schilderungen als »oberflächlich« abgetan: Deeken sei nur einige Wochen auf Samoa gewesen und habe die Inselwelt daher nur unzureichend kennengelernt. Dennoch sorgte das Buch dafür, dass sich einige Deutsche nach Samoa aufmachten, um dort als Pflanzer ihr Glück zu versuchen. Richard Deeken indes träumte davon, Deutsch-Samoa in eine deutsche Siedlungskolonie zu verwandeln, und warb dafür mit Broschüren, die halbnackte Samoanerinnen zeigten. Solf wies Deekens Pläne brüsk als illusorisch zurück. Als er Ende 1901 aus gesundheitlichen Gründen zu seinem ersten Heimaturlaub nach Deutschland aufbrach, wo ihm der Kaiser für seine Verdienste den Kronenorden verlieh, beantragte er beim Auswärtigen Amt die Abberufung Deekens. Er sei ein »gemeingefährlicher Störenfried«. Auch wenn er damit keinen Erfolg hatte, sein Versuch, sich seines Widersachers auf diesem Wege zu entledigen, war Deeken zweifelsohne zu Ohren gekommen.

Wie viele andere der deutschen Siedler auf Samoa, verfolgte Deeken die Politik, die Kolonien allein zum Nutzen des Mutterlandes auszubeuten, und sah in den Einheimischen lediglich billige Arbeitskräfte. Auf seine Initiative hin forderte der »Pflanzerverein« von der Kolonialverwaltung eine achtmonatige Arbeitsverpflichtung für alle Eingeborenen.

Solf lehnte das Ansinnen entschieden ab. Die Gefahr, dass aus einem solchen allgemei-

Solf zog sich den Unmut vieler Plantagenbesitzer zu, indem er für den Schutz einheimischer Landrechte eintrat.

Vor allem Chinesen und Malayen mussten auf den Plantagen schuften – die Samoaner waren vom »Zwang zur Arbeit« befreit.

nen Arbeitszwang ein gewaltsamer Widerstand erwachsen könnte, war dem klugen Gouverneur, der Lehren aus Zwischenfällen in anderen Kolonien gezogen hatte, viel zu groß. Und er ging sogar noch einen Schritt weiter: Solf befreite die Samoaner generell von jeglicher Arbeitsleistung gegenüber weißen Siedlern.

Damit hatten die Inseln eine absolute Ausnahmestellung nicht nur in der deutschen Kolonialgeschichte, sondern auch der anderer Nationen. Richard Deekens Versuch, über den »Pflanzerverein« politischen Druck auszuüben, tat Gouverneur Solf als »ungeschickte und lärmende Deutschhuberei« ab. Doch so schnell gab der Widersacher nicht auf. In Deutschland war sich Reserveleutnant Deeken aufgrund seiner verwandtschaftlichen Verbindungen zu dem Reichstagsabgeordneten Karl Trimborn der Unterstützung zumindest der Zentrumspartei sicher, auf Samoa standen die meisten deutschen Pflanzer und Händler ebenfalls hinter ihm. Um noch mehr Einfluss in Samoa zu gewinnen, initiierte Deeken die Gründung der »Deutschen Samoa-Gesellschaft«, die als Kapitalgesellschaft Land auf den Inseln erwerben sollte. Tatsächlich gelang es Deeken, den Gouverneur in einigen heiklen Fragen in Bedrängnis zu bringen, so auch bei der Arbeiterfrage.

Auf Samoa hat es keinerlei Arbeitszwang gegeben. Deshalb sind vermehrt Chinesen ins Land geholt worden.
SIMON HABERBERGER, HISTORIKER

Trotz genereller Befreiung von einer Arbeitsverpflichtung gegenüber weißen Siedlern arbeiteten etliche Samoaner nicht nur auf ihren eigenen Dorfplantagen, sondern auch auf den Anpflanzungen der Europäer. Doch waren die einheimischen Arbeitskräfte häufig ungeachtet ihrer »physischen Kraft« nicht dazu zu bewegen, schwere Arbeiten zu verrichten. Das wiederum wirkte sich schädigend auf den Ertrag der Plantagen aus. Viele Europäer holten sich daher billige Arbeitskräfte aus anderen Ländern, vor allem aus dem Reich der Mitte.

Die chinesischen »Kulis« wurden in der Regel miserabel behandelt. Täglich zehn Stunden und mehr verbrachten sie auf den Plantagen und durften die Anpflanzungen nur mit ausdrücklicher Erlaubnis ihrer Arbeitgeber verlassen. Die Prügelstrafe, die es für Samoaner so gut

Die Bedingungen, unter denen die »Kulis« arbeiteten, waren teils menschenunwürdig.

wie nicht gab, gehörte für die chinesischen Kulis beinahe zum Alltag. »Wir Chinesen ziehen bei Klagen immer den Kürzeren«, heißt es in einem undatierten Schreiben chinesischer Arbeiter an den chinesischen Konsul in Honolulu. »Wir werden mit Geld und Gefängnis bestraft und geschlagen, ganz nach Willen und Laune der Beamten, und haben niemand, der unser Schreien hört. Wir befühlen unser blutiges Fleisch und vergießen Tränen. Wir erklärten dem deutschen Vorarbeiter, der Lohn sei zu gering und nicht genügend für die Bedürfnisse. Dieser aber nahm sogleich sechs von uns fest. Sie wurden ins Gefängnis gebracht, in Ketten gelegt und erhielten unzählige Peitschenhiebe, sodass das Blut floss. Wir rufen den Himmel an, erhalten aber keine Antwort, wir flehen zur Erde, diese aber schweigt. Es ist unerträglich, Unrecht und nur Höllenqualen zu erleiden und keinen gerechten Richter zu finden. So sitzen wir mutlos hier, keiner weiß einen Ausweg.«

Die Bedingungen, unter denen die Chinesen arbeiteten, waren beinahe kriminell zu nennen: schlechte Wohnverhältnisse, schlechte hygienische Verhältnisse, miserable Bezahlung.
HORST GRÜNDER, HISTORIKER

Erst im Dezember 1909 wurde die Prügelstrafe nach einer Intervention der chinesischen Regierung abgeschafft. Dennoch blieb die Behandlung der chinesischen Arbeitskräfte entwürdigend: Ihre Arbeitsverträge waren auf höchstens drei Jahre beschränkt, ohne eine Genehmigung des Gouverneurs durften die Chinesen weder Land erwerben noch Handel betreiben oder gar ein Handwerk ausüben. Dabei glaubte Gouverneur Solf im Sinne der Samoaner zu handeln. Er befürchtete, dass die fleißigen Fremdarbeiter sonst die Einheimischen bald dominieren würden. Die Samoaner selbst begegneten den chinesischen Arbeitern meist mit Verachtung und betrachteten sie als unerwünschte Eindringlinge.

Aufgrund von Deekens Intervention wurden trotz Solfs restriktiver Einwanderungspolitik bis zum Jahr 1914 rund 2100 chinesische »Kulis« nach Samoa importiert, was jedoch die Lage aus Sicht vieler Plantagenbesitzer nicht entscheidend verbesserte. Noch schwieriger wurde die Situation im »Südseeparadies«, als die Samoaner eine Kooperative gründeten, die sogenannte »Cumpani«, die die Kopra-Produktion der Einheimischen gezielt vermarkten sollte. Dies stellte nicht nur einen Angriff auf das europäische Handelsmonopol dar, gleichzeitig geriet auch Solfs Stellung als Gouverneur ins Wanken.

Absurderweise hatte ausgerechnet Richard Deeken die Samoaner zu dieser Art der »Selbsthilfe« angestiftet, um seinen Kampf gegen Solf auf die Spitze zu treiben – auch wenn er sich als deutscher Unternehmer damit natürlich selbst schadete. Mit Solfs Reaktion aber hatte er sicher nicht gerechnet: Der Gouverneur ließ kurzerhand die Anführer der »Cumpani«-Initiative bestrafen und alle »störenden Elemente« aus der samoanischen Selbstverwaltung entfernen. Seinen Widersacher Deeken verurteilte das Obergericht in Apia wegen Beleidigung des Gouverneurs und Misshandlung chinesischer Arbeiter zu zwei Monaten Gefängnis. Damit hatte Solf die Fronten bereinigt – jedenfalls vorübergehend.

Im Jahr 1907 wurde die Kolonialabteilung des Auswärtigen Amtes zum Reichskolonialamt umorganisiert; seit 1904 erhielt Samoa kei-

»Die schießt Löwen!« Johanna Dotti, verheiratet mit Gouverneur Solf, auf der Überfahrt nach Samoa.

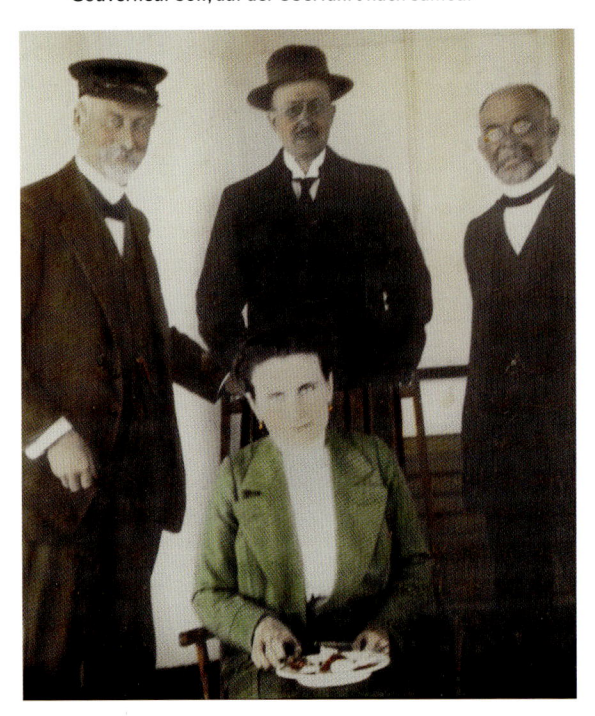

ne Zuschüsse mehr aus Berlin und finanzierte sich selbst, was bis auf Togoland keiner anderen Kolonie gelang.

Anlässlich der Debatten zur Neustrukturierung der Kolonialverwaltung reiste Solf erneut nach Berlin. »Wir müssen mit unseren alten Methoden brechen, sonst kommen wir im internationalen Wettbewerb schlicht unter den Schlitten«, schrieb er seiner Schwester auf der langen Rückreise nach Samoa.

Nicht ohne Sorgen kehrte der Gouverneur auf die Südseeinsel zurück. An seiner Seite befand sich seine junge Frau, Johanna Dotti, die der inzwischen 46-Jährige während des Heimaturlaubs kennengelernt und geheiratet hatte. Johanna Dotti, genannt Hanna, entsprach sicher nicht dem Bild der deutschen Durchschnittsfrau, die ihr Leben Haus und Herd widmete. Von Anfang an begeisterte sie sich für die Sache ihres Mannes und nahm regen Anteil am Leben in der Südsee. Solf beschrieb seine Frau einmal mit folgenden Worten: »Ja, die sollten Sie sehen. Die schießt Löwen!« Später, nach der Pensionierung ihres Mannes, führte Johanna einen Salon in Berlin, der als Mittelpunkt des geistigen und kulturellen Lebens der Stadt vor allem auch Gegner des Nationalsozialismus anzog. Zahlreiche Mitglieder der späteren Widerstandsbewegung, wie Carl Friedrich Goerdeler oder Generaloberst Kurt von Hammerstein, verkehrten im Hause Solf. Das Ehepaar nutzte seine zahlreichen Kontakte ins Ausland, um politisch und rassisch Verfolgten zur Flucht aus Deutschland zu verhelfen. Als Solf 1936 starb, führte Johanna mit ihrer Tochter die Fluchthilfe weiter fort und sorgte dafür, dass zahlreiche Juden das Land verlassen konnten. 1944 wurde Johanna Solf angezeigt und von der Gestapo verhaftet. Sie kam ins KZ Sachsenhausen, später nach Ravensbrück und konnte in buchstäblich letzter Minute im April 1945 vor der Hinrichtung gerettet werden.

Als die beiden Jungvermählten am 19. November 1908 in Apia vor Anker gingen, spürte Solf sofort, dass es während seiner Abwesenheit auf Samoa zu Unruhen gekommen sein musste. Die Begrüßung, die sonst immer überschwänglich ausfiel, war diesmal eher verhalten. Sein Vertreter, Erich Schulz-Ewerth, berichtete Solf, dass der samoanische Häuptling Lauaki die Abwesenheit des Gouverneurs dazu genutzt hatte, die Stimmung gegen die deutschen Kolonialherren auf Samoa anzuheizen.

Solf hatte vier Jahre zuvor bei der Niederschlagung der »Cumpani«-Initiative die beiden samoanischen Adelsparlamente »Tumua« und »Pule« abgeschafft, die bis dahin als Zentralvertretung der einheimischen Bevölkerung fungiert hatten. Dies hatte bei den Samoanern für reichlich Unmut gesorgt, ein Umstand, den Lauaki nutzte, um gegen Solf Front zu machen und die Wiederherstellung der Parlamente zu fordern. Dabei ging es Lauaki auch darum, rechtzeitig die Nachfolge des inzwischen senilen Oberhäuptlings Mataafa zu regeln und einen Kandidaten seiner Familie zu installieren.

Noch im November 1908 kam es zu einem ersten Treffen von Solf und Lauaki, bei dem der Gouverneur vor einer Vergeltung durch den »deutschen Adler« warnte. Solf war jedoch entgegen seiner Drohung nicht daran interessiert, den Aufstand blutig niederzuschlagen, wie es in den afrikanischen Kolonien etwa bei den Herero und den Maji-Maji-Kriegern der Fall gewesen war. Die »Musterkolonie« Samoa sollte »sauber« bleiben. In einem Rededuell in samoanischer Sprache auf dem Dorfplatz von Safotu brachte der Gouverneur Lauaki so weit, seine Bestrebungen vorerst einzustellen. Der Häuptling sollte am 16. Januar 1909 vor der sogenannten »Faipule«, dem Rat der Distrikthäuptlinge, in Apia erscheinen, um dort seine Sache in geordnetem Rahmen vorzutragen.

In den bis dahin verbleibenden Wochen bereiste Solf das Hinterland der Hauptinsel Upolu und brachte die Dorfoberhäupter nahezu geschlossen hinter sich. Die Situation drohte dennoch zu eskalieren, als Lauaki und eintausend seiner Anhänger einige Tage vor dem angesetzten Termin auf Upolu erschien und damit die Vereinbarungen brach. Solf setzte auf Deeskalation und ließ dem aufsässigen Häuptling einen

Häuptling Lauaki mit seiner Frau auf dem Weg in die Verbannung an Bord des deutschen Kreuzers »Arcona«.

Brief schicken, in dem er ihm Straffreiheit zusicherte, sofern sich Lauaki in Zukunft an die Spielregeln halte. Mit Erfolg: Am 16. Januar des Jahres 1909 waren die gegnerischen Parteien nach stundenlangen Wortgefechten bereit, einander die Hand zu reichen. »Wir wollen von Neuem anfangen. Der Anfang soll Liebe sein«, verkündete Solf.

Doch ganz so harmonisch verlief der »Neustart« nicht. Als bald darauf Gerüchte kursierten, dass Lauaki plane, den Gouverneurspalast zu überfallen, sah sich Solf gezwungen, zu handeln. Der Gouverneur ließ die Rebellen aufspüren und nach Apia bringen. In einer neuen »Faipule« wurde Lauaki verbannt – Solf jedoch sah sich an sein Versprechen, dem Häuptling Straffreiheit zu gewähren, gebunden und ließ Lauaki noch einmal ungeschoren davonkommen. Als aber danach keine Ruhe einkehrte, sondern Lauaki weiter gegen die deutschen Kolonialherren aufbegehrte, forderte der Gouverneur die Hilfe der deutschen Flotte an. Sechs Wochen lang hielten die Menschen auf Samoa den Atem an, dann liefen am 21. März 1909 die deutschen Kriegsschiffe »SMS Leipzig«, »SMS Titania« und »SMS Arcona« im Hafen von Apia ein. Der Gouverneur forderte Lauaki auf, sich zu ergeben, doch die Rebellen drohten damit, sich im Hinterland zu verschanzen und einen Guerillakrieg zu beginnen. Erst als Solf die Lebensmittelversorgung für die Insel Savaii, auf der sich Lauaki und seine Männer festgesetzt hatten, unterbrach, indem er die Kriegsschiffe dort patrouillieren ließ, gaben die Rebellen auf. Am 1. April 1909 stellte sich Lauaki den Deutschen – der Aufstand kam damit zu einem unblutigen Ende. Der Anführer, sein Bruder und rund siebzig weitere Aufrührer wurden auf die deutschen Marianeninseln verbannt.

Kaiser Wilhelm II. war froh über den glücklichen Ausgang der Rebellion auf Samoa und lobte die Vorgehensweise seines Gouverneurs ausdrücklich: »Solf hat seine Sache ganz vortrefflich gemacht.« Der Gouverneur selbst bezeichnete in seinen Lebenserinnerungen die unblutige Niederschlagung des Aufstands als »die Arbeit meines Lebens, auf die ich am meisten stolz bin«.

Dunkle Schatten über dem Paradies

Auch die Kolonialgeschichte Deutsch-Neuguineas wurde maßgeblich durch einen Mann bestimmt. Dr. Albert Hahl versah sein Amt von 1902 bis zum Ausbruch des Ersten Weltkriegs. Ihm kann ebenso wie Solf eine relativ besonnene Eingeborenenpolitik bescheinigt werden, die dazu beitrug, dass sich Konflikte zwischen der einheimischen Bevölkerung und den deutschen Kolonialherren nicht zu blutigen Aufständen ausweiteten.

Bevor Deutsch-Neuguinea durch Reichsvertreter verwaltet wurde, hatte die »Neuguinea-Kompagnie« die Administration des Inselgebiets übernommen. Doch hielten es die von der Kompanie bestellten »Landeshauptmänner« auf der melanesischen Insel meist nicht sehr lange aus. Oft sorgte das ungesunde Klima dafür, dass die deutschen Verwalter überstürzt die Heimreise antraten. Auch die Lebensumstände, die die Deutschen auf Neuguinea vorfanden, entsprachen nicht den Vorstellungen von »kolonialem Luxus« in der Südsee: »Die Beamten der Gesellschaft sind auf eine jeder Beschreibung spottende kümmerliche Weise untergebracht«, berichtete Wilhelm Knappe, damals Vizekonsul und Kaiserlicher Kommissar der Marschall-Inseln, über die widrigen Anfänge der deutschen Verwaltung. »Eine kleine Zelle, sechs bis acht Fuß, in ärmlichen Häusern – das ist das Schlaf- und Arbeitszimmer der meisten. Wir leben schon mehrere Wochen fast nur von Salzfleisch und Brot aus schimmeligem Mehl.«

Wegen der völlig unzureichenden Ernährung erkrankte das Personal nicht nur an der »üblichen« Malaria, sondern auch an den immer wieder grassierenden Krankheiten wie Pocken, Cholera und Masern. Allein in Finschhafen, damals Sitz der »Neuguinea-Kompagnie«, starb in den ersten Monaten des Jahres 1891 mit 13 Deutschen mehr als die Hälfte der europäischen Bevölkerung des Ortes.

»Aus dem Innern der Hütte erscholl uns Gekrächze und Gestöhn entgegen. Auf Befragen hieß es nur, die Influenza herrsche im Lande und fast alle Arbeiter und Europäer seien daran erkrankt. Die Krankheit forderte sehr viele Opfer«, notierte Woldemar von Hanneken 1891 über die dramatischen Zustände im Kaiser-Wilhelmsland. »Ich war damals schon neun Jahre in Ostasien und hatte so manches erlebt, was sonst ein Europäer – bleibt er in seiner Heimat – nicht zu Gesichte bekommt. Ich war gegen rohe Gebräuche der uncivilisierten Völker abgehärtet. Dennoch war ich betroffen über die Rohheit, mit der hier der Leichentransport vonstatten ging. Hände und Füße der Leichen waren einfach zusammengebunden und

Gouverneur Albert Hahl mit seiner Frau aus der Volksgruppe der Tolai und dem gemeinsamen Kind.

ein dicker Stock durch Arme und Beine gesteckt, welcher als Handhabe diente. So wurden alsdann die Leichen fortgeschafft.«

Für zusätzliches Chaos sorgten damals auch die ständigen Rangeleien zwischen den Vertretern der »Neuguinea-Kompagnie« und den vom Reich bestellten höheren Beamten in Deutsch-Neuguinea. Die Auseinandersetzungen spitzten sich zu, als die Kompagnie Georg Schmiele zum Landeshauptmann berief, der sich mit nahezu allen überwarf, die in der Kolonie etwas zu sagen hatten. Hinzu kamen Anordnungen, die meist in Berlin verfasst worden waren und jedes Wirklichkeitsbezugs entbehrten.

Als größte Katastrophe für die »Neuguinea-Kompagnie« aber erwies sich die Rekrutierung von »Fremdarbeitern«. Wie auf Samoa ließen sich die Einheimischen im Kaiser-Wilhelmsland nicht dauerhaft als Arbeitskräfte an die Pflanzungen binden. Aus diesem Grund wur-

Bei Strafexpeditionen gegen Einheimische wurden Dörfer wie dieses dem Erdboden gleichgemacht.

den Hunderte von Chinesen und Malayen aus Niederländisch-Indien ins Land gebracht.

Doch kaum waren die »Fremdarbeiter« im Kaiser-Wilhelmsland angekommen, brach unter ihnen eine Influenzaepidemie aus, der eine Ruhrepidemie folgte. Besonders unter den Chinesen, die außerdem immer wieder unter Malaria-Anfällen litten, forderten die Erkrankungen viele Todesopfer. Die Sterberate lag bei weit über 60 Prozent. Die Zustände in der Kolonie seien »trostlos«, so notierte anno 1896 Adolph von Hansemann, Unternehmer und Mitbegründer der »Neuguinea-Kompagnie«. Er sehe keine andere Möglichkeit mehr, der Situation Herr zu werden, als das der Kompagnie unterstellte deutsche Schutzgebiet an das Reich abzugeben.

Wenig später, am 1. April 1899, übernahm das Deutsche Reich die Verwaltung. Rudolf von Bennigsen, erster Gouverneur des Kolonialgebiets, trat ein schweres Erbe an. Die Kompagnie hatte einen regelrechten Scherbenhaufen hinterlassen; Bennigsen war zunächst damit beschäftigt, das administrative Chaos neu zu ordnen und die »verwahrlosten« Zustände zu beseitigen. Hinzu kam, dass er für die neu erworbenen mikronesischen Inseln einen Verwaltungsapparat aufbauen musste. Bennigsen verlegte dazu das Zentrum der Kolonie vom Kaiser-Wilhelmsland auf den klimatisch etwas günstigeren Bismarck-Archipel. Hauptstadt wurde Herbertshöhe, später Rabaul.

Doch der kolonialpolitische Stil Bennigsens, den er sich als Stellvertretender Gouverneur in Ostafrika angeeignet hatte, stieß in der Südsee auf Widerstand. Schließlich nahm er nach nur zweieinhalb Jahren aus vorgeschobenen »gesundheitlichen Gründen« seinen Abschied. Zu seinem Nachfolger wurde ebenjener Dr. Albert Hahl ernannt, der in den folgenden zwölf Jahren das Schicksal der Südseekolonie maßgeblich bestimmen sollte.

Hahl, 1868 in Niederbayern geboren, lebte bereits seit 1896 im Bismarck-Archipel, wo er zunächst als kaiserlicher Richter sein Amt versah. Gleichzeitig war er Vize-Gouverneur der Karolineninseln gewesen. Als Jurist brachte er in administrativen Angelegenheiten genügend Rüstzeug mit, darüber hinaus galt er als einfühlsamer Mensch mit ausgeprägtem Pflichtbewusstsein. Ideologische Verbohrtheit war ihm fremd, vielmehr betrachtete er die Dinge mit gesundem Menschenverstand und reagierte auf unvorhergesehene Ereignisse mit der notwendigen Flexibilität. Dass er den Befindlichkeiten der Einheimischen gegenüber offen war, mochte damit zusammenhängen, dass er damals noch mit einer Frau der Volksgruppe Tolai zusammenlebte und mit ihr ein gemeinsames Kind hatte.

Albert Hahl beabsichtigte, aus der fernen Kolonie ein wirtschaftlich lohnendes Unternehmen zu machen – und dies war seiner Ansicht nach nur möglich, wenn die Inselbevölkerung von Anfang an einbezogen wurde. Der Gouverneur schuf daher ein Verwaltungssystem, das zum einen die Urbevölkerung berücksichtigte und ihre Landbesitzrechte schützte,

Landeshauptmann Curt von Hagen, der auf einer
»Strafexpedition« ermordet wurde.

Curt v. Hagen,
stellvertretender Landeshauptmann von Deutsch
ermordet am 14. August.

Obwohl sein Prinzip einheimischer Mitverwaltung bei den Europäern auf wenig Gegenliebe stieß, erwies es sich als effektiv für die innere Stabilität der Kolonie. Diese war für Deutsch-Neuguinea auch besonders wichtig, denn von Anfang an war es im Zusammenleben zwischen Einheimischen und Weißen immer wieder zu Konflikten gekommen. Im Zeitraum von 1885 bis 1899 wurden in Deutsch-Neuguinea 33 Morde an Europäern begangen, die Opfer waren meist Händler, Seeleute und Missionare. Da es wenig aussichtsreich war, den oder die Mörder zu ermitteln, ging man dazu über, sogenannte »Strafexpeditionen« durchzuführen. Dabei wurde in der Regel ohne Rücksicht auf Verluste kurzerhand das ganze Dorf des oder der Beschuldigten bestraft; auch Geiseln wurden genommen, die dann gegen den oder die »wahren« Schuldigen ausgetauscht werden sollten.

»Das Landskorps ›S.M.Kr. Albatros‹ verließ das Schiff bald nach 2 Uhr früh und ging zu Lande nach Mankai, um dort die Bewohner mit Hellwerden zu überraschen«, heißt es in einer Erläuterung einer Strafexpedition aus dem Jahr 1886, die heute im Bundesarchiv aufbewahrt wird. »Dies gelang nicht ganz, die Eingeborenen zogen sich

zum anderen sie enger in das Wirtschaftssystem der Kolonie einband. Bis 1900 ernannte er deshalb 44 einheimische Ortsvorsteher, sogenannte »Luluai«, die in ihren Dörfern für Ruhe und Ordnung sorgen und auch kleinere Verwaltungsaufgaben erledigten sollten.

rechtzeitig in den Busch zurück. Von dort aus griffen sie die in ihr Dorf dringenden Mannschaften der ›Albatros‹ unter lautem Kriegsgeschrei mutig mit Speerwürfen an und gaben den Kampf erst auf, nachdem eine größere Anzahl von ihnen den Mausergewehren zum Opfer gefallen war. Sie verschwanden wieder im Busch, Gefangene konnten nicht gemacht werden. Auf unserer Seite fand keine Verwundung statt. Die zum Theil recht großen und schönen Hütten in Mankai wurden meistens niedergebrannt.«

Traurige Berühmtheit erlangte eine Strafexpedition im August 1897, bei der auch der damalige Landeshauptmann Curt von Hagen erschossen wurde. »Es wurde abgemacht, dass unter möglichster Schonung der Eingeborenen vorgegangen werden sollte, nur wenn die Überraschung nicht gelang oder die Eingeborenen angriffen, sollte Gewalt angewandt werden«, so ein Augenzeuge später in der »Täglichen Rundschau« vom 13. November 1897. »Etwa um Viertel vor 9 Uhr beschleunigte Herr von Hagen den Marsch plötzlich ganz erheblich, sodass wir Mühe hatten, mitzukommen; gesprochen wurde kein Wort. Es ging im Laufschritt weiter, und wir fassten einen Tamul, der offenbar als Laufposten ausgestellt war und durch laute Rufe seine Genossen verständigte. Der aalglatte Bursche ließ sich nur mit Mühe fesseln; seinem Schreien machte ein wuchtiger Schlag meines Gewehrkolbens ein Ende. Herr von Hagen, der schon ungeduldig wurde ob des Aufenthaltes, rief mir noch zu: ›Na, endlich fertig?‹, und dann ging's in immer schnellerem Gang weiter, rings dröhnte der Urwald von den dumpfen Tönen der Trommel. Wir hatten eben einen kleinen Wasserlauf durchschritten, als ein Schuss fiel und ich aufblickend Herrn von Hagen drei oder vier Schritte rücklings stürzen sah. Ich konnte den Verwundeten noch mit den Armen auffangen, lehnte ihn an einen Baum und riss ihm die Kleider auf; die Wunde saß mitten in der Brust; mein nochmaliges Rufen ›Herr von Hagen, Herr von Hagen‹ war vergeblich.«

Fünf Tage nach dem Tod des deutschen Landeshauptmanns wurden die beiden mutmaßlichen Mörder von Einheimischen durch Speere getötet. Ihre Köpfe wurden abgetrennt und am 19. August des Jahres 1897 der Kolonialverwaltung übergeben, die sie »zur Abschreckung« ausstellte: »An zwei vor dem Gefängnis errichteten Pfosten wurden dieselben dann aufgehängt und den Rest des Tages über allen Arbeitern zur Schau gestellt als warnendes Beispiel und zur Nachricht, dass von Hagens Tod nun gesühnt sei«, heißt es im Bericht.

Der Fall von Hagen machte in der deutschen Heimat allein schon wegen des grausigen Endes Schlagzeilen. Die deutschen Leser gierten geradezu nach solchen Schauergeschichten aus den Südseekolonien – und wurden von der Presse entsprechend bedient. Mord, Totschlag und vor allem Fälle von Kannibalismus waren der

Die Köpfe der Mörder Curt von Hagens wurden tagelang zur »Abschreckung« ausgestellt.

saftige Stoff aus der fernen Inselwelt, der die Auflagen steigerte und doch so gar nichts mit den Träumen vom Paradies gemein hatte.

Von Menschenfressern und Missionaren

Tatsächlich waren all diese Gewalttaten keine Erfindung. Die Südsee, vor allem aber Melanesien, war von jeher bekannt für Kannibalismus. Bei Auseinandersetzungen zweier feindlicher Parteien kam es zwischen den Einheimischen selten zum offenen Kampf, sondern eher zu Überraschungsangriffen, bei denen so viele Gegner wie möglich getötet wurden, auch Frauen und Kinder. »Die Opfer des Kannibalismus sind in den allermeisten Fällen Feinde gewesen, also Angehörige anderer Ethnien, anderer Dörfer, die man überfallen hat«, erklärt der Kannibalismus-Experte und Historiker Simon Haberberger. »Meistens zog ein Dorf, beziehungsweise die Männer eines Dorfes, gegen ein anderes in den Kampf. Das waren regelrechte Überfälle, die häufig im Schutz der Dunkelheit ausgeführt wurden. Wen man niederschlagen konnte, der wurde niedergeschlagen. Man nahm die Leichen mit ins eigene Dorf; dort wurden diese ohne großes Zeremoniell verzehrt.«

Noch lebende Gefangene wurden in der Regel zu Tode gemartert. Wilfred Powell, ein bri-

Bräuche einheimischer Ethnien, wie etwa der Kannibalismus, sorgten bei Missionaren und Siedlern für Entsetzen.

tischer Forschungsreisender, wurde Augenzeuge eines solchen Überfalls: »Sofort begaben sich einige junge Männer hinter einen Baum; einer von ihnen warf – schnell wie ein Blitz – eine Schlinge um den Hals des Gefangenen, und die anderen hinter dem Baum begannen denselben in die Höhe zu ziehen. Der Anblick wurde ekelhaft, der Arme erreichte mit den Zehen gerade noch den Boden, sodass er allmählich ersticken musste; und gleichzeitig stürzten sich die Frauen auf ihn und begannen, ihn mit Händen und Füßen auf den Leib zu schlagen.«

Frauen und Kinder verzehrten zumeist kein Menschenfleisch, das gehörte den Kriegern.
SIMON HABERBERGER, HISTORIKER

Powell musste schließlich mit ansehen, wie dem Gefangenen langsam ein Messer ins Herz gebohrt wurde. »Man hat sich davon eine bessere Fleischqualität versprochen«, erläutert Simon Haberberger. »Es gab Bäume, die eigens dafür vorgesehen waren, die Kannibalismusopfer daran zu binden und zu quälen, zu foltern und zu martern, und erst nachdem das Opfer völlig entkräftet war, ist es irgendwann auch gestorben.« In manchen Fällen wurden die Opfer bei lebendigem Leibe verspeist: »Es gibt Fälle, bei denen zunächst die Extremitäten, also die Arme oder Beine des Opfers, abgeschlagen, dann gebraten und vor den Augen des noch lebenden Opfers verzehrt wurden«, berichtet der Kannibalismus-Experte.

Ein Teil der Gefangenen blieb am Leben, um als Arbeitssklaven zu dienen. Gelegentlich zerschlug man diesen Sklaven die Schienbeine, um sie so an einer Flucht zu hindern. Bei Feierlichkeiten fanden aber auch sie häufig den Tod; man wählte die kräftigsten von ihnen aus, tötete und verspeiste sie. In manchen Fällen ermordete man auch verwitwete Frauen des eigenen Stammes, andere Ethnien wiederum verzehrten die sterblichen Überreste ihrer Vorfahren und tranken Leichenwasser. Auch Kannibalismus an Weißen kam vor, blieb jedoch eher die Ausnahme. »Es gab Morde, es gab Totschlag an Weißen«, führt Simon Haberberger aus, »allerdings sind mir nur zwei Fälle aus der Kolonialzeit bekannt, in denen auch Europäer verspeist worden sind. Es gibt dafür einige Begründungen der einheimischen Bevölkerung, die uns vielleicht etwas fremd anmuten, wie zum Beispiel: ›Ihr Weißen seid zu salzig!‹ Sehr viel wahrscheinlicher ist es jedoch, dass die Einheimischen Angst hatten vor den vermeintlich magischen Kräften der Europäer. Magie spielte im Leben der Bevölkerung überhaupt eine extrem große Rolle, und dort, wo man etwas als fremdartig und anders wahrnahm, war natürlich Vorsicht geboten.«

Es handelte sich um rituellen Kannibalismus. Man hat seine Gegner erschlagen, meistens tapfere Männer, hat sie gegessen, nicht aus Hunger, sondern weil man deren Kräfte in sich aufnehmen wollte, um ihre Stärke zu gewinnen.
HORST GRÜNDER, HISTORIKER

Die Motive für den Kannibalismus in Neuguinea erklärt der Experte so: »Zunächst einmal wird man in Betracht ziehen müssen, dass es dort keine großen Tiere wie etwa Rinder gab. Daher war proteinhaltige Nahrung ziemlich begrenzt. Darüber hinaus muss man aber auch den Glauben der Bevölkerung in Betracht ziehen. Man hatte die Vorstellung – nicht bei allen Ethnien, aber bei manchen –, dass sich die Ei-

»Menschenfresser, ihre Beute einbringend«, so lautet der Originaltext zu diesem Foto aus dem Jahr 1905.

men des Kannibalismus konfrontiert wurden. »Für sie war der Kannibalismus so ziemlich das Wildeste und Brutalste, was man tun konnte; für die Einheimischen war das hingegen ganz normal und auch nichts Schlimmes. Beim Kannibalismus prallten die Haltungen der Europäer und der einheimischen Bevölkerung voll aufeinander«, so Simon Haberberger.

Zu Beginn der deutschen Schutzherrschaft gab es nur wenige Bestrebungen, solche Grausamkeiten zu unterbinden. Solange kein Weißer davon betroffen war, bestand kein Anlass, sich in die Angelegenheiten der Bevölkerung einzumischen. Erst gegen Ende des 19. Jahrhunderts fanden Strafexpeditionen gegen Menschenfresserei statt.

Tatsächlich konnte zwar bald ein Rückgang des Kannibalismus verzeichnet werden, doch änderte sich die Einstellung der einheimischen Bevölkerung zum Verzehr von Menschenfleisch keineswegs grundsätzlich. Immer wieder kam es zu »Rückfällen« in die alte Tradition, und noch bis 1912 wurden in den Südseekolonien, vor allem in abgelegenen Gebieten, Fälle von Kannibalismus registriert. Ein Grund für das eher zögerliche Eingreifen war, dass die deutsche Kolonialverwaltung über zu wenig

genschaften des Opfers auf denjenigen übertragen, der das Fleisch aß; wenn die Eigenschaften des Opfers für gut befunden wurden, dann war sein Schicksal besiegelt.«

Die ersten Europäer waren entsetzt, als sie im vermeintlichen Paradies mit dem Phäno-

militärische Mittel und Personal verfügte, um wirksamer gegen diesen aus europäischer Sicht grausamen Brauch vorzugehen. »Gleichwohl haben mit der Zeit die Einheimischen gemerkt: Wenn wir Kannibalismus offen praktizieren, könnten wir unter Umständen dafür bestraft werden. Also hat sich der Kannibalismus mehr und mehr auf den nichtöffentlichen Bereich verlagert«, erklärt der Historiker Simon Haberberger. »Heute dürfte es in den Teilen Neuguineas, in denen die Deutschen einst Kolonialmacht waren, vor allem im Bismarck-Archipel, keinen Kannibalismus mehr geben. Obgleich dort noch Menschen leben, die in ihrer Jugend sicher einmal Menschenfleisch gegessen haben«, führt Haberberger an. »Kannibalismus ist aber noch immer in den abgelegenen Gegenden Neuguineas vorstellbar, vor allem im Landesinneren; dort leben nach wie vor Ethnien, die Kannibalismus praktizieren. Man darf sich das natürlich nicht so vorstellen, als ob das die tägliche Mahlzeit wäre, aber es kommt einfach dann und wann einmal vor.«

Wo immer sich Gelegenheit bot, habe ich versucht, den Eingeborenen, besonders den Häuptlingen, begreiflich zu machen, dass der Kannibalismus in Zukunft aufhören müsse oder in allen Fällen auf das Strengste bestraft werden würde.
BERICHT DES KAISERLICHEN KOMMISSARS FÜR NEUGUINEA, GUSTAV VON OERTZEN, AUGUST 1886

Im Kampf gegen den Kannibalismus setzte der Gouverneur von Deutsch-Neuguinea, Albert Hahl, vor allem auf die Hilfe der Missionen, die sich bereits seit Jahrzehnten, noch bevor Händler und Kaufleute in der Südsee gelandet waren, auf den Inseln niedergelassen hatten. In der ersten Hälfte des 19. Jahrhunderts konnte der christliche Glaube vor allem in Polynesien Fuß fassen, doch waren die Bekehrungszahlen in Melanesien und Mikronesien zunächst eher gering. Der übliche Ansatz der Missionare, über

Eingewickelt in eine »Speisematte«, kochten manche Ethnien ihre Opfer vor dem Verzehr.

den Häuptling einer Gruppe eine »Massenbekehrung« zu erreichen, schlug in der Südsee meist fehl, da die Lebensgemeinschaften dort anders funktionierten. Die sogenannten »Big Men« waren im eigentlichen Sinne keine Häuptlinge, die bestimmten, sondern hatten durch kriegerische Siege oder Reichtum ein gewisses Ansehen und damit auch Einfluss in der Bevölkerung gewonnen.

Das feucht-schwüle Klima, die grassierenden Krankheiten, Taifune und Tsunamis, aber auch blutige Zusammenstöße mit den Einheimischen forderten viele Todesopfer unter den Missionaren. So hatte die Rheinische Missionsgesellschaft, die um 1887 nach Neuguinea kam, von 53 entsandten Männern und Frauen bis 1913 allein 16 Todesopfer zu beklagen, weitere 18 gaben auf und kehrten in ihre Heimat zurück. Nur allmählich drang die christliche Religion in die ferne Inselwelt des Pazifiks vor. In keinem anderen Missionsgebiet hatten die christlichen Sendboten so viele Opfer zu beklagen wie in der Südsee.

Mord im Morgengrauen

Bekanntestes Beispiel für die vielen Rückschläge der christlichen Missionare ist Pater Matthäus Rascher. Der Diener Gottes aus dem kleinen oberfränkischen Dorf Sambach kam im Jahr 1885 nach Neupommern im Bismarck-Archipel. Als ehrgeiziger junger Missionar hatte sich Matthäus Rascher vorgenommen, die Kannibalen vom Stamm der Baining zu bekehren, die bis heute wie Steinzeitmenschen im Nordosten der Insel leben. »Meine lieben Menschenfresser«, nannte Pater Rascher in Briefen nach Hause seine »Gemeindemitglieder«.

Das Leben des damals 29-Jährigen, der der »erste Apostel des Baining-Volkes« sein wollte, war hart: Mit Äxten und Messern kämpfte er sich durch den nahezu undurchdringlichen Urwald, baute sich eine primitive Hütte und lebte mitten unter den Baining. Bald lernte er ihre Sprache, begann zu predigen und einzelne Stammesmitglieder zu taufen. Dabei waren vor allem Verstorbene seine ersten »Kunden«, da diese – anders als die Lebenden – nicht davonlaufen konnten: »Ich nahm schnell die Bananenblätter von dem Toten weg, und da er noch warm war, taufte ich ihn bedingungsweise«, beschrieb Rascher damals sein »Geschäft« in seinem Tagebuch.

> **Die Einheimischen haben sich nicht aus christlicher Überzeugung taufen lassen, sondern häufig deshalb, weil sie zur Taufe etwas geschenkt bekommen haben – Eisenwerkzeuge wie Beile, die einen großen Wert dargestellt haben.**
> SIMON HABERBERGER, HISTORIKER

Den Baining die Lehre Jesu Christi beizubringen, erwies sich als schwere Prüfung: »Es fällt so unendlich schwer, dass in ihren harten Köpfen und noch härteren Herzen das Wort Gottes aufgehen kann«, klagte der junge Missionar. Immer wieder musste Rascher miterleben, wie die Baining gerade erschlagene Feinde verspeisten. Dazu wickelten sie Leichenteile in Bananenblätter ein und rösteten sie anschließend über dem Feuer. »Eiskalte, herzlose Kanaken«, beschimpfte der Pater dann seine »Schäfchen« im Tagebuch. Auch die Vielweiberei der Baining war dem zornigen Gottesdiener ein Dorn im Auge. Schließlich ging Rascher dazu über, Arbeitssklaven freizukaufen, die bei Überfällen verschleppt worden waren und gefangen gehalten wurden. »Die Mission betrieb die Politik, dass man gegen Muschelgeld Sklaven abkaufte, in der Hoffnung, sie dann zu Christen zu erziehen«, erklärt der Historiker Hermann Joseph Hiery. »Pater Rascher etwa legte in der Nähe des

Die Missionsstation St. Paul

Baining-Gebietes eine Siedlung an, in der die befreiten Sklaven leben sollten; sie hatten ja meistens keine Angehörigen oder Eltern mehr, zu denen sie hätten zurückgehen können. Wenn ein Dorf überfallen wurde, leisteten die Angreifer in der Regel ganze Arbeit.« Die ehemaligen Baining-Sklaven erhielten Unterricht in christlicher Lehre und wurden getauft. Ein solcher junger Christ namens To Mária, der in Vunapope auf den Namen Paulus getauft worden war, unterstützte Pater Rascher bei seiner Arbeit. Als er bei einem Unfall im Sägewerk der Station schwer verletzt wurde, pflegte ihn Rascher wochenlang aufopferungsvoll.

Zwischen Paulus und Rascher entstand ein enges Vertrauensverhältnis, schließlich wurde To Mária Hausdiener bei dem Pater. »Der Junge genoss gewisse Vorzüge auf dieser Pflanzung, er stand den anderen vor und er durfte mit dem Gewehr des Paters schießen. Er hatte also relativ viele Freiheiten«, erklärt Hiery. »Dieser To Mária war verheiratet, doch die Ehefrau starb bald. Daraufhin wurde er zum zweiten Mal verheiratet, was ihn nicht daran hinderte, ein Verhältnis mit einer anderen Frau einzugehen, die schon zwei Männer hatte. Das widersprach natürlich völlig jeder christlichen Moralvorstellung. Viele warfen Pater Rascher in dieser Sache vor, dass er seinen Vorsteher bevorzugte – er durfte etwas machen, das anderen nicht gestattet war. Denn nicht To Mária wurde wegen seines Verhaltens gezüchtigt, sondern die Geliebte. Sie wurde öffentlich verprügelt, um allen einen Denkzettel zu verpassen.«

Die heftigen Auseinandersetzungen um sein Liebesleben ließen To Mária zum Verräter werden; heimlich hetzte er die Baining gegen Rascher und die christliche Lehre auf. »Überall erweckte er Liebe zum früheren, freien und ungebundenen Leben und sogar die Lust an Raub und Mord«, heißt es im Bericht der Mission. »Ferner wies er die Buschleute darauf hin, dass sie zu den Wegearbeiten gezwungen würden, ihre Verstecke im Urwald einbüßten und nicht mehr frei leben könnten. Pater Rascher trage die Schuld, dass immer mehr Weiße in ihr Land kämen und es ihnen nähmen.«

Pater Rascher ahnte indes nichts von den Intrigen seines »treuen« Hausdieners. Im Gegenteil: Nach sechs Jahren im Dschungel war er überzeugt davon, die ersten Früchte seiner Ar-

Für ihre »Schäfchen« ließen die Missionare auch Kirchen wie diese errichten.

beit ernten zu können. Rund einhundert Kinder besuchten inzwischen regelmäßig den Religionsunterricht, immer häufiger ließen sich Männer und Frauen taufen.

Im Jahr 1904 begann der fleißige Gottesmann schließlich mitten im Dschungel mit dem Bau einer kleinen Kirche, die dem heiligen Paul geweiht werden sollte. Vier Missionare und fünf Missionsschwestern waren herbeigeeilt, um dem Pater bei den Bauarbeiten zu helfen. Am 13. August 1904, einem Samstag – die neue Kirche sollte zwei Tage später vom Bischof geweiht werden – besuchten die Gemeindemitglieder wie üblich die Frühmesse, darunter auch To Mária. Nach dem Gottesdienst legte sich Pater Rascher wieder ins Bett, da er von einem Malariaanfall geschwächt war. Gegen acht Uhr morgens trat To Mária ans Fenster des Zimmers, in dem Rascher fiebernd lag, und richtete aus nächster Nähe eine Schrotflinte auf den Pater. Der Schuss traf den Gottesmann mitten in die Brust. Dennoch stand der Schwerverwundete auf und wankte zur Tür, bevor er an der Schwelle tot zusammenbrach.

Missionsschwester Anna, die aus dem Nebenzimmer herbeigeeilt kam, traf To Mária mit einer Kugel aus der Schrotflinte in die Stirn. Das dritte Opfer war Schwester Sophia, die von To Márias Komplizen brutal erschlagen wurde. Bruder Bley streckten die Mörder vor der Kirche mit mehreren Schüssen nieder, Bruder Plaschart und Bruder Schellenkens wurden mit Äxten erschlagen. Auch Schwester Agatha wurde auf diese Weise getötet, während sie die Wunden von Kranken versorgte. Schwester Angela fand man in ihrem Blut am Fuße des Altars in der Kirche neben ausgeschütteten Hostien liegen; auch sie war durch Axthiebe zu Tode gekommen. Schwester Agnes nähte gerade auf der Veranda, als die Mörder ohne Vorwarnung zuschlugen. Pater Rütten wurde in seinem Klappstuhl sitzend meuchlings erschossen. »Das war deutlich gegen die Kirche gerichtet«, meint Hiery. »Man kann es auch daran sehen, dass die Täter in der Kirche die Monstranz zerstört hatten und auf den Hostien herumgetrampelt waren. Man wusste genau, was im katholischen Bewusstsein den höchsten Stellenwert hatte. Und man wollte mit diesem Gewaltakt klarmachen: Wir wollen euch nicht. Es geht nicht um einzelne Verhaltensweisen, es geht um das Ganze. Wir wollen hier kein Christentum.«

In der Nachfolge dieses entsetzlichen Ereignisses wurde regelrecht die Jagd auf alle Baining freigegeben. Für das nächste halbe Jahr haben wir verschiedene Zeugnisse Kilometer entfernt vom Tatort, die nichts mit der Sache zu tun hatten, die massakriert wurden: Männer, Frauen, Kinder.
HERMANN JOSEPH HIERY, HISTORIKER

Die durch das Massaker aufgescheuchten Gemeindemitglieder flüchteten in Panik durch den Urwald zur nächstgelegenen Missionsstation an der Küste. Von hier aus verbreitete sich die entsetzliche Nachricht zunächst über die Insel und schließlich über das gesamte Kolonialgebiet. Die Herz-Jesu-Mission, der Pater Rascher und weitere acht Opfer angehört hatten, machten die Kolonialverwaltung und Albert Hahl für die Tat verantwortlich. Der Gouverneur habe es in der Vergangenheit versäumt, Straftaten der einheimischen Bevölkerung mit entsprechender Härte zu verfolgen, und sei daher mitschuldig an dem tragischen Geschehen. Albert Hahl war durch die Bluttat in eine äu-

DAS WELTREICH DER DEUTSCHEN
DER TRAUM VON DER SÜDSEE

Der Mord an Pater Matthäus Rascher löste die »Baining-Krise« aus und führte zu zahlreichen Strafexpeditionen.

ßerst missliche Lage versetzt und verhängte das Kriegsrecht. Eine Maßnahme, zu der er sich genötigt sah, weil aus anderen Gebieten ebenfalls Aufstände gegen Missionare gemeldet wurden.

Die »Baining-Krise«, wie sie von Historikern heute genannt wird, kam – zwanzig Jahre nachdem sich die Missionen in der Südsee eingerichtet hatten – für die meisten Zeitgenossen unerwartet. Im Rückblick mag das radikale Bekehrungsprogramm des französischen Missionsleiters und Bischofs Louis Couppé eine nicht unwesentliche Rolle bei der Mordtat gespielt haben. 1896 hatte Louis Couppé dazu aufgerufen, Frieden zu stiften zwischen feindlichen Volksgruppen und der Sklaverei und dem Kannibalismus ein Ende zu bereiten. »Diese menschenfressenden, niedrigstehenden Völker«, wie der Bischof sie nannte, wolle er in ein »vollständig neues Volk« verwandeln. Einheimische Waisenkinder sollten von der Mission im christlichen Glauben aufgezogen werden und dabei ihre traditionelle Lebensweise vergessen. Später sollten sie christliche Familien gründen und neue Christendörfer bilden. Etwa zwanzig Jahre, so rechnete Couppé, würde es dauern, bis die Bildung des »neuen Volkes« abgeschlossen sei. Der Bischof forcierte den Prozess, indem er Kinder, die verschleppt worden waren, loskaufen ließ und adoptierte – so wie es auch Pater Rascher getan hatte. Auf Neupommern war mit dem Aufbau des Christendorfs »St. Paul«, in dem Pater Rascher als Stationslei-

157

Missionsstation St. Paul. Die beiden Kreuze markieren die Stellen, an denen Schwester Sophia und Bruder Bley ermordet wurden.

ter lebte und wirkte, begonnen worden. Missionsangehörige regelten mit strenger Hand das Leben im Dorf. Schwere Züchtigungen bei Vergehen, schlechte Entlohnung und mangelnde Versorgung sorgten für Unmut bei den Einheimischen.

Historiker gehen heute davon aus, dass Bischof Couppés Modell vom »neuen Christenvolk« zu radikal in das bestehende Sozialgefüge der Inselbevölkerung eingriff. Der bis heute existierende Ahnen- und Geisterglaube der Melanesier ließ sich nicht so einfach durch ein straffes Erziehungsprogramm bezwingen. Die christliche Lehre aber wollte das Leben der Einheimischen umfassend ändern und forderte eine völlige Abkehr vom Totenkult, dem eine zentrale Bedeutung in der Kultur der melanesischen Bevölkerung zukommt. Ahnen gelten als Beschützer; werden die verstorbenen Angehörigen jedoch verleugnet oder vernachlässigt, verkehrt sich ihre Rolle und sie werden zu Rächern. Nur Rache seitens der Lebenden kann die Ahnen wieder mit den Diesseits versöhnen. Die entsetzlichen Morde an Pater Rascher und neun weiteren Missionaren können somit auch als Versuch verstanden werden, den Frieden mit den Ahnen wiederherzustellen. Für die Christen endete er tödlich.

Der Historiker Hiery glaubt indes, auch ein persönliches Motiv gefunden zu haben, das bei der Bluttat eine große Rolle gespielt haben könnte: Der Adoptivvater von To Mária, ein sogenannter »Big Man«, hatte Land an die Mission verpachtet, wohl aber nicht damit gerechnet, dass die Gottesdiener auf Dauer bleiben würden. Als er Pater Rascher eine Kirche auf seinem ehemaligen Besitz errichten sah, wusste er, dass er sich auf ein längeres Bleiben der Missionare einzurichten hatte. Darin sah er eine massive Bedrohung seines Sklavengeschäfts, das von den Missionaren rigoros verurteilt wurde. Professor Hiery hält es für möglich, dass er To Mária dazu aufforderte, gegen Rascher und die anderen Missionare loszuschlagen. »Dieser Mann hatte der Mission mehrfach, auch Pater Rascher, mitgeteilt, die Mission solle das Land verlassen, der Pachtvertrag sei abgelaufen«, erklärt Hiery. »Rascher hatte auch Warnungen erhalten, zunächst in der Beichte, aber auch öffentliche. Eigentlich ging es also um eine Landfrage, eines der Hauptprobleme, mit denen Papua-Neuguinea und viele unabhängige Staaten in der Südsee heute noch ringen. Bei diesen relativ kleinen Inseln ist Landbesitz enorm wichtig. Wer kein Land hat, ist nichts.«

Wochenlang verfolgte die Kolonialpolizei die flüchtigen Täter durch den Urwald, schließlich wurden To Mária und einige seiner Komplizen bei einem Gefecht in der Nähe von St. Paul erschossen. Für die übrigen flüchtigen Mörder setzte Gouverneur Hahl eine grausige Belohnung aus: »50 Mark für jeden lebenden Mörder, 30 Mark für jeden Kopf.« Sieben Häuptlinge und Anführer wurden schließlich von der Kolonialverwaltung in Herbertshöhe standesrechtlich erschossen. »Die ganze Rache der Mission bestand darin, dass sie die Elenden noch so viel als möglich auf einen guten Tod vorbereitete«, heißt es im Bericht der Missionsgesellschaft. Kleine Steinhügel erinnern bis heute an die zehn christlichen Sendboten, die auf so grausame Weise im »Südseeparadies« ihr Leben verloren.

> **To Mária konnte als Einziger nicht gefangen werden, er wurde von anderen Einheimischen im Kampf im Dschungel getötet. Als Beleg dafür, dass er es auch wirklich war und nicht vielleicht entkommen ist, hat man ihm den Kopf abgeschlagen und hat ihn dann zur Abschreckung aufgestellt.**
> HERMANN JOSEPH HIERY, HISTORIKER

Trotz dieser entsetzlichen Morde und anderer blutiger Zusammenstöße mit der einheimischen Bevölkerung waren es christliche Missionen, die zur Befriedung Deutsch-Neuguineas erheblich beigetragen haben. Dabei konkurrierten die einzelnen Missionen regelrecht miteinander, doch vor allem die Herz-Jesu-Mission, der auch Pater Rascher angehört hatte, konnte ihren Einfluss ausbauen. 1912 verfügte sie auf Neupommern und im übrigen Archipel über rund 3500 Hektar Land. Auf über 1100 Hektar waren von der Mission Kokospalmen angepflanzt worden, die Plantagen wurden von mehr als 500 einheimischen Arbeitern bewirtschaftet. Damit kam der Mission auch auf dem wirtschaftlichen Sektor eine nicht unwesentliche Bedeutung zu. 1896 hatten die Missionare von Vunapope in der Nähe des Regierungssitzes Herbertshöhe die erste Straße ins Hinterland gebaut und damit einen wichtigen Beitrag zur Erschließung des Gebietes geleistet.

Schon die Pioniere der Herz-Jesu-Mission hatten in den achtziger Jahren des 19. Jahrhunderts den Versuch unternommen, die Kinder der einheimischen Bevölkerung zu unterrichten, doch fand anfangs kein regelmäßiger Unterricht statt. Im Jahr 1900 berichtete die Mission stolz von 13 Schulen mit rund 700 Schülern, zehn Jahre später waren es bereits 132 Schulen mit 4389 Schülern.

Frauen für die Kolonien

Das Leben der Missionare auf Neuguinea war hart, dennoch zog es auch Frauen in die Südsee, die teils als Missionsschwestern, teils als Angehörige oder Ehefrauen von Missionaren in die ferne Inselwelt kamen. »Dame, 28 Jahre alt, schlank, hübsche Erscheinung, musikalisch, in allen Zweigen des Haushalts bewandert, etwas Barvermögen, später mehr, wünscht mit Farmer oder Beamten in den Kolonien in Briefwechsel zu treten, zwecks baldiger Heirat«, so heißt es in einer Zeitungsanzeige aus dem Jahr 1912. Bis 1913 lebten in Deutsch-Neuguinea und Deutsch-Samoa rund 280 deutsche Frauen. Eine davon war Johanna Diehl, die 1907 in Deutsch-Neuguinea eintraf. An ihrem Beispiel wird die ganze Dimension der Entscheidung deutlich, ans andere Ende der Welt zu ziehen und dort zu leben.

Die Aussicht, sich in fernen Kolonien niederzulassen, war für manche Frauen durchaus verlockend: Eine Heirat – selbst mit einem Fremden – versprach die Chance, die eigene finanzielle Situation, unter der man vielleicht im deutschen Kaiserreich litt, zu verbessern. Von deutschen Frauenverbänden und Missionsgesellschaften wurde die Ausreise von Frauen gefördert; meist verschaffte man ihnen eine Anstellung als Dienstmädchen oder Haushaltshilfe und hoffte, dass sie in den Kolonien eine Ehe eingehen würden. Auf diese Weise sollte die deutsche Besiedlung der Kolonien vorangetrieben werden. Die Erfahrungen einer jungen deutschen Frau in der Südsee, ihre Erlebnisse und Lebensumstände sind in den Tagebüchern von Johanna Diehl festgehalten, die sie von 1907 bis zu ihrer Rückkehr nach Deutschland im Jahre 1913 führte.

Johanna Diehl wurde 1881 in Dorsten, Kreis Recklinghausen, geboren und stammte aus einfachen Verhältnissen. Ihr Vater war Dorflehrer und erzog Johanna und seine zwei weiteren Töchter nach strengen, christlichen Grundsätzen. Seit Johanna 19 Jahre alt war, arbeitete sie in verschiedenen Stellungen als Haushaltshilfe und Erzieherin. Schon früh bekundete sie Interesse an der evangelischen Missionsarbeit und hoffte, für diese in irgendeiner Form einmal tätig werden zu können. Am Weihnachtsabend 1906 ergab sich diese Gelegenheit, jedoch anders, als sich Johanna vorgestellt hatte: Ihr Vater machte ihr den Vorschlag, den Rheinischen Missionar Wilhelm Diehl zu heiraten, der seit 1902 in Bogadjim, südlich von Friedrich-Wilhelmshafen in Deutsch-Neuguinea, arbeitete.

Wilhelm Diehl stammte aus Ehringshausen bei Wetzlar und war ursprünglich Buchbinder gewesen, ehe er 1892 der Rheinischen Mission beitrat. 1902 wurde er von der Mission nach Deutsch-Neuguinea geschickt. Zwei weitere Familienmitglieder versahen bereits ihren Dienst für die Mission: Philipp Diehl arbeitete in Rehoboth, Deutsch-Südwestafrika, Friedrich Diehl zeitweise in Taiping in China. Wie gering die Vorstellungen der Angehörigen in Deutschland damals von den Kolonialgebieten waren, offenbart sich in einer überlieferten Anekdote: »Philipp arbeitet in Rehoboth? Wo ist denn das?«, fragte ein Familienmitglied. »Das ist weit über'm Wasser«, war die Antwort. »Und Friedrich in Taiping? Wo ist denn das?«, fragte er weiter. »Weit über'm Wasser«, lautete erneut die

Antwort. »Und Wilhelm in Bogadjim ist auch weit über'm Wasser?«, kam die nächste Frage. Als auch diese bejaht wurde, lautete das Fazit: »Dann können sie sich ja sonntags zum Kaffeetrinken besuchen.«

Mit Kaffeetrinken hatte die Arbeit der Missionare in den Kolonien freilich nichts zu tun. Neuguinea galt als regelrechte Todesfalle. In den ersten zwanzig Jahren verlor die Rheinische Mission mehr als die Hälfte ihrer Missionare. Auch Wilhelm Diehls erste Frau Luise war 1904 an Schwarzwasserfieber gestorben, nach gerade einmal zehn Monaten im Kaiser-Wilhelmsland.

Die Missionare haben auf eine sehr rigorose Weise agiert, viel rigoroser als die Kolonialbeamten, indem sie viele dieser Kulte vernichtet haben, indem sie Fetische zerstört haben, indem sie eine rigide Arbeits- und Betmoral eingeführt haben.
HORST GRÜNDER, HISTORIKER

Witwer Diehl suchte bald eine neue Lebensgefährtin. Sein Missionskollege Albert Hoffmann, der wegen gesundheitlicher Probleme nach Deutschland zurückkehrte, hatte Wilhelm versprchen, sich um die Angelegenheit zu kümmern. Da er Johannas Vater gut kannte, fragte er ihn eines Tages, ob eine seiner drei unverheirateten Töchter Interesse hätte, den verwitweten Missionar Diehl zu heiraten. »Wenn, dann ist nur die Johanna dafür geeignet«, meinte der Vater. So wurde Johanna Ende des Jahres 1906 mit dem »Heiratsantrag« konfrontiert. Nachdem einige Fotos ausgetauscht worden waren und eine gewisse Bedenkzeit verstrichen war, willigte Johanna in die Verlobung mit dem sieben Jahre älteren Missionar ein.

Wilhelm seinerseits bekundete seine Zustimmung mit einem knappen Telegramm: »Jawohl. Gruß Wilhelm«.

Im Missionarshaus der Rheinischen Mission in Wuppertal-Barmen wurde Johanna in aller Eile auf ihre Rolle als Missionarsfrau vorbereitet. Schon am 18. Mai 1907 verließ sie Deutschland und traf nach sechseinhalbwöchiger Reise in Deutsch-Neuguinea ein. »3. Juli (1907), Mittwoch. Und mit ihm brach ein denkwürdiger Tag an«, notierte Johanna in ihrem Tagebuch. »Um 4 Uhr stand ich schnelle auf, es war finstere Nacht, aber wir lagen an der Landungsbrücke von Friedrich-Wilhelmshafen. Ein furchtbarer Schuss kündigte und meldete es an. Flog schnelle in meine Kleider und ging an Deck, wo mir auch meine lieben Reisegefährten begegneten, in gespanntester Erwartung ausschauend in die dunkle Nacht. Nur einige Bretterhäuser waren zu sehen und auch eine Reihe unserer lieben Papuas sahen uns erstaunt an. Hatten alle rote Lendentücher um und Kappen auf, es waren dies Soldaten, sie lärmten und spektakelten bei ihrer Arbeit, sie mussten helfen, unser Schiff zu befestigen. Nun wurde unsere Schiffstreppe herabgelassen. Es war ein ganz entzückender Anblick, als die erste Morgendämmerung das Dunkel der Nacht brach und der Horizont alle mögliche Farben annahm und man langsam die unzähligen Palmen erkennen konnte. Es dauerte geraume Zeit, bis endlich ein und noch mehrere Boote sichtbar wurden. Aber die Spannung (stieg), ob sie die mit großer Sehnsucht Erwarteten in sich bargen ... nun kam eins, wo einige Weißgekleidete drin saßen, wir winken und auch sie nun tüchtig, schnelle kam es näher und wer schnelle in seine Cabine flog, war ich. Ich harrte der Dinge, die da kommen sollten, in meinem en-

Johanna und Wilhelm Diehl im Garten ihres Hauses

gen Raum. Und nun klopfte es, ängstlich tat ich den Vorhang beiseite, und Schwester Weber und Bruder Becker standen vor mir. Fiel Schwester W. (Weber) in die Arme, und sie flüsterte mir zu, gleich kommt er.«

Die Tagebucheintragung belegt, mit welcher Spannung Johanna die erste Begegnung mit jenem Mann erwartete, den sie nicht kannte, aber bald heiraten sollte: »Ich flehte den Herrn im Stillen an, stehe dazwischen, und nun klopfte es noch einmal, und herein trat Wilhelm, und wir durften uns in die Augen schauen. Wie war mir nach dieser langen Fahrt, endlich der lang ersehnte Augenblick, und wie hatte der Herr mein Flehen zu Herzen genommen. Ach, wie wunderbar, mein Herz war so unruhig, und gleich war alle Sorge usw. verschwunden, als ich ihm gegenüberstand.« Es mag heute naiv und unbegreiflich klingen, was Johanna ihrem Tagebuch anvertraute. Schon nach drei Tagen schrieb sie: »Nun neigt sich schon der dritte Tage, seitdem ich bei meinem Liebsten bin, und wir kennen uns schon recht gut. Die Herzen fanden sich.« Die junge Frau aus Deutschland war bereit, sich ganz ihrem neuen Leben in der Südsee zu ergeben.

Am 12. Juli 1907 schlossen Johanna und Wilhelm in Deutsch-Neuguinea den Bund fürs Leben. »Um ½ 3 Uhr fuhren wir im bekränzten Boot nach Ragetta, wo uns die Hochzeitsgäste empfingen und wir dann in die Kirche gingen. Als wir noch auf dem Wasser waren, fingen die

Glocken an zu läuten. Und erst die Kirche, so mit Palmen geschmückt und der Altar ganz mit Blumen ausstaffiert, einzig schön!«, beschreibt Johanna in ihrem Tagebuch die Trauung. »Eine nette, kurze Ansprache, danach mussten wir aufstehen und die Hände wurden ineinander gelegt und der Augenblick war gekommen, wo ich oder wir in den Hafen der Ehe eingelaufen waren. Die Feier war wirklich schöner, als sie zu Hause sein konnte. Mein Herz hatte den einen Ton ›wünsche nichts mehr‹, und auch Wilhelm sagte ›ich bin glücklich‹.«

Schon kurz nach ihrer Vermählung richtete sich die frischgebackene Missionarsgattin auf der Missionsstation in Bogadjim häuslich ein: »Sehr luftige, hohe Räume hat das Haus, der große und zwei kleine, und ein Anbau für die Küche. Gestern habe ich meine Kisten vollends ausgepackt und das Zimmer geputzt mithilfe meiner lieben schwarzen Kleinen. Es lässt sich sehr nett mit ihnen arbeiten. Ach, könnte ich die Sprache nur. Oft lachen die kleinen Schelme, es muss wohl auch ganz gelungen steif klingen, wenn ich anfange zu sprechen.« Die Sprache stellte nicht nur für Johanna ein erhebliches Problem dar. Wilhelm Diehl, der die Missionsstation von seinem Vorgänger Albert Hoffmann übernommen hatte, stellte bald fest, dass »Bogadjim« von nur etwa tausend Menschen gesprochen wurde – was die Ausbreitung des christlichen Glaubens stark behinderte.

Bei zahlreichen Erkundigungsfahrten entlang der Küste und ins gebirgige Hinterland versuchte Diehl, eine besser geeignete Station zu finden. Johanna blieb dann meist allein mit den einheimischen Hausangestellten in der Missionsstation zurück. Diese waren in der Regel Missionsschüler und trugen angepasste europäische Kleidung. Den getauften Einheimischen begegnete Johanna mit »mütterlicher Fürsorge«, doch fürchtete sie sich vor den »wilden Buschleuten«: »Des Nachts erschrecke ich bei dem kleinsten Geräusch und denke immer, es kämen Eingeborene. Sie sehen manchmal recht wüst aus und bestreichen sich das Gesicht dann noch mit roter Farbe. Soeben lief eine Anzahl um den Tisch herum, ich habe, wenn ich so alleine bin, doch immer ein wenig Angst, man kennt die Tücken der Leutchen nicht.«

Die »Tücken« indes sollte Johanna alsbald kennenlernen. So verlor Schwester Weber, die Johanna bei ihrer Ankunft in Deutsch-Neuguinea noch so herzlich empfangen hatte, ihren Mann und ihren Schwager durch die Hand von Einheimischen. »Der Bruder bekommt einen Schlag an die Schläfe mit einem Beil, Weber einen auf den Puls der einen Hand, wollte noch zu seiner Hütte laufen zu den Gewehren, schon kommt einer von vorn und einer von hinten und zerhauen ihm den Kopf«, kommentiert Johanna beinahe nüchtern die dramatischen Vorfälle in ihrem Tagebuch.

Allmählich erlernte die junge Missionarsgattin die Sprache der Bevölkerung und fand als Frau häufig schneller Zugang zur Psyche der

Durch ihre Nähschule bekam Johanna Diehl auch Kontakt zu den Frauen aus umliegenden Dörfern.

Zwischen den Kulturen – die junge Hanni Diehl posiert mit eingeborenen Frauen.

Menschen als ihr Mann. So gelang es Johanna Diehl, vor allem einheimischen Frauen die Grundbegriffe des Christentums näherzubringen. Durch die Einrichtung einer Nähschule stärkte Johanna Diehl die soziale Rolle der Frau und bekam außerdem Kontakt zu Frauen aus den umliegenden Dörfern.

Am 12. Mai 1908 wurde »Hanni«, Johannas erstes Kind, geboren. »Eine schwere Stunde war die zwölfte am 12. Mai für mich, wo ich mit Schwester Helmich ganz allein war, als der kleine Erdenbürger das Licht der Welt erblickte«, beschreibt sie die Geburt in ihrem Tagebuch. »Mein lieber Wilhelm kam zurück und dachte, was ist denn das für ein Geschrei, denn keiner dachte, dass es so schnelle gegangen wäre.« Das Klima und die hygienischen Verhältnisse in Deutsch-Neuguinea machten dem Säugling zu schaffen. »17. (Juni 1908), Mittwoch. Als ich dieser Tage eines Morgens unseren Liebling waschen wollte, sehe ich etwas Blut am Köpfchen, mir unerklärlich. Mäuse konnten es nicht gewesen sein, an verschiedenen Stellen war die Haut weg. Aufmerksam gaben wir nun acht, und des Abends entdeckten wir an einer wunden Stelle ein winzig kleines Ameischen, wie es arbeitete, und nach Untersuchung waren unten im Korbe noch unzählige. Haben sie dann mit ins große Bett genommen, die Ameisenplage ist hier groß.« Im August erkrankte das Kind ernsthaft: »Mit großer Sorge sehe ich unser liebes Kind an. Heftige Hustenanfälle, der Schleim droht sie manchmal zu ersticken. Heute ist im Dorfe ein Kind an Husten gestorben.«

Am 4. Dezember 1908 notierte Johanna verzweifelt: »Gestern hatte unser liebes Kind Malaria-Fieber, es stieg

auf 38,9°. Wir gaben ihr, als sie kühl war, gegen Abend Chocoladen-Chinin, kaum hatte sie ein wenig auf der Zunge, da brach sie aber sehr, so konnten wir ihr keine ganze Tablette geben.« Immer wieder erschütterten Krankheiten die Lebenskraft des Kindes, auch Johanna und Wilhelm litten regelmäßig unter Fieberschüben, Hautausschlägen und rätselhaften Schwächeanfällen. Dennoch blieb Johanna die meiste Zeit über zuversichtlich. Nur wenige Male beklagte sie in ihrem Tagebuch das harte Leben im Kaiser-Wilhelmsland, interessanter als in ihrem Heimatort Dorsten sei es allemal. Denn immer wieder stellten sich überraschend illustre Besucher ein, darunter Forschungsreisende, Schriftsteller, aber auch Paradiesvogeljäger und Missionare.

Die kleine »Hanni« wuchs zwischen zwei Kulturen auf; ihre Spielkameraden waren einheimische Kinder aus Bogadjim. Auch ihre Kindermädchen kamen von der Insel und nahmen selbstverständlich Einfluss auf Sprache, Kleidung und Anschauungen des Kindes. Als die Missionarsfamilie am 20. März 1913 Deutsch-Neuguinea verließ, um in der Heimat den dringend erforderlichen Erholungsurlaub anzutreten, sprach die Kleine ein wüstes Gemisch aus Bogadjim und Deutsch. Den Abschied von der Missionsstation in Deutsch-Neuguinea schildert Johanna Diehl mit der ihr eigenen Nüchternheit: »Früh kommt die Pinasse. Hanke ist bei Stationsübergabe zugegen. Ganze Dorf am Strand, viel Geheul ...«

Die Diehls gingen ganz selbstverständlich davon aus, nach einigen Monaten wieder in die Südsee zurückzukehren; Takari, ein junger Missionsschüler, begleitete sie auf ihrer Reise, nachdem die Diehls seiner Mutter versprochen hatten, »ihn im fremden Lande ja (zu) behüten und wohlbehalten wieder zurück (zu) bringen«. Doch der Ausbruch des Ersten Weltkriegs vereitelte die Rückkehr nach Bogadjim; die Diehls sahen die Missionsstation nie wieder. Auch Takari blieb in Deutschland – für immer. 1917 erkrankte der junge Mann an einer Lungenentzündung und starb. Ein Grabkreuz erinnert noch heute in Gehlenbeck bei Lübbecke, wo die Diehls damals lebten, an den Boten aus einer fremden Welt.

Der Herr der Kokosnüsse

Nicht nur christliche Missionare wurden von der Südsee angezogen. Auch auf religiöse Freidenker und Sektenmitglieder hat die Südsee wie ein Magnet gewirkt. »Das romantische Bild der Südsee, das in Europa seit dem 18. Jahrhundert verbreitet war, hat dazu geführt, dass eine ganze Reihe merkwürdiger Gestalten in die Südsee kam. Auf der Suche nach etwas, das sie in Deutschland nicht finden konnten, wovon sie aber überzeugt waren, es müsse es hier geben«, meint Südsee-Experte Hermann Joseph Hiery. Auch August Engelhardt, ein Apotheker aus Nürnberg, gehörte zu diesen »merkwürdigen Gestalten«.

Jahrelang hatte er sich mit Fragen einer gesunden Lebensführung beschäftigt und war mit den Brüdern Adolf und Rudolf Just in Kontakt gekommen, die im Harz eine »Heimstätte und Musteranstalt für reines Naturleben« mit dem Namen »Jungborn« betrieben. Die Grundprinzipien der »Jungborner« bestanden aus Vegetarismus und Nudismus. Vor allem Letzteres führte im prüden Kaiserreich bald zu juristischen Verwicklungen. Praktizierter Nudismus galt als gesetzeswidrige Unsittlichkeit; Adolf

Just wurde schließlich wegen »unstatthafter Betätigung als Naturheilkundler« zu einer Gefängnisstrafe verurteilt.

Er hält vollkommene Rückkehr in den Naturzustand für das einzig Wahre. So geht er auf seiner Insel vollkommen nackt, lässt die Haare wachsen, die ihm schon bis über die Schulterblätter fallen, und lebt ausschließlich von Früchten.
BERICHT DES REGIERUNGSARZTES FÜR DEUTSCH-NEUGUINEA, DR. WILHELM WENDLAND

Es ist anzunehmen, dass diese Ereignisse den damals 25-jährigen Engelhardt bewogen, einen Ort abseits der Zwänge und Konventionen Europas zu suchen. Im Jahr 1902 trat der Apotheker die lange Reise in die Südsee an und traf im Herbst im Bismarck-Archipel ein. Von Herbertshöhe aus, dem damaligen Sitz der deutschen Verwaltung, unternahm Engelhardt zahlreiche Erkundungstouren, um einen geeigneten, ungestörten Zufluchtsort zu finden. Auf der kleinen Insel Kabakon, einem winzigen Eiland rund dreißig Kilometer östlich von Herbertshöhe, entdeckte der Deutsche, wonach er gesucht hatte: Sonne, Palmen, weißer Sandstrand und eine beständige leichte Brise, die die schwüle Hitze erträglich machte und zudem die Moskitos fernhielt. Auf dem Inselchen lebten etwa vierzig Melanesier, von denen die meisten auf einer 75 Hektar großen Kokosplantage arbeiteten. Engelhardt wurde bei »Queen Emma« vorstellig, der Kabakon gehörte. Emma, die ein Faible für ungewöhnliche Persönlichkeiten hatte, gefiel der Sonderling aus Deutschland. Mit seinem schulterlangen Haar und dem zerzausten Bart fiel August Engelhardt schon äußerlich aus der Reihe.

Der Deutsche bat »Queen Emma«, ihm die Insel zu verkaufen, da er sich hier niederlassen wollte. Sie willigte ein, und kurz darauf bezog Engelhardt als einziger Weißer die Insel. In einer selbst errichteten Holzhütte mit Veranda konnte er endlich nach seinen Wunschvorstellungen leben: vollkommen ohne Kleidung und ausschließlich von vegetarischer Kost, die überwiegend aus Kokosnüssen bestand. Engelhardt genoss sein kleines Paradies unter Sonne und Palmen. Er beschäftigte sich mit seiner Kokosplantage und begann, einheimische Pflanzen und deren Heilkräfte zu erforschen.

Mit der Zeit entwickelte Engelhardt eine eigene Philosophie, die die Sonne und Kokosnüsse ins Zentrum stellte: Die Sonne wurde als lebensspendende Quelle verehrt, die Kokosnuss wiederum sei diejenige Frucht, die der Sonne am nächsten wachse, und darum die vollkommenste und natürlichste Nahrung für die Menschen. August Engelhardts Anschauung, auch »Kokovorismus« genannt, gipfelte in der eigenwilligen Vorstellung, der ständige Verzehr von Kokosnüssen führe den Menschen in einen gottähnlichen Zustand der Unsterblichkeit.

Wenn nur die minderwertigen Zellen meines Systems nicht gelegentlich die Stimme der Vernunft überschreiten und in entarteten Wahnsinn irgendwelchen Mist statt Gott in nuce, i.e. Kokosnuss, essen ...
AUGUST ENGELHARDT

Je intensiver sich der ehemalige Apotheker mit seiner Lebensphilosophie beschäftigte, umso bizarrere Formen nahm sie an. Schließlich behauptete Engelhardt, diejenigen Organe des Menschen, die der Sonne am nächsten liegen, seien die edelsten, somit das Gehirn. Er verleugnete seine Kenntnisse der menschlichen Anatomie, indem er erklärte, das Hirn beziehe seine Energie aus den Haarwurzeln, die ihrerseits vom Sonnenlicht ernährt würden. Aus diesem Grunde sei das Tragen jeglicher Kopfbedeckung schädlich. Bald schon entwickelte Engelhardt regelrecht missionarischen Eifer, seine Lehre sollte überall verbreitet werden, auf Kabakon ein geistiges Zentrum Gleichgesinnter entstehen. »Sonnenorden – äquatoriale Siedlungsgesellschaft« nannte er seine neue Religionsgemeinschaft, als deren Stifter und Apostel er sich empfand. »Nackter Kokovorismus ist Gottes Wille. Die reine Kokosdiät macht unsterblich und vereinigt mit Gott«, heißt es in einem Werbeprospekt Engelhardts, den er von seiner Insel in der Südsee aus nach Deutschland verschickte. »Komm, edler Freund! Du bist zu gut für Berlin«, lockte er in seinen Schriften. »Europa, Kultur – sie sind Eintagsfliegen, sie werden, müssen untergehen … Europavergiftung ist der Name unseres Leidens!«

Seinen »Jüngern« sagte der »Kokos-Apostel« eine finanzielle Unterstützung für die kostspielige Reise in die Südsee zu. Offensichtlich war Engelhardt vermögend genug, um ein solch großzügiges Angebot auszusprechen, und nicht daran interessiert, aus seiner Religion Profit zu schlagen. Tatsächlich traf Ende des Jahres 1903 der erste Anhänger des »Sonnenordens« auf Kabakon ein: Es handelte sich um den 24-jährigen Helgoländer Heinrich Aueck-

Der Kokosnuss-Apostel August Engelhardt vor seiner Hütte auf der Insel Kabakon.

ens, blond, blauäugig und von kräftiger Statur. Nur sechs Wochen später war der junge Mann tot – gestorben an Hitzschlag, einer Tropenkrankheit oder an den Folgen seiner auf Kokosnüsse umgestellten Ernährung; die genauen Todesumstände sind nicht bekannt.

Was sind Städte? Felsengrabanlagen, Friedhöfe des Glücks und des Lebens, gegen mein palmengeschmücktes, ozeanumbraustes sonnendurchglühtes Eiland?! Kabakon ist ein Paradies, das ich kaum je wieder verlassen werde. Wie hasse ich Kleider!
August Engelhardt, 1905

Einige Monate später, im Juli 1904, stellte sich der zweite »Jünger« ein: Max Lützow, ein prominenter Pianist, Violinist und Dirigent – für Engelhardt ein Glücksgriff. Nach einem schweren körperlichen Zusammenbruch, der den Ausschweifungen seines hektischen Lebens auf den Bühnen Europas geschuldet war, hatte das zivilisationsmüde Musikgenie sein Heil in der Südsee gesucht. »Wenn er auf der Insel Kapakon (sic) mit diesen Sonnenbrüdern zusammen sei, dann gelinge es ihm auch, eine von aller Materie losgelöste Musik zu finden«, schrieb der Rheinische Missionar Albert Hoffmann in seinen Lebenserinnerungen. »Es gäben (sic) Astraltöne. Manchmal habe er solche Töne zu hören gemeint, und er hoffe, dort auf der einsamen Insel in Verbindung mit den Sonnenbrüdern diese neue wesenlose wahrhaftige Musik endlich entdecken zu können.«

Schon nach wenigen Wochen auf Kabakon schrieb Max Lützow begeisterte Briefe in die Heimat: »Ich bin jetzt zwei Monate hier und kann mit bestem Gewissen bezeugen: Kabakon hat geradezu meine Erwartungen übertroffen; ich kann mir keinen idealeren Platz für Fruchtesser und solche, die es werden wollen, denken. Wir gehen immer nackend, daher wird die Hitze nie lästig! Auch verliert sich bei Rohkost der Durst vollständig, insbesondere, wenn man Gelegenheit hat, sich jederzeit im Ozean zu baden. Herr Engelhardt ist sehr tolerant gegen Andersdenkende, Zwang zu körperlichen Arbeiten besteht absolut nicht. Wir beteiligen uns daran, soweit es uns Bedürfnis ist. Im Übrigen beaufsichtigen wir die schwarzen Arbeiter und verrichten sonstige geistige Arbeiten. Unser Leben trägt den Charakter ruhigen Schaffens; die Hast der Kultur kennen wir nicht. Ich bin geradezu entzückt von Kabakon und hätte nicht gedacht, dass es überhaupt einen Platz auf dieser Erde gäbe, der alle Anforderungen meines Ideals so vollkommen befriedigt; bessere Lebensbedingungen kann ich mir nicht denken. Ich habe die Überzeugung, dass jeder, der hierherkommt, auch hier bleiben wird.«

Die Haut, fortwährend der Luft und Sonne ausgesetzt, war braungebrannt wie die eines Kanaken ... Auffallend war die große Magerkeit dieses Mannes, die ein beredtes Zeugnis ablegte von seiner asketischen Lebensweise.
Der Wissenschaftler Friedrich Burger über einen Besuch bei August Engelhardt

---

Das Schreiben Lützows, das im »Zentralorgan« der deutschen Vegetariergemeinschaft, der »Vegetarischen Warte« in Leipzig, veröffentlicht wurde, sorgte für einen regelrechten Ansturm auf den »Sonnenorden«. Bis zu dreißig Anhänger sollen sich von Deutschland aus auf die Reise in die Südsee gemacht haben, um im Nudistenparadies auf Kabakon ihr Seelenheil zu finden. »Das führte natürlich zu einer Katastrophe«, meint der Historiker Hermann Joseph Hiery. »Nicht nur, weil die Kokosnuss als Nahrung nicht ausreichte; nicht nur, weil die Sonne natürlich die Haut zerstörte und – von unserem heutigen Wissensstand her betrachtet – wohl etliche in relativ kurzer Zeit Hautkrebs bekamen. Sie waren auch furchtbar ermattet, und um die wenigen Frauen, die nach Kabakon kamen, wurden heftige Verteilungskämpfe unter den Männern geführt.«

Rasch folgte dem anfänglichen Enthusiasmus jähe Ernüchterung: Krankheiten und Unfälle häuften sich; auch Max Lützow erkrankte schwer und verließ im Februar 1905 das Eiland, um sich im Krankenhaus von Herbertshöhe behandeln zu lassen. Sein kleines Segelboot geriet jedoch in einen heftigen Sturm und musste auf der Insel Lamássa vor der Südspitze Neu-Mecklenburgs Schutz suchen. Hier erlag Lützow den Strapazen.

Das Ableben des prominenten Musikers löste im »Sonnenorden« helle Panik aus: Ein Jünger nach dem anderen verließ Kabakon. August Engelhardts Nudisten-Gemeinschaft schien am Ende zu sein. Da traf auf Kabakon der Naturschriftsteller August Bethmann, ein alter Freund Engelhardts, in Begleitung seiner Verlobten ein. Gemeinsam unternahmen die Männer weitere Versuche, die Lehre des »Sonnenordens« in der deutschen Heimat zu verbreiten und neue Anhänger zu gewinnen. »Der kokovare Sonnenmensch ist der Mensch, wie er sein soll«, heißt es in einer Werbeschrift von 1905. »Eine sorgenfreie Zukunft – das neue Evangelium. Tief- und Weitblicke für die Auslese der Menschheit. In Harmonie mit dem göttlichen Vater lebend, empfängt er alles direkt aus der Hand Gottes, der allgültigen Sonne ... Er speichert Sonnenkraft mittels Auge, Haar, Haut ... Er benötigt daher sehr wenig Sauerstoff ... leichte Luft macht leicht, macht lebendig, macht beweglich, elastisch ... Darum ist der Aufenthalt unter beständig heiterem Himmel inmitten einer immergrünen Pflanzenwelt dem Menschen am zuträglichsten ... insbesondere für die geistige Tätigkeit ... Die Kokosnuss ... ist der Stein der Weisen ... was sind Universitäten gegen eine solche Lebensweise?«

> **Bedenklich ist der Umstand, dass durch die schriftstellerische Tätigkeit des Engelhardt, der die Insel Kabakon als das Paradies oder dergleichen in Zeitschriften für Naturheilverfahren anpreist, unkundige Leute angezogen werden, die später mittellos dem Gouvernement zur Last fallen oder an ihrer Unvernunft zugrunde gehen.**
> Bericht des Regierungsarztes für Deutsch-Neuguinea, Dr. Wilhelm Wendland

Ähnlich wie anfangs Lützow schrieb Bethmann begeisterte Briefe nach Deutschland und schwärmte darin vom Inselparadies in der Südsee. Der Schriftsteller verschwieg jedoch, dass sein Freund inzwischen schwer erkrankt war. Engelhardts Haut war von Krätze und eitrigen Geschwüren übersät, sein Körper vollkommen entkräftet. Als man den »Kokos-Apostel« im deutschen Krankenhaus in Herbertshöhe untersuchte, stellten die Ärzte entsetzt fest, dass er bei einer Körpergröße von 1,66 Meter gerade noch 39 Kilogramm wog.

Kaum war August Engelhardt nach der Verabreichung von gehaltvollen Fleischbrühen zu Kräften gelangt, kehrte er auf seine Insel Kabakon zurück. Hier verkündete er, mit dem Eiter seien nun die letzten »krankhaften Stoffe« aus

Touristenattraktion für Reisende aus Europa – in Deutschland selbst warb der Guru mit Prospekten für seinen Sonnenorden.

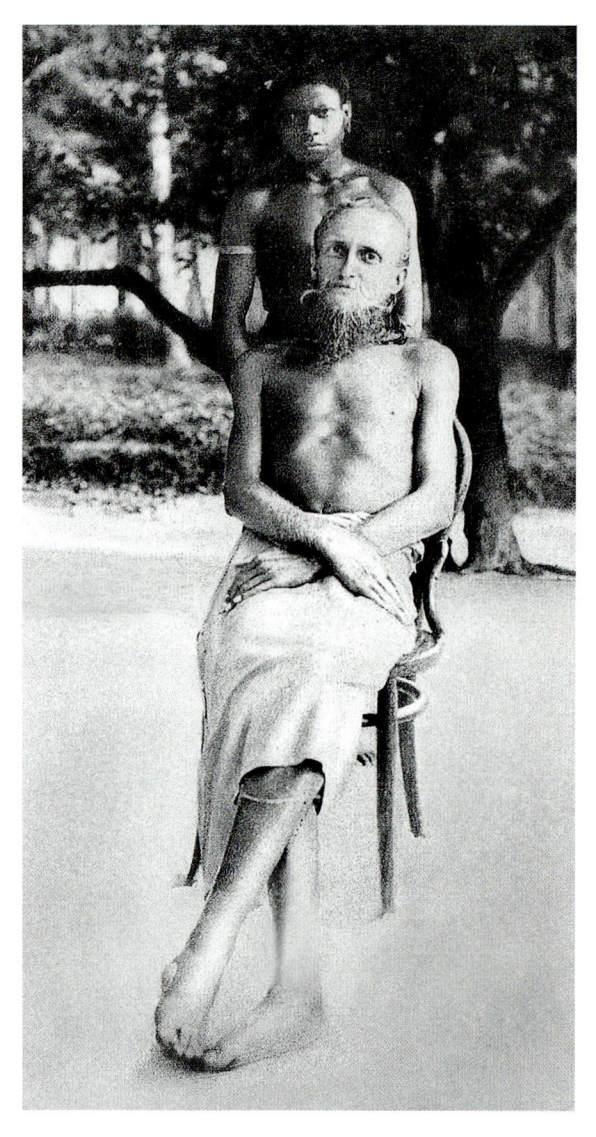

seinem Körper gewichen, die ihn bislang daran gehindert hätten, in den »ätherischen Idealzustand« überzugehen. August Bethmann indes zweifelte inzwischen am Verstand des Freundes und beabsichtigte, mit dem nächsten Schiff im Juni 1906 das Südseeparadies Kabakon zu verlassen. Bevor es jedoch dazu kam, verstarb er – aus ungeklärten Gründen. Da es zwischen dem Kokosnuss-Apostel und Bethmann immer wieder zu ernsthaften Auseinandersetzungen, vor allem auch um die Verlobte Bethmanns, gekommen war, ist nicht auszuschließen, dass Mord oder Totschlag die Todesursache gewesen sein könnte. Die Verlobte Bethmanns blieb nach dessen mysteriösem Ableben in der Südsee; Gouverneur Albert Hahl nahm sie schließlich als Hauslehrerin bei sich auf.

Mag auch der Kokowarismus zurzeit noch äußerst wenige Freunde besitzen, es wird eine Zeit kommen, in der ihm die ganze Erde, die ganze Menschheit huldigt, denn er ist die absolute Wahrheit und die allen Menschen würdige Ernährungs- und Lebensweise.
AUGUST ENGELHARDT, 1908

Engelhardt, der nun wieder allein auf Kabakon lebte, warb erneut intensiv um Jünger und forderte in wirren Traktaten ein »internationales tropisches Kolonialreich des Fruktivorismus«: »Mögen tausend weitere Versuche fehlschlagen – sie alle sind kein Beweis gegen die Tropen … Mutig voran, den Blick auf die Sonne, den Urquell des Lebens!« Der deutsche Gouverneur, der Engelhardts »Sonnenorden« anfänglich als harmlose Spinnerei abgetan hatte, betrachtete die Nudistengemeinschaft nach vier Todesfällen mit großem Argwohn. Er verbot zwar nicht die Einreise neuer Jünger, forderte aber von jedem neuen Siedler die Hinterlegung von 1400 Mark Kaution, eine Summe, die potenzielle Interessenten in Schwierigkeiten gebracht haben dürfte.

1909 entschied sich Engelhardt, der inzwischen wieder zum Skelett abgemagert war, zur

Die siegreichen Neuseeländer hissen am ehemals deutschen Bezirksamt von Apia auf Samoa den »Union Jack«.

Auflösung des »Sonnenordens«. Um sich nur noch seinen »philosophischen Studien« widmen zu können, stellte er einen Teilhaber ein, der die Kokosnuss-Plantage bewirtschaftete. Der »Kokos-Apostel« aus Deutschland geriet allmählich zur lebenden Touristenattraktion für Reisende aus Europa. »Das Experiment war gescheitert. Engelhardt wurde bei den Besuchern vorgeführt als ein verrückter Deutscher. Auch die Einheimischen bezeichneten ihn als ›long long‹ – verrückt. So hatte er eine gewisse Narrenfreiheit«, meint Professor Hiery. Im Mai 1919 fand man die Leiche des Sektenführers auf Kabakon, die genauen Todesumstände sind bis heute nicht bekannt. Auch seine spätere Grabstätte wurde nie gefunden.

Das Ende aller Träume

Der Ausbruch des Ersten Weltkriegs beendete für die meisten Deutschen das Leben im »Südseeparadies«. Bereits im Frühjahr 1914 verließ Dr. Albert Hahl Deutsch-Neuguinea – die gereizte Stimmung unter den Völkern war auch in der fernen Inselwelt spürbar geworden. Als am 5. August 1914 in der Kolonialverwaltung von Deutsch-Neuguinea die Nachricht vom Kriegsausbruch in Europa eintraf, gab es praktisch keinen Verteidigungsplan. Berlin war davon ausgegangen, dass die fernen Südseekolonien im Kriegsfall ohnehin nicht zu verteidigen waren. Gouverneur Eduard Haber, der Hahl im Amt gefolgt war, ließ dennoch als erste Sicherheitsmaßnahme den deutschen Verwaltungssitz, der sich in der Hafenstadt Rabaul befand, ins Landesinnere verlegen. Tatsächlich landeten wenige Tage später die ersten australischen Soldaten an der Küste. Sie zerstörten die Telefonanlagen in Rabaul und Herbertshöhe – und verschwanden wieder. Erst jetzt wurde eine Verteidigungstruppe aus fünfzig Deutschen und 240 Einheimischen zusammengestellt.

Tagelang wartete die deutsche Kolonialverwaltung auf ein Zeichen aus der fernen Heimat, doch nichts geschah. Am 27. August des Jahres 1914 schließlich schickte Gouverneur Haber ein verzweifeltes Telegramm nach Berlin, in dem er eindringlich darum bat, »bei einem Friedensschlusse Kaiser-Wilhelmsland unter keinen Umständen« aufzugeben. »Oberes Wariagebiet enthält mehrere Milliarden Mark Gold und viel Platina«, erinnerte er den Kaiser, freilich ohne Erfolg. Zwei Tage später wurde Samoa von einer australisch-neuseeländischen Armada bedroht und kapitulierte. Am 30. August 1914 nahm Neuseeland die Inselgruppe in Besitz. Damit war Samoa als erstes deutsches Südseeterritorium an eine feindliche Macht verloren gegangen.

Als am 11. September 1914 Schiffe vor der Küste Neuguineas erschienen, keimte im Kaiser-Wilhelmsland noch einmal Hoffnung auf. Doch es war nicht die ersehnte deutsche Unterstützung, sondern die mit 6000 Mann weit

Eingeborene beim Exerzieren – 240 Samoaner und fünfzig Deutsche konnten die Truppen des »Feindes« nicht zurückschlagen.

überlegene australische Invasionsarmee. Dennoch lieferten sich die deutschen Verteidiger mit den Australiern erbitterte Gefechte. »Schießereien überall um uns herum. Keiner weiß, ob es der Feind ist oder die eigenen Leute, keiner weiß, wie eine deutsche Uniform aussieht, keiner weiß, ob sie Eingeborene für sich kämpfen lassen. Wir liefen Gefahr, unsere eigenen Männer zu erschießen oder selbst für einen Feind gehalten zu werden«, notierte ein australischer Soldat damals in sein Tagebuch.

Unter den meist militärisch völlig unzureichend ausgebildeten Melanesiern waren die Verluste am größten. Schließlich waren die Einheimischen nicht mehr bereit, ihren Kopf für die deutsche Sache hinzuhalten. »Sie sagten, es sei ein Kampf zwischen Weißen, und der gehe sie nichts an«, schrieb ein deutscher Reservehauptmann. Am 14. September 1914 endeten die Kämpfe; einen Tag später begannen die Kapitulationsverhandlungen. Am 17. September 1914 unterzeichnete Gouverneur Haber den Kapitulationsvertrag, der für die Deutschen ausgesprochen milde ausfiel: Die deutschen Zivilbeamten durften ungehindert in ihre Heimat zurückkehren, sie erhielten außerdem drei Monatsgehälter im Voraus. Den bleibenden Beamten wurde gestattet, in ihren alten Stellungen zu arbeiten, sofern sie einen Neutralitätseid leisteten. Das Eigentum der Deutschen wurde garantiert. Der Kapitulationsvertrag vom 17. September 1914 schloss ganz Deutsch-Neuguinea mit allen Gebieten, die von Rabaul aus verwaltet worden waren, ein, also auch Mikronesien. Trotzdem konnte dort das rasche Eingreifen der Japaner nicht verhindert werden. Die britische Regierung hatte zwar einige Anstrengungen unternommen, das verbündete Japan von Mikronesien fern zu halten, doch besetzte die japanische Flotte zwischen dem 29. September und 21. Oktober alle deutschen Inseln Mikronesiens. Widerstand gab es so gut wie keinen, die deutschen Beamten ergaben sich in der Regel ohne Zögern.

Damit endete das Kapitel der deutschen Kolonien in der Südsee. Nur für einen nicht: Der deutsche Hauptmann Hermann Detzner war erst im August des Jahres 1914 in geheimer Mission im Kaiser-Wilhelmsland gelandet. Im internationalen Wettlauf um die Erforschung und Kartierung der rohstoffreichen Insel sollte Hermann Detzner ins Innere von Neuguinea vordringen, wo man reiche Platin- und Goldvorkommen vermutete.

Die Nachricht vom Ausbruch des Ersten Weltkriegs erreichte Detzner im unwegsamen Dschungel der Insel, nahe der Grenze zum britischen Teil Neuguineas. Nachdem die deutsche Kolonie kapituliert hatte, schickten die mit den Briten verbündeten Australier dem »weißen Hauptmann« Patrouillen auf die Fersen. Tatsächlich konnte Hermann Detzner drei Monate später im Landesinneren der Insel gestellt werden. Doch der Hauptmann und seine über siebzig Mann starke Truppe wehrten sich; es gelang ihnen, sich nach einem Schusswechsel wieder in die Wildnis zurückzuziehen.

Über vier Jahre lang lieferte sich der kaiserliche Landvermesser mit seinen Verfolgern ein erfolgreiches Versteckspiel; nebenbei entdeckte er tatsächlich immer wieder »weiße Flecken« auf der Landkarte, bislang unberührte Gebiete von Neuguinea. Als ihm Ende 1918 eine ein halbes Jahr alte Zeitung zuflog, in der von deutschen Erfolgen am osteuropäischen Kriegsschauplatz berichtet wurde, glaubte Detzner an Deutschlands Sieg. Triumphierend zog er mit seiner Truppe durch die Dörfer der Einheimischen, die für »ihren Kaiser« ein rauschendes Fest veranstalteten. Mitte Dezember 1918 geriet Detzner schließlich in australische Gefangenschaft, aus der er jedoch nach kurzer Zeit wieder entlassen wurde. Sein Erlebnisbericht »Vier Jahre unter Kannibalen« wurde in der Heimat zum Bestseller.

Die Festung Kiautschou fällt

Während die meisten der deutschen Kolonialgebiete in der Südsee ohne größere Gefechte an den Feind verloren gingen, sah die Situation im Marinestützpunkt Kiautschou ganz anders aus: Am 15. August 1914 hatten sich Japan und England darauf geeinigt, gegen die kleinste deutsche Kolonie vorzugehen, und bereits einen Tag später den deutschen Gouverneur aufgefordert, bedingungslos zu kapitulieren. Doch Kapitän zur See Alfred Meyer-Waldeck ließ das Ultimatum unbeantwortet und war fest entschlossen, das Pachtgebiet wenn nötig »bis zum Äußersten zu verteidigen«.

In einer eiligen Mobilmachung wurde die 2900 Mann starke deutsche Garnison auf 4900 Mann verstärkt. Die Hafenstadt am Gelben Meer glich einem Heerlager. Am 23. August des

Tsingtao im Jahr 1898, im Hintergrund die deutsche Missionskirche.

Jahres 1914 traf in Kiautschou ein persönliches Telegramm des Kaisers an die deutschen Kolonialsoldaten ein: »Gott sei mit Euch in diesem schwierigen, in Eurem Kampfe. Ich werde an Euch denken. Wilhelm.«

griffe auf die deutschen Stellungen: »Unablässig donnern die großen Geschosse gegen die Eisenbetonwanderungen der Iltishuk-Batterie. Sobald das Feuer auf den fernen Schiffen aufzischt, springen unsere Artilleristen in die

Auch der Ton des deutschen Gouverneurs entsprach ganz dem damaligen »Hurra-Patriotismus«: Will der Gegner Tsingtao haben, so mag er kommen, es sich zu holen«, hieß es in einem Tagesbefehl an die Soldaten.

Die Japaner hatten inzwischen Tsingtao, das Zentrum der deutschen Kolonie, von See her eingeschlossen, wenig später landeten japanische Landstreitkräfte an der chinesischen Küste. Am 26. September begannen Sturman-

bombensicheren Stände und zählen langsam 1, 2, 3, 4, 5, 6 und, wie das Krachen des jüngsten Tages, kommt es auf die Batterie nieder«, berichtete der Missionar Johannes Vosskamp, der zum Augenzeugen wurde. »Und dann steigen blitzschnell andere Bilder auf, wie ich sie fast jede Nacht sehe: Die grauenvolle Finsternis wird punktartig erleuchtet von unseren aufschlagenden Geschossen, die auf die dunklen Höhen vor uns gesetzt werden in blitzähnlicher, furchtbarer Schrift des Todes. Die chinesischen Dörfer dahinter sind nur noch schwelende Trümmerhaufen, und die armen Frauen und Kinder irren in der Nacht und im Gebirge umher und verkriechen sich frierend und zitternd vor dem kalten Regen in Löcher und Klüfte und wimmern und schreien.« Auch in diesem Krieg wurde die Zivilbevölkerung zum Opfer der feindlichen Auseinandersetzungen.

Die ganze Nacht hört man furchtbar heftiges Feuern, das dauernde Hämmern der Granaten, das Rattern der Maschinengewehre.
Johannes Vosskamp, Missionar in Tsingtao

Zunächst gelang es den Deutschen, die Angriffe erfolgreich zurückzuschlagen. Ein Grund dafür war die »Ein-Mann-Luftaufklärung« in Gestalt des Pionierfliegers Gunther von Plüschow. Mit seinem Leichtflugzeug vom Typ »Rumpler Taube« lenkte er die deutsche Artillerie aus der Luft und warf selbstgebastelte »Bomben« aus Kaffeedosen, Hufeisennägeln und Dynamit über den feindlichen Truppen ab. Doch schließlich konnten auch Plüschows wagemutige Fliegereinsätze gegen die Übermacht der Japaner nichts mehr ausrichten. Diese hatten ihre Truppen so weit verstärkt, dass am Ende 4900 Deutsche einer Übermacht von mehr als 60 000 Japanern gegenüberstanden.

Am 31. Oktober, nach einem neuntägigen Dauerbeschuss, begannen die Alliierten einen groß angelegten Angriff auf die Festung Tsingtao. In aussichtsloser Lage versenkten die deutschen Truppen ihre Schiffe und Geschütze selbst, damit diese nicht in Feindeshand fielen. Am 7. November 1914 kapitulierte der deutsche Marinestützpunkt schließlich. »Festung nach Erschöpfung durch Sturm und Durchbrechung in der Mitte gefallen«, meldete Gouverneur Meyer-Waldeck nach Berlin. »Befestigung und Stadt vorher durch ununterbrochenes Bombardement von Land mit schwersten Geschützen bis 28 cm Steilfeuer, verbunden mit starker Beschießung von See schwer erschüttert, artilleristische Feuerkraft zum Schluss völlig gebrochen, Verlust nicht genauer übersehbar, aber trotz schwerstem anhaltendem Feuer wie durch Wunder viel geringer als zu erwarten.« Tatsächlich betrugen die deutschen Verluste nur 150 Mann. Die Japaner hingegen verloren 17 000 Soldaten in der Schlacht. 2300 deutsche Soldaten gerieten in Gefangenschaft, nur Gunther von Plüschow war am Tag vor der Kapitulation mit seiner »Rumpler Taube« die Flucht aus der Festung gelungen. Erst nach einer über neun Monate langen Odyssee, die ihn über Nagasaki, Shanghai, San Francisco, Gibraltar und London führte, gelangte er im Juli 1915 nach Deutschland, wo er als Fliegerheld gefeiert wurde. Da war die deutsche Kolonialherrschaft in Ost- und Südasien, der »Traum von einer deutschen Südsee«, längst Geschichte.

2300 deutsche Soldaten gerieten nach der Schlacht um Kiautschou in japanische Kriegsgefangenschaft.

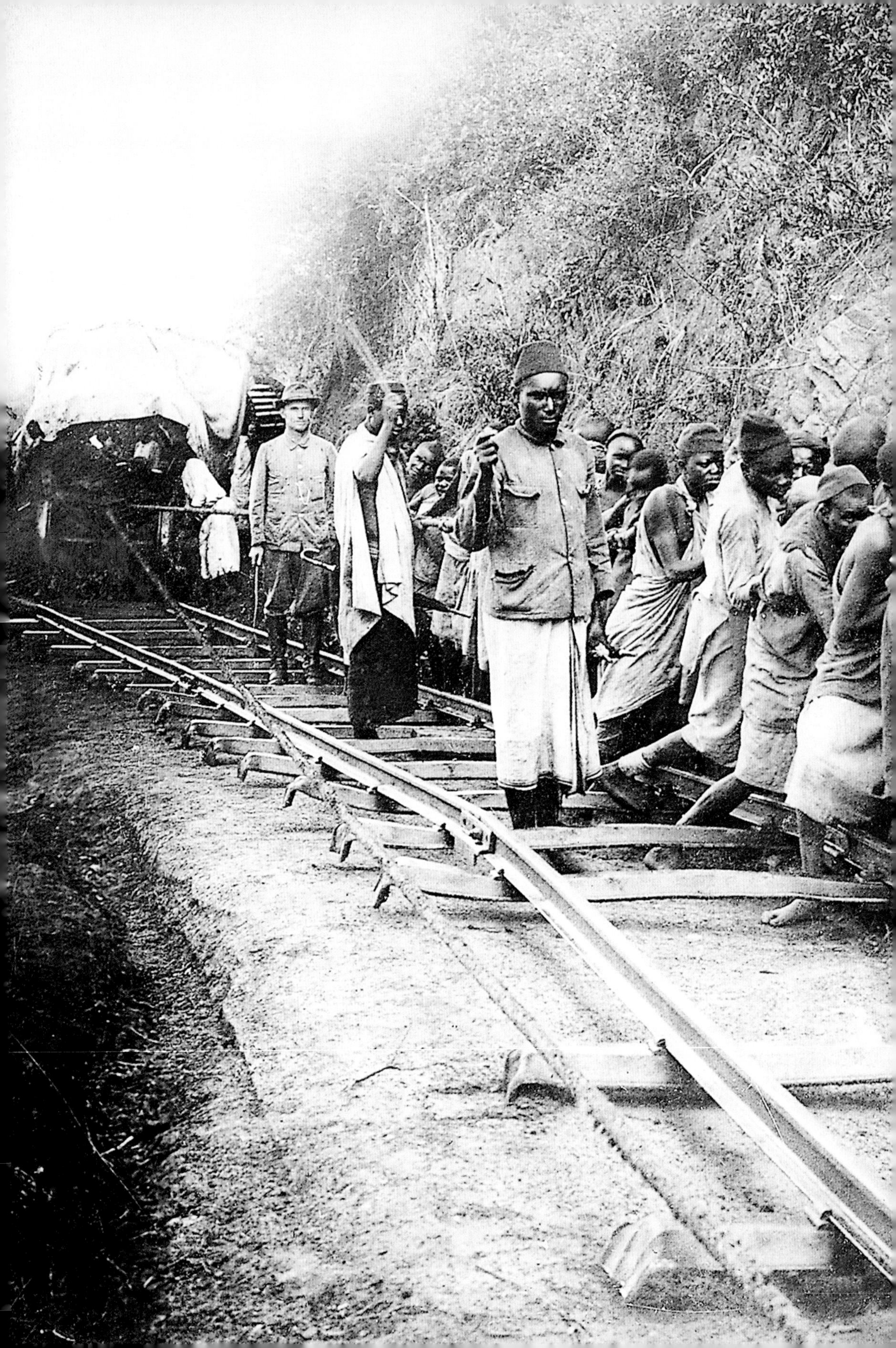

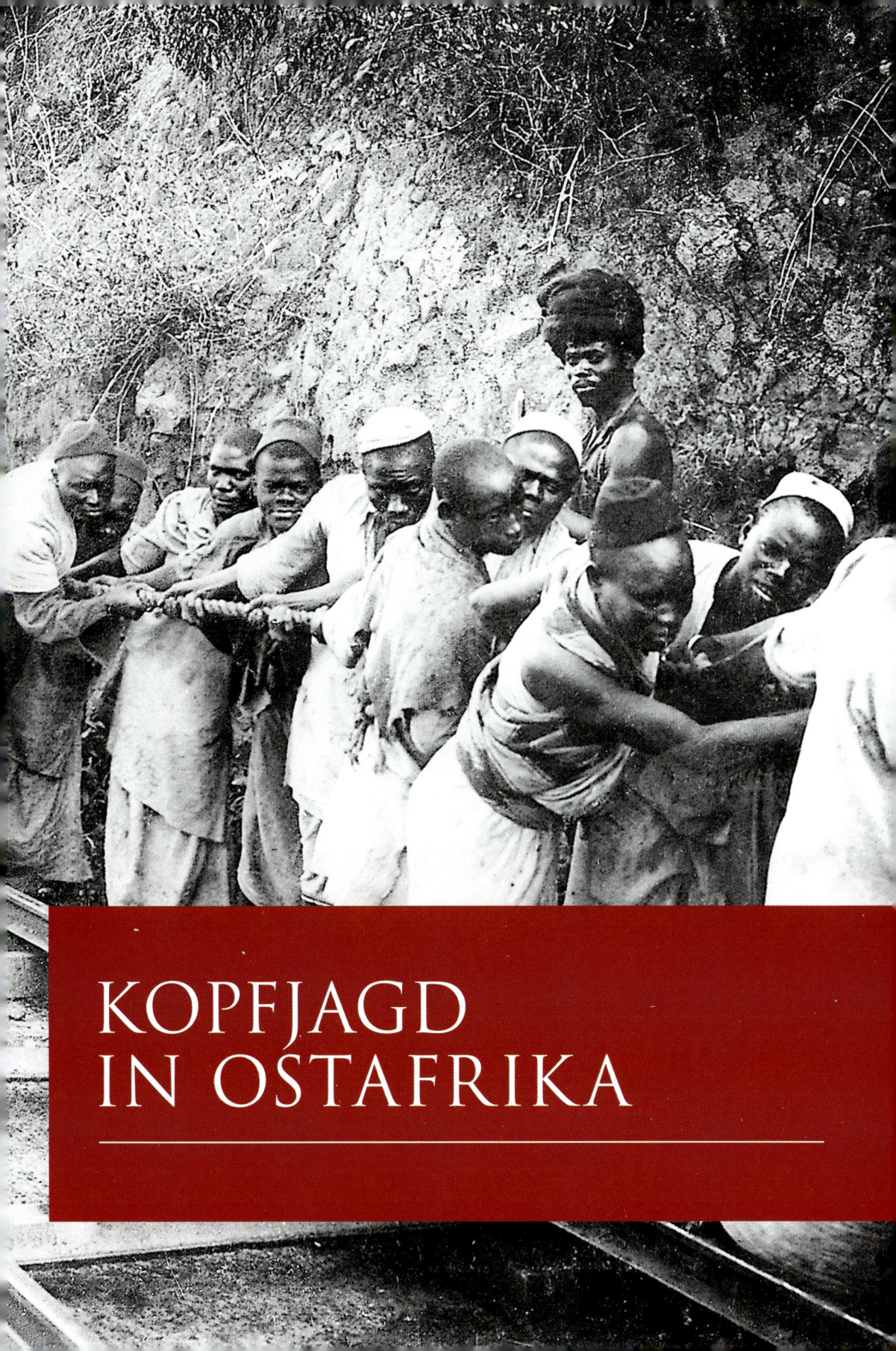

KOPFJAGD
IN OSTAFRIKA

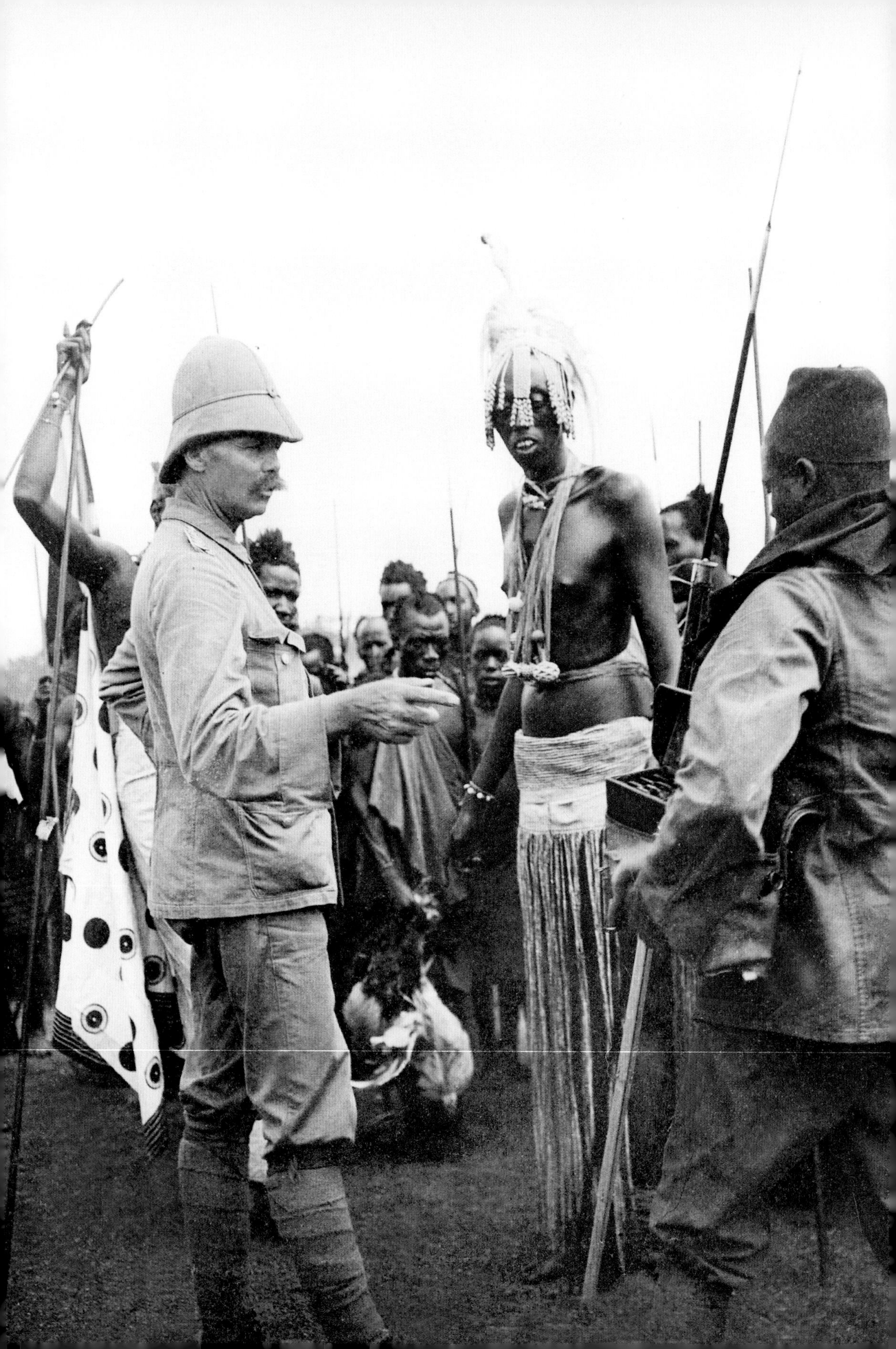

DAS WELTREICH DER DEUTSCHEN
KOPFJAGD IN OSTAFRIKA

Er war die wohl berüchtigtste Gestalt der deutschen Kolonialgeschichte: Carl Peters. Der norddeutsche Pastorensohn, der offen zugab, sich »rücksichtslos« bereichern zu wollen, eroberte von Ende 1884 an in Ostafrika auf eigene Faust ganze Landstriche. Bismarck zögerte, ehe er Peters' Erwerbungen im Februar 1885 unter Reichsschutz stellen ließ.

Sein Misstrauen war berechtigt: Peters errichtete ein brutales Terrorregime. Doch auch nach dessen Abberufung kam Deutsch-Ostafrika nicht zur Ruhe, Unruhen und Aufstände prägten das Bild der Kolonie. Im Ersten Weltkrieg wurde Ostafrika Kampffeld. Während die meisten anderen deutschen Kolonien schon nach einigen Wochen verloren gingen, führte Paul von Lettow-Vorbeck, Kommandeur der Schutztruppe, einen zähen Guerillakrieg gegen die Briten. Im November 1918 kapitulierte er als letzter deutscher Offizier. Deutschlands Zeit als Kolonialmacht war vorbei.

《 Schuften für die Kolonialherren – Einheimische ziehen eine Lokomotive über die Gleise.

〈 Watussi-Häuptling Sulstan Mzinga im Gespräch mit dem Kommandeur der Schutztruppe, Oberstleutnant von Schleinitz.

Herbst 1889 im Osten Afrikas: Am Fuße des Kilimandscharo trifft eine kleine Expedition ihre letzten Vorbereitungen. Werkzeuge, Nahrungsmittel und Messinstrumente werden verstaut, Seile kontrolliert, Anweisungen gegeben. Ziel des Unternehmens: der Kibo, höchster Gipfel des ostafrikanischen Bergmassivs. Ruhm und Ehre winken dem, der ihn als Erster bezwingt. Hans Meyer, Forschungsreisender aus Deutschland, und der österreichische Alpinist Ludwig Purtscheller führen die Kolonne an. Für Meyer ist die Erstbesteigung des Berges durch einen Deutschen nicht nur eine alpinistische Pioniertat, sondern eine »nationale Pflicht«.

Begleitet werden die beiden Gipfelstürmer auf ihrer ersten Etappe durch die buschgesäumte Landschaft von vier einheimischen Bergführern, neun Trägern und einem Koch. »Auf dem noch sanft ansteigenden Terrain stiegen wir in gemessenem Schritt bergauf«, berichtete Hans Meyer später. Tief unter ihnen verliert sich das Land langsam in leichten Wellenlinien mit saftig grünen Bananenhainen und kleinen Grasmatten. Vor ihnen kündigt sich indes ein nebeldurchwehter Urwald an, eingehüllt in eine dichte Wolkendecke. Am Rand dieses Grüngürtels, in 2000 Metern Höhe, bezieht die Expedition ihr erstes Nachtlager.

Am nächsten Morgen beginnt der beschwerliche Aufstieg durch den dichten Urwald. Bei leichtem Nieselregen kämpfen sich die Männer

Hans Meyer inmitten seiner Träger, 1889. Die Erstbesteigung des Kibo gilt als alpinistische Meisterleistung.

durch riesige Stauden und Farne mit Blättern von erstaunlichem Umfang, vorbei an mächtigen Urwaldbäumen, von unzähligen Lianen bedeckt. Auf dem morastigen Pfad gerät der Aufstieg zur Strapaze: »Die Träger haben sehr schwere Arbeit bei dem unaufhörlichen Wenden, Bücken, Kriechen und Steigen zwischen den Wurzeln und über die stehenden und gestürzten Stämme«, notierte Hans Meyer. Immer wieder stößt die Expedition auf Spuren von Elefanten, deren Riesenstapfen tiefe Pfützen hinterlassen haben. Nachts schreckt ihr Getöse die Männer wiederholt auf. Ansonsten bleibt es, außer dem gelegentlichen Schnalzen eines Affen, ruhig. »So wandern wir nun langsam bergan, stumm im stillen Urwald.«

Endlich liegt der dichte Dschungel hinter ihnen. Am oberen Rand errichtet der Expeditionstrupp das nächste Zwischenlager. In einem großen Zelt werden einige Lebensmittel deponiert, dann treten acht der Träger ihren Rückweg an. Der Rest der Gruppe setzt seinen Weg den Berg hinauf fort, über ein Lavaplateau, das von steilen Bachschluchten durchzogen und von Gerölltrümmern übersät ist. Eine »melancholisch-ernste Landschaft«, schreibt Meyer in sein Expeditionstagebuch. »Kein höheres Gras und kein Strauch unterbricht mehr die steinige Öde, keines Tieres Laut trifft mehr das Ohr.«

Am darauffolgenden Tag geht der beschwerliche Marsch über ein breites Aschefeld weiter. Von nun an haben die Männer beständig den

Kibo vor Augen, der jetzt in seiner ganzen Größe zu erblicken ist. Gegen Mittag, auf 4300 Metern Höhe, werden auch die letzten fünf Träger ins Lager zurückgeschickt. Ludwig Purtscheller und Hans Meyer sind jetzt allein, nur noch begleitet von dem Afrikaner Muini Amani. Sie beziehen ihr letztes Lager, das »Standquartier«. Von hier aus soll am nächsten Tag der Gipfelsturm zum eisgekrönten Kibo beginnen.

Über den Wolken strahlt plötzlich aus dem Himmelsblau ein erhabenes Bergbild in schneeblendender Weiße hervor wie eine Erscheinung aus einer anderen Welt. Es ist der Kibo, der Hauptgipfel des Kilimandscharo. Welche Gegensätze sind in diesem Bild harmonisch vereint! Hier unten die Glut des Äquators, dort oben die Eisluft der Pole, die überirdische Ruhe einer gewaltigen Hochgebirgsnatur.
HANS MEYER

Für Meyer ist es der dritte Versuch im dritten Jahr, den Kilimandscharo endlich als erster Europäer zu bezwingen. Seit der Entdeckung des Berges durch einen deutschen Missionar im Jahr 1848 waren über fünfzig Expeditionen am »Berg der bösen Geister«, wie er auf Kisuaheli heißt, gescheitert. Meyer beteiligt sich nicht nur aus alpinistischen Gründen am Wettlauf unter den Europäern. Er, der Forschungsreisende, will endlich die Antwort geben auf eine Frage, die damals lebhaft debattiert wurde. Ist der Kilimandscharo ein erloschener Vulkan? Hans Meyer ist fest davon überzeugt. Den Beweis aber muss er vor Ort erbringen.

Der Forscher stammte aus einer sehr angesehenen Verlegerfamilie, die weithin bekannt war für »Meyers Konversationslexikon«. Nach seinem Studium und der anschließenden Promotion war Hans Meyer zunächst erfolgreich in das Verlagsgeschäft seines Vaters eingestiegen. Erst auf einer Weltreise, die den 24-Jährigen 1882 auch nach Ostasien und Nordamerika führte, entdeckte er die große Passion seines Lebens: die Geografie. »Nicht das Studium, sondern erst das Leben« habe ihn »zum Geografen gemacht«, so Meyer rückblickend.

Zur größten wissenschaftlichen Herausforderung wurde für den begeisterten Forschungsreisenden das beeindruckende Massiv des Kilimandscharo. 1886 hatte Meyer Afrika zum ersten Mal besucht, ein Jahr später unternahm er einen ersten Anlauf zum Gipfel. Doch der Versuch scheiterte an der fehlenden alpinen Ausrüstung und der schwierigen Versorgungslage. Für die nächste Expedition im Jahr 1888 war Meyer besser gerüstet; allein 200 Träger hatte er dafür rekrutiert. Ein bewaffneter Aufstand aber ließ das Unternehmen erneut scheitern. Meyer geriet in Gefangenschaft, wurde in Ketten gelegt und erst gegen Zahlung eines hohen Lösegelds freigelassen. Von seinem großen Ziel aber konnte ihn auch dieser Fehlschlag nicht abbringen. 1889 brach er mit einer weiteren Expedition zum Kilimandscharo auf.

Am 3. Oktober des Jahres 1889 beginnt die letzte Etappe des Gipfelsturms von Meyer und Purtscheller. Während Muini Amani im Lager zurückbleibt, treten die beiden Bergsteiger in aller Frühe den schwierigen Weg zur schneebedeckten Spitze des Berges an. Zum Schutz gegen das grelle Sonnenlicht in über 5000 Metern Höhe sind sie mit Schneebrillen sowie einem Schleier, den sie über das Gesicht ziehen können, ausgerüstet. Mit ihren Eispickeln schlagen sie Stufe für Stufe in das steile Massiv. Eine gefährliche Arbeit, denn ein einziger Fehltritt an

Hans Meyer am Ziel: Vor ihm die innere Südseite des Kibokraters auf 6010 Metern Höhe, im Hintergrund die Kaiser-Wilhelm-Spitze.

der glatten Wand kann das Ende für die kleine Seilschaft bedeuten. Bis zu zwanzig Schläge sind erforderlich, um eine Stufe in das glasharte Eis zu hauen, in der dünnen Luft eine kräftezehrende Arbeit.

Nach zwei Stunden Plackerei ist die Eiswand bezwungen, in der damaligen Zeit eine alpinistische Meisterleistung. Es folgt eine abenteuerliche Kletterpartie durch ein riesiges Schneefeld, in das die Männer oft bis zur Brust einbrechen. Alle fünfzig Meter müssen sie eine kurze Pause einlegen, um Atem zu schöpfen. »Der Berg muss doch einmal ein Ende haben!«, erinnerte Meyer sich später an seine Gedanken während des Aufstiegs. Und wirklich sollten die Mühen der Bergsteiger an jenem Tag belohnt werden: »Endlich, gegen zwei Uhr, näherten wir uns dem höchsten Rand.« Elf Stunden hatte der strapaziöse Aufstieg vom Standquartier bis zum Gipfel des Kibo gedauert. »Noch ein halbes Hundert mühevoller Schritte, da tat sich vor uns die Erde auf, das Geheimnis des Kibo lag entschleiert vor uns; den ganzen oberen Kibo einnehmend, öffnete sich in jähen Abstürzen ein riesiger Krater«, so Meyer.

Für den Forscher eine Entdeckung, die aus zwei Gründen »tief erschütternd« wirkte: Der Beweis für die Vulkantheorie war damit zwar erbracht, doch vom Kraterrand aus konnten die Bergsteiger erkennen, dass sie den höchsten Punkt des Berges noch nicht erreicht hatten. Sie würden die Strapazen erneut auf sich nehmen müssen, wollten sie auch dieses Ziel erreichen. Denn an eine Übernachtung auf dem Kibo war aufgrund der eisigen Temperaturen von bis zu minus 20 Grad nicht zu denken.

Es war aus Sicht der Deutschen selbstverständlich, dass dieser höchste Berg Deutschlands, wie er dann später in den Schulbüchern auftauchte, von einem Deutschen bestiegen wurde.
HORST GRÜNDER, HISTORIKER

Drei Tage nach ihrem erfolgreichen Aufstieg zum Kraterrand ließen Meyer und Purtscheller ihr Standquartier hinter sich zurück, um endlich die Spitze des Kilimandscharo zu stürmen. »Heute geht's. Wir kommen heute hinauf«, ermunterten sich die beiden Männer gegenseitig. Und sie hatten Glück: Die Eisstufen mussten kaum nachgebessert werden, zügig überwanden sie dieses Mal die Eiswand. Vom Kraterrand aus ging es über unbekanntes Terrain weiter zur höchsten Erhebung des Berges. Am 6. Oktober 1889 um 10.30 Uhr erklomm Hans Meyer die »aus losen Trümmern bestehende Felsspitze« – als erster Europäer, ja vielleicht als erster Mensch überhaupt. »Der afrikanische Riese war bezwungen, wie schwer er uns auch den Kampf gemacht hatte«, notierte der Forscher hochzufrieden.

Ganz im Geiste der Zeit fiel die Zeremonie aus, die Meyer auf der Bergspitze abhielt: »Ich pflanzte auf dem verwetterten Lavagipfel mit dreimaligem, von Herrn Purtscheller kräftig sekundiertem, Hurra eine kleine, im Rucksack mitgetragene deutsche Fahne auf und rief frohlockend: Mit dem Recht des ersten Ersteigers taufe ich diese bisher unbekannte, namenlose Spitze des Kibo, den höchsten Punkt afrikanischer und deutscher Erde, auf den Namen: Kaiser-Wilhelm-Spitze.«

Die Bezwingung des Berges machte Hans Meyer weltberühmt – und in Deutschland zum gefeierten Nationalhelden. In Berlin lud Kaiser Wilhelm II. den Bergsteiger zu einer Privataudienz. Für den Herrscher hatte der Forscher ein besonderes Geschenk aus Afrika mitgebracht: den »Gipfel des Kilimandscharo«, einen Lavastein von der Spitze des Vulkans. Wilhelm II. ließ ihn in den Wandschmuck des Grottensaals im Neuen Palais einarbeiten. Als »höchster Berg Deutschlands« sollte der Kilimandscharo zum Symbol der Herrschaft über die größte deutsche Kolonie werden: Deutsch-Ostafrika. Eine Kolonie, deren Erwerb erst fünf Jahre vor Meyers historischer Tat begonnen hatte.

Griff nach Ostafrika

November 1884. Drei Deutsche schiffen sich unter falschen Namen nach Sansibar ein, einer Insel im Indischen Ozean direkt vor der Küste Ostafrikas. Anführer der kleinen Gruppe ist der 28-jährige Carl Peters, Pastorensohn, Abenteurer und überzeugter Nationalist. Das Reiseziel der Männer, das Sultanat Sansibar, hatte im 19. Jahrhundert unter Europäern einen sagenumwobenen Ruf: »Sansibar ist eine durchaus orientalische Stadt, von der See aus ähnlich Venedig, innen maurischer Stil. Enge und engste

Aufbruch nach Ostafrika: Carl Jühlke, Carl Peters und Joachim Graf von Pfeil.

Gassen. Einwohner wenig Europäer. Sehr fleißige betriebsame Bevölkerung. Viele Inder als Handwerker und Kaufleute, zum Teil sehr reich und von großem Ansehen, Araber, Schwarze und Mischlinge aller Sorten. Sehr schöne Läden mit Gold, Silber, Juwelen, Elfenbein und indischen, China- und Japan-Stoffen«, so ein zeitgenössischer Reisebericht. Als bedeutende Handelsmetropole war Sansibar reich und berühmt geworden durch das Geschäft mit Elfenbein und die Kultivierung von Gewürznelken. Berüchtigt war die Insel allerdings gleichermaßen, galt sie doch als das wichtigste Zentrum für den Handel mit Sklaven über den gesamten Indischen Ozean, und als Sammelpunkt für zwielichtige Gestalten und Glücksritter. Die drei Deutschen hatten keinen Blick für die Exotik und das Elend auf Sansibar. Sie waren nur aus einem Grund hier: Die Insel galt als Tor nach Ostafrika und war zentraler Ausgangspunkt für jede Expedition ins Landesinnere. Hier hoffte der von grenzenlosem Ehrgeiz getriebene Carl Peters, sein großes Lebensziel zu verwirklichen und seinen Namen »tief in die Weltgeschichte einzumeißeln«.

Auf neugierige Fragen erklärten die drei vermeintlichen Großwildjäger, sie würden eine Safari auf das ostafrikanische Festland unternehmen. Tatsächlich aber hegten sie ganz andere Pläne. Mit dem Erwerb von Land sollte der erste Schritt zur Gründung einer deutschen Kolonie im Osten Afrikas gemacht werden. Es war die Epoche des »Wettlaufs um Afrika«, seit Beginn der achtziger Jahre des 19. Jahrhunderts waren die imperialistischen Mächte dabei, den letzten noch nicht kolonisierten Kontinent in ihren Besitz zu bringen. Auch im Osten Afrikas hatten Portugal, Belgien, Frankreich und Großbritannien bereits damit begonnen, ihre Interessensphären abzustecken. Nur auf das Land gegenüber der Insel Sansibar hatte noch keine europäische Macht Anspruch erhoben. Peters und seine Begleiter, Dr. Carl Jühlke und Joachim Graf von Pfeil, wollten diese letzte Gelegenheit ergreifen, um auch dem Deutschen Reich Besitzungen in der Region zu sichern. Eile war geboten, denn in ihrem Hotel gastierte auch eine Gruppe Belgier, die ebenfalls eine Expedition auf das Festland planten. Offiziell zu wissenschaftlichen Zwecken unterwegs, waren sie vom belgischen König angeheuert worden, Ländereien in Ostafrika zu erkunden und, sofern vielversprechend, zu erwerben.

Carl Peters zählte zu den größten Befürwortern eines deutschen Kolonialreichs. Er entstammte einer evangelischen Pastorenfamilie aus Neuhaus an der unteren Elbe. 1856 in eine

Sansibar galt als eines der Zentren für Sklavenhandel. In Ketten wurden die Sklaven potenziellen Käufern präsentiert.

kinderreiche Familie hineingeboren, wurde Peters in einer Klosterschule erzogen und nahm nach dem Abitur ein Jurastudium in Göttingen auf. Nach weiteren Stationen in Tübingen und Berlin wurde ihm aber rasch klar, dass seine eigentliche Leidenschaft den Geschichtswissenschaften galt. Nach seiner Promotion und der späteren Habilitation in diesem Fachbereich schien die akademische Laufbahn vorgezeichnet. Doch den kurzsichtigen Gelehrten – für den Wehrdienst war er untauglich – hielt es nicht lange im Studierzimmer, er wollte in die weite Welt hinaus.

Mit 24 ging er für zwei Jahre nach England, wo er bei einem Onkel unterkam. Der Aufenthalt auf der Insel führte ihm den Glanz des britischen Empire vor Augen. Carl Peters, der nach seiner Rückkehr gerne in Kanonen-Hosen, mit Sporen und Hetzpeitsche auftrat, war sich nach seiner Zeit in England sicher: Wenn Deutschland »seine geschichtliche Stellung« in der Zukunft nicht nur behalten, sondern diese auch noch ausbauen wolle, dann sei »es wohl oder übel gezwungen, der angelsächsischen Rasse in ihrer großartigen Weltentwicklung nachzustreben«. Die Zukunft des Kaiserreichs lag für ihn in kolonialem Besitz: als eine neue Heimat für deutsche Auswanderer, als Rohstofflieferant, als Absatzmarkt – und als ein Symbol für den deutschen Anspruch auf Weltgeltung.

Carl Peters untermauerte seine kolonialen Ambitionen dabei mit einem radikal sozialdarwinistischen und rassistischen Weltbild: »Ich behaupte, dass wir die erste Rasse in der Welt sind und dass es umso besser für die menschliche Rasse ist, je mehr von der Welt wir bewohnen.« Daraus leitete er auch die Legitimation für Kolonialismus ab – als »die rücksichtslose und entschlossene Bereicherung des eigenen Volkes auf anderer schwächerer Völker Unkosten«. Eine Ansicht, die er mit vielen seiner deutschen und europäischen Zeitgenossen teilte, wie der Berliner Historiker und Afrikawissenschaftler Andreas Eckert betont: »Ich glaube, Peters ist die radikale Version eines Typus, der sehr zentral für den deutschen Kolonialismus ist. Diese Menschenverachtung, die er exzessiv ausgelebt hat, exzessiver als viele andere, war Grundbestandteil der kolonialen Ideologie.«

Unter weißer Herrschaft erhält man in der Regel den Eindruck, dass der Afrikaner gutmütiger sei, als er tatsächlich ist, und lernt ihn nicht als das brutale Vieh kennen, als welches er aus den Händen der Natur hervorgegangen ist.
CARL PETERS

Nach seiner Rückkehr aus England gründete Peters im März 1884 in Berlin die »Gesellschaft für deutsche Kolonisation« (GfdK), die es sich zum Ziel setzte, Siedlungsland in Afrika zu erwerben. »Die deutsche Nation ist bei der Verteilung der Erde leer ausgegangen. Es gilt, das Versäumnis von Jahrhunderten gutzumachen«, schrieb er in einem Aufruf der Gesellschaft. Die Gelder für eine Expedition nach Afrika wurden von Kleinanlegern bereitgestellt. Ursprünglich hatte Peters sein Augenmerk auf den Südwesten des Kontinents gerichtet, doch nachdem Adolf Lüderitz diesen Plänen zuvorgekommen war, fassten er und seine Mitstreiter eine neue Region ins Visier: den Osten Afrikas.

Das Gebiet der Begehrlichkeit lag am Indischen Ozean und grenzte an drei der größten Gewässer Afrikas: den Victoriasee, den Tanganjikasee und den Malawisee. Feucht- und Trockensavannen, Halbwüsten und Küstenebenen

Obwohl seit 1873 offiziell verboten, blühte der Sklavenhandel illegal weiter.

prägten die Landschaft. Entlang der flachen Küstenstreifen herrschte tropisches Klima, während die Berge im Norden, Süden und Westen des Landes in gemäßigten Zonen lagen. Acht bis zehn Millionen Einwohner aus rund 120 verschiedenen Ethnien lebten gegen Ende des 19. Jahrhunderts in Ostafrika. Sie verständigten sich in unterschiedlichen Sprachen, lebten in ganz eigenen Kulturen und sozialen Strukturen: vom starken, zentralisierten Königreich bis zur kleinen Clangemeinschaft. Die Völker im Inneren Ostafrikas wohnten meist in Dörfern oder Weilern und bestritten ihr Leben als Jäger und Sammler, Hirten oder Bauern. Mit ihren Nachbarn schlossen sie Ehen und Allianzen, sie führten aber auch blutige Kriege gegeneinander. Ihre Glaubenswelt war geprägt von traditionellen afrikanischen Naturreligionen.

An der Küste Ostafrikas dominierte hingegen die Swahili-Kultur: islamische Stadtstaaten, deren Einwohnerschaft sich aus Afrikanern, Indern, Arabern und verschiedenen anderen Volksgruppen zusammensetzte. Händler und Reisende bestimmten das Bild in den quirligen Küstenstädten, die mit dem Binnenland durch den Karawanenhandel verbunden waren, dem wichtigsten Wirtschaftsfaktor Ostafrikas. Bis zu 5000 Menschen konnte eine einzige Handelskarawane umfassen, monatelang zogen sie über die alten Handelsrouten durch das Land. Insbesondere auf Elfenbein, das »weiße Gold«, waren die Händler von der Küste aus. Doch im Laufe des 19. Jahrhunderts wurde eine andere »Ware« für sie immer profitabler: Sklaven. Das sogenannte »schwarze Elfenbein« wurde nach Arabien, Persien, Indien sowie in die französischen Kolonien verkauft.

Mit dem aufblühenden Sklavenhandel aber veränderte sich die ostafrikanische Lebenswelt nachhaltig: Für feine Stoffe, Luxusgüter und Waffen schickten die lokalen Chiefs, die afrikanischen Stammesführer, ihre Kriegsgefangenen in die Sklaverei. Um den Nachschub zu sichern, machten Sklavenhändler auch selbst Jagd auf Männer, Frauen und Kinder, die sie an Ketten gefesselt zur Küste verschleppten. Bis zu 20000 Menschen wurden jedes Jahr auf dem Sklavenmarkt von Sansibar zum Verkauf angeboten. Wie viele bereits auf dem Weg zur Küste verstarben, ist unbekannt. Obwohl schon seit 1873 offiziell verboten, blühte der Sklavenhandel illegal weiter. Im Gegenzug gelangten allein in den achtziger Jahren des 19. Jahrhunderts über die traditionellen Karawanenstraßen pro Jahr 100000 Gewehre ins Landesinnere.

Mit der Eröffnung des Suezkanals im Jahr 1869, der den Seeweg zwischen Europa und dem Indischen Ozean gleich um mehrere Wochen verkürzte, rückte Ostafrika verstärkt ins Visier des imperialistisch gesinnten Europa. Auch in Deutschland waren nach der Reichsgründung 1871 verstärkt Stimmen laut geworden, die Kolonialbesitz in Afrika forderten. Einzig Reichskanzler Otto von Bismarck wollte von kolonialen Projekten lange nichts wissen:

»Meine Karte von Afrika liegt in Europa«, lautete sein Credo. Zum Wohl des jungen deutschen Staates wünsche er keine kolonialen Abenteuer, die Spannungen mit europäischen Mächten provozieren könnten.

Pionier und Herrenmensch

Um seine Ziele in Ostafrika zu verwirklichen, konnte Carl Peters also zunächst nicht auf Unterstützung aus Berlin hoffen. Dies wurde ihm kurz nach seiner Ankunft auf Sansibar im November 1884 noch einmal vor Augen geführt. Vom deutschen Konsul erhielt Peters ein Telegramm des Kanzlers, in dem Bismarck das ganze Unternehmen missbilligte und jeden Schutz durch das Reich ablehnte. Doch davon unbeeindruckt, bereiteten die Deutschen ihre »Großwildjagd« auf dem Festland vor. Peters hatte nie zuvor den afrikanischen Kontinent betreten, über Land und Leute wusste er so gut wie nichts. Für ihn war das auch zweitrangig: »Die Hauptsache ist, dass man das Land hat, hernach kann man untersuchen, was es wert ist.«

Am Morgen des 10. November 1884 setzten Peters, Jühlke und Pfeil mit einem arabischen Segelschiff auf das afrikanische Festland über. Seine »standesgemäße« Ankunft beschrieb Peters später so: »Ich bestieg den Rücken eines

Carl Peters auf seinem »Konquistadorenzug«. Die Einheimischen ließ er mit Gewehrsalven einschüchtern, dann wurden sie dazu genötigt, Abtretungsverträge zu unterzeichnen.

Carl Peters posiert mit einem Eingeborenen. Der selbsternannte Kolonialpionier gefiel sich in der Rolle des »weißen Herrenmenschen«.

dern zählte, nahmen an dem »Konquistadorenzug«, so der Historiker Hans-Ulrich Wehler, zwei deutsche Begleiter, sechs persönliche Diener sowie 36 Träger teil.

Auf seinem Weg ins Landesinnere zeigte sich Carl Peters tief beeindruckt von der »eigentümlichen Schönheit« Afrikas: »Bunte, hell schimmernde Blumen von aller Art und in allen Farben, nie gesehene Schmetterlinge und Käfer von gar glühender Farbenpracht. Fremdartige, bizarre, oft groteske Baumformen.«

Carl Peters konnte sich in aller Ruhe der herrlichen Aussicht widmen. Denn während die einheimischen Träger die mitzuführenden Lasten auf dem Kopf transportierten, ließen es die Deutschen damit bewenden, Revolver, doppelläufige Schrotflinten und Dolche bei sich zu führen.

Von Anfang an ließen sie keinen Zweifel daran, dass sie sich als die »Herren« der Expedition fühlten. Wenn nötig mit der Nilpferdpeitsche in der Hand, forderten sie Gehorsam und Disziplin. Abends wurden im Lager Ziegen geschlachtet, die sich die Deutschen auf Zinntellern servieren ließen. Nach dem Essen begaben sich Peters und seine Gefährten bald in ihre Hängematten, denn die Expedition brach meist noch in der Nacht zur nächsten

meiner Diener, um mich sofort an Land tragen zu lassen.« Nachdem die Vorräte der Expedition in Trägerbündel umgepackt waren, begab sich der kleine Trupp zu Fuß auf den Weg ins Landesinnere: Neben Peters, der Hernán Cortés, den spanischen Eroberer, zu seinen Vorbil-

DAS WELTREICH DER DEUTSCHEN
KOPFJAGD IN OSTAFRIKA

Etappe auf. Alles würde bei diesem Unternehmen darauf ankommen, dass die einheimischen Stammesführer Verträge unterzeichneten, durch die sie ihre Rechte auf das Land abtraten. Das Mandat zu diesem »Rechtsakt« hatte Peters sich kurzerhand selbst erteilt. Im Rückblick erinnerte er sich, wie solche Abtretungsverträge zustande kamen: In die Nähe eines Stammesgebietes gelangt, ließ Peters zunächst »Gerüchte« von seiner »Macht« streuen und seine »Leute auf gut Glück ihre Büchsen abfeuern«. Alsdann schickte man eine Abordnung zum Chief, um zu fragen, »ob er gestatte, dass wir unser Lager in der Nähe aufschlügen«. Um ebenbürtiger zu erscheinen, hatte Peters »eine Reihe von Fahnen mitgenommen, die ich hernach aufziehen ließ«. Dann traten die Deutschen ihren Besuch beim Stammesführer an. »Wir knüpften sofort ein recht herzliches Verhältnis an, indem wir den Chief zwischen uns auf ein Lager (Kitanda) nahmen, von beiden Seiten unsere Arme um ihn schlagend. Wir taten dann einen Trunk guten Grogs und brachten Seine Hoheit von vornherein in die vergnüglichste Stimmung.«

Als ich mit meinen Gefährten 1884 nach Sansibar fuhr, wollte die deutsche Regierung von einer Koloniegründung in Ostafrika nichts wissen, und sie tat alles, was sie tun konnte, um solche zu verhindern.
CARL PETERS

Nach dem Austausch verschiedener Ehrengeschenke begaben sich die Deutschen wieder zurück in ihr Lager, wo sie die Fortsetzung der Verhandlungen erwarteten. »Nach dem Essen stattete uns der Chief seinen Gegenbesuch ab, wobei wir ihn mit süßem Kaffee traktierten. Alsbald begannen danach auch diplomatische Verhandlungen, und aufgrund derselben wurde der Kontrakt abgeschlossen.«

Der deutschsprachige Vertrag war ein Musterstück an Übervorteilung: Der Häuptling verpflichtete sich darin, das »Land mit allen ihm widerspruchslos und unbestritten gehörigen Rechten für ewige Zeiten und zu völlig freier Verfügung an Herrn Dr. Peters« abzutreten. Im Gegenzug erhielt er dafür von der Gesellschaft nicht mehr als den »Schutz gegen jedermann, soweit es in ihren Kräften steht«. Mit Hissung der kaiserlichen Flagge, möglichst auf einer weithin sichtbaren Anhöhe, und der Verlesung des deutschen Vertragstextes wurde die Übergabe der Landesherrschaft symbolisch vollzogen. Nur ausnahmsweise mussten »ganz wertvolle Geschenke« vor Abschluss des Vertrages gemacht werden: etwas Kleidung, einige Bahnen Stoff und Tuch, einer Anzahl Messer, zwei Rollen Draht, zwei Flinten mit Munition und einem Bündel blauer Perlen. Hatte der Chief den Abtretungsvertrag mit einem Daumenabdruck »unterzeichnet«, ließ Peters den Kaiser dreimal hochleben. Dann wurde den Afrika-

In kürzester Zeit schloss Peters zwölf Verträge mit verschiedenen Stämmen ab, die ihm ein gewaltiges Gebiet einbrachten.

Schutzbrief für Carl Peters

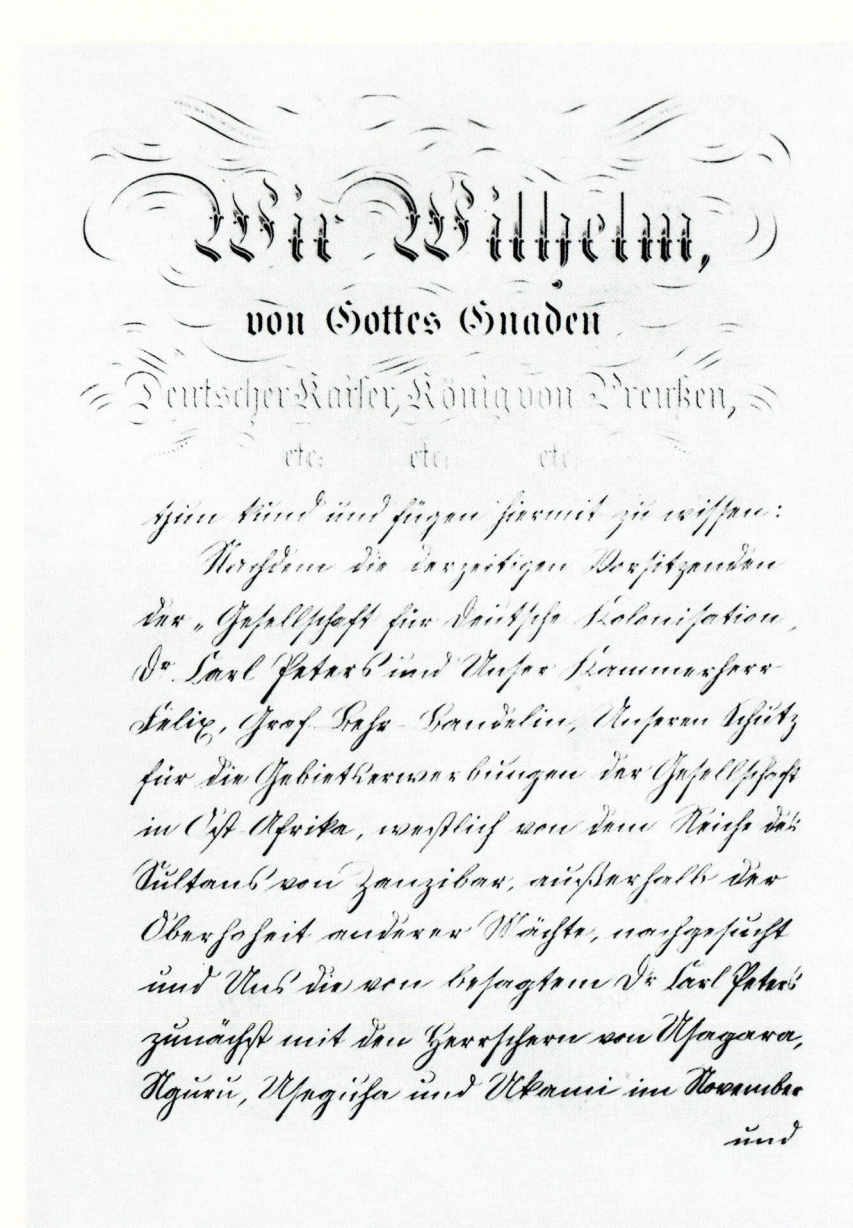

Mit diesem Schreiben wurden die Besitzungen von Carl Peters unter den Schutz des Reiches gestellt.

Wir Wilhelm, von Gottes Gnaden
Deutscher Kaiser, König von Preußen,
etc. etc. etc.
thun kund und fügen hiermit zu wissen:

Nachdem die derzeitigen Vorsitzenden der Gesellschaft für Deutsche Kolonisation, Dr. Carl Peters und Unser Kammerherr Felix, Graf Behr-Bandelin, Unseren Schutz für die Gebiethserwerbungen der Gesellschaft in Ost-Afrika, westlich von dem Reiche des Sultans von Zanzibar, außerhalb der Oberhoheit anderer Mächte, nachgesucht und Uns die von besagtem Dr. Carl Peters zunächst mit den Herrschern von Usagara, Nguru, Useguha und Ukami im November und Dezember vorigen Jahres abgeschlossenen Verträge, durch welche ihm diese Gebiete für die Deutsche Kolonisationsgesellschaft mit den Rechen der Landeshoheit abgetreten worden sind, mit dem Ansuchen vorgelegt haben, diese Gebiete unter Unsere Oberhoheit zu stellen, so bestätigen Wir hiermit, dass Wir diese Oberhoheit angenommen und die betreffenden Gebiete, vorbehaltlich Unserer Entschließungen auf Grund weiterer Uns nachzuweisender vertragsmäßiger Erwerbungen seitens der Gesellschaft oder ihrer Rechtsnachfolger in jener Gegend, unter Unseren Schutz gestellt haben. Wir verleihen der besagten Gesellschaft, unter der Bedingung, dass sie eine deutsche Gesellschaft bleibt, und dass die Mitglieder des Direktoriums oder der sonst mit der Leitung betrauten Personen Angehörige des deutschen Reiches sind, sowie den Rechtsnachfolgern dieser Gesellschaft, unter der gleichen Voraussetzung, die Befugnis zur Ausübung aller aus den Uns vorgelegten Verträgen fließenden Rechte, einschließlich der Gerichtsbarkeit gegenüber den Eingeborenen und den in diesen Gebieten sich niederlassenden oder zu Handels- und anderen Zwecken sich aufhaltenden Angehörigen des Reiches und anderer Nationen, unter der Aufsicht Unserer Regierung und vorbehaltlich weiterer von Uns zu erlassenden Anordnungen und Ergänzungen dieses Unseres Schutzbriefes.

Zu Urkund dessen haben Wir diesen Schutzbrief Höchsteigenhändig vollzogen und mit Unserem Kaiserlichen Insiegel versehen lassen.

Gegeben Berlin, den 27. Februar 1885

Wilhelm
v. Bismarck

nern mittels dreier Gewehrsalven vorgeführt, »was sie im Falle einer Kontraktbrüchigkeit zu erwarten hätten«. Wie seine Vertragspartner darauf reagierten, beschrieb Peters so: »In das Hoch auf den Kaiser stimmten die Neger nun kreischend und springend mit ein; bei den Salven wichen sie scheu zurück.«

In Deutschland aber übertrumpften wir die Opposition, indem wir einfach über sie zur Tagesordnung gingen, dadurch, dass wir immer neue Gebiete nahmen, während sie noch über die Annexion des Letzterworbenen zeterten.
CARL PETERS

In nur drei Wochen schloss Carl Peters zwölf solcher Verträge ab und riss sich damit ein Gebiet unter den Nagel, das mit gut 140 000 Quadratkilometern eine Ausdehnung hatte wie ganz Süddeutschland. Das Kerngebiet der späteren Kolonie war gesichert. Wussten die einheimischen Häuptlinge, worauf sie sich einließen? Nach lokalen afrikanischen Rechtsnormen hätten sie das Land gar nicht an Carl Peters überschreiben können, da sie nicht dessen Eigentümer waren. Aus ihrer Perspektive besaßen die Verträge deshalb keine bindende Kraft. Aus deutscher Sicht aber hatten die Stammesführer mit der Unterzeichnung der Abtretungsverträge einen ganz wesentlichen Teil ihrer Macht unwissentlich aus der Hand gegeben.

In Berlin zeigte sich Bismarck von den Berichten aus Übersee wenig beeindruckt: »Der Erwerb von Land ist in Ostafrika sehr leicht, für ein paar Flinten besorgt man sich ein Papier mit einigen Negerkreuzen«, so sein bissiger Kommentar. Der Kanzler hielt nicht viel von der »Flaggenkomödie«, die Carl Peters im Osten Afrikas veranstaltete und die dem Deutschen Reich viel Ärger einhandeln könnte. Dennoch gelang es Peters nach seiner Rückkehr in die Reichshauptstadt im Februar 1885 erstaunlich schnell, den Kanzler von der Richtigkeit seiner Unternehmung zu überzeugen. In einer Denkschrift hatte er große Worte für die wirtschaftliche Bedeutung seiner Erwerbungen gefunden und auf das rege Interesse der Konkurrenz an dem Gebiet hingewiesen: »Irgendeine Macht« werde »in nächster Zeit« das Land in Besitz nehmen. Nur einen Tag nach dem Ende der Kongo-Konferenz in Berlin am 27. Februar 1885 stellte Kaiser Wilhelm I. einen Schutzbrief über die Landschaften »Usagara, Nguru, Useguha und Ukami« für die »Gesellschaft für deutsche Kolonisation« aus.

Es war wohl neben innenpolitischen Motiven auch die Aussicht auf ein wirtschaftlich profitables Unternehmen, das Bismarck bewogen hatte, die Zustimmung des Kaisers einzuholen. Nach wie vor aber hatte er nicht die Absicht, das Deutsche Reich direkt an der Koloniegründung in Ostafrika zu beteiligen. Der Kanzler erwartete, dass die Gesellschaft »aus eigener Kraft ein Staatswesen aufrichten« werde, das auch ohne weiteres Engagement aus Berlin funktionieren werde.

Die deutsche Kolonialbewegung ist die natürliche Fortsetzung der deutschen Einheitsbestrebungen.
CARL PETERS, 1885

Mit dem Schutzbrief in der Tasche besaß Peters nun faktisch die Oberhoheit über das gesamte Gebiet, mit nahezu uneingeschränkten Machtbefugnissen. Kanzler Otto von Bismarck indes sollte es bald bereuen, dass er sich auf das

Geschäft mit dem ehrgeizigen Kolonialgründer eingelassen hatte. Denn für Peters war der Schutzbrief die ersehnte Rückendeckung, die er für weiteren Landerwerb in Ostafrika benötigte. Zu diesem Zweck gründete er die »Deutsch-Ostafrikanische Gesellschaft« (DOAG), die weiteres Kapital beschaffen sollte. Selbst der spätere Kaiser Wilhelm II. erwarb Anteilsscheine der Gesellschaft. Doch sämtliche Unternehmungen der DOAG erwiesen sich im Nachhinein als wirtschaftliches Desaster. Und es sollte auch nicht lange dauern, bis es im Schutzgebiet zwischen den deutschen Kolonialherren und den einheimischen Machthabern zu ernsthaften Spannungen kam.

Der Sultan räumt Leutnant Schmidt das Recht ein, über die Einkünfte des Landes zu schalten, und tritt diesem als Vertreter der DOAG sämtliche Souveränitätsrechte ab.
AUS EINEM »ERWERBSVERTRAG« DER DOAG

Denn der Sultan von Sansibar, der in den vergangenen Jahren seinen Einfluss auch auf die Küstengebiete Ostafrikas ausgedehnt hatte, weigerte sich standhaft, innerhalb seines Einflussgebiets die Herrschaft der DOAG anzuerkennen. Carl Peters rief daraufhin das Reich um Hilfe an. Tatsächlich wurde ein deutsches Kreuzer-Geschwader im August des Jahres 1886 in den Hafen von Sansibar entsandt. Drohend richteten die Kriegsschiffe ihre Geschütze auf den Palast des Sultans. Dem Herrscher von Sansibar blieb nichts anderes übrig, als einzulenken und die »Schutzherrschaft« des deutschen Kaisers über die Erwerbungen der DOAG auf dem afrikanischen Festland anzuerkennen.

Mit dieser Kanonenbootpolitik aber band sich das Deutsche Reich enger als zunächst beabsichtigt an seinen Besitz in Ostafrika. Denn Peters und seine Männer schöpften nach dieser Demonstration deutscher Macht ihren Spielraum in Ostafrika bis zur Neige aus. »Erwerbs-Expeditionen« wurden in sämtliche Himmelsrichtungen ausgesandt, die »um sich gefressen haben wie die Wölfe«, so Carl Peters später. Plünderungen, Verwüstungen, Mord und Totschlag begleiteten diese Züge. So wurden die Späher eines Stammes, die sich auf Bäumen versteckt hatten, einfach wie die Spatzen heruntergeschossen. Expeditionsleiter Peters ließ

Said Bargasch, bis 1888 Sultan von Sansibar

Emil von Zelewski, Offizier in Diensten der DOAG, brachte mit seinem Verhalten das Fass zum Überlaufen. Die Einheimischen erhoben sich zum sogenannten »Araberaufstand«.

das kalt. Nachdem er ein Dorf in Brand hatte stecken lassen, bemerkte er nur zynisch: »Als die Adventsglocken in Deutschland zur Kirche riefen, prasselten die Flammen über dem großen Dorf an allen Seiten in den Himmel.«

Das immer größer werdende Gebiet mit den vielen fremdartigen Namen war in Deutschland bald nur noch als »Petersland« bekannt. Es umfasste schließlich eine Fläche von fast einer Million Quadratkilometern und war damit doppelt so groß wie das Deutsche Kaiserreich. Allein, Peters hatte Ziele, die noch viel weiter reichten. Sein größter Traum war die »Schaffung eines zusammenhängenden mittelafrikanischen Kolonialreiches« von der Ost- bis zur Westküste – ein »deutsches Indien«. In Berlin wurde die Situation nüchterner betrachtet. Bismarck wusste, dass der Kolonialbesitz erst dann sicher war, wenn die europäischen Rivalen die deutschen Ansprüche anerkennen würden. Im Oktober 1886 schlossen Deutschland und Großbritannien deshalb ein Abkommen über Ostafrika. Es regelte den Verlauf der Interessensphären zwischen den beiden Großmächten auf dem Festland. Weiteren deutschen Expansionsbestrebungen war damit der Riegel vorgeschoben. Zwar unternahm Peters noch weitere Versuche, Land für das Schutzgebiet zu erwerben. Doch in Berlin stieß er damit auf Granit. 1889 äußert sich der neue Kaiser Wilhelm II. ganz im Geiste Bismarcks über Peters: »Wegen dem dummen Kerl wollen wir keinen Krakeel mit England.« Peters musste seinen Traum vom deutschen Mittelafrika-Reich wohl oder übel begraben.

Der Aufstand der Küstenvölker

In ihrem Schutzgebiet betrieben die Agenten der DOAG die Etablierung ihrer Herrschaft mit Willkür und Brutalität. Sie sahen sich als »Herrenmenschen«, die in ihrem Reich tun und lassen konnten, was sie wollten. Schikanen und die Drangsalierung der Bevölkerung waren an der Tagesordnung. »Ich habe gefunden, dass diesen Völkern nur männliche Energie und gegebenenfalls rücksichtslose Gewalt imponiert«, gab Peters die klare Marschroute vor. Besonders an der Küste beanspruchten seine Leute immer

Sogenannte »Rebellen« warten auf ihre Hinrichtung.

mehr Rechte; sie erhoben Steuern, forderten Zölle und führten eine Meldepflicht ein. Die Stimmung war zunehmend gespannt. Nachdem Emil von Zelewski, ein Offizier in Diensten der DOAG, durch die Entweihung einer Moschee die Einheimischen abermals provoziert hatte, brach im September 1888 der Widerstand offen aus. Ein Anführer des Aufstands erinnerte sich später: Die deutschen Kolonialherren »rissen Flaggen herab und hissten andere auf, gaben uns Befehle und Vorschriften und benahmen sich überhaupt, wie wenn sie die Herren des Landes und wir alle ihre Sklaven seien. Wir sahen der Sache eine Weile zu, dann jagten wir die Weißen einfach fort, wie man übermütige Jungen fortjagt.« In kurzer Zeit brachen die Strukturen der DOAG in der Kolonie vollständig zusammen, fast alle Handelsposten mussten geräumt werden. Nachdem zwei Deutsche von den Aufständischen getötet wurden, erging erneut ein Hilferuf nach Berlin.

Für Kanzler Bismarck kamen der Aufstand und seine Folgen einer Bankrotterklärung seiner bisherigen Kolonialpolitik gleich. Fälschlicherweise hatte er geglaubt, dass private Handelsgesellschaften aus eigener Kraft staatliche Kontrolle ausüben und für Sicherheit und Ordnung in der Kolonie sorgen könnten. Jetzt gab es nur noch zwei Alternativen: entweder die Räumung Ostafrikas – oder Krieg. Obwohl der Kanzler wusste, dass die DOAG-Agenten mit ihrem rücksichtslosen Verhalten allein für den Aufstand verantwortlich waren, entschied er sich für die militärische Option. »Ein vollständiger Rückzug würde ohne Einbuße an politischem Ansehen dem Auslande gegenüber kaum durchführbar sein«, bemerkte hierzu das Auswärtige Amt. Der deutschen Öffentlichkeit hingegen präsentierte man das militärische Eingreifen als Maßnahme gegen den arabischen Sklavenhandel. Aufgrund dieser Alibi-Behauptung erhielten die Unruhen bald die Bezeichnung »Araberaufstand«.

Zu dessen Niederschlagung bewilligte der Reichstag eine Summe von 2 Millionen Mark. Wieder erschien ein deutsches Flottengeschwader vor der Küste Ostafrikas. Doch dieses Mal wurden die Küstenstädte tatsächlich bombardiert, und deutsche Offiziere gingen an Land, um eine Armee aus afrikanischen Söldnern anzuwerben – eine Praxis, die Deutschland von den anderen Kolonialmächten übernahm: Auch Belgien, Frankreich und Großbritannien rekrutierten afrikanische Soldaten für ihre Kolonien. Die Deutschen bevorzugten ehemalige Soldaten der ägyptischen Armee. »Sie kennen nichts als den Soldatenberuf und sind echte Söldner«, so ein damaliger deutscher Offizier.

Der Vorteil einer Truppe aus Afrikanern lag auf der Hand: Ihr Sold betrug nur den Bruchteil dessen, was ein deutscher Soldat im Überseeeinsatz erhalten würde. Die afrikanischen Söldner waren genügsam, kaum anfällig für tropische Krankheiten und vertraut mit Land und

Leuten. Außerdem musste man so nicht den Tod von deutschen Soldaten in die Heimat melden – der afrikanische Soldat starb anonym für Reich und Kaiser. Dass die Mehrheit der Söldner islamischen Glaubens war, wurde von den Deutschen dabei sogar als Vorteil angesehen: Der Islam »arbeitet einer Armee in Bezug auf Führung des Soldaten außerordentlich in die Hand«, so der zeitgenössische Bericht eines Offiziers aus Ostafrika.

Zum Kommandeur seiner Ostafrika-Truppe hatte Reichskanzler Bismarck den preußischen Offizier und berühmten Afrikareisenden Hermann von Wissmann berufen und diesem für die heikle Mission auch weitgehende Handlungsfreiheit eingeräumt: »Sie sind Tausende von Meilen entfernt, stehen Sie auf eigenen Füßen. Ich gebe Ihnen immer nur wieder den Auftrag: Siegen Sie!«

Wissmanns Strategie war so einfach wie brutal: Nicht mit Verhandlungen, sondern allein mit Gewalt könne »den Aufständischen eine gründliche Lehre erteilt und unser in Ostafrika schwer geschädigtes Ansehen wiederhergestellt« werden. Wissmann allerdings ging bei seinen Militäraktionen weit über die Wünsche Bismarcks hinaus. Denn der ehrgeizige Offizier bekämpfte nicht nur den Aufstand an der Küste, er führte auf eigene Faust auch Feldzüge ins ostafrikanische Hinterland durch. »Märsche ins Innere kann ich nicht befürworten«, tadelte Bismarck seinen Kommandeur halbherzig.

Der Donner der Geschütze und das Geknatter von einigen Tausend Gewehren verursachten einen betäubenden Lärm; das ganze Lager war förmlich in Rauchwolken eingehüllt, sodass die einzelnen Truppenteile sich kaum zu erkennen vermochten.
Bericht des Leutnants Freiherr Hugold von Behr, »Kriegsbilder aus dem Araberaufstand in Deutsch-Ostafrika«

Wie brutal dabei die Vertreter der deutschen Staatsmacht im Schutzgebiet die koloniale Ordnung wiederherstellten, hielt ein Offizier der »Wissmann-Truppe« fest. Viele Gefangene des Aufstandes fanden sich vor dem Kriegsgericht wieder: »Ohne Ausnahme wurden diese Halunken von Wissmann zum Tod durch Erschießen oder durch den Strang verurteilt, und nicht allzu gering ist die Zahl derer, die mit ihrem Körper in den Küstenorten den Galgen oder eine Palme geziert haben.« Nach langwierigen blutigen Kämpfen konnte Wissmann im Mai 1890 die vollständige Eroberung der ostafrikanischen Küste nach Berlin melden. Im gleichen Jahr musste die DOAG, die auf ganzer Linie versagt hatte, alle Herrschaftsansprüche an den deutschen Mutterstaat abtreten.

Im Juli des Jahres 1890 schloss das Deutsche Reich mit dem britischen Empire den »Vertrag über die Kolonien und Helgoland«, der später als »Helgoland-Sansibar-Abkommen« berühmt wurde. Deutschland erklärte in diesem Vertrag

Hermann von Wissmann, sitzend links, wurde zum Reichskommissar für Deutsch-Ostafrika berufen.

DAS WELTREICH DER DEUTSCHEN

KOPFJAGD IN OSTAFRIKA

Lothar von Trotha führt eine Einheit der
Schutztruppe gegen die Aufständischen ins Feld.

den Verzicht aller Ansprüche auf die Insel Sansibar und erkannte die britischen Erwerbungen auf dem ostafrikanischen Festland an. Im Gegenzug bestätigten die Briten den deutschen Anspruch auf Deutsch-Ostafrika und traten die bis dahin britische Insel Helgoland an das Reich ab. Die kolonialen Kreise in Deutschland tobten, man hätte ein »Königreich für eine Badewanne« hergegeben. »Die nationalistische und chauvinistische Presse konnte überhaupt nicht verstehen, dass man solche riesigen Gebiete gegen diesen kleinen Felsen in der Nordsee tauschte. Aber im Grunde genommen war das ein sehr vernünftiges Geschäft«, bilanziert dagegen der Historiker Horst Gründer dieses Abkommen heute.

Am 1. Januar 1891 übernahm das Deutsche Reich formell die Herrschaft über das Schutzgebiet – und war damit unwiderruflich an das weitere Schicksal seiner größten Kolonie gebunden: »Ein Territorium, das die Deutschen nur zu einem Bruchteil kontrollierten und von dessen Großteil sie nicht das geringste Wissen besaßen«, urteilt der Historiker Michael Pesek. Bis zu diesem Zeitpunkt hatte das koloniale Abenteuer in Ostafrika den deutschen Steuerzahler bereits satte 20 Millionen Mark gekostet. Ein Fass ohne Boden.

Das Territorium des Schutzgebietes wurde von nun an als deutscher Boden betrachtet, seine Bewohner galten als deutsche Untertanen, ohne allerdings die deutschen Bürgerrechte zu erhalten. »Die Eingeborenen sind Kinder«, so damals ein Jurist in Berlin, »sie müssen erzogen werden, durch Verbote und Strafen.« Tatsächlich verhängte die Kolonialmacht regelmäßig Körperstrafen über ihre Schutzbefohlenen, sie reichten von Schlägen über Kettenhaft bis zur Todesstrafe. Volle Souveränität über das Schutzgebiet besaß nominell der deutsche Kaiser, eine Teilung der Gewalten war in der Kolonie nicht vorgesehen. Doch vor Ort tickten die Uhren anders. Berlin war weit, der amtliche Briefverkehr dauerte Wochen. Als eine Art »Vizekönig« regierte der Gouverneur sein Reich, alle Macht lag in seinen Händen. Es gab kaum ein behördliches Dokument, das in jenen Tagen nicht seine Unterschrift trug.

Gebe ich einem schwarzen Häuptling einen Ochsen, so wird er sofort geneigt sein, mir meine ganze Herde wegzunehmen; gebe ich ihm aber einen Hieb mit der Peitsche, so wird er geneigt sein, umgekehrt mir Ochsen zum Geschenk zu machen. Dies bringt die Sache auf die kürzeste Formel.
CARL PETERS

Gouverneur von Ostafrika, das war ein Posten, der ganz nach Carl Peters' Geschmack gewesen wäre. Doch seine Hoffnungen wurden enttäuscht, Berlin dachte gar nicht daran, dem unberechenbaren Peters dieses Amt zu übertragen. »Die Reichsregierung war sich durchaus der Problematik von Peters' Charakter bewusst. Und hat eigentlich nie den Gedanken weiterverfolgt, ihn eventuell für den Erwerb Deutsch-Ostafrikas später einmal zum Gouverneur für dieses Gebiet zu machen. Im Gegenteil, man war bestrebt, ihn möglichst fernzuhalten. Aber aufgrund der Stellung, die er inzwischen hatte, gerade auch in nationalistischen Verbänden, übertrug man ihm aber die Stellung eines Reichskommissars für das ganze Kilimandscharogebiet«, so Horst Gründer. Es sollte der letzte Akt von Peters' Zeit in Afrika werden.

Der Fall »Hänge-Peters«

In seinem neuen Regierungsbezirk errichtete der neue Reichskommissar eine wahre Schreckensherrschaft: »Übrigens ist Peters halb verrückt. Alles um ihn herum geht krumm vor Hieben. 100 bis 150 sind an der Tagesordnung. Es ist kaum zu glauben, welche Angst die Leute vor Peters und seinen Leuten haben«, so ein ehemaliger Mitarbeiter. Für den Reichskommissar war das Leben der schwarzen Bevölkerung ohne Wert. »Haben Sie schon mal einen Neger getötet?«, pflegte Peters Besucher aus der Heimat zu fragen. Und seiner Schwester gestand er zynisch in einem Brief: »Leider führt mein Weg über Leichen.«

»Mkono wa damu«, Mann mit den blutbefleckten Händen, nannten die Einheimischen den Reichskommissar, der auf seiner Station gleich neben dem Fahnenmast einen Galgen errichten ließ. Horst Gründer hebt hervor, wie stark Peters' kolonialistische Pläne vom Rassismus der Zeit durchdrungen waren: »Die Afrikaner zählten für ihn nicht. Er ging davon aus, dass sie schon immer eine Sklavenrasse gewesen seien und dass man sie allenfalls als Muskelarbeiter – Peters hat dieses Wort geprägt – gebrauchen könne. Einmal sprach er sogar von der Subspezies der Afrikaner, was man durchaus mit Untermensch übersetzen könnte.«

Auch persönliche Beziehungen ließen ihn nicht von seiner harten Haltung abbringen. Im

Gegenteil. Als Peters im August 1891 zugetragen wurde, dass seine schwarze Geliebte Jagodja ein Verhältnis mit einem seiner Diener habe, stand für ihn fest: »Eine solche Frechheit verdient die Todesstrafe.« Schnell ließ er ein Gericht zusammenrufen, das den Diener zum Tod durch den Strang verurteilte. Drei Monate später wurde die flüchtige Jagodja von Peters' Häschern gefasst und hingerichtet. Das Dorf, das ihr Schutz gewährt hatte, ließ er niederbrennen: »Gnade Gott meinen Feinden, ich will sie erbarmungslos zertreten.« Peters gefiel sich in der Rolle als Herr über Leben und Tod.

Doch weil sein brutales Vorgehen immer wieder lokale Unruhen in der Region zur Folge hatte, wurde der Reichskommissar schon bald nach seinem persönlichen Rachefeldzug in die Heimat abberufen. Womit die Affäre Peters zunächst als erledigt galt. Niemand wollte unnötig Staub aufwirbeln und den Kolonialkritikern Munition an die Hand geben.

Für ein paar Jahre ruhte der Fall, bis 1896 der prominente SPD-Abgeordnete August Bebel die Ereignisse des Jahres 1891 im Reichstag zur Sprache brachte. Tumultartige Szenen folgten auf die Vorwürfe des SPD-Politikers. Nach Bebels Rede zog der »Kolonial-Skandal« um Carl Peters immer weitere Kreise, in der Öffentlichkeit wurde der Gründer der Kolonie Deutsch-Ostafrika gar als »Hänge-Peters« verspottet. Die Reichsleitung sah sich zu einem Eingreifen genötigt. Strafrechtlich wurde der umstrittene Peters zwar nie belangt, doch zumindest entließ ihn das Auswärtige Amt im Jahr 1897 in einem Disziplinarverfahren wegen »Pflichtverletzung« unehrenhaft aus dem Staatsdienst. Noch vor dem Ausbruch des Ersten Weltkriegs sorgte Kaiser Wilhelm II. allerdings dafür, dass Peters den Titel eines Reichskommissars inklusive sämtlicher Pensionsansprüche wieder zurückbekam.

Carl Peters hatte es geschafft, seinen Namen in die Geschichtsbücher »einzumeißeln«. Aber der erhoffte Ruhm als der Begründer Deutsch-Ostafrikas blieb lange aus. In Deutschland war Peters äußerst umstritten, und im Schutzgebiet machten bald andere von sich reden. Erst zu Zeiten der Nationalsozialisten wurde aus Peters doch noch ein deutscher »Nationalheld«. Für die NS-Ideologen war er nicht nur der »Eroberer Ost-Afrikas«, sondern auch ein geistiger Vorläufer der nationalsozialistischen Weltanschauung. Es sei überraschend zu sehen, so ein Gutachten aus dem Jahr 1938, »wie nahe Peters den Gedanken des Dritten Reichs bereits vor fünfzig Jahren stand«.

Peters hat 1905 einen kurzen Aufsatz geschrieben: »Deutschtum als Rasse«. Darin tauchen schon Begriffe wie »Edelrasse«, »Herrenrasse« und »Herrenmenschen« auf. Sein Ziel war es, diesen Herrenmenschen durch die Kolonien Land zu verschaffen, und zwar auf Kosten der Afrikaner.
HORST GRÜNDER, HISTORIKER

1941 ließ Propagandaminister Joseph Goebbels die Lebensgeschichte von Carl Peters mit größtem Aufwand verfilmen, die Hauptrolle spielte der internationale Ufa-Star Hans Albers. Der Film inszenierte Peters als entschlossenen Kolonial-Pionier, der es nicht nur mit Engländern und Afrikanern, sondern auch noch mit den Bürokraten in Deutschland aufnehmen musste. »Daraus wird etwas«, notierte Goebbels nach einem Besuch auf dem Filmgelände. Als der Film in die Kinos kam und nicht den erwünschten Publikumserfolg brachte, ruderte der Propagandaminister zurück: »Der Film ist nicht gemeistert. Zu viel Leitartikel und zu wenig Handlung.« Peters und Deutsch-Ostafrika, diese Episode der deutschen Kolonialgeschichte war damals offenbar nicht nach dem Geschmack der Kinogänger. Und auch für die Nationalsozialisten rückte das Thema nach dem Beginn des Russlandfeldzugs immer mehr an den Rand, der »Lebensraum« lockte nun im Osten. Trotzdem ist es ein Erbe der NS-Zeit, dass auch nach dem Krieg in vielen deutschen Städten an den umstrittenen Koloniegründer erinnert wird: die Benennung von Straßen und Plätzen nach Carl Peters, dem selbst ernannten Koloniegründer, Rassisten und Mörder.

Kopfjagd in Deutsch-Ostafrika

Die blutige Gründungsphase der ersten Kolonie Deutsch-Ostafrika erscheint wie ein düsteres Vorspiel auf das, was das Schutzgebiet in Zukunft erwarten sollte. Denn schon bald nach der Niederschlagung des »Araberaufstands« sahen sich die Deutschen mit einem neuen Gegner konfrontiert, der ihre Herrschaft wie kein anderer herausforderte: Chief Mkwawa, König des Hehe-Volkes. Er sollte nicht nur den längsten Krieg gegen die fremde Kolonialmacht führen, sondern dem deutschen Kaiserreich auch die größte Niederlage in seiner gesamten Kolonialgeschichte zufügen.

Juli 1891. Tom von Prince, dem jungen englischstämmigen Leutnant, ist es schwer ums Herz, als er am Rufidji-Fluss vom deutschen Expeditionskorps Abschied nimmt. Ausgerechnet jetzt soll er mit seiner Kompanie nach Daressalam zurückkehren, während die anderen sich auf den Kriegszug gegen Chief Mkwawa vorbereiten. Eine beachtliche Streitmacht war zusammengezogen worden, »um diese räuberischen und unbotmäßigen Hehe zu züchtigen«, wie Oberleutnant Emil von Zelewski, der Kommandeur der Schutztruppen, bemerkte – jener Mann, der drei Jahre zuvor den Araberaufstand heraufbeschworen hatte.

Für den Feldzug gegen die Hehe unterstehen ihm 14 deutsche Offiziere und 312 afrikanische Soldaten, die »Askari«, nach dem Kisuaheli-Wort für »Soldaten«. Die Askari stellten gut 90 Prozent der gesamten Kolonialtruppe in Deutsch-Ostafrika. Von den Offizieren wurden sie als »gutes Soldatenmaterial« hoch geschätzt. In der Truppe herrschte preußische Disziplin, ausgiebig wurde exerziert, die Kommandosprache war Deutsch.

»Noch einmal besichtigte Zelewski sein ureigenstes Werk, und sein Auge glitt stolz über die strammen Reihen«, berichtete von Prince über das Expeditionskorps. Zelewskis Truppen sind mit zwei leichten Feldgeschützen sowie zwei Maschinengewehren ausgestattet. Dreißig Maultiere schleppen die schweren Läufe, die Lafetteile und die Munition. Dazu kommen 200 Träger für den Transport der Vorräte, Zelte und Ausrüstung. Die Expedition ist mit einer Vollständigkeit und Sorgfalt ausgerüstet worden wie keine andere zuvor. Als die Karawane sich zum Aufbruch bereitmacht, wendet Prince sich noch einmal an den Kommandeur: »In einer plötzlichen Aufwallung fragte ich ihn, ob er mich nicht doch lieber mitnehmen wolle.« Aber Emil von Zelewski gibt sich siegessicher: »Es geht nicht, lieber Prince. Wir werden schon allein fertig werden mit den Kerls. Sie haben ja nicht einmal Gewehre, bloß Schild und Speer.«

DAS WELTREICH DER DEUTSCHEN

KOPFJAGD IN OSTAFRIKA

Ein Askari der deutschen Schutztruppe verabschiedet sich von seiner Familie.

Der junge Leutnant muss sich fügen. »Noch einen Schluck Kognak, noch einen Abschiedshändedruck vorm Zelt«, dann bricht das Expeditionskorps auf. Was die Männer damals nicht ahnen: Sie würden sich nicht wiedersehen, Zelewski und die meisten seiner Soldaten würden den Feldzug nicht überleben.

»Unsere Kenntnis dieses Stammes war sehr gering«, räumte Tom von Prince später ein. Dabei war das Bantuvolk für ihren Stolz und Mut in Ostafrika berühmt. Selbst deutsche Offiziere erkannten später ihre Tapferkeit und Opferbereitschaft an. Führer des 50 000 Köpfe starken Stammes war Chief Mkwawa, genannt »der Töter«. Ein Enkel des legendären Hehe-Chiefs, Edmund Mkwawa, erzählte 2009 in einem Interview: »Er vereinte den Stamm der Hehe, führte tapfere Krieger an und war selbst ein Stratege, ein Militärstratege – sehr tapfer und mit großen Fähigkeiten im Kampf.«

Von seinem Volk wurde er verehrt, von den benachbarten Stämmen gefürchtet. Für Joseph Mungi, Ex-Politiker und Urenkel des legendären Chiefs, war Mkwawa ein strenger, aber gerechter König: »In vielerlei Hinsicht kann man sagen, dass er absolut regiert. Doch zugleich war er ein gütiger Herrscher. Sein Volk verehrte ihn, weil er sie gut regierte. Er beschützte sie gegen Angriffe von außen.« Gleichzeitig war der Chief aber auch bestrebt, sein Reich durch Eroberungen zu erweitern. Mit seinen Kriegern fiel er ein ums andere Mal in Nachbargebiete

Chief Mkwawa vor seiner Hütte

höfte angesteckt.« Frauen und Kinder, die nicht geflohen waren, wurden gefangen genommen und an die Küste deportiert.

Die Zivilbevölkerung wurde vor allem durch die Askari bald in Angst und Schrecken versetzt, sie plünderten, vergewaltigten und mordeten – und das alles mit dem Wissen ihrer Offiziere. »Ihre Askari waren gefürchtet wie böse Götter, egal wohin sie auch kamen«, so die Erinnerung eines Afrikaners an die deutschte Kolonialzeit. Doch dann schlugen die Hehe zurück.

ein. Die Deutschen, als die neuen Herren von Ostafrika, wollten das nicht länger hinnehmen. Der Konflikt zwischen den beiden expansiven Mächten war vorprogrammiert.

Emil von Zelewski traf nicht auf Widerstand, als er im Juli 1891 das Gebiet der Hehe erreichte. Mordend und sengend zog er mit seiner Truppe durch das Land. Stolz notierte der Kommandant der Schutztruppen: »Eine befestigte Siedlung mit zwanzig Granaten und 850 Maximpatronen beschossen, am 5. und 6. August 1891 25 Gehöfte den Flammen preisgegeben, sowie am 15. und 16. weitere fünfzig Ge-

> **Mkwawa war im Umgang mit seiner eigenen Bevölkerung alles andere als zimperlich. Er hat seine Leute zu absoluter Loyalität verpflichtet und durch rigide Strafen verhindert, dass sie in irgendeiner Form aus dem Kampfe ausscherten.**
> HORST GRÜNDER, HISTORIKER

Am 17. August 1891 wurde die Marschkolonne der Schutztruppe in der Nähe des Ortes Lugalo urplötzlich aus dem hohen Buschgras von etwa 3000 Kriegern der Hehe angegriffen. Die überraschten Askari versuchten zwar, die Angreifer mit ihren modernen Mauser-Gewehren unter Schnellfeuer zu nehmen, doch nach wenigen Augenblicken waren die Hehekrieger in ihre Reihen eingebrochen und nahmen mit Speer und Schild den Nahkampf auf. Nach zehn Minuten war ein Großteil der Einheit vernichtet, nur die Nachhut konnte entkommen. Oberleutnant Emil von Zelewski blieb mit zehn deutschen Offizieren und 250 Soldaten tot auf dem Schlachtfeld zurück. Den Hehe fielen 300 Gewehre, die Geschütze und MGs in die Hände. »Mkwawa hatte einen Plan entworfen, der ihm alle Ehre macht«, zollte Tom von Prince später dem Hehe-Chief Respekt. Doch auch die Afri-

DAS WELTREICH DER DEUTSCHEN

KOPFJAGD IN OSTAFRIKA

kaner hatten bei dem Überfall auf die Zelewski-Expedition viele Tote zu beklagen, die Schätzungen schwanken zwischen 250 und tausend gefallenen Hehekriegern.

»Eine Hiobspost aus Deutsch-Ostafrika«, titelten die Zeitungen in Deutschland, nachdem die Nachrichten aus dem Schutzgebiet in Berlin eingetroffen waren. Die Niederlage gegen die »unzivilisierten Wilden« wurde als nationale Schande angesehen, Chief Mkwawa als »Räuberhauptmann« geschmäht und zum »Reichsfeind« ausgerufen. Auch Tom von Prince war schockiert, als ihn die Trauernachricht über das Ende des Expeditionskorps erreichte. Seine Gefühlslage in jenem Augenblick beschrieb er später so: »Der dumpfe Schmerz um die verlorenen Kameraden und der brennende Wunsch, mit den Hehes abrechnen zu können.«

Als neuer Befehlshaber für das Gebiet der Hehe führte Tom von Prince von nun an seinen persönlichen Krieg gegen Chief Mkwawa. Es sollte ein sieben Jahre langer, zäher und zermürbender Kampf werden. Leutnant Prince ging dabei aber kalkulierter als Zelewski vor – und er nahm sich Zeit. Systematisch wurde das Gebiet der Hehe in den nächsten Jahren durch den Bau von Militärposten eingekreist. Kleine Expeditionen verwüsteten immer wieder das Umland, während an der Küste neue Rekruten ausgebildet wurden. Drei Jahre lang bereitet

Die Askari (linke Seite unten) waren mit modernen Waffen ausgestattet, während sich Mkwawas Krieger mit Speer und Schild zur Wehr setzten.

Die Schlacht von Lugalo geriet für Emil von Zelewski und seine Truppen zum Desaster.

Im Oktober 1894 rückte das neu aufgestellte deutsche Expeditionskorps gegen Iringa vor. Mkwawa, der auf die Stärke seiner Befestigungen vertraute, spielte den Deutschen in die Hände. »Wir hatten damit außerordentliches Glück!«, erinnerte sich von Prince. Hätten die Hehe ihre bewährte Hinterhalts- und Guerillataktik angewandt, so mutmaßte der Offizier, wäre die Schutztruppe wohl in ernsthafte Bedrängnis geraten. »So aber gab uns Mkwawa die Gelegenheit zu einem immerhin großen Schlage.«

Mit der Artillerie wurde die Festung Iringa zunächst sturmreif geschossen, dann griffen die Askari unter dem Kommando von Prince' an. »Als sie die Festung bombardierten, wollten die Kämpfer der Hehe vor den Granaten flüchten. Sie fragten ihren Chief Mkwawa sogar, ob sie fliehen dürften, aber er verweigerte es«, erzählt Edmund Mkwawa. Nach einem erbitterten Häuserkampf fiel Iringa am 30. Oktober 1894.

sich die Schutztruppe darauf vor, Mkwawa in seiner Hauptstadt Iringa anzugreifen. Der Hehe-Chief hatte seine Residenz zur stärksten Festung des Landes ausgebaut. Hinter vier Meter hohen Steinmauern erwartete er die Invasoren – ein verhängnisvoller Fehler.

Doch die Freude über den Sieg währte nur kurz. »Iringa war eingenommen. Aber wo ist Mkwawa?«, notierte Tom von Prince. Der Hehe-Chief war mit einem großen Teil seiner Kämpfer durch eine Lücke im deutschen Belagerungsring entkommen; damit war ein wichtiges

Ziel des deutschen Feldzugs verfehlt. Leutnant Prince nahm mit seinen Askari die Verfolgung auf. Bei ihrem Marsch durch das Gebiet der Hehe kamen sie auch an jener Stätte vorbei, an der drei Jahre zuvor die Zelewski-Expedition ausgelöscht worden war. Tom von Prince berichtete: »Das Erste, was wir nun sahen, war ein Schädel auf einem Stock am Wege, ein großer Schädel, Plomben in den Zähnen, starke, hohe Nasenwurzel.« Von Prince war überzeugt davon, dass es sich bei dem Fund um die sterblichen Überreste des Kommandeurs Emil von Zelewski handeln musste.

Der Kriegsschauplatz war übersät von den Knochen der gefallenen Kämpfer – beider Seiten: »Rechts von unserem Wege lagen Schädel und Skelettteile der Hehe. Links vom Wege lagen in überwiegender Mehrzahl unsere Toten.« Der Kommandeur ließ die Gebeine einsammeln und vor Ort einen Grabhügel für die Gefallenen errichten. Während das Horn zum Abschied blies und die Soldaten drei Salven abfeuerten, stiegen in Prince Bilder aus der Vergangenheit auf. Er fühlte noch einmal »den letzten Händedruck Zelewskis«, dann nahm er den Schädel des Gefallenen »in ernster Weihestimmung« an sich, um ihn später Zelewskis Hinterbliebenen zu überreichen. Doch auf dem weiteren Marsch ging er verloren.

Chief Mkwawa indes gab sich nach der Niederlage von Iringa keineswegs geschlagen. Mit Überfällen auf deutsche Stationen und Kolonnen wollte er die Invasoren systematisch zermürben, offene Feldschlachten hingegen mied er. Die Deutschen wiederum, die überall Militärstationen errichtet hatten, schickten nun verstärkt Patrouillen aus. Es folgten Jahre des blutigen Kleinkriegs. »Nichts ist schlimmer als ein langer afrikanischer Krieg«, klagte Tom von Prince. Verhandlungen zwischen den beiden Kriegsparteien scheiterten immer wieder, zunehmend radikalisierte sich der Kampf, Gefangene wurden regelmäßig erschossen.

Auf Chief Mkwawa setzten die Deutschen ein Kopfgeld in Höhe von 2000 Dollar aus. Die Schutztruppen verwüsteten Felder und Siedlungen, nahmen Frauen und Kinder als Geiseln, »das wirksamste Mittel in so einem Negerkrieg«, wie ein deutscher Offizier bemerkte. Auf solche Weise gelang es von Prince mit seinen Truppen, das Land seines Erzfeindes Stück für Stück zu erobern.

> **Der Jubel, der unsere kleine Welt hier erfüllt, kennt keine Grenzen. Europäer, Soldaten und Eingeborene, einmütig feiern sie alle Tom als den Führer, durch dessen Umsicht und Tatkraft der Mkwawafeldzug nun endlich beendet ist.**
> MAGDALENA VON PRINCE, »EINE DEUTSCHE FRAU IM INNERN DEUTSCH-OSTAFRIKAS«

»Diese Hehe haben ihre Vernichtung gewollt«, hielt Magdalena von Prince im Januar des Jahres 1897 in ihrem Tagebuch fest. Die Ehefrau des Schutztruppen-Offiziers war im Jahr zuvor nach Ostafrika gekommen und hatte ihren Mann auch in das umkämpfte Gebiet der Hehe begleitet. »Sie war für Tom einfach das Wichtigste im Leben«, glaubt Ilse von Prince, die mit einem Enkel des Paares verheiratet ist. Die Liebe sei für den Offizier auch der Hauptantrieb gewesen, überhaupt erst nach Ostafrika zu gehen: »Tom wusste, dass er zu Ruhm und Ehre kommen musste, um von seinem Schwiegervater anerkannt zu werden. Um dieses Ziel zu erreichen, hat er keine Anstrengung, keine Mühe gescheut.«

Nach Jahren des erbitterten Kampfes erlahmte der Widerstand Mkwawas langsam, immer mehr Hehe-Kämpfer streckten die Waffen. Von den meisten seiner Anhänger verlassen, schwer krank und von der Schutztruppe gnadenlos gehetzt, schoss sich Mkwawa am 19. Juli 1898 eine Kugel in den Kopf, kurz bevor eine deutsche Patrouille ihn stellen konnte. »Nach vier Jahren des Versteckens war er wohl einfach müde geworden«, so Edmund Mkwawa. »Und er dachte, dass er lieber sterben wollte, als lebendig in deutsche Gefangenschaft zu geraten, als bedingungslos zu kapitulieren.«

Noch im Tode gönnt dieser mächtigste und tatkräftigste aller Negerfürsten, dessen Antlitz gesehen zu haben sich bisher kein Weißer rühmen kann, seinen Todfeinden nicht den Anblick seines wahren Gesichtes. Er hat sich in den Kopf geschossen, sodass seine Züge entstellt sind.
MAGDALENA VON PRINCE, »EINE DEUTSCHE FRAU IM INNERN DEUTSCH-OSTAFRIKAS«

Als Beweis für Mkwawas Tod übergab man den abgetrennten Kopf des Häuptlings an Tom von Prince. »Endlich! Endlich!«, notierte Magdalena in ihr Tagebuch. »Aus vollem dankbaren Herzen möchte ich es hinausjubeln in alle Welt, die Freudenbotschaft: Mkwawa ist tot!« Tom von Prince wurde für seinen siegreichen Vergeltungszug ausgezeichnet und zum Hauptmann befördert. »Nun ist sein Name für immer verknüpft mit der Geschichte unserer deutschen Kolonie«, so Magdalena zufrieden.

Von Prince aber hatte mit dem Rachezug gegen die Hehe den traumatischen Untergang der Zelewski-Expedition auf seine Weise verarbeitet: »Erreicht wurde mein lang erstrebtes Ziel erst, nachdem die Gebeine des Elitekorps sieben Jahre im Hehe-Lande gemodert hatten. Erreicht war es erst, als Mkwawa gefallen, seine Dynastie gestürzt war und das hochragende Zelewski-Denkmal von den Höhen Rugaros (gemeint ist Lugalo) den endgültigen Sieg der deutschen Oberhoheit verkündete.«

Die Geschichte des Hehe-Chiefs Mkwawa endete indes nicht mit dessen Tod. Ein Jahr nach Kriegsende schickte von Prince den abgetrennten Kopf des Häuptlings nach Deutschland. Zu jener Zeit keine ungewöhnliche Fracht: Menschliche Schädel aus Afrika wurden von allen Kolonialmächten nach Europa verschifft. Sie sollten im Zeichen der aufblühenden »Rassenlehre« die Verschiedenartigkeit von Afrikanern und Europäern beweisen. Andreas Eckert erläutert das Vorgehen: »Die meisten Wissenschaftler im späten 19. und im frühen 20. Jahrhundert waren der festen Überzeugung, dass es eine Hierarchie zwischen verschiedenen Rassen gibt, und ganz unten auf dieser Rassenskala standen die Schwarzen, die Afrikaner. Die Schädelmessungen waren der Versuch, das zu belegen, auf Englisch würde man sagen: eine self-fulfilling prophecy. Man untersuchte die Größe der Schädel, bestimmte ihre Form und vermaß zum Beispiel die Nase. Aus diesen Daten konstruierte man eine Art Katalog, der zu belegen schien: Afrikaner haben ein besonders kleines Hirn, sind weniger intelligent als andere und sowohl von ihrem Körperbau als auch von ihren Gesichtsformen her noch sehr viel näher an unseren Vorfahren als weiße oder arische Rassen. Was uns heute als gruseliger Katalog rassistischer Vorurteile erscheint, war in dieser Zeit die gängige wissenschaftliche Praxis und etwas, das damals gleichsam die Spitze der Forschung markierte.«

DAS WELTREICH DER DEUTSCHEN

KOPFJAGD IN OSTAFRIKA

»Ein Schutztruppler fotografiert zwei Mädchen«, so die Beschriftung auf der Rückseite des Bildes.

Allein in der Berliner Charité sind heute noch über tausend Schädel aus Ostafrika eingelagert. Die Spur von Mkwawas Haupt jedoch verlor sich nach seiner Ankunft in Deutschland, niemand schien sich für die sterblichen Überreste des großen Hehe-Chiefs zu interessieren. Das sollte auch so bleiben – bis zum Ersten Weltkrieg, als plötzlich die Frage nach dem Verbleib des Häuptlingsschädels ungeahntes Interesse erregte. Großbritannien hatte für die Schützengräben Europas auch Soldaten aus den Kolonien rekrutiert, von denen einige aus dem Volk der Hehe stammten. Als besonderer Siegespreis war ihnen die Rückgabe des Schädels von Chief Mkwawa versprochen worden. Im Versailler Vertrag von 1919 findet sich deshalb in Artikel 246, Absatz 2, der folgende Vermerk: »Der Schädel des Chief Mkwawa, der aus Deutsch-Ostafrika weggenommen und nach Deutschland gebracht wurde, wird der britischen Regierung übergeben.«

In Deutschland wusste allerdings niemand mehr, wo der Kopf des Häuptlings abgeblieben war. Da die Briten aber auf seiner Herausgabe bestanden, erhielten sie aus Berlin kurzerhand »drei Schädel zur Auswahl«. Per Los wurde einer von ihnen für das Volk der Hehe bestimmt und nach Ostafrika geschickt. Für die nächsten drei Jahrzehnte ruhte damit der Fall Mkwawa – um 1953 erneut aufgerollt zu werden.

In jenem Jahr reiste der britische Gouverneur von Tansania in besonderer Mission nach Deutschland. Sir Edward Twining hatte einen Tipp über den Verbleib des »echten« Schädels erhalten und glaubte, im Bremer Kolonialmuseum fündig geworden zu sein: Dort befand sich ein Schädel mit passendem Einschussloch. Dass die Gebeine, die im Museum aufgewahrt werden, vornehmlich von deutschen Friedhö-

fen stammten, störte den Gouverneur nicht weiter. Er übergab den Nachkommen des Hehe-Führers den Schädel, der heute in einem gläsernen Schrein in Iringa verwahrt wird. Der »Sieger von Lugalo« gilt im heutigen Tansania als großer Held des antikolonialen Widerstands, zahlreiche Plätze und Straßen sind nach Mkwawa benannt, seine vermeintlichen sterblichen Überreste werden wie eine Reliquie verehrt. »Er ist ein Freiheitskämpfer. Fremde kamen und drangen in sein Territorium ein. Er musste sich einfach verteidigen. Er entschied, sich nicht zu unterwerfen, bevor er nicht bis zum bitteren

Aufnahmen wie diese dienten neben Schädelvermessungen dazu, sozialdarwinistische Theorien zu untermauern.

Ende gekämpft hatte«, begründet Edmund Mkwawa die besondere Bedeutung des legendären Hehe-Chiefs für die ostafrikanische Geschichte.

»Erziehung zur Arbeit«

Nach dem Sieg über die Hehe 1898 fühlten sich die Deutschen endgültig als die Herren über Ostafrika, das nun als befriedet galt. Tatsächlich kaschierte der militärische Erfolg nur die Schwäche der kolonialen Macht. Denn auch wenn Deutsch-Ostafrika als die »wertvollste« unter den deutschen Kolonien angesehen wurde, versuchte das Reich die Ausgaben für das Schutzgebiet so gering wie möglich zu halten. Die Folge war eine »Herrschaft des Mangels«, so der Kolonialforscher Michael Pesek: ein Mangel an finanziellen, militärischen, wirtschaftlichen und personellen Ressourcen. Um das Jahr 1900 waren lediglich 415 deutsche Beamte und Offiziere damit betraut, über acht Millionen afrikanische Untertanen zu verwalten und zu kontrollieren.

Eine zusätzliche Festigung ihrer Macht und die gleichzeitige Legitimierung ihrer hegemonialen Bestrebungen in Übersee erhofften sich die europäischen Nationen durch die sogenannten »Zivilisierungsmissionen«. In kleinen Schritten sollten die Einheimischen langsam an die Grundlagen europäischer Kultur herangeführt werden. Vor allem die Kirchen taten sich hierbei hervor, zahlreiche christliche Prediger strömten in die Kolonien und errichteten dort Missionsstationen. Über die wichtige Rolle der christlichen Sendboten bei der Kolonisierung auch Deutsch-Ostafrikas urteilt der Historiker Andreas Eckert: »Die Missionare waren eine zentrale Gruppe, weil sie als Vorreiter und Pioniere fungierten. Sie gelangten als Erste in bestimmte Regionen und sorgten dort für eine gewisse Infrastruktur, indem sie Kirchen und Gemeinden errichteten, aber auch die Schulbildung der Einheimischen übernahmen. Und, das darf man nicht vergessen, die christlichen Missionare waren auch im Handel tätig. In gewisser Weise waren die Missionsgesellschaften in den Kolonien die ersten multinationalen Unternehmen der Zeit; sie waren über die ganze Welt verstreut und hervorragend vernetzt, auch in der Kolonie Deutsch-Ostafrika.«

Schulhaus deiner deutschen Missionsschule in Deutsch-Ostafrika.

Die Patres der Missionsgesellschaften sahen es als ihre vordringlichste Aufgabe an, die »Wilden« zunächst zu zivilisieren und den »Ungläubigen« das Evangelium anzutragen. Dass sie um das Wohl ihrer Schützlinge besorgt waren, zeigt dieser Bericht eines Missionars: »Ich halte es für eine Pflicht der Mission, auch gegen die Gewalt der Akiden (von den Deutschen berufene Ortsvorsteher) und Häuptlinge anzukämpfen, weil diese oft ungerecht und gewalttätig sind.«

Der Kontakt von Europäern und Nichteuropäern hat bis heute zu einer tiefen Verunsicherung der nichteuropäischen Kulturen und Ethnien geführt.
HERMANN JOSEPH HIERY,
HISTORIKER

Auf den Segen Gottes und auf kolonialen Eifer setzte indes auch Tom von Prince. Er hatte bis 1900 Dienst in der Schutztruppe geleistet, dann reichte er seinen Abschied ein. Von wenigen Deutschland-Urlauben unterbrochen, verbrachten er und Magdalena die nächsten Jahre auf dem afrikanischen Kontinent. Die Kolonie war ihre neue Heimat geworden. Für die Zukunft hatten Tom und seine Ehefrau sich ein neues gemeinsames »Lebensziel« gesetzt, wie Magdalena im Januar 1900 in ihr Tagebuch notiert: »Als deutsche Landwirte in friedlichem Wettstreite an unserem Teil mitzuarbeiten an der wirtschaftlichen Erschließung unseres deutschen Afrika. Dazu wolle Gott uns seinen Segen geben!«

Missionare sorgten nicht nur für die Verbreitung des Evangeliums, sie übernahmen vielfach auch die Schulbildung.

Tom und Magdalena von Prince inmitten einer Gruppe deutscher Offiziere der Schutztruppe.

Sechs Jahre später im Farmhaus der Princes: Der schwarze Küchenboy serviert Kaffee, während Magdalena am Schreibtisch sitzt und schreibt. Die Wände des Arbeitszimmers sind mit Löwenfellen und zahllosen Geweihen dekoriert, die Sitzbezüge der biederen Eckbank sind aus Leopardenfell. Beim Blick aus dem großen Fenster präsentiert sich Magdalena ein idyllisches Bild: Ihre beiden Söhne, bekleidet mit schicken Matrosenanzügen und Tropenhelmen, spielen mit den Katzen und jagen den Hühnern hinterher, auf der Leine flattert blütenweiße Wäsche im Wind. Magdalena von Prince verfasst einen Artikel für eine deutsche Monats-Revue, in dem sie davon berichtet, wie es ihr und ihrem Gatten als »friedliche, betriebsame Pflanzer« in den letzten Jahren ergangen ist. Nicht weit vom Kilimandscharo, in den Bergregenwäldern von Usambara, hatte der ehemalige Schutztruppen-Offizier von der Kolonialregierung Land erworben. »Die Schönheit unserer neuen Heimat überraschte«, so Magdalena in ihrem Bericht. »Die Fülle der Naturherrlichkeiten, die sie bietet, und die wunderbar ozonreiche Luft, die das Höhenklima auch hier mit sich bringt, begeisterten mich förmlich.« Aufgrund des angenehmen Klimas und der fruchtbaren Böden, so erklärt sie ihren Lesern, ließen sich die deutschen Siedler in Ostafrika bevorzugt in der malariafreien Region der Usambara-Berge nieder. »Das Land selbst ist ja noch spottbillig.« Was sie nicht erwähnte: Oft erhielten Siedler jene fruchtbaren Ländereien, die man zuvor der einheimischen Bevölkerung abgenommen hatte. Gegen eine niedrige Entschädigung konnte der koloniale Staat Land konfiszieren und an deutsche Interessenten weiterverkaufen. Die Einheimischen wurden nach ihrer Enteignung auf schlechtere Böden abgedrängt.

Wozu sollen wir den Neger erziehen? Meine kurze und bündige Antwort lautet: zur Arbeit für uns.
Ludwig Külz, Kolonialarzt

Um 1905 lebten gerade einmal 180 Siedler in Ostafrika. Erst später sollte sich das Schutzgebiet zu einem »Mittelding zwischen Siedlungskolonie und Plantagenkolonie«, so Horst Gründer, entwickeln. Für den Export nach Europa wurden in großflächigen Monokulturen tropische Produkte angebaut: Kautschuk, Sisal, Kaffee, Sesam, Reis, Erdnüsse und Datteln, später auch Baumwolle. Magdalena und Tom von Prince errichteten auf ihren neuen Besitzungen eine Plantage für Kaffee. Bäume wurden gefällt, Hütten, Scheunen und Speicher erbaut, für die Dame des Hauses ließ man Apfelbäume pflanzen, auch Gemüsebeete wurden angelegt. Für die Plantage mussten weite Flächen gerodet und niedergebrannt werden, »oft ist die ganze Anlage in einen dicken, dichten Rauch gehüllt«, so Magdalena. Riesige Schneisen wurden in die Landschaft geschlagen. Für den Schutz der Um-

DAS WELTREICH DER DEUTSCHEN

KOPFJAGD IN OSTAFRIKA

Koloniale Pracht – die Inneneinrichtung des Hauses von Tom und Magdalena von Prince.

welt fehlte jedes Verständnis, jahrtausendealte Wälder fielen dem Kahlschlag zum Opfer.

Natürlich war ein solches Großprojekt nur mit der Hilfe vieler Arbeiter zu bewältigen. »Die Arbeiterfrage gibt es ja auch in Ostafrika, wenn sie auch anders gestaltet ist als im lieben alten Deutschland«, erklärte Magdalena von Prince ihren Lesern. Die Mobilisierung einer ausreichenden Anzahl von afrikanischen Lohnarbeitern war schwierig. Kaum jemand nahm freiwillig das schlecht bezahlte Angebot an. Und diejenigen, die kamen, blieben oft nicht lange – was Magdalena auf den »unausrottbaren, zigeunerhaften Wandertrieb des Afrikaners« zurückführte. Sie schien dabei völlig zu ignorieren, dass in vielen Teilen Afrikas die Feldarbeit traditionell von den Frauen verrichtet wurde. Wie die meisten Europäer gab Magdalena sich damit zufrieden, ihre Vorurteile bestätigt zu sehen. Stereotype über die »Faulheit« des Afrikaners wurden so genährt, betont die Afrikanistin Marianne Bechhaus-Gerst: »Man hat sich gar nicht mit der Frage auseinandergesetzt, warum die Afrikaner nicht auf den Plantagen arbeiten wollten, sondern hat das automatisch aus der Perspektive der Zeit als Zeichen von Faulheit interpretiert. Man hat nicht sehen können oder wollen, dass die Afrikaner durchaus wussten, auf was sie sich bei dieser Arbeit einlassen würden, und sie aus diesen Gründen auch verweigerten.« Ohne billige einheimische Arbeitskräfte war jedoch an profitable Geschäfte auf den Plantagen nicht zu denken. Auch wenn sich die Regierung von Deutsch-Ostafrika offi-

Im »Strafkatalog« der Kolonien fanden sich unmenschliche Maßnahmen wie die Kettenhaft, auch die Todesstrafe wurde immer wieder vollzogen.

ziell die Abschaffung der Sklaverei auf die Fahnen geschrieben hatte, etablierte sich in der Kolonie neben der Lohnarbeit deshalb auch eine neue Form von Fronarbeit. Das System war einfach: Mithilfe von Steuern, etwa einer Hüttensteuer, die die Einheimischen zu entrichten hatten, wurden nicht nur die Verwaltung und Armee der Kolonie finanziert. Da die Steuer in bar entrichtet werden musste, konnte die einheimische Bevölkerung bei fehlender Zahlung zur Arbeit auf den Plantagen gezwungen werden. Ein Missionar berichtete, wie eine solche Steuereintreibung vor sich ging: »In einer Siedlung wurden zehn Frauen als Geiseln genommen und von den Askari geschändet, weil der Clanführer die Steuer noch nicht bezahlt hatte. Männer wurden in die Sklavengabel geworfen und auch nachts nicht befreit. Zwei fliehende Männer wurden erschossen.«

Es waren solche Methoden, mit denen die Männer zur Arbeit auf den Plantagen gezwungen wurden. Eine Arbeit, die hart und gefährlich war. Für das Herrenhaus der Princes wie für zahllose andere mussten die Arbeiter in Steinbrüchen schuften, um Baumaterial zu beschaffen. »Zum Steinschlagen jedoch hatten die Neger merkwürdigerweise weder Neigung noch Fähigkeit«, wunderte sich Magdalena über den fehlenden Eifer. Beim Fällen der riesigen Bäume gab es immer wieder Unfälle, Verletzungen, selbst Todesfälle waren an der Tagesordnung. »Die erstaunliche Heilhaut des Afrikaners hilft ihm über leichte Verwundungen schnell hinweg«, beruhigte Magdalena ihre Leserschaft in der Heimat. Tatsächlich lag die Mortalitätsrate auf privaten Plantagen bei unglaublichen sieben bis zehn Prozent.

Ein gewisser Herr Heidemann auf der Plantage Moa erzählte mir, dass er selbst in einer Gerichtsverhandlung freigesprochen wurde, in welcher ihm zur Last gelegt war, einem Neger ... zwei Rippen eingeschlagen, den Arm ausgerenkt und zum Überfluss noch unzählige Peitschenhiebe auf den nackten Körper appliziert zu haben. Herr Heidemann fand seine Freisprechung ganz selbstverständlich.
Rudolf Hofmeister, »Kulturbilder aus Deutsch-Ostafrika«, 1895

Freimütig eröffnete Magdalena von Prince ihren Lesern auch, wie die Plantagenbesitzer unter solchen Bedingungen die Disziplin der afrikanischen Arbeiter aufrechterhielten: »Geschlagen darf nur bei grober Frechheit gegen den Weißen werden: Dann ist ein schneller Schlag allerdings meiner Ansicht nach unentbehrlich und von bester Wirkung.« In Deutsch-Ostafrika war das ein fester Bestandteil kolonialer Wirklichkeit. Jeder Europäer hatte eine weitgehende Befugnis zur »Disziplinargewalt«, die Einheimischen waren ihnen recht- und schutzlos ausgeliefert. Über die noch wenig erforschte Rolle der europäischen Frauen in den Kolonien urteilt Bechhaus-Gerst: »Im Rahmen ihrer Möglichkeiten haben sie auf unterschiedlichen Ebenen genauso Gewalt ausgeübt wie ihre Männer.«

Die »Erziehung zur Arbeit« setzten die Deutschen vor allem mit repressiven Maßnahmen durch, sei es die Prügelstrafe oder das Halseisen. Der Jurist Paul Bauer räumte im Jahr 1905 in einer Schrift über die »Strafrechtspflege in den Schutzgebieten« ein, »dass ohne Zwangs- und Zuchtmittel gegen den farbigen Arbeiter jede Bodenkultur im Schutzgebiete unmöglich wäre«. Ein Plantagenarbeiter erinnerte sich an die Zustände: »Während der Feldarbeit wurde viel gelitten. Wir, die Zwangsarbeiter, standen in einer Linie auf dem Feld. Hinter uns war der Aufseher, dessen Aufgabe es war, uns auszupeitschen.« Gegen »widerspenstige« Arbeiter kam in der Regel die sogenannte Kiboko zum Einsatz. Die ein Meter lange Nilpferdpeitsche riss tiefe Löcher in die Haut und verursachte oft Geschwüre, Eiterungen und Blutvergiftungen. »Dieser berühmte Ausspruch ›einen für den Kaiser‹, also noch einen Peitschenhieb extra zu den 25, die man ohnehin bekam als Bestrafung, wurde gleichsam das Symbol kolonialer Gewalt und Ausbeutung«, so Andreas Eckert. Nach mehreren Todesfällen durch den Einsatz der Kiboko entbrannte im Deutschen Reich zwar eine Debatte über Vorzüge und Nachteile der Peitsche als Prügelinstrument – für Horst Gründer eine »Perversion von kolonialem Bürokratismus«. In einer Verfügung des Gouverneurs in Daressalam wurde die Kiboko dennoch sogar offiziell zum »Züchtigungsinstrument« in der Kolonie bestimmt. Wen will es da noch verwundern, dass viele Arbeiter den einfachsten und effektivsten Weg des Widerstandes wählten: die Flucht?

Im Frühjahr 1905 verschärften die deutschen Kolonialherren die Bestimmungen weiter: Ein Jagdverbot für Einheimische wurde verfügt, eine Biersteuer erlassen, und die Hüttensteuer wurde durch eine Kopfsteuer abgelöst, mit der sich die Abgabenlast und damit zumeist auch die Verschuldung der Afrikaner um ein Vielfaches erhöhte. Eine »Verordnung betreffend der Heranziehung der Eingeborenen zu öffentlichen Arbeiten« zwang schließlich die Einheimischen, unentgeltlich für öffentliche Bauprojekte zu arbeiten. Jahrzehnte nach dem Ende der deutschen Herrschaft erinnerte sich ein Afrikaner: »Als die Deutschen kamen, war die Sklaverei zwar vorbei, aber der Schwarze Mann wurde genau so behandelt, wie die Sklaven behandelt worden waren.«

Magdalena von Prince gab sich am Ende ihres Artikels zuversichtlich, in der Heimat Interesse an der Kolonie geweckt zu haben: »Ich hoffe und ich glaube es bestimmt, unsere Berge werden in nicht allzu ferner Zeit vielen fleißigen deutschen Siedlern eine neue Heimat auf deutschem Boden gewähren.« Was Magdalena jedoch mit keinem Wort erwähnte: In der gleichen Zeit, in der sie ihren Bericht verfasste, wurde in Ostafrika die koloniale Ordnung in ihren Grundfesten erschüttert. Der Unmut über die deutsche Herrschaft, der sich über Jahre angestaut hatte, entlud sich in einer Erhebung, die mit einer der größten Tragödien der deutschen Kolonialgeschichte endete.

Wassertropfen und Maschinengewehre

Im Juli 1905 rissen auf einer Baumwollplantage im Süden des Schutzgebiets afrikanische Arbeiter drei Stauden aus der Erde. Eine symbolische Tat, denn für die Einheimischen war die Baumwolle das Sinnbild für Zwangsarbeit und Ausbeutung durch die Kolonialherren. Doch was zunächst wie eine lokale Arbeitsverweigerung aussah, entwickelte sich in kurzer Zeit zu einem Aufstand. Als Graf von Götzen, Gouverneur in Daressalam, von den Ausschreitungen erfuhr, glaubte er zunächst nur an eine kleine Bauernrevolte. Lediglich einige Polizeieinheiten wurden in das Unruhegebiet entsandt. Doch mit Schrecken musste ein Offizier vor Ort feststellen, »dass ein anderer Geist in die sonst so laschen Schwarzen gefahren war«. Die Unruhen ließen sich nicht so einfach unterdrücken. Im gesamten Süden des Landes ertönten bald die Kriegstrommeln, wie ein Flächenbrand breitete sich der Aufstand in der gesamten Region aus.

Was die deutsche Kolonialmacht allerdings besonders beunruhigte: Erstmals erhoben sich mehrere traditionell verfeindete Stämme gemeinsam. Für die Deutschen kam diese Massenbewegung völlig überraschend. Erst nach und nach begriffen sie, dass es sich um einen gut koordinierten und lange vorbereiteten Aufstand gegen ihre Herrschaft handelte. Für den Kampf gegen den gemeinsamen Gegner hatten die verschiedenen Ethnien Ostafrikas, die Ngoni, die Mbunga, die Pogoro, die Bena und viele andere, ihre traditionellen Gegensätze überwunden.

Doch die Vereinigung der Stämme wäre kaum möglich gewesen ohne eine Heilslehre, die den spirituellen Überbau für den Kampf gegen die Unterdrücker lieferte: den legendären Maji-Maji-Kult.

Das Dorf Ngarambe an den Westhängen der Matumbiberge, Sommer 1904. In der Mitte des Dorfes steht ein Mann, hochgewachsen, mit langen Haaren und gehüllt in ein weißes Gewand, das bis zu den Knöcheln reicht, den Kanzu. Ehrfürchtig umringen ihn die Dorfbewohner. »Er heilt nicht nur mit Medizin«, sagen sie, »er steht in Kontakt mit den höheren Mächten.« Der charismatische Heiler stammt aus dem Volk der Ikemba, das berüchtigt war für seine Magie. Sein Name ist Kinjikitile. Ein Zeitzeuge erinnerte sich: »Kinjikitile übertraf alle anderen Heiler. Er war mächtiger und viel weiser als sie. Er konnte den Leuten geheime Dinge sagen, obwohl er noch ein Neuankömmling in Ngarambe war. Seine Anweisungen waren gut. Er sagte, Ehebruch sei schlecht, da er den Körper schwäche und Gott ihn verurteile. Auch Hexerei sei schlecht und von Gott nicht gewollt. Da riefen die Leute: Oh, dieser Mann hat wirklich

Der Maji-Maji-Kult versprach den Kriegern Unverwundbarkeit durch einen Zaubertrank.

Für den Kampf gegen den gemeinsamen Gegner überwanden die verschiedenen Völker Ostafrikas ihre traditionelle Feindschaft.

eine Verbindung zu Gott, wenn er sogar Hexerei verbietet, ohne die Hexer fürchten zu müssen.« Nach eigenem Bekunden war Kinjikitile »eines Tages morgens gegen neun von einem bösen Geist erfasst« worden. Von diesem Trip in die jenseitige Welt kehrte er mit einer Vision zurück, die sich bald wie ein Lauffeuer im ganzen Land verbreiten sollte.

Kinjikitile versprach die Befreiung von den Unterdrückern, wobei er sich auf einen alten Mythos der Bantu vom Schlangengott Bokero berief. Bokero würde eines Tages, so glaubten viele Afrikaner, aus den Fluten des Flusses Rufiji, dem größten fließenden Gewässer Ostafrikas, entsteigen, um »alles wieder in Ordnung zu bringen, was verdorben ist hier auf Erden«. Kinjikitile sagte einen großen Krieg voraus, auf den paradiesische Zustände folgen würden. Um im Kampf gegen die fremden Besatzer mit ihren modernen Waffen siegreich zu sein, sei er im Besitz eines Wundermittels: Maji-Maji, ein geweihtes Wasser aus dem Fluss Rufiji. Mit diesem Mittel könnten sich die Krieger unverwundbar machen. Wie Wassertropfen würden die Kugeln aus den Waffen der Deutschen von ihren Körpern abperlen, wenn sie die Zaubermedizin zu sich nähmen. Vermischt mit Mais und Hirse sollten die Krieger das geweihte Wasser trinken, über Hände, Brust und Rücken gießen und in kleinen Bambusbüchsen, sozusagen als Reserve, bei sich führen. Als Zeichen ihrer Zugehörigkeit zum Maji-Kult sollten die Krieger um Köpfe Hirsekolben binden, mit denen sie ein durchdringendes Rasseln erzeugen konnten. In alle Himmelsrichtungen entsandte der Prophet Botschafter, um seine Heilslehre zu verbreiten. Kinjikitile ließ einen großen Tempel errichten, zu dem die Gläubigen bald in Scharen pilgerten.

In den später aufständischen Bezirken hat niemand unsere Position für gefährdet angesehen, geschweige denn, dass von irgendeiner Seite eine solche Einmütigkeit unter den Volksstämmen für möglich gehalten worden wäre, wie sie bald in Erscheinung treten sollte.
GOUVERNEUR GUSTAV ADOLF GRAF VON GÖTZEN ÜBER DEN MAJI-MAJI-AUFSTAND 1905

Die Kolonialmacht ahnte lange nichts vom eigenartigen, aber höchst effektiven Treiben des geheimnisvollen Maji-Maji-Priesters. Erst als man einen deutschen Plantagenbesitzer mit gespaltenem Schädel fand, wurden die Behörden in Daressalam aktiv und sandten eilig Hilfstrupps in das Krisengebiet. Der für den Bezirk zuständige Sekretär erkannte nach weiteren Ausschreitungen einen Zusammenhang mit dem ominösen Kult und ließ den Zauberer verhaften und vor ein Kriegsgericht stellen. Über die letzten Worte Kinjikitiles berichtete der Gouverneur: »Der Oberzauberer soll noch kurz vor seiner Exekution geäußert haben, er fürchte sich nicht vor dem Tode. Seine Hinrichtung werde auch nichts mehr nützen, denn seine

Medizin habe schon bis nach Kilosa und Mahenge hin Wirkung getan« – Orte, die Hunderte von Kilometern entfernt lagen. Kinjikitile sollte Recht behalten: Der Maji-Maji-Aufstand ließ sich nicht mehr unterdrücken.

Der Glaube an die Wunderkraft des Zauberwassers vermochte die beim ostafrikanischen Neger völlig neue Erscheinung der Todesverachtung im Kampf zu zeitigen und seine Anhänger mit wildem Fanatismus zu erfüllen.
GOUVERNEUR GUSTAV ADOLF GRAF VON GÖTZEN ÜBER DEN MAJI-MAJI-AUFSTAND 1905

Immer weiter griff die religiös aufgeheizte Bewegung um sich: Über zwanzig ostafrikanische Völker wagten im Sommer 1905 einen Aufstand gegen die Kolonialmacht, auch wenn nicht alle Kämpfer von der Wirkung des Maji-Maji überzeugt waren: »Ich kämpfte gegen die Deutschen, obwohl ich nicht an das Medizinwasser glaubte. Aber es freute mich, gegen die Deutschen aufstehen zu können, weil wir es leid waren, von ihnen unterdrückt zu werden«, so einer der Rebellen. Der August 1905 wurde für die Aufständischen zum »Monat der Siege«: Begleitet von dem gellenden Schlachtruf »Maji, Maji, Tod den Deutschen« gewannen sie die Kontrolle über ein Drittel des gesamten Landes. Doch dann erlitten die Maji-Maji-Krieger einen schmerzhaften Rückschlag.

Am 29. August 1905 rückte eine gewaltige Streitmacht der Stammeskoalition gegen die deutsche Militärstation von Mahenge vor. »Zu vielen Tausenden fanden sie sich aus der Ebene und von den Bergen zusammen, um die verhasste Station niederzuwerfen«, so ein Bericht aus der Zeit. Bis zu 10 000 Krieger waren versammelt – gegen vier Europäer, sechzig Askari-Soldaten und einige Hundert Hilfskrieger auf Seiten der Schutztruppe, die unter dem Befehl des Hauptmanns Theodor von Hassel stand. Der Kommandeur hatte, gewarnt durch die Erfolge der Maji-Kämpfer, die Station zur Verteidigung verstärken lassen. Draht- und Dornverhaue waren angelegt, ein freies Schussfeld geschaffen und Hochstände für die zwei MGs der Schutztruppe errichtet worden. Das Vorfeld der Station hatte Hassel mit bunten Fähnchen abstecken lassen, mit denen die Entfernungen für die MG-Schützen genau angezeigt wurden.

Noch zwanzig Jahre zuvor hätte die Handvoll Verteidiger von Mahenge keine Chance gegen die haushohe Übermacht gehabt. 1885, im Jahr der Kongo-Konferenz, hatte sich das geändert. Damals hatte der Brite Hiram Maxim das erste selbstladende Maschinengewehr der Welt vorgestellt. In den nächsten beiden Jahrzehnten waren die Streitkräfte von mehr als zwanzig Nationen mit dieser modernen Waffe ausgerüstet worden. Das Deutsche Reich hatte 1894 von Maxim die Herstellungslizenz für das MG erworben und damit begonnen, eigene Waffen »Typ Maxim« zu produzieren. Auf den koloni-

Das Oberkommando der Schutztruppe in Daressalam. In der Bildmitte Gouverneur Graf von Götzen.

Gouverneur von Götzen verabschiedet Askari, die gegen die Maji-Maji-Krieger ins Feld ziehen.

alen Kriegsschauplätzen erlangte das MG bald den Ruf einer Wunderwaffe: »Was auch immer passiert, wir haben das Maxim-MG und sie nicht«, hieß es fortan nicht nur bei den Briten, sondern unter allen Kolonialsoldaten der europäischen Länder.

Als die Maji-Maji-Krieger am 29. August des Jahres 1905 in dichten Formationen und mehreren Angriffswellen die deutsche Station von Mahenge angriffen, wurden sie von den zwei Maschinengewehren regelrecht niedergemäht. Der Maji-Zauber hatte sie nicht schützen können. »Oh, so viele Menschen starben an diesem Tag! Denn sie hatten nicht gewusst, was ein Maschinengewehr ist. Sie dachten, dass den Deutschen die Munition ausgegangen sei, und dass sie auf leere Büchsen schlügen, um sie zu verscheuchen«, berichtete später ein afrikanischer Augenzeuge von dem ungleichen Kampf. Während die Schutztruppe nicht mehr als zwanzig Hilfssoldaten verlor, werden die Opfer unter den afrikanischen Kämpfern auf mindestens 600 geschätzt. »Ganze Reihen, ja Berge von Toten konnte ich durch mein Glas auf allen Kampfplätzen erkennen«, so damals Kommandant von Hassel. Das Desaster von Mahenge wurde zu einem Wendepunkt des Krieges. Der Maji-Maji-Kult verlor danach spürbar an Anziehungskraft, zu hart war wohl auch im Vorfeld der Umgang mit Abweichlern gewesen. Wer sich dem Kampf nicht angeschlossen hatte, musste mit dem Schlimmsten rechnen: »Jeder, der sich nicht äußerlich als Maji-Anhänger zu erkennen gab, wurde mit dem Speer getötet«, berichtete ein Afrikaner. Nur sehr wenige Stämme, so etwa die Hehe, verweigerten sich der Maji-Maji-Bewegung ganz. Nach der Niederlage sollte es nicht lange dauern, bis auch die alten Rivalitäten unter den einstmals verbündeten Stämmen wieder aufbrachen.

Nachdem von Götzen in Daressalam das Ausmaß der Erhebung erkannt hatte, forderte er aus Berlin Verstärkung an. Die Schutztruppen verfügten 1905 nur über 200 deutsche Offiziere, 1700 Askari und 660 afrikanische Polizisten. Im September trafen 150 Marineinfanteristen und fünfzig weitere Offiziere in Ostafrika ein.

Nur einen Monat später begannen erste »Strafexpeditionen« gegen die Maji-Maji-Kämpfer. »Nicht auf die Erreichung des Friedens sollte es nun in erster Linie ankommen, sondern auf die Bestrafung der Rebellen, und zwar auf eine schnelle und gründliche Bestrafung«, so stachelte die »Deutsch-Ostafrikanische Zeitung« die Stimmung unter den Kolonisten weiter an.

Das »Kesseltreiben« kann beginnen

September 1905, Daressalam. Der 36-jährige Hauptmann Rudolf von Hirsch schreibt aus der Hauptstadt der Kolonie, »entzückt von den prächtigen Häusern und Palmenkulissen«, einen Brief an seine Eltern. Es sind keine guten Nachrichten, die er in die Heimat sendet: »Die ganze Kolonie brennt an allen Ecken und Enden, niemand hat etwas gewusst. Es soll nun also ein großes Kesseltreiben stattfinden, dessen Anfang und Ende noch nicht abzusehen ist.« Hirsch war einer der Offiziere, die in das Schutzgebiet geschickt worden waren, um den Aufstand niederzuschlagen. Doch mit einem Kampfeinsatz rechnete er im Grunde nicht, da seine Militärstation in einem ruhigen Gebiet lag. Statt Bewährung an der Front erwartete ihn alltägliche Dienstroutine. »Mit dem Schwerterorden wird es wieder nichts«, schreibt Hirsch enttäuscht nach Hause. Denn gerade für viele junge Offiziere war der Kampfeinsatz in Afrika ein besonderer Anreiz. Die Teilnahme an einem erfolgreichen Gefecht versprach eine schnellere Beförderung und Auszeichnungen wie den Roten-Adlerorden am schwarzweißen Bande mit Schwertern. Nicht selten provozierten Offiziere deshalb Konflikte mit der einheimischen Bevölkerung. »Roteadlerjagden«, so nannte ein SPD-Reichstagsabgeordneter diese Art der Militärunternehmen in den Kolonien.

Nach dem Scheitern der ersten massierten Angriffe änderten die Maji-Maji-Kämpfer ihre Taktik und verlegten sich auf einen Guerillakrieg. Waren anfangs nur Vertreter der kolonialen Staatsmacht angegriffen worden, überfielen die Aufständischen nun auch Farmen und christliche Missionsstationen und töteten alle Weißen, die sie antrafen.

Im Januar 1906 erreicht der Krieg auch das Gebiet von Hauptmann Hirsch. »Ich gehe vielleicht sehr ernsten Kämpfen entgegen«, notiert er in einem Brief an seinen Vater. »Der Gegner ist ob all der Erfolge doch sehr groß geworden.« Hirsch berichtet in seinen Briefen von einem »schmutzigen« Kleinkrieg: »Die Stimmung ist beiderseits sehr verbittert, unsere Askari glühen voll Rachedurst. Gestern haben sie zwei hier standrechtlich erschossenen und bereits begrabenen Verrätern nach Wiederausgrabung das Herz herausgeschnitten und gegessen, da

»Mit den Führern der Aufständischen wird jetzt ordentlich aufgeräumt.« Öffentliche Hinrichtung in Daressalam.

vierzig ihrer Kameraden bereits tot und verwundet sind. Es ist gut, dass sie so zornig sind, aber wir sind doch schwer im Nachteil.« In einem weiteren Brief aus dem Februar 1906 kündigt Hauptmann Hirsch seinen Eltern eine »Kriegsexpedition« an: »Also wird es blutiger Ernst werden, da wir sie zwingen werden, sich zu stellen, denn es werden von uns alle Felder vernichtet und die Häuser verbrannt werden, die auf dem Wege liegen. Es gießt in Strömen! Große Regenzeit. Hoffentlich komme ich glücklich durch und verdiene mir auch endlich das schwarzweiße Band.«

Hirsch lässt auf seinem »Streifzug«, wie er es nannte, alle Dörfer dem Erdboden gleichmachen, die Felder zerstören und die Dorfbewohner gefangen nehmen. Insgesamt wurden bei der Strafexpedition 45 Rebellen getötet sowie 224 Frauen und Kinder als Geiseln genommen. Die deutschen Verluste lagen bei lediglich zwei toten Hilfskriegern. Stolz war Hirsch nicht auf seine militärischen Leistungen – in seinem Tagebuch bezeichnete er sich selbst als »Räuber, Mörder, Brandstifter und Sklavenhändler«. Er beruhigte sich mit dem Gedanken, der Krieg sei eben ein »grauenvolles Handwerk«.

Bei dieser Taktik der »verbrannten Erde« handelte es sich um eine Art der Kriegführung, die damals von allen Kolonialmächten angewandt wurde. Die systematische Zerstörung der Lebensgrundlagen galt als probates Mittel, um jeden Widerstand der Kolonisierten zu brechen. Das Kriegsvölkerrecht, das etwa die Schonung von Gefangenen und Zivilisten forderte, wurde nur auf europäische Gegner angewandt, nicht aber auf die Menschen in den Kolonien. Gouverneur Graf von Götzen rechtfertigte diese Strategie später so: »Wie in allen Kriegen gegen unzivilisierte Völkerschaften war auch im vorliegenden Fall die planmäßige Schädigung der feindlichen Bevölkerung an Hab und Gut unerlässlich«, wozu er ganz selbstverständlich auch »das Abbrennen von Ortschaften und von Lebensmittelbeständen« zählte. Die Taktik der »verbrannten Erde« war im relativ stark besiedelten Osten Afrikas besonders wirkungsvoll, denn hier gab es viele Dörfer, bebaute Felder und Vorratshäuser.

> **Es kam schließlich dahin, dass zum Begraben der Toten nicht mehr Anverwandte oder Freunde vorhanden waren. Man konnte vor Leichengestank oft kaum die Dörfer oder die daran vorbeiführenden Straßen passieren.**
> MISSIONAR WILHELM NEUBERG ÜBER DIE NIEDERSCHLAGUNG DES AUFSTANDS

Nicht nur Rudolf von Hirsch bezeugte die brutalen Maßnahmen der deutschen Schutztruppe. »Afrika ist nun einmal im Charakter grausam von Grund aus«, entschuldigte ein deutscher Offizier die rigorose Kriegführung in der Kolonie. Im Dezember 1905 notierte ein anderer Offizier: »Plündern, brennen, Felder verwüsten; Hetze im großen Stil. Hierzu Europäer nicht geeignet, da zu wenig schnell und unbekannt mit Eigentümlichkeiten des Geländes, und weil zu human.« Wieder ein anderer Offizier berichtete: »Meine Askaris waren furchtbar roh mit den verwundeten Feinden. Schonung kannten sie nicht. Gefangene waren nicht gemacht worden.«

Im Berliner Reichstag führte das harte Vorgehen zu äußerst hitzigen Debatten. Einige Abgeordnete der SPD forderten, die »Grundsätze der Humanität« seien unter allen Umständen zu wahren. Ein Vertreter des rechten Flügels im Reichstag dagegen riet von einer schonenden Behandlung dieser »blutrünstigen Bestien in Menschengestalt« ab. In der deutschen Öffentlichkeit indes wurde der Konflikt kaum wahrgenommen. Afrika war weit weg, die Kämpfe und das Morden im Schutzgebiet gingen unvermindert weiter.

Fünf Monate nach Beginn seines Feldzuges konnte Hauptmann Rudolf von Hirsch in die Heimat melden: »Der Gegner ist unterworfen. Es genügte unsere Anwesenheit, ihn zu erinnern, dass Macht vor Recht geht.« Über die Exekution eines gefangenen Rebellenführers unter seinem Kommando berichtete er: »Ich hatte ganz absichtlich dieser Hinrichtung ein recht feierliches Gepräge mit Musik, Gewehr präsentieren und einer großen Rede abgehalten.« Hunderte von Chiefs, fast die gesamte Führungselite der aufständischen Völker, wurden nach

»Die Askari glühen vor Rache«, so Hauptmann Hirsch in einem Brief an seinen Vater.

Während für Tom von Prince, hier mit einem Eingeborenen, die Kolonie zur zweiten Heimat wurde, fieberten Offiziere wie Rudolf von Hirsch ihrer Rückkehr ins Reich entgegen.

dem Ende der Kämpfe hingerichtet. »Mit den Führern der aufständischen Völker wird jetzt ordentlich aufgeräumt, damit diesen Leuten die Lust vergeht, nochmals einen solchen Aufstand anzuzetteln. Schonung darf man nicht kennen«, so ein anderer an der Niederschlagung beteiligter deutscher Offizier.

Mit Genugtuung erhielt Hirsch im Herbst 1906 endlich auch den begehrten Orden. Dennoch wuchsen in ihm die Zweifel an seinem Tun: »Es gibt Schmerzen und Kümmernisse, Leiden und Ekel so furchtbar großer, entsetzlicher Art, wovon sich der normale Mitteleuropäer am warmen Herd zu Hause nichts träumen lässt«, schrieb er nach Deutschland. »Ich habe morgen früh wieder die traurige Pflicht, über ein Menschenleben zu richten. Ich lasse den zweiten gestern ergriffenen Rebellenführer erschießen. Es ist nur schrecklich, schrecklich. Ich bin kriegsmüde und meine Leute auch in höchstem Grade. Ein Jahr leben wir nun schon im Busch, das halten die besten Männer nicht aus auf die Dauer, und meine sind erschöpft. Ich sehne mich dringend nach Erholung. In strömendem Regen gehe ich durch stundenlange Sümpfe nach Tabora zurück. Na, ich hab's satt, und ich möchte noch lebendig nach Hause kommen.«

Anders als etwa für das Ehepaar Prince wurde für Hirsch die ostafrikanische Kolonie nicht zur zweiten Heimat. »Ich bin zu sehr Kulturmensch, um dauernd hier mein Glück zu suchen«, wusste er schon nach einigen Monaten in Afrika. Er erfüllte seine zweieinhalbjährige Dienstzeit, bevor er im Juli des Jahres 1908 für immer nach Deutschland zurückkehrte und seine Laufbahn in der Armee fortsetzte.

Zwischen Rassismus und Pazifismus

Für einen anderen Offizier der Schutztruppe hingegen, den Marineleutnant Hans Paasche, markierte die Teilnahme am Maji-Maji-Krieg einen Wendepunkt in seinem Leben. Den aus großbürgerlichen Verhältnissen stammenden Paasche lockte das Abenteuer, deshalb hatte er sich für eine Karriere in der kaiserlichen Marine entschieden. 1904 war er mit 23 Jahren an Bord des Kreuzers »Bussard« nach Deutsch-Ostafrika gekommen. Das fremde Land beeindruckte den jungen Leutnant sehr: »Ich bin hereingekommen in ein Paradies und will es im Innern festhalten und dem Geschick dan-

DAS WELTREICH DER DEUTSCHEN
KOPFJAGD IN OSTAFRIKA

Symbolträchtig: Der spätere Friedensaktivist Hans Paasche füttert Tauben in einem verlassenen Dorf am Rufiji-Fluss.

ken, welches mir so hohes Glück beschert hat!« Hans Paasche war nicht nur begeistert von der Schönheit des Landes, er war auch ein Kind seiner vom Rassismus erfüllten Zeit. Wie fast alle Weißen sah er die Europäer als die »Herren der niederen Rassen« an. Als der Aufstand 1905 begonnen hatte, war Paasche noch mit Begeisterung ins Feld gezogen. Für ihn waren die Aufständischen anfangs nichts als »schwarze Teufel«. Es war seine Einheit, die am Rufiji-Fluss den weiteren Vormarsch der Maji-Maji-Krieger nach Norden stoppte. Sein Vater, der ihn im Kampfgebiet besuchte, schrieb: »Hunderte von Schwarzen hatten ihr Leben bei den Kämpfen lassen müssen. Mehr als dreißig Neger, die seine sichere Büchse niedergestreckt hatte, konnte mein Sohn, so schmerzlich es ihm natürlich war, selbst auf seine Schussliste setzen.« Paasche ließ Dörfer plündern, Gefangene hinrichten, ja sogar den Einsatz der in Europa geächteten Dumdum-Geschosse zog er in Erwägung. Und auch er erhielt für seinen Einsatz im Maji-Maji-Krieg den Kronenorden und wurde zum Oberleutnant befördert.

Doch früher als Hirsch beschlichen Paasche Zweifel: »Wer gab uns das Recht, auf Menschen zu schießen?« Und weiter notiert er: »Der Krieg bringt uns Menschen in Schwierigkeiten, denen wir nicht gewachsen sind.« Er brachte schließlich sogar Verständnis für die Aufständischen auf, die durch Steuern und Zwangsarbeit zum Widerstand getrieben wurden. »Der Weiße, der ins Land kommt, entheiligt und verwüstet, vernichtet, verschandelt, zerstört, ohne zu wissen. Ich zweifle an dem Wert dessen, was ich bringe, und habe Ehrfurcht vor dem, was ich finde«, so Paasche in seinem Kriegstagebuch. Seine kritische Haltung stieß bei der militärischen Führung nicht auf Gegenliebe. Als er im August 1905 mit den Aufständischen in seinem Einsatzgebiet eigenmächtig Friedensverhandlungen aufnehmen wollte, wurde er vom Oberkommando kurzerhand abberufen und beurlaubt.

Ich denke nicht daran, Menschen und Länder bessern zu wollen, sondern hoffe, selbst besser zu werden im Verkehr mit der Wildnis.
HANS PAASCHE, OFFIZIER DER SCHUTZTRUPPE

Zurück in Deutschland reichte der Oberleutnant 1909 seinen Abschied bei der kaiserlichen Marine ein. Seine Zeit in Afrika sollte Paasche dennoch nicht mehr loslassen. Nach seiner Rückkehr wurde er von Schuldgefühlen geplagt: »Und als ich aus dem Kriege wieder unter Menschen kam, beherrschte mich das Gefühl, ich müsste büßen für jeden Toten, den ich gesehen hatte.« Dem Kolonialismus stand er zunehmend mit Ablehnung gegenüber. Doch nicht nur als Kritiker von Militarismus und Imperialismus war er seiner Zeit voraus. Paasche trat für das Frauenwahlrecht, den Naturschutz und die Friedensbewegung ein. Er wurde ein Idol der Jugend- und Wandervogelbewegung im Kaiserreich.

Überzeugt von der deutschen Schuldlosigkeit am Ausbruch des Ersten Weltkriegs, meldete Paasche sich 1914 dennoch erneut zu den Waffen. Aber schon nach kurzer Zeit gewann seine pazifistische Überzeugung Oberhand. 1916 wurde er »wegen gemeingefährlicher Reden« unehrenhaft aus der Marine entlassen. Im Jahr darauf wurde Paasche, nachdem er einen Aufruf zum Generalstreik verbreitet hatte, des Hochverrats angeklagt. Nur dank seiner familiären Verbindungen – sein Vater war Vizepräsident des Reichstags – entging er der Todesstrafe und wurde stattdessen in eine, wie es damals hieß, Irrenanstalt gesteckt.

Einmal sagte mir in einem Maisfeld ein Sterbender, er und die Toten neben ihm seien fälschlich für Feinde angesehen worden. Das war schrecklich und kennzeichnet den Krieg.
Hans Paasche über den Maji-Maji-Krieg

Von revolutionären Matrosen im Herbst 1918 befreit, publizierte Paasche bald darauf seine pazifistische Schrift »Meine Mitschuld am Weltkriege«, in der er sich auch mit seinen Erlebnissen im Maji-Maji-Krieg auseinandersetzte. Über die Ursache des Aufstands schrieb er:

»Neger lehnten sich gegen die Bedrückung auf, bewaffneten sich und bedrohten die Weißen und ihre Helfer.« Rückblickend wunderte er sich über die unglaubliche Machtfülle, die er als 24-jähriger Offizier in Ostafrika hatte: »Ich war Herr über Provinzen, war selbständiger Feldherr.« Doch es waren die Erinnerungen an die Opfer der Kämpfe, die tiefe Spuren in seiner Seele hinterließen: »Nie werde ich die zerschossenen Menschen in der Sonnenglut zwischen den Pflanzen vergessen. Es ist unsinnig, Menschen zu erschießen und zu erschlagen.«

Paasche war bestürzt über seine Kameraden, die ohne Mitleid ihre persönlichen Ziele verfolgten: »Da lagen nun die blutigen und verstümmelten Leichen; Geier kreisten über den Sandbänken des Stromes, und ein ehrgeiziger Kamerad rief: ›Jetzt ist uns das schwarzweiße Band sicher!‹« Was Paasche aber besonders am Krieg in Ostafrika entsetzte, war, dass die Kommandeure offenbar gar kein vorzeitiges Ende der Kämpfe anstrebten: »Die Möglichkeit, die Unruhen zu beenden, wurde nicht genutzt, wenn dabei die Ehren nicht dem zufielen, der über die militärischen Machtmittel zu verfügen hatte.«

Mit seinen pazifistischen Äußerungen, seinen Vorwürfen gegenüber dem Offizierskorps und seiner Nähe zu linksrevolutionären Kräften im Reich – Paasche war Kranzträger bei der Beerdigung von Rosa Luxemburg im Juni des Jahres 1919 – geriet er ins Visier der extremen Rechten. Am 21. Mai 1920 wurde Paasche von Freikorps-Soldaten der »Brigade Erhardt« auf seinem Gut in der Neumark im heutigen Polen beim Angeln erschossen. »Auf der Flucht«, wie es hieß. Der Oberstaatsanwalt hielt zum Abschluss seiner Untersuchung fest: »Der Tod des Paasche ist auf ein Zusammentreffen nicht vorausehbarer unglücklicher Umstände zurückzuführen, für welche niemand strafrechtlich verantwortlich zu machen ist.«

Die Zeit für Hans Paasche und seine Ideen, die er aus dem Maji-Maji-Krieg in die Heimat zurückbrachte, war noch nicht reif. Kurt Tucholski schrieb unter dem Pseudonym Theobald Tiger über Hans Paasche in der »Weltbühne«: »Wieder einer. Ein müder Mann, der müde über die Deutschen sann. Den preußischen Geist – er kannte ihn aus dem Heer und aus den Kolonien, aus der großen Zeit – er mochte nicht mehr. Er hasste dieses höllische Heer. Er liebte die Menschen. Er hasste Sergeanten. Ein toter Mann. Ein Stiller. Ein Reiner. Wieder einer. Wieder einer.«

Die Kehrtwende nach dem Aufstand

Im Süden von Deutsch-Ostafrika folgte auf den Maji-Maji-Krieg eine Zeit mit zahllosen Seuchen und Hungersnöten. »Kein frohes Leben ist zu beobachten«, bemerkte 1907 ein katholisches Kolonialblatt. Vielerorts waren die sozialen Strukturen zusammengebrochen, die alte Ordnung der Familien, Clans und Stämme war zerstört. Die Missionare berichteten von Erwachsenen, die zu Skeletten abgemagert waren, und von Säuglingen mit aufgedunsenen Bäuchen. Sechzig Jahre nach der Katastrophe erinnerte sich ein Einheimischer: »Menschen starben in Massen, und die Leichen wurden zum Verwesen liegen gelassen, weil niemand in der Lage war, sie zu beerdigen.« Das Land war verheert, ganze Landstriche waren entvölkert. Der amtliche deutsche Jahresbericht 1906/07 bezifferte die Zahl der toten Afrikaner auf 75 000, darunter viele Frauen und Kinder. Auf deutscher Seite wurden 21 gefallene Weiße, 146 Askari und 243 Krieger der »Hilfstruppen« angegeben. Heutige Schätzungen setzen bei mindestens 100 000 Opfern unter der Bevölkerung an und enden bei bis zu 300 000 Toten im Gefolge des Maji-Maji-Krieges.

Die Zahl der hungers Gestorbenen nahm von Tag zu Tag zu, das Elend wurde immer größer. Nur noch Haut und Knochen, schlichen die Menschen umher.
WILHELM NEUBERG, MISSIONAR IN OSTAFRIKA

Die Vernichtungsstrategie der Schutztruppen, im Kampf gegen die Hehe erstmals angewandt, fand in diesem Konflikt sogar noch eine Steigerung – mit traurigem Erfolg. Bis zum heutigen Tag weist das ehemalige Kriegsgebiet gegenüber anderen Regionen Ostafrikas deutliche Entwicklungsrückstände auf.

Für die Afrikaner war der Kampf gegen die Besatzer militärisch auf ganzer Linie gescheitert. Und doch hatte der Maji-Maji-Krieg eine nachhaltige Folge für das Land: Erst der vereinigte Kampf gegen die Fremdherrschaft stiftete unter den Einwohnern Ostafrikas das Bewusstsein einer gemeinsamen Identität. Für den modernen Staat wurde der Maji-Maji-Krieg so zu einem »nationalen Gründungsmythos«, meint die Afrikanologin Felicitas Becker. Und auch der erste Präsident des unabhängigen Tansania, Julius Nyerere, betonte fünf Jahre vor der Unabhängigkeit des Landes vor einem Ausschuss der Vereinten Nationen, dass die tansanische Gesellschaft »in dieser Form ohne die historische Erfahrung dieses Krieges nicht denkbar« sei. Er fand in dem Konflikt eine zu allen Zeiten gül-

Vom Fischerdorf zur »Perle der Kolonie« – die Deutschen wussten die Annehmlichkeiten Daressalams zu schätzen.

tige Lehre: »Die Leute kämpften damals, weil sie nicht an das Recht des weißen Mannes glaubten, die Schwarzen regieren oder zivilisieren zu dürfen.« Nyerere sollte es mit friedlichen Mitteln gelingen, sein Land in die Unabhängigkeit zu führen.

Nach dem endgültigen Sieg der Schutztruppe 1908 war der Weg für die Deutschen frei, um ihre »pax colonialis« dauerhaft und flächendeckend in Ostafrika durchzusetzen. Doch der Krieg hatte auch das Scheitern der bisherigen deutschen Politik offenkundig werden lassen. Kriege wie dieser waren kostspielig, und ein verwüstetes, entvölkertes Land war wertlos. Sollte die Kolonie kein Verlustgeschäft bleiben, musste ein neuer Kurs in Deutsch-Ostafrika eingeschlagen werden. Der Staatssekretär des 1907 in Berlin gegründeten Reichskolonialamtes, Bernhard Dernburg, begab sich im Sommer des gleichen Jahres selbst in die Kolonie. Der ehemalige Bankier wollte sich vor Ort ein Bild von der Situation nach dem Krieg machen. Mit einem großen Gefolge von Experten, Unternehmern und Journalisten erreichte er am 6. August 1907 an Bord der »Feldmarschall« Daressalam. Das einstige Fischerdorf hatte sich unter der deutschen Herrschaft zur »Perle der Kolonie« entwickelt. Einer von Dernburgs Mitreisenden, der Zittauer Textilfabrikant Hermann Schubert, hielt seine Eindrücke beim Einlaufen in den »Hafen des Friedens« fest: »Alles nagelneu, mit roten Ziegeldächern, ein prächtiger Anblick in der Tat. Der Hafen hat im Durchmesser vielleicht 2000 bis 4000 Meter, die Hälfte seines Ufers nehmen Bauten ein, zwei schöne Kirchen, Regierungsbauten, eine kleine Werft, Kasernen, dazwischen Palmen und Mangobäume. Eine Symphonie in Rot und Weiß und Grün.« Daressalam war für seine Ordnung und Sauberkeit berühmt – in mancher Hinsicht. Schubert berichtete denn auch zufrieden, dass die Straßen von »schwarzen Gefangenen, die mit eisernen Halsringen und Ketten zusammengeschlossen sind, sauber gehalten« wurden.

Wie in fast allen kolonialen Städten wurde auch in Daressalam bei der baulichen Neuordnung durch die Deutschen großer Wert auf eine strikte Trennung der Lebenswelten gelegt. Schubert weiter: »Nach Tisch schlief ich und machte dann einen längeren Spaziergang am Strande und durch den großen Naturpark, in dem die Beamtenwohnungen verteilt sind. Ge-

»Schön sauber« – »Negerviertel« von Daressalam

nau Berlin West, in kleinerem Stil mit Palmen, Mango- und Affenbrotbäumen und prächtigen, breiten, wohlgepflegten Wegen.«

Unsere Kolonien müssen ein Denkmal deutschen Fleißes, deutscher Tüchtigkeit und deutscher Kultur werden.
BERNHARD DERNBURG, LEITER DES REICHSKOLONIALAMTES, 1906

Im Europäerviertel, das von allen anderen Stadtteilen deutlich abgegrenzt war, gab es breite, asphaltierte und von Akazien gesäumte Straßen, villenartige Einzelhäuser, eine Apotheke und eine Bank, Hotels, einen Kaufladen, Parks, eine Schule, ein Hospital und eine große Strandpromenade, das »Kaiser-Wilhelms-Ufer«. Selbst mit einer elektrischen Straßenbeleuchtung konnte der Stadtteil aufwarten.

Abgesondert vom Europäerviertel lagen die »Negerhütten« des »Eingeborenendorfes«. Schubert schrieb über dieses Viertel von Daressalam: »Die Straßen sind zwar ungepflastert, aber sauber und breit.« Angelockt von lauten Trommelklängen nahm Schubert eines Abends an einem Fest der Einheimischen teil: »Malerisch war die Szenerie, ein arabischer Dorfplatz, in der Mitte die Musik, im Kreise herum vielleicht achtzig bis hundert tanzende Schwarze, einige hundert schwarze Zuschauer und wir zwei, die einzigen Weißen, das Ganze so harmlos, dass wir uns nicht im Mindesten besorgt fühlten. Vollmond gab es nicht, dafür aber Petroleumlampen an einer mit Fahnen geschmückten Stellage«, berichtet er.

Derlei Kolonial-Romantik konnte sehr leicht über die wahren Verhältnisse hinwegtäuschen. Denn die einheimischen Bewohner von Daressalam waren strengen polizeilichen Verordnungen unterworfen. Es herrschte Ausgangssperre ab zehn Uhr abends, es gab eine Passpflicht und eine Meldepflicht für Krankheiten. Handel fand nur an festgelegten Plätzen statt, auch die Benutzung der Brunnen war für die Einheimischen strikt reglementiert. Lokale Festlichkeiten mussten genehmigt werden. Zugleich wurden die Einheimischen dazu gezwungen, an kolonialen Feiertagen wie etwa dem Geburtstag des Kaisers Besuchern und Kolonisten etwas »vorzutanzen«, was »von den Eingeborenen als großer Zwang empfunden« wurde, wie ein deutscher Beobachter berichtete.

Für Bernhard von Dernburg stand fest, dass ein wesentlicher »Kernpunkt allen Übels« in der schlechten Behandlung der Afrikaner lag. Eine große Reform sollte in Zukunft eine rationalere und humanere Bewirtschaftung des Landes ermöglichen. In Zukunft sollten die einheimischen Arbeiter schonender behandelt werden, da der »wesentliche Schatz des Landes«, so ein Beamter, »die eingeborene Bevölkerung und dessen Eigentum« sei. Dementsprechend sollten sie »durchweg eine sorgsame und pflegliche Behandlung« erfahren.

Bernhard Dernburg, Staatssekretär im Reichskolonialamt, lässt sich von Einheimischen tragen. Im Hintergrund bewaffnete Askari mit der Reichsflagge.

Dernburgs Kurswechsel wurde in der Heimat von manchen belächelt. Zeitgenössische Karikatur mit dem Titel »Die Weihnachtsfeier des kleinen Bernhard«.

Nicht mehr die zahllosen Strafexpeditionen der Offiziere, sondern eine zivile Verwaltung sollte das Verhältnis zu den Einheimischen von nun an prägen. Horst Gründer beschreibt den Kurswechsel so: »Dernburg hat einmal gesagt, nachdem man jahrelang mit Zerstörungsmitteln gearbeitet habe, müsse man jetzt mit Erhaltungsmitteln arbeiten.«

Manche Maßnahmen der Deutschen sollten nachhaltige Folgen haben. So schuf die Nutzung der Küstensprache Kisuaheli in Armee und Verwaltung eine Universalsprache, die in der Region stammesübergreifend verbreitet wurde: »Die Deutschen führten Grammatik und wissenschaftliche Kriterien in die Sprache ein, sie machten sie dadurch erlernbar, sodass es möglich wurde, Kisuaheli als Informations-, Kommunikations- und Ausbildungssprache zu nutzen. Die starke Verbreitung der Sprache gab den Bewohnern ein Medium an die Hand, durch das sie erst eine gemeinsame Identität als Nation ausbilden konnten«, davon ist der Jurist und Politiker Sengondo Mwungi überzeugt. Weitere Reformbestrebungen galten der Plantagenwirtschaft und dem Verkauf von Land an Europäer: Beides wurde eingedämmt. Darüber hinaus begannen die Deutschen damit, die Infrastruktur ihrer Kolonie auszubauen. Entlang der alten Karawanenstraßen wurde ein Schienennetz für die Eisenbahn verlegt, wichtige Voraussetzung für den wirtschaftlichen Aufschwung und die weitere Erschließung des Landes. Telegrafenleitungen wurden errichtet und Straßen gebaut, in den Küstenstädten entstanden Hafenbefestigungen, Schulen und Krankenhäuser. Ansätze einer medizinischen Versorgung, so auch Massenschutzimpfungen gegen die Pocken, und die Unterrichtung in Hygieneregeln sollten die Einheimischen für die »Errungenschaften« der abendländischen Kultur gewinnen.

Der Herr der Fliegen

Wie zweischneidig diese Maßnahmen für die Untertanen in der Kolonie sein konnten, zeigte das Engagement des weltberühmten Wissenschaftlers Robert Koch in Ostafrika. Der Begründer der modernen Bakteriologie sollte eine rätselhafte Seuche bekämpfen, von der Afrika seit der Jahrhundertwende heimgesucht wurde: die Schlafkrankheit. Erste Alarmmeldungen über ihr Auftreten im Osten Afrikas hatten die Kolonialabteilung des Auswärtigen Amtes schon 1902 erreicht. Vor allen Dingen am Victoriasee, im Grenzgebiet zur britischen Kolonie Uganda, waren ganze Landstriche von der Schlafkrankheit betroffen. Wer von ihr befallen wurde, den erwartete ein monatelanges qualvolles Siechtum. Symptome der Seuche waren Gesichts- und Lidschwellungen, der Patient litt an Fieberschüben, Schlaf-, Bewegungs- und Sprachstörungen, schließlich verfiel er in einen Dämmerzustand, der meist mit dem Tod endete. Allein im Jahr 1903 sollen am Victoriasee zwei Millionen Menschen der rätselhaften Krankheit zum Opfer gefallen sein.

Sommer 1906. Robert Koch wirft in seiner Forschungsstation auf einer der Sese-Inseln im Victoriasee einen letzten Blick durch sein Mikroskop, dann tritt er aus dem Zelt nach draußen. Die glühende Mittagshitze schlägt ihm entgegen. Auf der grasbedeckten Behandlungsfläche nutzen die Kranken jedes schattige Plätzchen. Koch ist zufrieden beim Anblick seiner Forschungsstätte. Er hat wirkich alles in die Wege geleitet, um ein Heilmittel gegen die Schlafkrankheit zu finden.

Im Frühjahr 1905, kurz vor Ausbruch des Maji-Maji-Krieges, war er im Auftrag des Auswärtigen Amtes zur Bekämpfung der Krankheit in die Kolonie aufgebrochen. Er sollte auf seiner Expedition den Verursacher der Krankheit finden und ein geeignetes Heilmittel entwickeln. Wobei es nicht nur um humanitäre Gesichtspunkte ging. »Den Eingeborenen, unserem kolonialen Hauptwert, in seiner vollen Leistungsfähigkeit zu erhalten, das ist die vornehmste Aufgabe der Kolonialhygiene«, schrieb damals ein Regierungsarzt im »Deutschen Kolonialblatt«. Die finanziellen Einbußen beim Verlust von »nur« 10 000 Menschenleben durch die Krankheit berechnete der Arzt auf rund »eine Million Mark nur für diese Seuche«.

Nach seiner Ankunft in Ostafrika hatte sich Koch direkt in das Biologisch-Landwirtschaftliche Institut Amani begeben, das in den Usambara-Bergen im Hinterland der Hafenstadt Tanga lag. Das 1902 gegründete Institut war das modernste seiner Art in Afrika und das Zentrum für landwirtschaftliche und botanische Forschungen auf dem Kontinent. Zum Institut gehörte eine Landfläche von 300 Hektar. Hier sollte der größte Botanische Garten der Welt entstehen, Tausende Pflanzen und Bäume aus allen Erdteilen wurden angepflanzt. In Amani gelang erstmals im östlichen Afrika der systematische Anbau von Chinarindenbäumen, aus denen Chinin gegen Malaria gewonnen wurde. Die drei Laboratorien des Instituts waren mit den besten Instrumenten ihrer Zeit ausgestattet. Mit hohem Aufwand hatte Koch hier sein Versuchsprogramm begonnen, zu dem auch die eigene Zucht von Tsetsefliegen gehörte. Denn es war bekannt, dass ein einzelliger Parasit die tödliche Krankheit verursacht – ein Parasit, der durch die Stiche von infizierten Tsetsefliegen auf den Menschen übertragen wurde.

Die Krankheit ist absolut tödlich. Nicht ein einziger Fall ist uns bekannt geworden, dass ein Kranker von selbst genesen wäre. Ganze Dörfer fanden wir ausgestorben; die letzten Bewohner waren meistens geflüchtet.
BERICHT VON ROBERT KOCH ÜBER SEINE EXPEDITION ZUR ERFORSCHUNG DER SCHLAFKRANKHEIT, 1907

1906 hatte sich Koch entschieden, die Forschungen direkt in den verseuchten Gebieten fortzusetzen. Auf den von der Schlafkrankheit schwer getroffenen Sese-Inseln im Victoriasee hatte die deutsche Expedition im August ihr Forschungslager errichtet. Abertausende Blutproben von afrikanischen Patienten wurden von Koch und seinen Kollegen untersucht. »Mikroskopiert wurde in zwei großen, vom deutschen Gouvernement in Daressalam entliehenen Zelten«, erinnerte er sich später. In dem deutschen Lager herrsche eine preußische Ordnung, so Koch: »Gegenüber lag die geräumige grasbedeckte Behandlungsstelle für die Kranken, in der Feldwebel Sacher die Listen führte und den Patienten eine große auf Holz geschriebene Nummer um den Hals hängte.« Besondere Aufmerksamkeit widmeten Koch und sein Team dem Überträger der Krankheit, der Tsetsefliege. »Jeden Morgen in der Frühe zogen die Fliegenboys aus, um gegen Abend ihren Fang heimzubringen, der am nächsten Tage zur Untersuchung kam.« Doch trotz aller Anstrengungen gelang es der Forschergruppe nicht, den Lebenszyklus des Parasiten in den Fliegen nachzuweisen. Der Verlauf der Krankheit blieb weiterhin rätselhaft.

Für die Behandlung der Kranken setzte Robert Koch in erster Linie auf die Verabreichung von »Atoxyl«, einem arsenhaltigen Präparat, das bisher nur an Versuchstieren getestet worden war. Die Therapie mit dem Medikament wirkte zunächst vielversprechend, bei den Patienten trat eine merkliche Besserung ein: »Allem Anschein nach sind die damit erzielten Erfolge ganz ausgezeichnet«, war Koch von der Wirkung des Atoxyls überzeugt. Die Hoffnung auf Heilung veranlasste viele Kranke, die deutsche Station aufzusuchen. Koch berichtete: »Anfangs kamen wenige Leute zögernd an, die unsere Hilfe in Anspruch nahmen; aber bald fassten sie Vertrauen, und jetzt haben wir schon mehr Kranke, als wir bewältigen können.« Die Schwerkranken wurden auf Netzen, Hängematten oder einfachen Tragen zum Behandlungsplatz gebracht. Zeitweise erhielten über tausend Afrikaner täglich Injektionen mit dem Wirkstoff Atoxyl.

Von früh bis spät war Koch im Einsatz, sein Ziel verfolgte er mit verbissenem Eifer. Er selbst litt während seiner Zeit in Afrika schwer an Fußentzündungen, verursacht durch Sandflöhe, die sich in die Zehen fraßen. Der kurzsichtige Wissenschaftler entdeckte sie meist zu spät zwischen seinen Zehen. Doch so unermüdlich Koch seine Forschungen auch betrieb, so wenig Rücksicht nahm er auf die einheimische Bevölkerung. Für den Wissenschaftler waren seine Patienten in erster Linie, wie er schrieb, »vorzügliches Krankenmaterial«.

DAS WELTREICH DER DEUTSCHEN
KOPFJAGD IN OSTAFRIKA

Im rechtlichen Freiraum der Kolonie konnte er an ihnen verschiedene Mittel der deutschen Pharmaindustrie in unterschiedlichen Dosierungen testen. Als auf die ersten guten Ergebnisse der Behandlung mit Atoxyl Rückschläge folgten, ging Koch dazu über, die Dosis zu erhöhen – obwohl diese Behandlung für die Kranken, wie er selbst einräumt, »schmerzlich war und auch sonst unangenehme Empfindungen verursachte, wie etwa Übelkeit, Schwindelgefühl, kolikartige Schmerzen im Leibe«. Koch hielt diese Nebenwirkungen für ein notwendiges Übel: »Da diese Beschwerden indessen nur vorübergehend waren, so wurde mit der Behandlung fortgefahren.« Doch die Anwendung zeigte fatale Folgen, 22 Patienten erblindeten vollständig, bei anderen kam es zu erheblichen Störungen des Zentralnervensystems, 10 bis 15 Prozent aller Todesfälle ließen sich auf die Therapie und nicht auf die Krankheit zurückführen. Für viele Patienten war die Flucht aus dem deutschen Lager das kleinere Übel. »Nicht wenige Kranke entzogen sich sehr bald dieser stärkeren Behandlung«, so Koch beschönigend.

Der Wissenschaftler reduzierte die Dosen zwar daraufhin wieder, hielt aber an der Behandlung mit Atoxyl fest. In seinem Schlussbericht vom Herbst 1907 empfahl Koch: »Das Atoxyl ist, wenn auch kein unfehlbares Mittel, so doch eine so gewaltige Waffe im Kampfe gegen die Schlafkrankheit, dass man es jetzt schon so viel als irgend möglich dafür ausnutzen muss.«

Robert Koch (rechts) zapfte auf einer Expedition zur Untersuchung der Schlafkrankheit auch Krokodilen Blut ab – und wurde fündig.

Die Opfer der Schlafkrankeit erwartete ein langes Martyrium und nicht selten der Tod – Kranke mit einem Pfleger auf der Station von Robert Koch.

nahmen vor: So wurden die Brutgebiete der Tsetsefliegen großflächig abgeholzt, um die Verbreitung der Überträgerfliege einzudämmen. Außerdem schlug Robert Koch die Einrichtung von »Konzentrationslagern« vor, die eher der Isolation als der Behandlung dienen sollten. Durch eine »Entfernung« der Erkrankten von ihren Wohnorten sollten die verseuchten Gebiete infektionsfrei werden. Tatsächlich wurden auf Kochs Empfehlung nicht nur im Oktober 1907 drei Schlafkrankenlager in Deutsch-Ostafrika errichtet, sondern auch mehrere in den ebenfalls von der Krankheit betroffenen Kolonien Togo und Kamerun.

Die Humanexperimente an einheimischen Kranken gingen auch nach Kochs Abreise in den Kolonien weiter. In Deutsch-Ostafrika wurden ihnen über ein Dutzend verschiedener Präparate in unterschiedlichen Dosierungen verabreicht, was abermals zulasten der Patienten ging, wie ein Arzt bemerkte. Die Sterblichkeitsrate war beträchtlich, doch den meisten Ärzten schienen diese Experimente unbedenklich. Ein Mediziner äußerte sich sogar empört über die »Verständnislosigkeit der Eingeborenen, das vollkommene Abhandensein von Aufopferungssinn sowie von Pflichtgefühl

Nach Kochs Abreise aus Ostafrika blieb Atoxyl deshalb das Standardmedikament zur Behandlung der Schlafkrankheit. Da der Nobelpreisträger aber wusste, dass auf diesem Weg allein der Kampf gegen die Schlafkrankheit nicht gewonnen werden konnte, schlug er weitere Maß-

gegenüber der Gemeinschaft«. Wollten sich Kranke einer Behandlung entziehen, durften sie sogar polizeilich verfolgt werden, konnten Prügel erhalten und mit Halseisen an einer Flucht aus den Lagern gehindert werden. Wer in diese Lager eingewiesen werden sollte, darüber entschieden die Kolonialherren: »Die Leute, die Patienten, die dort interniert worden sind, oder auch die Gesunden, die interniert worden sind, hatten überhaupt keine Chance, sich gegen diese Internierung zu wehren«, heißt es in einem zeitgenössischen Bericht über ein Schlafkrankenlager in Togo.

Für den Medizinhistoriker Wolfgang Eckart markiert dieses System der Zwangseinweisung und Humanexperimente den Beginn einer verhängnisvollen Entwicklung in der deutschen Geschichte: »Die Spur von den Menschenversuchen in den Konzentrationslagern der Nationalsozialisten führt zurück zu den Experimenten am lebenden Objekt in der Kolonialmedizin des Kaiserreichs.« Und der Historiker Andreas Eckart ergänzt: »Mediziner waren es, die am heftigsten gegen den ›Verlust‹ der Kolonien protestierten. Und zwar mit dem Argument, nun stünden ihnen viele Untersuchungsräume und -möglichkeiten nicht mehr zur Verfügung, die so wichtig seien für ihre Forschung. Kolonien als Laboratorien, das spielte damals eine sehr wichtige Rolle.«

Die Erfolgsbilanz im Kampf gegen die gefährliche Schlafkrankheit in Ostafrika blieb indes bescheiden. Nach einer Statistik von 1911 wurden von 11 000 Internierten etwa 2000 geheilt, 1500 Patienten starben, 3000 waren entlassen worden oder geflohen, 1700 Kranke befanden sich noch im Lager. Über die fehlenden 2500 Patienten schwieg sich die Statistik aus. Im gleichen Jahr wurde die Behandlung mit Atoxyl durch das Reichskolonialamt verboten. Erst nach dem Ersten Weltkrieg gelang es der Firma Bayer, ein wirksames organisches Therapeutikum ohne Arsen gegen die Schlafkrankheit zu entwickeln. 1921 kam es schließlich als »Bayer 205« auf den Markt und wurde erfolgreich in Afrika eingesetzt. Bis in die sechziger Jahre des 20. Jahrhunderts schien die Schlafkrankheit weitgehend ausgerottet. Doch in vielen von Krieg und Korruption zerrütteten afrikanischen Staaten nimmt die »vergessene Krankheit« seit den siebziger Jahren wieder zu: Schätzungen reichen von gegenwärtig 25 000 bis 100 000 Neuinfektionen pro Jahr. Trotz anhaltender Forschung sind die Prognosen eher skeptisch: »Die Seuche kann kontrolliert, aber wahrscheinlich nicht ausgerottet werden«, kommentierte ein Wissenschaftler noch 2008 die Krankheit.

Ruhe vor dem Sturm

Hatte Deutsch-Ostafrika eine Zukunft? Man kann nur darüber spekulieren, wie die Kolonie sich weiterentwickelt hätte, wäre nicht im Jahr 1914 der Erste Weltkrieg ausgebrochen. Militärisch hatte sich die Lage in der Region zu dieser Zeit weitgehend stabilisiert, 1913 war das erste Jahr ohne Strafexpeditionen. Die weiße Bevölkerung der Kolonie war auf 5336 Einwohner angewachsen, die Zahl der Siedler hatte sich auf 882 erhöht. »Schon in zwei Jahrzehnten hat sich die deutsche Kultur des ganzen, 800 Kilometer langen Küstenstriches bemächtigt. Überall Haine der so anmutig sich neigenden Kokospalmen, die geometrischen Linien der Sisalagaven und die wie mit Schnee bedeckten

Flächen der reisenden Baumwolle«, so Tom von Prince, als er Anfang 1914 seine ganz persönliche Bilanz zog.

Deutsches Familienleben in Ostafrika – wenn dieses hohe Ziel erreicht ist, dann erst strahlt unsere neue Heimat als herrlicher Edelstein in der deutschen Kaiserkrone!
Magdalena von Prince, »Eine deutsche Frau im Innern Deutsch-Ostafrikas«

Seit 14 Jahren betrieb er nun schon mit seiner Frau Magdalena die Kaffeeplantage. Seiner Ansicht nach ging die Kolonie einer blühenden Zukunft entgegen: »Schon jetzt zieht sich die glitzernde Schlange der Eisenbahnschienen durch das ganze Land, dessen Fläche die des Deutschen Reiches fast zweimal aufnehmen könnte. Fauchend rauscht das Stahlross über sie hin und führt Deutsche und ihre zähe Tatkraft mit sich bis hin zum fernen Grenzsee, dem ungeheuren Tanganjika.« Seine Perspektive indes blieb die des Kolonialherrn: »Am meisten haben unsere Schutzbefohlenen, die Schwarzen, gewonnen. Sie sind von Sklavenketten und von despotischen Grausamkeiten befreit.«

An der Rechtmäßigkeit der deutschen Repressionen gegen die Völker Afrikas hegte der ehemalige Offizier auch im Rückblick keinerlei Zweifel, die Opfer auf afrikanischer Seite unterschlug er: »Wahrlich, die aufreibende, jahrelange Arbeit der Schutztruppe ist nicht umsonst gewesen, und die in Strapazen und Tod freudig für Kaiser und Reich gebrachten Opfer beginnen schon jetzt, Blüten zu zeitigen.« Ob Tom von Prince ahnte, dass Deutsch-Ostafrika in wenigen Jahren verloren gehen und er selbst in wenigen Monaten »für Kaiser und Reich« den Tod finden würde? Die deutsche Herrschaft in Ostafrika jedenfalls endete mit dem Ersten Weltkrieg. Und sie endete, wie sie begonnen und die längste Zeit gedauert hatte: mit Gewalt und der Verwüstung ganzer Landstriche, mit Leid und Tod für die afrikanische Bevölkerung. In Deutschland dagegen wurden die vierjährigen Kämpfe in der Übersee-Provinz zum Mythos und der Kommandeur der Schutztruppen zur Legende: Paul von Lettow-Vorbeck, der größte Kolonialheld des Kaiserreiches.

Der »Löwe von Ostafrika«

März 1919, Berlin. Eine gewaltige Menschenmenge hat sich auf dem Pariser Platz versammelt, gespannt erwartet sie die Rückkehr der letzten deutschen Weltkriegskämpfer. Dann endlich erschallen die ersten Hurra- und Hoch-Rufe. Angeführt von Paul von Lettow-Vorbeck, dem »Löwen von Ostafrika«, reitet die Schutztruppe durch das Brandenburger Tor.

Gerade die begeisterte Aufnahme, die uns von Hunderttausenden bereitet worden ist, stärkt auch in uns Ostafrikanern die Überzeugung, dass der gesunde Sinn unseres deutschen Volkes sich emporringen und wieder den Weg finden wird zur Höhe.
Paul von Lettow-Vorbeck über seinen Einzug in Berlin 1919

»Die Gesichter unserer Helden waren von der Tropensonne tief gebräunt, ihre Züge waren straff wie aus Marmor«, so der Berliner »Reichsbote«. Dem »im Felde ungeschlagenen« Offizier wurde ein triumphaler Empfang bereitet.

DAS WELTREICH DER DEUTSCHEN

KOPFJAGD IN OSTAFRIKA

Lettow-Vorbeck, links, mit zwei seiner Offiziere zu Gast bei deutschen Kolonisten.

Immer, wenn der Name Lettow-Vorbecks in einer der Reden fiel, brach die Menge in Jubel aus. Die Heldentaten der Schutztruppe waren wie Balsam für die geschlagene deutsche Kriegerseele. Und sie eigneten sich bestens zur Untermauerung der »Dolchstoßlegende«: »Er war fern vom schädigenden Einfluss eines von Parteihader zerrissenen, durch revolutionäre Umtriebe geschwächten Hinterlandes«, schrieb die rechtsnationale »Deutsche Tageszeitung« über Lettow-Vorbeck. Anders als der deutschen Armee an der Westfront sei den Kolonialtruppen deshalb eine Niederlage erspart geblieben.

Mit dem tatsächlichen Verlauf dieses »ziemlich schmutzigen kleinen Krieges im Krieg« in der Kolonie, so Andreas Eckert, hatte eine solche Sicht freilich nicht viel zu tun. Der Kriegsausbruch im August des Jahres 1914 in Europa traf das Schutzgebiet völlig unvorbereitet. Für einen Krieg gegen europäische Gegner hatte man keine Maßnahmen getroffen. Und von einem »Augusterlebnis«, wie man die Begeisterung bei Kriegsausbruch zu Hause im Mutterland bald nannte, konnte in der Kolonie keine Rede sein: »Besonders die Kunde von der Kriegserklärung Großbritanniens wirkte erschütternd«, so ein deutscher Siedler über die Stimmung im August 1914. Der Gouverneur in Daressalam, Heinrich Schnee, sah gemäß den alten Bestimmungen der Kongo-Konferenz einen Kurs der Neutralität für Deutsch-Ostafrika vor. Die Küstenorte erklärte er zu »offenen Städten«. Für den neuen Kommandeur der Schutztruppe, Paul von Lettow-Vorbeck, besaßen die Weisungen des Gouverneurs wenig Gewicht. Er hatte seine eigenen Pläne.

Erst seit wenigen Monaten war der ehrgeizige Offizier aus einer alten preußischen Militärdynastie Befehlshaber der Schutztruppen in Ostafrika. »Er war ein typischer Angehöriger des kaiserlichen Offizierskorps. Über all seinem Handeln stand die Maxime: Ehre, Pflichtgefühl und Dienst am Vaterland«, zeichnet Christian von Lettow-Vorbeck den Charakter seines Urgroßonkels nach. Das Kommando in Ostafrika war nicht der erste Kolonialeinsatz für Lettow-Vorbeck, er hatte bereits an den beiden größten militärischen Operationen des Kaiserreichs in Übersee teilgenommen: 1900/01 an der Niederschlagung des Boxeraufstandes in China und von 1904 bis 1906 am Krieg gegen Herero und Nama in Deutsch-Südwestafrika.

Auf einen Sieg in Ostafrika indes konnte Lettow-Vorbeck im Sommer 1914 kaum hoffen, denn die Briten kontrollierten das Meer – und damit auch den Nachschub. An seinen Plänen ließ er dennoch keinen Zweifel aufkommen. Schon im Mai des gleichen Jahres hatte er in einer Denkschrift festgestellt: »Hat die Schutztruppe auch nur einige Aussicht, Einfluss auf den großen Krieg zu nehmen, so muss sie dies tun.« Sein erklärtes Ziel war es, möglichst viele gegnerische Soldaten auf dem afrikanischen Kriegsschauplatz zu binden, sodass sie nicht auf den Schlachtfeldern Europas eingesetzt werden konnten. »Gelingt es mit diesem Einsatze, der Heimat eine nennenswerte Zahl feindlicher Soldaten vom Halse zu halten, dann

Die Briten, die Tanga von der Seeseite her einnehmen wollten, mussten im November 1914 eine verheerende Niederlage hinnehmen.

DAS WELTREICH DER DEUTSCHEN

KOPFJAGD IN OSTAFRIKA

Lettow-Vorbeck triumphierte mit seinen Truppen in der »Battle of the Bees« im ostafrikanischen Tanga.

hatte die Truppe wahrlich ihre Schuldigkeit erfüllt«, so seine Grundüberzeugung, mit der er im August 1914 in den Krieg gegen die Engländer zog.

Am 7. August kabelte Lettow-Vorbeck an die einzelnen im Land stationierten Feldkompanien: »Nur schnelles Handeln verspricht gute Ergebnisse.« Bald unternahmen kleinere Einheiten der Schutztruppe im Gebiet des Kilimandscharo an der Nordgrenze der deutschen Kolonie Stör- und Sabotageaktionen gegen Britisch-Ostafrika, das heutige Kenia. Als es den deutschen Einheiten sogar gelang, eine Grenzstadt der Briten zu erobern, entschloss London sich zum Handeln. Die deutsche Kolonie sollte von der Seeseite aus erobert werden, denn die deutschen Hafenstädte besaßen keinerlei militärische Befestigungen.

In wilder Flucht floh der Feind in dicken Klumpen davon, und unsere Maschinengewehre, aus Front und Flanke konzentrisch auf ihn wirkend, mähten ganze Kompagnien Mann für Mann nieder.
PAUL VON LETTOW-VORBECK ÜBER DIE SCHLACHT VON TANGA

Anfang November erreichte ein britischer Schiffskonvoi mit 8000 Mann an Bord schließlich die Küste Ostafrikas. Über den Zustand der größtenteils indischen Soldaten des Expeditionskorps urteilte ein britischer Offizier so: »Sie stellen das Schlechteste dar, das Indien zu bieten hat, und ich erschaudere bei dem Gedanken, was passieren wird, wenn wir auf ernsthaften Widerstand stoßen.«

Am 2. November gingen die Briten bei der Hafenstadt Tanga an Land, neben Daressalam der einzige befestigte Tiefseehafen der Kolonie.

Nur einen Tag vor dem britischen Angriff traf dank der Eisenbahn auch Lettow-Vorbeck mit dem Gros der deutschen Truppen aus der etwa 300 Kilometer entfernten Nordgrenze in Tanga ein. 1100 Soldaten mit 15 Maschinengewehren konnte der deutsche Kommandeur in der Stadt zusammenziehen. Unter den Verteidigern von Tanga war auch Tom von Prince, der sich bei Kriegsausbruch wieder zur Truppe gemeldet hatte. Zwei Tage später begann der britische Angriff auf die Stadt.

Die Soldaten mussten sich durch unübersichtliches Gelände kämpfen, Kakaoplantagen, Mangroven-Sümpfe und Maisfelder behinderten ihren Vormarsch erheblich. Von Askari-Scharfschützen, die oben in den Bäumen saßen, wurden die Briten unter Dauerbeschuss genommen. Wer durchkam, den erwartete das tödliche Feuer der Maschinengewehre aus den deutschen Stellungen bei der Stadt. Zwar gelang es einigen britischen Einheiten, in Tanga einzudringen, doch ein Gegenangriff der Askari auf dem linken britischen Flügel löste Panik unter den Landungstruppen aus. Unter chaotischen Bedingungen begann nun der britische Rückzug. Unerwartete Unterstützung erhielten die Deutschen von wütenden Bienenschwärmen, die sich auf die Flüchtenden stürzten. Als sogenannte »Battle of the Bees« zählt die Niederlage von Tanga heute noch zu den größten Fehlschlägen der gesamten britischen Militärgeschichte.

Nach ihrer Flucht verzeichneten die Briten den Verlust von 800 Toten, 500 Verwundeten und 250 Gefangenen. Außerdem mussten sie am Strand Ausrüstung und Vorräte zurücklassen: Lebensmittel, Mäntel, Motorräder, Funkgeräte, 455 Gewehre, acht MGs und 600 000 Schuss Munition fielen den Deutschen in die Hände. Die Schutztruppen hatten 69 Tote zu beklagen. Unter ihnen war auch der Veteran aus dem Hehe-Krieg: Tom von Prince. Er fiel im Alter von 48 Jahren und wurde zusammen mit zwölf weiteren deutschen Offizieren in Tanga bestattet. Für Magdalena brach eine Welt zusammen, wie Ilse von Prince berichtet: »Sie war ein Offizierskind, ein Soldatenkind, und sie wusste, dass ihr Mann den ›Ruhmestod‹ im Felde gestorben ist, aber trotzdem war es für sie schrecklich.«

Die reiche Beute aus der Schlacht von Tanga ermöglichte es Lettow-Vorbeck, den Kampf fortzusetzen, alle Zweifel waren nach dem Sieg verstummt. Da die Briten sich Zeit nahmen, um eine große Streitmacht für den erneuten Angriff auf Deutsch-Ostafrika zu sammeln, konnte die Schutztruppe bis Anfang 1916 das Gebiet der Kolonie in weiten Teilen halten. Neue Askari- und Trägereinheiten wurden rekrutiert und die Zivilbevölkerung für den Kriegseinsatz mobilisiert. Sie sollte nun vermehrt kriegswichtige Produkte anbauen, aus denen die Schutztruppe ihre Vorräte an Nahrungsmitteln und Stoffen für Uniformen decken wollte.

Im Januar 1916 begann die Offensive der alliierten Truppen unter südafrikanischer Führung. 50 000 Soldaten standen 3000 Deutsche und rund 12 000 Askari gegenüber. Immer weiter drängten die Alliierten die Schutztruppe in den unwegsamen Südosten der Kolonie zurück. Lettow-Vorbeck mied die offene Feldschlacht gegen die überlegen britischen Streitkräfte. Er wich dem Gegner aus und verlegte sich auf eine Taktik der »Nadelstiche«, ein System aus »Spreng-, Schleich- und Kampfpatrouillen«, wie er später schrieb. Für einen preußischen Offizier kein selbstverständlicher Kurswechsel: »Trotz seiner traditionalistischen preußischen Prägung war er im Kopf flexibel genug, um eine andere Art der Kriegführung zu praktizieren. Nämlich den Guerillakrieg. Das war sicherlich aus der Not heraus geboren. Hätte er bei einem geordneten Krieg mitwirken können, wäre er sicherlich nach preußischen Prinzipien erfolgt. Aber er musste sich den Gegebenheiten anpassen«, so Christian von Lettow-Vorbeck.

Immer wieder entkamen die deutschen Einheiten der alliierten Übermacht, auch weil Paul von Lettow-Vorbeck sein Truppenkontingent zugunsten einer höheren Mobilität aufgeteilt hatte. Die verschiedenen Marschkolonnen zogen eine Spur der Verwüstung durch Ostafrika, plünderten Dörfer und zerstörten bei ihrem Rückzug alles, was dem Gegner nützlich sein könnte. Monate und Jahre wanderte die Armee Lettow-Vorbecks auf endlosen Märschen Tausende Kilometer kreuz und quer durch die ganze Kolonie, zeitweise wich sie dabei sogar nach Portugiesisch-Mozambique und das britische Rhodesien aus. Für alle Teilnehmer wurde der Marsch zur Tortur. Die schweren Gefechte und der anhaltende Nahrungsmangel sowie grassierende Krankheiten dezimierten die Truppe, die immer mehr das Aussehen einer Freischärlerarmee annahm. Besonders hart trafen Mangel und Strapazen indes die farbigen Soldaten. Im Vergleich zu ihren weißen Offizieren hatten die Askari überproportionale Verluste zu erleiden. Als die Vorräte knapper wurden, erhielten sie keine Medizin mehr, Verwundete aus ihren Reihen mussten oft zurückgelassen werden. »Der Herr, der unser Leichentuch schneidert«, nannten die afrikanischen Soldaten Lettow-Vorbeck daher nicht ohne Grund. Desertionen unter den Askari nahmen im Verlauf der mörderischen Märsche zu: »Vaterlandsliebe treibt sie ebenso wenig wie Englandhass oder wie sonst auch unsere Schlagworte lauten mögen«, zeigte ein deutscher Offizier Verständnis. Überaus grausam aber waren die Märsche für die Träger, von denen beide Kriegsparteien Zigtausende rekrutiert hatten, wenn es sein musste mit Zwang. In Ketten und Halseisen wurden die Männer aus ihren Dörfern verschleppt und als Träger verdingt. Sie wurden noch schlechter als die Askari versorgt. Wer fliehen wollte, wurde erschossen. Hunger, Krankheiten und die

Beim Marsch durch den Dschungel mussten die Deutschen ihre schweren Geschütze bald zurücklassen.

heftigen Strapazen ihrer Zwangsarbeit kosteten 100 000 bis 300 000 Träger auf beiden Seiten während des Ersten Weltkrieges das Leben.

Deutschlands Versagen auf dem Gebiete der kolonialen Zivilisation ist zu deutlich klargestellt worden, als dass die alliierten und assoziierten Mächte ihr Einverständnis zu einem zweiten Versuch geben und die Verantwortung dafür übernehmen könnten, 13 bis 14 Millionen Eingeborener von Neuem einem Schicksal überlassen, von dem sie durch den Krieg befreit worden sind.
Antwortnote der Alliierten auf deutsche Beschwerden den Versailler Vertrag betreffend, 16. Juni 1919

Ebenso schlimm traf es die einheimische Zivilbevölkerung. Die Züge der kämpfenden Heere verwüsteten das Land. »Hinter uns lassen wir zerstörte Felder, restlos geplünderte Magazine und für die nächste Zeit Hungersnot. Wir sind keine Schrittmacher der Kultur mehr; unsere Spur ist gezeichnet von Tod, Plünderung und menschenleeren Dörfern, geradeso wie im Dreißigjährigen Krieg«, so die ungewöhnlich kritische Stellungnahme eines deutschen Offiziers. Im November 1917 brach im Süden der Kolonie die erste große Hungersnot aus, die sich im Jahr darauf zu einer landesweiten Katastrophe auswuchs. »Der Krieg räumt unter unseren Eingeborenen erschreckend auf. Deutsch-Ostafrika wird so vollkommen ruiniert, dass es fraglich ist, ob es wieder hochgebracht werden kann«, meldete ein Zivilbeamter 1918 in das Reich. Für den Historiker John Iliffe markiert dieser Krieg deshalb den »Höhepunkt der Ausbeutung Afrikas: seine Verwendung als reines Schlachtfeld«.

Erst eine Woche nach dem Waffenstillstand in Europa erfuhr Lettow-Vorbeck im November 1918 von der deutschen Niederlage. In der Abercorn (damals Nordrhodesien) südlich des Tanganjikasees legte er vor seinen Gegnern die Waffen nieder. Insgesamt 370 000 alliierte Soldaten und eine Million Träger waren gegen die deutsche Schutztruppe mobilisiert worden, in der 30 000 bis 40 000 Askari zum Einsatz gekommen waren. Offiziell gab es 7000 Tote auf deutscher, 45 000 auf alliierter Seite. Im Ersten Weltkrieg war es der koloniale Konflikt mit der größten alliierten Truppenzahl, der längsten Dauer und den schwersten Verlusten. Unter der Zivilbevölkerung werden die Opfer auf bis zu eine Million geschätzt.

Doch was denkt man heute in Tansania über den verheerenden Krieg Lettow-Vorbecks? Der Historiker Paul Msemwa gibt eine überraschende Antwort: »Wir sagen: Ja, es war ein sehr trauriges Ereignis, aber aus der Sicht von Lettow-Vorbeck musste er sein Gebiet verteidigen, er musste gegen die britischen und afrikanischen Soldaten kämpfen. Und es ist ihm für eine recht lange Zeit gelungen.«

Ob Lettow-Vorbeck sein strategisches Ziel, die Bindung alliierter Kräfte in Afrika, erreicht hatte, ist mehr als fragwürdig. Die Mehrzahl der britischen Truppen, die ihn verfolgt hatten, waren extra für diesen Zweck mobilisiert worden und wären kaum nach einer frühen Niederlage der Schutztruppe nach Europa verlegt worden. Hätte sich der Kommandeur in Ostafrika über diesen Sachverhalt von vornherein im Klaren sein müssen? Sein Urgroßneffe hegt da so seine Zweifel: »Er unternahm den Versuch, durch Kämpfe und Guerillataktik weit außerhalb der Kampfgebiete des Ersten Weltkriegs weitere Truppen zu binden. Man kann heute

KOPFJAGD IN OSTAFRIKA

sicher bezweifeln, ob dies an den Kriegsschauplätzen im fernen Europa tatsächlich etwas geändert hat. Aber wenn man sein Handeln beurteilen möchte, muss man sich fragen: Durfte er damals keinen Grund zu der Annahme haben, dass er damit Truppen in Europa binden kann?«

Ich habe den Eindruck gewonnen, dass die Eingeborenen im Großen und Ganzen die deutsche Herrschaft recht gerne wiederhaben wollen.
PAUL VON LETTOW-VORBECK

Nach dem Empfang der »im Felde unbesiegten« Soldaten der Schutztruppe 1919 in Berlin war die Empörung umso größer, als das Deutsche Reich im Vertrag von Versailles alle Ansprüche auf seine Kolonien verlor. »Misswirtschaft und Misshandlung der Eingeborenen« lautete der alliierte Vorwurf. Die einstige Kolonie Deutsch-Ostafrika fiel als Mandat an das britische Empire, alle Deutschen wurden aus der Kolonie ausgewiesen, die Siedler enteignet. Wie so viele musste auch Magdalena von Prince in ihre frühere Heimat Deutschland zurückkehren. Erst im Jahr 1931 konnte sie ihrem geliebten Ostafrika noch einmal einen Besuch abstatten, doch an eine dauerhafte Rückkehr war nicht mehr zu denken, wie Ilse von Prince schildert: »Sie hatte nach dem Krieg keine Wahl, sie musste ja weg. Und sie hat auch keinen Weg zurück gesehen. Da war ja auch nichts mehr. Magdalena hat später zwar darum gekämpft, dass man ihr wenigs-

»Ungeschlagen im Felde« – Lettow-Vorbecks triumphaler Einzug in Berlin im März 1919.

Nationalsozialistisches Propaganda-Plakat für die Wiedergewinnung der Kolonien.

Auch hier liegt unser Lebensraum!

Es gibt eine große Menge Dinge, die Deutschland aus den Kolonien beziehen muß, und wir brauchen Kolonien genau so nötig wie irgendeine andere Macht.
Reichskanzler Adolf Hitler
zum Vertreter der „Sunday Expreß" am 11. 2. 33.

Revision der »Kolonialschuldlüge« ein. Insbesondere der vielfach überlieferte Mythos der »Askaritreue« wurde als ein Beweis für das Ansehen der deutschen Herrschaft in Ostafrika angeführt. »Ihr sollt wissen, dass wir euch als unsere Herren anerkennen und dass wir wünschen, dass ihr wiederkommt und das Land unter deutscher Regierung steht« – diese Worte soll ein Veteran der Askari Lettow-Vorbeck bei dessen Abschied aus Ostafrika mit auf den Weg gegeben haben. Brauchbarer Stoff für die Legende von der deutschen Popularität in Ostafrika, mit der die Ansprüche auf die ehemalige Kolonie aufrechterhalten werden sollten.

Wenn wir genug Soldaten haben, dann bekommen wir auch wieder Kolonien.
PAUL VON LETTOW-VORBECK

Nach seiner Beteiligung am gescheiterten Kapp-Putsch 1920 musste Lettow-Vorbeck seinen Dienst in der Reichswehr quittieren. Zu den Nationalsozialisten um Hitler geriet der erzkonservative General zeitweise in gefährliche Nähe, wenngleich er nie der NSDAP beitrat. Doch auch nach dem Zweiten Weltkrieg vermied es Lettow-Vorbeck, seine Taten in Afrika kritisch zu hinterfragen. Dass sein doppelter Feldzug gegen die Alliierten und die Bevölkerung in Ostafrika zu einer humanitären Katastrophe geführt hatte, wurde später auch in der jungen Bundesrepublik lange verdrängt.

tens eine Entschädigung zahlt, dafür ist sie sogar bis nach London gefahren und hat dort Verhandlungen geführt. Aber letztlich ist sie ganz verarmt in Deutschland gestorben.«

Paul von Lettow-Vorbeck setzte sich nach dem Frieden von Versailles vehement für eine

Die Totenrede auf den »Löwen von Ostafrika« hielt im Jahr 1964 der deutsche Verteidigungsminister Kurt von Hassel, Sohn Theodor von Hassels, der während des Maji-Maji-Kriegs die Station von Mahenge verteidigt hatte. Der Minister lobte Lettow-Vorbeck als eine »der großen Gestalten, die für sich das Recht beanspruchen dürfen, Leitbild genannt zu werden«. Noch heute tragen zwei Kasernen in der Bundesrepublik den Namen dieses Kommandeurs der Schutztruppe im Ersten Weltkrieg. Für die Beerdigung Lettow-Vorbecks wurden extra zwei ehemalige Söldner aus Ostafrika eingeflogen. Sie sollten den Mythos vom »treuen Askari« wieder aufleben lassen.

Allein unter Deutschen

1925, an Bord eines Schiffes der »Deutschen Ostafrika-Linie«. Schiffskellner Mahjub steht an der Reling und sieht in der Ferne die Küste seiner Heimat Ostafrika verschwinden. Er atmet noch einmal tief die afrikanische Luft ein, bevor er unter Deck geht. Seine Reise führt nach Deutschland, ein Land, für das er in den Krieg gezogen war, ohne es jemals gesehen zu haben. Als Kindersoldat hatte er unter Lettow-Vorbeck gekämpft.

Seine Geschichte zeigt, wie wenig die afrikanischen Soldaten nach dem Ersten Weltkrieg von ihrer ehemaligen Schutzmacht zu erwarten hatten. Mohamed Hussein, genannt Mahjub, wurde 1904 als Sohn eines Askari-Veteranen in Ostafrika geboren. Sein Vater hatte noch in der legendären »Wissmann-Truppe« während des »Araberaufstands« von 1888 bis 1890 gekämpft. Als er sich gleich zu Beginn des Ersten Weltkriegs wieder zu den Waffen meldete, folgte ihm sein damals zehnjähriger Sohn Mahjub. In der deutschen Kolonialarmee wurden Kindersoldaten vor allem als »Signalschüler« in den Stationen und als Meldegänger eingesetzt. »Gutes Soldatenmaterial«, lobte damals ein Offizier die Jungen. Sie seien ganz »im deutschen Soldatengeist« zur »stummen Opferfreudigkeit« bereit. Die war auch wohl von Nöten, denn die Signalschüler bezogen gefährliche Posten: »Immer wieder wurden schwache Stationsbesatzungen überfallen und erschlagen«, erinnerte sich ein Soldat. 1917 wurde Mahjub bei einem Gefecht verletzt und geriet in britische Gefangenschaft.

Nach dem Krieg hatte es der arbeitslose Soldat schwer, im Zivilleben Fuß zu fassen. Bis sein Schicksal 1925 eine unverhoffte Wende nahm: Mahjub ergatterte eine Stelle als Kellner auf einem Schiff der »Deutschen Ostafrika-Linie«. Von nun an konnte er bei seinen Landgängen den Staat kennenlernen, für den er über drei Jahre lang gekämpft hatte. 1930 kündigte er seine Stelle als Schiffskellner und ließ sich dauerhaft in Berlin nieder. Dort musste der selbstbewusste junge Mann erfahren, dass das Land, für das er sein Leben riskiert hatte, nicht sehr gastfreundlich zu Afrikanern war.

Schon Anfang des 20. Jahrhunderts hatten die Behörden Einreise und Aufenthalt so weit wie möglich erschwert. Doch Mahjub ließ sich nicht einschüchtern, im Gegenteil. Nachdem er erfahren hatte, dass den ehemaligen Askari Soldauszahlungen vom deutschen Staat zustehen würden, begann er einen langen und zähen Kampf um seine Anerkennung als Veteran des Ersten Weltkriegs. Es erging ihm dabei wie den meisten Askari-Soldaten, so Andreas Eckert: »Einige haben tatsächlich eine Rente bekommen, das war aber nur eine sehr kleine Gruppe. Viele

Filmplakat zu »Carl Peters« – auch wenn Goebbels große Hoffnungen in den Film gesetzt hatte, wurde der Film nicht zum erwünschten Kassenschlager.

haben jahrzehntelang für ihre Ansprüche gekämpft, ohne sie je erfüllt zu bekommen. Hinzu kam, dass gerade die Askari, die nach Deutschland gekommen waren, massiv unter dem vorherrschenden Rassismus litten.«

Mahjub, dem die Zahlung am Ende verwehrt blieb, schlug sich in Berlin mit verschiedenen Arbeiten durch. In einem »Türkischen Kaffeehaus«, das sich einen exotischen Anstrich geben wollte, fand er eine Anstellung als Kellner. Seit 1932 war er im Seminar für Orientalische Sprachen an der Berliner Friedrich-Wilhelms-Universität, der heutigen Humboldt-Universität, als »Sprachgehilfe« für Kisuaheli tätig. Später engagierte Mahjub sich in der deutschen Kolonialbewegung, die eine Rückgabe der ehemaligen Schutzgebiete forderte. Als »Vorzeige-Askari« trat er bei kolonialrevisionistischen Tagungen in einer neu geschneiderten Uniform auf – ein leibhaftiger Beweis für die Anhänglichkeit der ehemaligen Untertanen. Auch mit seinem ehemaligen Kommandeur traf Mahjub einmal zusammen. Doch das sollte Lettow-Vorbeck später nicht davon abhalten, einen Antrag Mahjubs auf die Verleihung des Frontkämpferabzeichens für seine Zeit im Ersten Weltkrieg als »zu weitgehend« abzulehnen. Obwohl er sich gerne als der »treue Vater« der Askari gab, fürchtete Lettow-Vorbeck, dass eine solche Geste unter den Veteranen Schule machen könnte. Die Verleihung des Frontkämpferabzeichens blieb auf Europäer beschränkt.

Anfang 1933 heiratete Mahjub eine deutsche Frau – drei Tage, bevor Adolf Hitler zum neuen Reichskanzler ernannt wurde. Die Politik des NS-Staates gegenüber Afrikanern im Reich war anfangs ambivalent. Als »Nicht-Arier« gehörten sie einer »minderen Rasse« an, dementsprechend waren sie Diskriminierungen und Repressionen ausgesetzt. So wurden bald nach der Machtergreifung alle Pässe der Afrikaner eingezogen, ebenso die Pässe ihrer Ehepartner, womit sie de facto ausgebürgert wurden. Systematischen Verfolgungen, wie sie Juden, Sinti und Roma bald erdulden mussten, waren die Afrikaner im Dritten Reich dagegen nicht ausgesetzt. Gleichzeitig bemühten sich die Nationalsozialisten, das Bild des »guten Afrikaners« aufrechtzuerhalten – sollte doch das scheinbar intakte Verhältnis zum »Kolonialneger« die Ansprüche auf das verlorene Überseereich aufrechterhalten.

1934 übernahm Mahjub zum ersten Mal eine Rolle als Statist beim Film: In dem Kolonial-Streifen »Die Reiter von Deutsch-Ostafrika« spielte er seine zukünftige Paraderolle als naiver, aber treuer Diener seiner deutschen Herren. Bis 1941 sollte er in noch mindestens 23 Filmen als Komparse auftreten.

Doch das Leben in Nazi-Deutschland wurde mit der Zeit nicht einfacher für Menschen mit dunkler Hautfarbe. 1935 war Mahjub nach einer Denunziation seine Stelle als Kellner gekündigt worden, von nun an verdiente er sein Geld mit Auftritten auf der Reeperbahn und seit 1936 auch als Mitglied der »Deutschen Afrikaschau« – eine Veranstaltung im Stile der »Völkerschauen« aus der Kaiserzeit. Mehr und mehr erhöhte der NS-Staat die Kontrolle über seine deutsch-afrikanischen Einwohner, 1935 wurde ein Eheverbot zwischen Deutschen und Afrikanern erlassen. Denn ein »Bruch der Rassenschranken« gehörte zu den schlimmsten Tabus der NS-Weltanschauung, der »Mischling« galt als größte Gefahr für die »Reinheit der Rasse«. Nach Kriegsausbruch 1939 meldete Mahjub sich freiwillig zur Wehrmacht – und wurde abgelehnt (auch wenn es während des Krieges vereinzelt farbige Soldaten in der Wehrmacht gab). Im Jahr darauf nahm Mahjub eine Anstellung bei einem großen Filmprojekt der Nazis an: beim Propaganda-Film »Carl Peters«.

Bei den Dreharbeiten machte Mahjub eine Bekanntschaft, die ihm zum Verhängnis wer-

Paraderolle als »treuer Askari« – Mahjub (hinter Hans Albers) bei den Dreharbeiten zu »Carl Peters«.

den sollte: »Ausgerechnet eine BDM-Maid aus München führte ihn in Versuchung, der sein heißes Herz nicht gewachsen war«, erzählt ein späterer Leidensgenosse. Nach einer Denunziation im Frühjahr 1941 wurde gegen Mahjub wegen »Rassenschande« ermittelt. Ein schwerwiegender Vorwurf, wie der Prozess gegen einen anderen Afrikaner in Nazi-Deutschland zeigte: Ohne Beweise wurde er wegen Vergewaltigung zum Tode verurteilt, wobei der Richter sein Urteil mit der »Rasse« des Delinquenten begründete: »Der Angeklagte muss seiner Veranlagung nach als ein Sittlichkeitsverbrecher angesehen werden, der durch sein rassebedingtes Triebleben eine ständige Bedrohung der deutschen Frau bedeutet.«

Mahjub ist trotz allem immer ein Lebenskünstler geblieben.
Ein ehemaliger Mithäftling
nach dem Tod des Askari

Mahjub kam in das Gestapogefängnis Alexanderplatz. Offiziell wurde er in »Schutzhaft« genommen, die den Einsitzenden vor dem »Volkszorn« bewahren sollte. In einer Einzelzelle erwartete Mahjub bei Wasser und Kohlsuppe sein Urteil – und wurde schließlich freigesprochen. Eine Lücke in den Nürnberger Gesetzen verhinderte es, dass er wegen »Rassenschande« verurteilt werden konnte. Doch aus den Fängen des NS-Terrors gab es für Mahjub kein Entrinnen mehr. Die Gestapo meldete am 15. Oktober 1941: »Gegen Husen (Mahjub) konnte ein Strafverfahren wegen Rassenschande nicht eingeleitet werden. Er wurde am 27.9.1941 dem Konzentrationslager Sachsenhausen überstellt. Der Zeitpunkt seiner Entlassung ist unbestimmt.« Über seine Zeit als KZ-Häftling ist nicht viel bekannt, von einem Mitgefangenen existiert nur eine Zeichnung Mahjubs. Der »treue Askari« und selbstbewusste Afrikaner starb am 24. November 1944 in Sachsenhausen.

Deutschland und Ostafrika – eine Bilanz

Über vierzig Jahre blieb Ostafrika unter britischer Herrschaft, erst 1961 erlangte der Staat seine Unabhängigkeit. Welche Bilanz lässt sich zur deutschen Herrschaft in Ostafrika ziehen, aus deutscher und aus afrikanischer Sicht?

Für das Deutsche Kaiserreich hatten sich die großen Erwartungen und Hoffnungen, die auf den Kolonien ruhten, kaum erfüllt. Als Ziel für deutsche Auswanderer waren sie nicht sehr attraktiv. Auch die wichtigste Siedlungskolonie, Deutsch-Südwestafrika, konnte insgesamt nur 14 000 Siedler vorweisen, nicht mehr als in einer deutschen Kleinstadt. Da die großen deutschen Auswanderungswellen seit den achtziger Jahren des 19. Jahrhunderts deutlich zurückgingen, blieb dieser Aspekt des deutschen Kolonialismus unbedeutend. »Gut 95 Prozent der Auswanderer gingen vor 1918 in die USA und nicht in die Kolonien«, so Horst Gründer.

Was den ökonomischen Nutzen für das Deutsche Reich betrifft, so haben die Kolonien die Erwartungen, die in sie gesetzt wurden, ebenfalls nicht erfüllt. Sowohl als Absatzmarkt wie auch als Rohstofflieferant deckten sie nur einen minimalen Teil des deutschen Wirtschaftsvolumens. »Die Kolonialwaren kamen zu 80 bis 90 Prozent aus Nichtkolonien«, bestätigt auch Horst Gründer. Nur eine kleine Grup-

DAS WELTREICH DER DEUTSCHEN

KOPFJAGD IN OSTAFRIKA

Zwei Seiten des Kolonialismus – Krankenhaus in Daressalam, 1912 (oben), Plantagenbesitzer mit seinen »Bediensteten«, 1906.

pe von Überseehändlern und einige Großfinanziers dürften an den Kolonien gut verdient haben, für das Mutterland aber blieben sie bis zum Schluss ein defizitäres Unternehmen, das mit hohem Aufwand vom Steuerzahler finanziert werden musste. Unter den Stichworten »Sozialisierung der Verluste« und »Privatisierung der Gewinne« wurde diese Konstellation bereits in der Weimarer Republik erkannt.

Das positivste an einer per se negativen Kolonialzeit ist, dass die Einheimischen untereinander in Kontakt kamen, was sie so vorher nicht hatten. Man ist durch Fremde zusammengeführt worden, man ist durch Fremde zu einer Nation geworden.
HERMANN JOSEPH HIERY, HISTORIKER

Sollten die Kolonien dazu gedient haben, von innenpolitischen Schwierigkeiten im Reich abzulenken, so bewirkten sie eher das Gegenteil. Die zahlreichen »Kolonial-Skandale« und der Streit um die Finanzierung vertieften die Gegensätze mehr, als dass sie Einigkeit unter den Deutschen stifteten. Auch außenpolitisch dürften die Kolonien Deutschland eher geschadet als genutzt haben – die deutsche Flotten- und »Weltpolitik« vergrößerte die Gegensätze zum Britischen Empire, mit fatalen Auswirkungen für das Reich im Ersten Weltkrieg. In der Weimarer Republik trugen die »Kolonialschuldlüge« und der »Kolonialrevisionismus« ihren Teil dazu bei, die politische Rechte zu stärken. Für Weimar erwiesen sich die Kolonien damit als eine nicht unerhebliche Belastung.

Es sollte bis nach dem Zweiten Weltkrieg dauern, bis es in Deutschland zu einer Neueinschätzung der kolonialen Frage kam. Die Probleme der anderen Mächte mit den kolonialen Freiheitsbewegungen führten den Deutschen vor Augen, was auch auf sie bei Erhalt der Kolonien zugekommen wäre. Aus diesem Grund bilanziert Horst Gründer: »Im Nachhinein war man letztlich doch froh, dass man sie verloren hat.« Das kurzlebige deutsche Kolonialreich ist heute im öffentlichen Bewusstsein der Bundesrepublik kaum mehr präsent. Ein Mangel, den Horst Gründer bedauert. Denn er sieht in der kolonialen Vergangenheit Deutschlands eine große Chance für die Zukunft: »Wir sollten unsere koloniale Hypothek dazu nutzen, die allmähliche Aussöhnung mit jenen Völkern, die

Unter den Blicken des deutschen Kaiserpaares wurde an der Schule in Daressalam auch Kisuaheli gelehrt.

einmal kolonial beherrscht waren – sofern es noch nicht geschehen ist –, weiter voranzutreiben, und auf eine globale Welt hinarbeiten, die keinen Unterschied mehr zwischen Kolonialherren und Kolonialuntertanen kennt.« Die Bereitschaft zu einer Aussöhnung gibt es auch auf afrikanischer Seite.

Der Politiker Sengondo Mwungi kann heute sogar Verständnis für die ehemaligen Kolonialherren aufbringen: »Was die Deutschen in Tanganjika getan haben, war sicher grausam. Aber können diese Menschen nach den Maßstäben und Kriterien des 21. Jahrhunderts verurteilt werden? Sie handelten nach bestem Wissen. Sie dachten damals, sie wären zivilisiert und würden die Afrikaner zivilisieren. Ihre Erziehung war sehr, sehr brutal, sehr, sehr dumm, sie lehrten unmenschliche Werte. Sie wurden als Rassisten erzogen, als Menschen, die andere hassen. Und deshalb sollten wir ihnen für das, was sie damals getan haben, vergeben.«

Viele Tansanier sehen heute neben den großen Opfern der Kolonialzeit auch das positive Erbe der deutschen Herrschaft: den Aufbau von

Städten und den Ausbau der Infrastruktur, von Häfen, der Eisenbahn, einer Dampferflotte, Straßen, Brücken und Telegrafenleitungen. Die drei Jahrzehnte deutscher Herrschaft waren der Startschuss zur Entwicklung des Landes in einen modernen Staat. »Heute verfügen wir noch immer über die Infrastruktur aus der Zeit der Deutschen«, unterstreicht etwa Paul Msemwa. Noch heute wird das deutsche Eisenbahnnetz genutzt, noch heute dampft ein Boot der kaiserlichen Marine über den Tanganjika-See. Auch das Schulwesen nahm unter deutscher Herrschaft einen Aufschwung. Im Jahr 1914, am Vorabend des Ersten Weltkriegs, besuchten 100 000 junge Afrikaner die deutschen Regierungs- und Missionsschulen.

Die nach westlichen Standards ausgebildeten Afrikaner sollten später einmal den Verwaltungsapparat des Kolonialstaats unterstützen. Dass es ausgerechnet sie waren, die schließlich den Kampf gegen ihre Kolonialherren aufnahmen, zählt für den Historiker Andreas Eckert zur »Dialektik des Kolonialismus«.

Eine weitere, ungemein wichtige Voraussetzung für die Entstehung des modernen Nationalstaats Tansania war die Etablierung des Küstendialekts Kisuaheli als Landessprache. Paul Msemwa erklärt, warum: »Die Deutschen unterrichteten Kisuaheli an ihren Missionsschulen. Das ist ein sehr bedeutsames Erbe. Man muss sich in Erinnerung rufen, dass Kisuaheli, vorher ein Dialekt unter vielen, jetzt eine sehr wichtige afrikanische Sprache ist, die sogar in der AU, der Afrikanischen Union, gebraucht wird. Sie konnte dazu aber erst werden, nachdem die deutschen Behörden die Initiative zur Schaffung einer allgemein gültigen Amtssprache ergriffen hatten.«

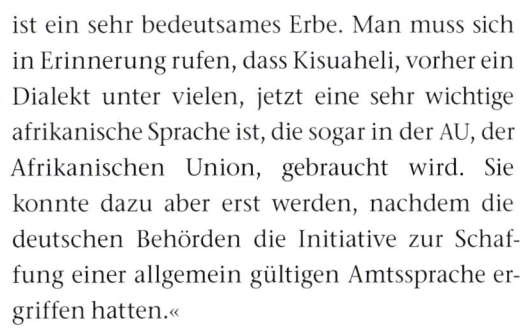

Dank einer gemeinsamen Sprache und einer zentralen deutschen Lenkung überwand Tansania auch viele seiner lange dominierenden religiösen und ethnischen Gegensätze. Für Sengondo Mwungi ist dies vielleicht das wichtigste Vermächtnis der deutschen Herrschaft überhaupt: »Es ist der deutsche Beitrag zur Begründung einer nationalen Identität für den Staat, der heute Tansania heißt.«

Die Deutschen waren an der globalen Geschichte des Kolonialismus von Anfang an beteiligt. Insofern tragen sie auch bis heute Verantwortung für die Folgen von Kolonialismus und Imperialismus.
Horst Gründer, Historiker

Doch trotz all dieser durchaus positiven Errungenschaften steht es heute außer Frage, dass der Kolonialismus, mit seinen immer gleichen Begleiterscheinungen von Unterdrückung und Gewalt, von Rassismus und Ausbeutung, keinerlei Legitimation mehr finden kann. Paul Msemwa, Historiker und Anthropologe aus Tansania, bringt es auf den Punkt: »Jede Form des Kolonialismus ist schlecht. Sei er nun französisch oder britisch oder deutsch, er bleibt immer Kolonialismus. Und das heißt nichts anderes als: Menschen werden gegen ihren freien Willen und gegen ihre Hoffnungen beherrscht.«

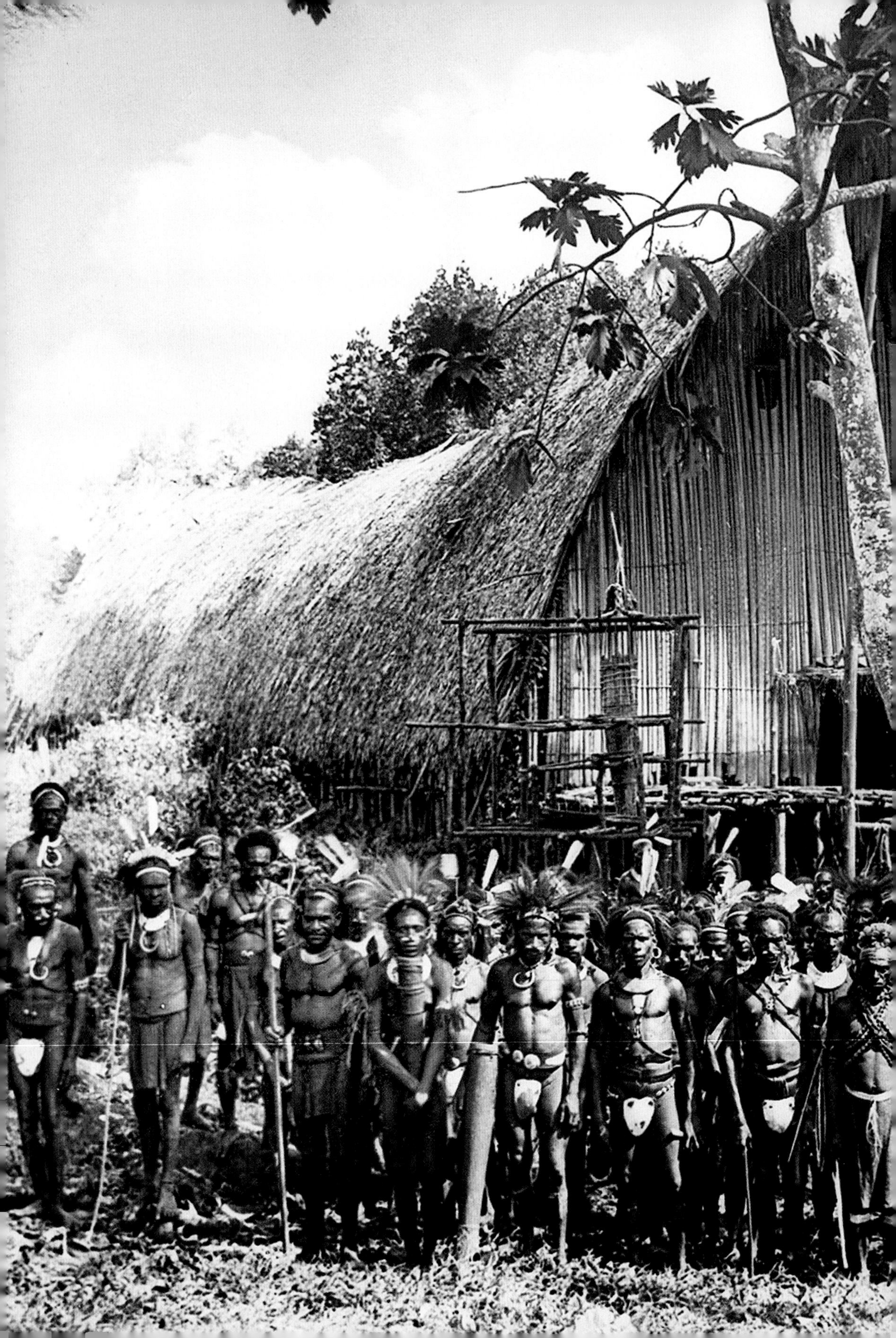

ZEITLEISTE

Zeitleiste »Weltreich der Deutschen«

Jahr	Deutsches Reich	Kolonien
1842		**Südwestafrika** Beginn der Arbeit der Rheinischen Missionsgesellschaft unter Herero und Nama
1855		**Samoa** Erste Niederlassungen des Handelshauses Johann Cesar Godeffroy & Sohn
1861	2. September Freundschafts-, Handels- und Schifffahrtsvertrag zwischen mehreren Staaten des Deutschen Zollvereins und China	
1871	18. Januar König Wilhelm I. von Preußen wird im Spiegelsaal des Schlosses Versailles zum Deutschen Kaiser ausgerufen. Das Deutsche Reich entsteht 21. März Otto von Bismarck wird Reichskanzler	
1873	9. Mai Der Wiener Börsenkrach beendet den Wirtschaftsboom der Gründerzeit und löst eine lang anhaltende Wirtschaftskrise aus. In der Folge schnellen die Auswanderungszahlen vor allem in die USA in die Höhe.	
1874	11. März Erste »Völkerschau« im Tierpark Hagenbeck in Hamburg	
1878	21. Oktober Das Sozialistengesetz tritt in Kraft	
1879	Erstveröffentlichung des Buchs »Bedarf Deutschland der Kolonien?« von Friedrich Fabri	
1880	27. April Ablehnung von Bismarcks Samoa-Vorlage im Reichstag	
1881	18. Juni »Dreikaiservertrag« zwischen Deutschland, Österreich-Ungarn und Russland	

DAS WELTREICH DER DEUTSCHEN

ZEITLEISTE

Jahr	Deutsches Reich	Kolonien
1882	20. Mai Dreibundvertrag zwischen Deutschland, Österreich-Ungarn und Italien	
1883	6. Dezember Gründung des »Deutschen Kolonialvereins«	
1884	28. März Gründung der »Gesellschaft für deutsche Kolonisation« unter Federführung von Carl Peters 26. Mai Konstituierung der Neuguinea-Kompanie 15. Juni Der Reichstag verabschiedet das Bismarcksche Gesetz zur Krankenversicherung der Arbeiter 28. Oktober Reichstagswahlen in Deutschland, sogenannte »Kolonialwahlen« 15. November Beginn der »Kongokonferenz« in Berlin, die die Aufteilung Afrikas besiegelt	März Dr. Gustav Nachtigal wird zum Reichskommissar für Westafrika ernannt 24. April **Deutsch-Südwestafrika** Das von Lüderitz erworbene Land wird unter den Schutz des Reiches gestellt 1. Mai **Deutsch-Südwestafrika** Heinrich Vogelsang erwirbt im Auftrag von Adolf Lüderitz die Bucht von Angra Pequena 5. Juli **Togo** Mit der Flaggenhissung durch Gustav Nachtigal wird Togo zum deutschen Schutzgebiet 14. Juli **Kamerun** Kamerun wird deutsche Kolonie 7. August **Deutsch-Südwestafrika** Deutsche Flagge wird das erste Mal offiziell gehisst 3. November **Deutsch-Neuguinea** Erste Flaggenhissung auf dem Bismarck-Archipel 10. November **Samoa** Nach der Besetzung Apias durch deutsche Marinesoldaten sichert ein Vertrag mit König Malietoa den Deutschen größeren Einfluss zu 21. November **Deutsch-Ostafrika** Carl Peters schließt erste Verträge zum Landerwerb in Ostafrika 21. Dezember **Kamerun** Ein deutsches Landungskorps schlägt einen Aufstand der einheimischen Bevölkerung nieder
1885	26. Februar Mit der Unterzeichnung der »Kongoakte« endet die »Kongokonferenz« in Berlin	23. Januar **Samoa** In Apia wird die deutsche Flagge gehisst

Jahr	Deutsches Reich	Kolonien
1885	7. September Gründung der »Deutsch-Ostafrikanischen Gesellschaft« (DOAG)	27. Februar **Deutsch-Ostafrika** Die Erwerbungen von Carl Peters in Ostafrika werden unter den Schutz des Reiches gestellt 17. Mai **Deutsch-Neuguinea** Die »Neuguinea-Kompagnie« erhält Schutzbriefe für Kaiser-Wilhelms-Land und Bismarck-Archipel 4. Juli **Kamerun** Julius Freiherr von Soden wird erster deutscher Gouverneur 13. August **Deutsch-Ostafrika** Der Sultan von Sansibar erkennt die deutschen Ansprüche auf dem afrikanischen Festland an 15. Oktober **Deutsch-Neuguinea** Flaggenhissung auf Jaluit, Marshall-Inseln 22. Oktober **Deutsch-Neuguinea** Durch einen päpstlichen Schiedsspruch werden die Karolinen Spanien zugesprochen
1886		10. Juni **Deutsch-Neuguinea** Georg von Schleinitz wird erster Landeshauptmann der Neuguinea-Kompagnie 29. Oktober **Deutsch-Ostafrika** Deutsch-britisches Abkommen über die Abgrenzung der Einflusssphären im Ostafrika
1887	19. Dezember Verschmelzung des »Deutschen Kolonialvereins« und der »Gesellschaft für deutsche Kolonisation« zur »Deutschen Kolonialgesellschaft«	
1888	9. März Tod von Kaiser Wilhelm I. 15. Juni Nach nur 99 Tagen im Amt stirbt der deutsche Kaiser Friedrich III. Sein Sohn besteigt als Kaiser Wilhelm II. den Thron	16. April **Deutsch-Neuguinea** Nauru wird unter deutsche Schutzherrschaft gestellt 28. April **Deutsch-Ostafrika** Die »Deutsch-Ostafrikanische Gesellschaft« übernimmt die Verwaltung des Festlandsgebiets von Sansibar 16. August **Deutsch-Ostafrika** Beginn des sogenannten »Araberaufstands«

Jahr	Deutsches Reich	Kolonien
1889	11. Juni Japan und das Deutsche Reich schließen einen Handelsvertrag	**Kamerun** Gründung von Jaunde (heute Yaoundé) 16. März **Samoa** Untergang der deutschen Kriegsschiffe »Eber« und »Adler« im Hafen von Apia 14. Juni **Samoa** Die Samoa-Akte legt die gemeinsame Verwaltung Inselgruppe durch die USA, Großbritannien und das Deutsche Reich fest 6. Oktober **Deutsch-Ostafrika** Erstbesteigung des Kibo (Kilimandscharo) durch Hans Meyer
1890	20. März Entlassung von Reichskanzler Bismarck. Nachfolger wird Leo von Caprivi 1. April Einrichtung einer Kolonialabteilung im Auswärtigen Amt	1. Juli **Deutsch-Ostafrika** Helgoland-Sansibar-Vertrag zwischen Großbritannien und Deutschland 18. Oktober **Deutsch-Südwestafrika** Grundsteinlegung zur »Feste Groß Windhuk«, der heutigen namibischen Hauptstadt Windhoek
1891	9. April Gründung des »Allgemeinen Deutschen Verbands« (später: »Alldeutscher Verband«)	1. Januar **Deutsch-Ostafrika** Übernahme der offiziellen Hoheitsrechte durch das Deutsche Reich 22. März **Deutsch-Ostafrika** Einrichtung der Schutztruppe 17. August **Deutsch-Ostafrika** Niederlage der deutschen Schutztruppe gegen die Hehe bei Lugalo Oktober **Kamerun** Unterwerfung des Volks der Bakwiri misslingt
1892		12. September **Deutsch-Südwestafrika** Gründung von Swakopmund
1893		Juni **Deutsch-Ostafrika** Baubeginn der Usambara-Bahn 15. Dezember **Kamerun** Beginn eines Aufstands von afrikanischen Angehörigen der Polizeitruppe

Jahr	Deutsches Reich	Kolonien
1894	29. Oktober Berufung von Chlodwig Fürst von Hohenlohe zum Reichskanzler	15. März **Deutsch-Südwestafrika** Theodor Leutwein wird Gouverneur 11. September **Deutsch-Südwestafrika** Ende des sogenannten Hottentotten-Aufstands der Nama. Hendrik Witbooi beugt sich der deutschen Oberherrschaft 30. Oktober **Deutsch-Ostafrika** Erstürmung von Iringa Dezember **Kamerun** Strafexpedition gegen die Bakwiri, Unterwerfung
1895		5. Juni **Deutsch-Südwestafrika** und **Kamerun** Gesetz über die kaiserlichen Schutztruppen für Südwestafrika und Kamerun
1896	1. Mai Eröffnung der deutschen Kolonialausstellung in Berlin	
1897	18. Juni Admiral Alfred Tirpitz wird Staatssekretär im deutschen Reichsmarineamt 4. Dezember Außenminister Bernhard von Bülow fordert in einer Reichstagsrede für Deutschland einen »Platz an der Sonne«	**Deutsch-Südwestafrika** Eine Rinderpest vernichtet große Teile des Viehbestands **Togo** Lome wird Regierungssitz 26. April **Deutsch-Ostafrika** Carl Peters wird seines Amts als Reichskommissar enthoben 13. August **Deutsch-Neuguinea** Ermordung des Landeshauptmannes Curt von Hagen 1. November **Kiautschou** Ermordung der katholischen Missionare Nies und Henle 14. November **Kiautschou** Deutsche Truppen besetzen die Bucht von Kiautschou
1898	28. März Der Reichstag beschließt ein neues Flottengesetz, das ein massives Wettrüsten vor allem mit Großbritannien auslöst	6. März **Kiautschou** China verpachtet die Bucht von Kiautschou für 99 Jahre an das Deutsche Reich

DAS WELTREICH DER DEUTSCHEN

ZEITLEISTE

Jahr	Deutsches Reich	Kolonien
1898	23. Mai Gründung der Deutschen Kolonialschule, die Deutsche auf ein Leben in den Kolonien vorbereiten soll 30. Juli Tod Bismarcks 30. August Großbritannien und Deutschland schließen einen geheimen Vertrag über die Aufteilung der portugiesischen Kolonien in Afrika, sollte Portugal in finanzielle Schwierigkeiten geraten 11. Oktober Beginn einer sechseinhalbwöchigen Orientreise Wilhelms II., die ihn unter anderem nach Konstantinopel, Jerusalem und Beirut führt	19. Juli **Deutsch-Ostafrika** Tod von Chief Mkwawa 7. Oktober **Deutsch-Neuguinea** Die »Neuguinea-Kompagnie« verkauft ihre Hoheitsrechte an das Deutsche Reich
1899	15. Oktober Eröffnung des deutschen Kolonialmuseums in Berlin	**Deutsch-Ostafrika** Ruanda-Urundi wird deutsches Protektorat 12. Februar **Deutsch-Neuguinea** Spanien verkauft die Inselgruppen der Karolinen und der Marianen sowie Palau an das Deutsche Reich 1. April **Deutsch-Neuguinea** Das Reich übernimmt die Landeshoheit in Deutsch-Neuguinea 18. Juli **Deutsch-Neuguinea** Offizielle Inbesitznahme der Karolinen, Marianen und Palau 14. November **Samoa** Deutsch-britischer Vertrag über Samoa 2. Dezember **Samoa** Deutsch-amerikanischer Vertrag über Samoa
1900	1. Januar Inkrafttreten des Bürgerlichen Gesetzbuchs (BGB) und des Handelsgesetzbuchs (HGB) 12. Juni Neues Flottengesetz heizt das Wettrüsten mit Großbritannien weiter an 17. Oktober Bernhard Graf von Bülow wird neuer Reichskanzler	**Togo** Einführung des Baumwollanbaues 17. Februar **Samoa** Samoa wird offiziell deutsches Schutzgebiet 1. März **Samoa** Amtsantritt des Gouverneurs Dr. Wilhelm Solf

Jahr	Deutsches Reich	Kolonien
1900		**14. Juni China** Beginn des »Boxeraufstands« in China gegen Einfluss der ausländischen imperialistischen Mächte
		20. Juni China In Peking wird der deutsche gesandte Klemens Freiherr von Ketteler ermordet. Das Ausland schickt Militär
1901		**7. September China** Unterzeichnung des sogenannten »Boxer-Protokolls« in Peking
1902	**11. Oktober** Der Deutsche Kolonialkongress in Berlin fordert von der Reichsregierung ein größeres finanzielles Engagement	**Deutsch-Ostafrika** Einführung des Baumwollanbaus
		21. Februar Togo Verordnung zur Bestrafung des Sklavenhandels
		19. Juni Deutsch-Südwestafrika Eröffnung der Bahnstrecke Swakopmund – Windhuk
		10. November Deutsch-Neuguinea Albert Hahl wird zum Gouverneur bestellt
1903	**27. Juli** Beginn der Bauarbeiten an der Bagdadbahn	
1904		**12. Januar Deutsch-Südwestafrika** Beginn des Hereroaufstands
		16. Mai Deutsch-Südwestafrika Generalleutnant von Trotha ersetzt Leutwein als Kommandeur der Schutztruppe
		11. August Deutsch-Südwestafrika Schlacht am Waterberg
		2. Oktober Deutsch-Südwestafrika »Vernichtungsbefehl« General von Trothas
		3. Oktober Deutsch-Südwestafrika Beginn des Aufstand der Nama unter Hendrik Witbooi
1905	**31. März** Kaiser Wilhelms II. Besuch der marokkanischen Hafenstadt Tanger führt zum Konflikt mit Frankreich (Erste Marokkokrise)	**1. Januar Togo** Das bisher »Togoland« genannte Schutzgebiet erhält die Bezeichnung »Togo«

DAS WELTREICH DER DEUTSCHEN

ZEITLEISTE

Jahr	Deutsches Reich	Kolonien
1905		**20. Juli Deutsch-Ostafrika** Beginn des Maji-Maji-Aufstands **30. August Deutsch-Ostafrika** Bei Mahenge wird ein Angriff der Aufständischen zurückgeschlagen **September Deutsch-Südwestafrika** Erstes »Mischehen«-Verbot
1906	**1. Januar** Helmuth von Moltke wird Nachfolger von Alfred Schlieffen als Generalstabschef des deutschen Heeres **2. August** Die Regierung beantragt im Reichstag einen Nachtragshaushalt für den Krieg in Deutsch-Südwestafrika **13. Dezember** Auflösung des Reichstags nach der mehrheitlichen Ablehnung zusätzlicher Mittel für den Krieg in Deutsch-Südwestafrika	
1907	**25. Januar** Neuwahl des Reichstags, sogenannte »Hottentottenwahl« **17. Mai** Bildung des Reichskolonialamts mit Bernhard Dernburg an der Spitze	**31. März Deutsch-Südwestafrika** Offizielles Ende des Kriegszustands mit den Nama
1908		**Mai Deutsch-Südwestafrika** Erste Diamantenfunde östlich von Lüderitz **21. Juli Deutsch-Südwestafrika** Kolonialminister Dernburg weiht eine neue Eisenbahnlinie zwischen der Hafenstadt Lüderitzbucht und Keetmanshoop ein
1909	**14. Juli** Ernennung von Theobald von Bethmann Hollweg zum Reichkanzler	**28. Januar Deutsch-Südwestafrika** Verordnung über die Selbstverwaltung in Deutsch-Südwestafrika **1. April Samoa** Der Aufstandsversuch des Häuptlings Lauaki scheitert **25. Oktober Kiautschou** In Tsingtau wird eine Hochschule eröffnet, die auch einheimischen Studenten offensteht

Jahr	Deutsches Reich	Kolonien
1911	1. Juli Das deutsche Kanonenboot »Panther« läuft in den marokkanischen Hafen Agadir ein. Die zweite Marokko-Krise erreicht mit dem »Panther-Sprung« ihren Höhepunkt	4. November **Kamerun** Durch das Marokko-Kongo-Abkommen vergrößert sich das Territorium der Kolonie
1912		17. Januar **Samoa** Ein »Mischehen«-Verbot wird erlassen
1914	28. Juni Attentat auf den österreichischen Thronfolger Franz Ferdinand in Sarajevo 28. Juli Kriegserklärung von Österreich-Ungarn an Serbien. Beginn des Ersten Weltkriegs 1. August Mit der Kriegserklärung an Russland tritt das Deutsche Reich in den Krieg ein 3. August Deutsche Kriegserklärung an Frankreich 6. September Beginn der Schlacht an der Marne	5. August **Togo** Der stellvertretende Gouverneur von Doering erklärt die Neutralität Togos 9. August **Kamerun** Hinrichtung des Häuptlingssohns Rudolf Manga Bell wegen Hochverrats 10. August **Kiautschou** Japanisches Ultimatum fordert die Übergabe des Gebiets. 23. August **Kiautschou** Kriegserklärung Japans an das Deutsche Reich 27. August **Togo** Übergabe der Kolonie an britische Truppen 29. August **Samoa** Neuseeländische Truppen erobern die Kolonie 13. September **Deutsch-Südwestafrika** Beginn der Feindseligkeiten mit südafrikanischen Truppen 14. September **Deutsch-Neuguinea** Einnahme von Rabaul, Gouvernementssitz von Neuguinea, durch australische Truppen September-Oktober **Deutsch-Neuguinea** Japan besetzt die Karolinen, Palau, Marianen und Marschall-Inseln 4. November **Deutsch-Ostafrika** Deutscher Sieg in der Schlacht bei Tanga 7. November **Kiautscho** Kapitulation der Festung vor den Japanern

DAS WELTREICH DER DEUTSCHEN

ZEITLEISTE

Jahr	Deutsches Reich	Kolonien
1915		**11. Mai Deutsch-Südwestafrika** Fall der Festung Windhuk
		9. Juli Deutsch-Südwestafrika Kapitulation der deutschen Schutztruppe
1916	21. Februar Beginn der Schlacht bei Verdun	**14. Februar Kamerun** Die Reste der deutschen Schutztruppe werden in Spanisch-Guinea entwaffnet und unter spanischen Schutz gestellt
		4. September Deutsch-Ostafrika Die Briten besetzen die Hauptstadt Daressalam
1917	14. Juli Georg Michaelis wird Reichskanzler	
	1. November Kaiser Wilhelm II. ernennt Georg von Hertling zum Reichskanzler	
1918	3. März Friedensvertrag von Brest-Litowsk zwischen Deutschland und Russland	**25. November Deutsch-Ostafrika** Kapitulation Lettow-Vorbecks
	21. März Beginn der letzten deutschen Westoffensive	
	3. Oktober Max von Baden wird neuer Reichskanzler und bildet ein Kabinett auf parlamentarischer Grundlage	
	9. November Absetzung von Kaiser Wilhelm II. und Ausrufung der Republik	
	10. November Wilhelm II. begibt sich ins niederländische Exil	
	11. November Abschluss der Waffenstillstandsverhandlungen	
1919	18. Januar Beginn der Pariser Friedenskonferenz	**2. März Deutsch-Ostafrika** Einzug der Schutztruppe unter Lettow-Vorbeck in Berlin
	11. Februar Die Nationalversammlung wählt Friedrich Ebert (SPD) zum Reichspräsidenten	
	28. Juni Unterzeichnung des Versailler Vertrags. Deutschland verliert endgültig alle Kolonialgebiete	

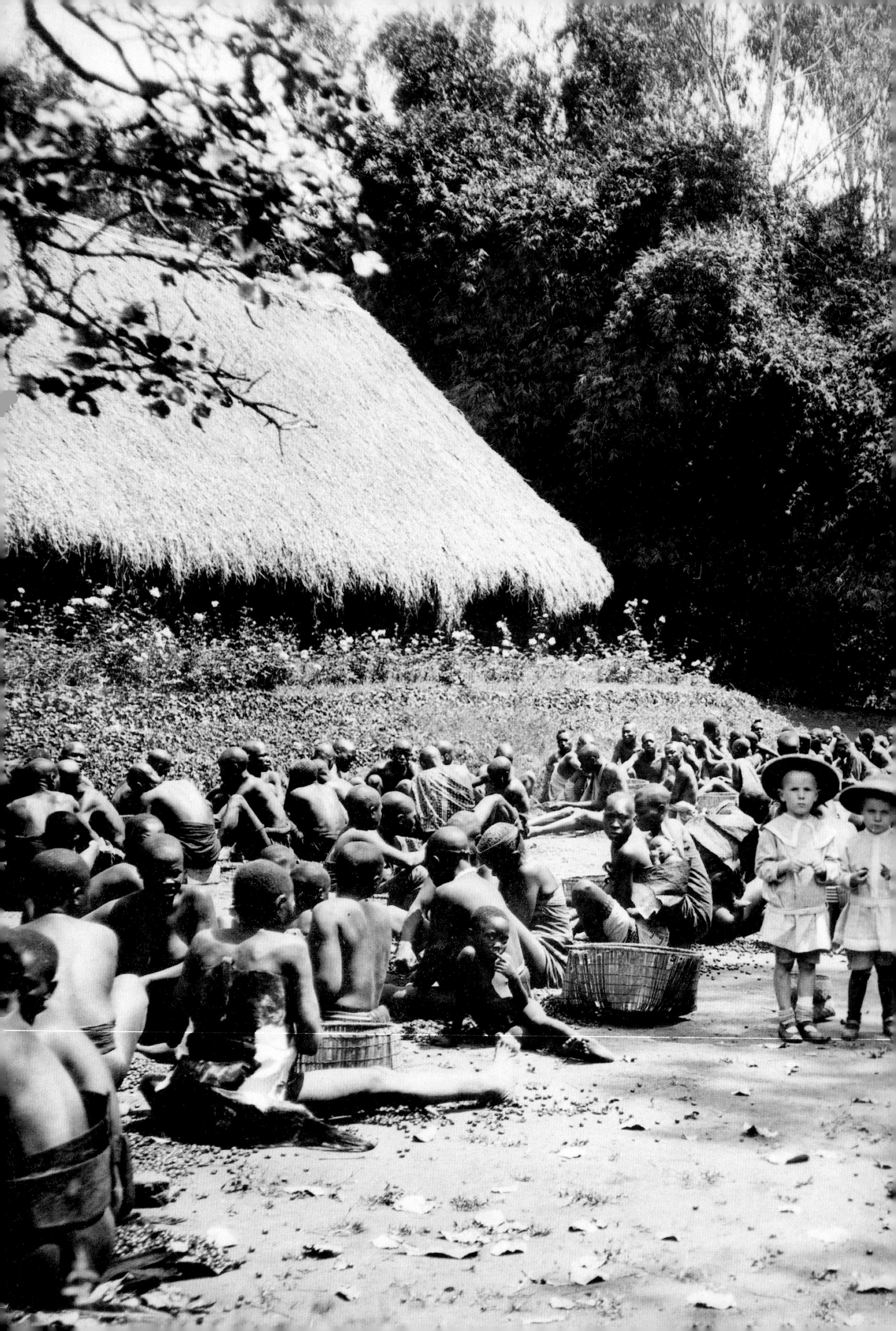

ANHANG

Personenregister

Adenauer, Konrad 23
Afrika, Geert 63
Albers, Hans 199, 245
Amani, Muini 181
Aueckens, Heinrich 167
Auguste Viktoria von Schleswig-Holstein-Sonderburg-Augustenburg (verh. mit Wilhelm II., Deutscher Kaiser) 94

Balka, Angela 156
Bargasch, Said 193
Bauer, Paul 213
Bebel, August 18, 60, 68, 70, 84f., 199
Behme, Friedrich 119
Behr, Hugold Freiherr von 196
Bennigsen, Rudolf von 147
Bethmann, August 169f.
Bismarck, Otto Fürst von 11f., 14f., 17–19, 29, 33, 35–37, 40, 97, 112, 114–116, 125, 131, 186f., 192, 194–196
Bley, Aloisius 156
Boshart, August 21
Bötticher, Karl Heinrich von 17
Bougainville, Louis Antoine de 108
Brockmann, Johann 61
Bülow, Bernhard Fürst von 19, 55, 68, 84f., 87, 90, 106, 120, 125
Burger, Friedrich 168
Busse, Max Emil 56

Caprivi, Georg Leo Graf von 40
Chun, Prinz 125
Coe, Jonas Myndersse 132
Cook, James 108–110, 130
Couppé, Louis 157f.

Deeken, Richard 139–141
Deimling, Berthold von 89, 97
Dernburg, Bernhard 92, 226–228
Detzner, Hermann 173
Diehl, Friedrich 160
Diehl, Johanna 160–165
Diehl, Johanna-Ida (gen. Hanni D.) 164f.
Diehl, Luise 161
Diehl, Philipp 160

DAS WELTREICH DER DEUTSCHEN

PERSONENREGISTER

Diehl, Wilhelm 160, 162–165
Diekmann, Adolf 63
Diekmann, Henriette 63
Dietrich, Hermann 22
Döhler, Christian 76, 80

Eckenbrecher, Margarethe von 38, 48, 52f., 61–63
Eckenbrecher, Themistokles von 53, 63
Eich, Wilhelm 88
Engelhardt, August 165–170
Epp, Franz von 81, 84
Erzberger, Matthias 132
Estorff, Ludwig von 72, 74, 78–80, 84, 87
Eugénie (verh. mit Napoleon III., Kaiser der Franzosen) 17
Eulenburg, Friedrich Graf 119

Falkenhausen, Friedrich von 48, 57, 64
Falkenhausen, Helene von 42f., 47, 57, 60, 63f.
Farrell, Thomas 133
Fellmann, Heinrich 135
Fellmann, Johanna 135
Finsch, Otto 113f.
Forsayth, James 133
Forsayth-Coe, Emma (gen. Queen Emma; geb. C.; auch verh. Farrell, Kolbe) 103, 132–134, 166
Forster, Georg 109f.
Forster, Johann Reinhold 109
François, Curt von 40f., 44, 62
Franke, Viktor 62f., 66f., 73, 80
Fredericks, Joseph David 31, 44
Frenssen, Gustav 91

Gaselee, Alfred 125
Geibel, Emanuel 17
Godeffroy, Johann Cesar 110, 112f., 115, 134
Goebbels, Joseph 199, 244
Goerdeler, Carl Friedrich 142

Göring, Heinrich Ernst 41
Göring, Hermann 41
Götzen, Gustav Adolf Graf von 214, 216–220
Guangxu, chinesischer Kaiser 125

Haber, Eduard 171f.
Hagen, Curt von 148f.
Hagenbeck, Karl 53f., 130
Hahl, Albert 126, 131f., 144, 147, 153, 156, 159, 170f.
Hahn, Carl Hugo 39, 44
Hahn, Emma Sarah 39
Hammerstein-Equord, Kurt Freiherr von 142
Hanke, August 165
Hanneken, Woldemar von 145
Hansemann, Adolph von 147
Hassel, Kurt von 243
Hassel, Theodor von 217, 243
Heinrich, Prinz von Preußen 122
Henle, Richard 120
Heyde, Hermann Sigismund von der 76f.
Heyerdahl, Thor 104
Hillebrecht, Georg 69
Hirsch, Rudolf von 219–223
Hitler, Adolf 24, 244
Hoffmann, Albert 161, 163, 168
Hofmeister, Rudolf 213
Holler, Agnes 156
Holstein, Friedrich von 17
Hussein, Mohamed (gen. Mahjub) 243–246

Jühlke, Carl 183f., 187
Just, Adolf 165f.
Just, Rudolf 165

Kamaherero 41
Kambasembi, Beibei 50f.
Ketteler, Clemens Freiherr von 124f.
Kiango, Camelius 238
Kinjikitile Ngwale 215–217
Klein-Werner, Heinz Anton 98
Knappe, Wilhelm 116, 145
Koch, Robert 229–232
Koenig, Harry 112, 114

Kolbe, Paul 135f.
Kotze, Stefan von 104, 131
Külz, Ludwig 210

Lauaki 142–144
Laupepa, Malietoa 115, 117
Lettow-Vorbeck, Christian von 236, 238
Lettow-Vorbeck, Paul von 22, 24, 179, 234–244
Leutwein, Paul 62
Leutwein, Theodor 39, 42–44, 47, 49, 50, 55–58, 60, 62, 70–72, 74
Liebknecht, Karl 84
Lindequist, Friedrich von 57, 87, 89, 94
List, Friedrich 12, 16, 119
Lüderitz, Adolf 17, 29–31, 33f., 36, 185
Lützow, Max 168f.
Luxemburg, Rosa 224

Magalhães, Fernão de 108
Maharero, Menesia 68
Maharero, Samuel 41f., 49, 54, 56, 58f., 61f., 64f., 70, 75, 80, 82, 88f.
Maharero, Friedrich 54f., 58
Malietoa, Le'utu Talelatale 132
Mann, Thomas 23
Mataafa Josefo 116f., 137f., 143
Maxim, Hiram 217
Meyer-Waldeck, Alfred 173, 175
Meyer, Hans 127, 179–183
Meyer, Hermann 181
Mkwawa, Chief 200f., 203–207
Mkwawa, Edmund 201, 204, 206, 208
Moor, Peter 69
Msemwa, Paul 249
Mühlenfels, Ludwig von 76f., 80
Mungi, Joseph 201
Mwungi, Sengondo 228, 248f.
Mzinga, Sulstan 179

265

Nachtigal, Gustav 35
Neuberg, Wilhelm 220, 225
Neuhauß, Richard 126
Newton, Arthur Percival 25
Ngeribongel 132
Nies, Franz Xaver 120
Núñez de Balboa, Vasco 108
Nyerere, Julius Kambarage 226

Oertzen, Gustav von 133, 153

Paasche, Hans 222–225
Paasche, Hermann 223f.
Parkinson, Phoebe (geb. Coe) 134
Parkinson, Richard 134
Peters, Carl 16, 179, 183–185, 187–189, 192–194, 198–200
Pfeil, Joachim Graf von 183f., 187
Plaschaert, Eduard 156
Plüschow, Gunther von 175
Powell, Wilfred 150f.
Prince, Ilse von 205, 238, 241
Prince, Magdalena von 205f., 209–211, 213f., 222, 234, 238, 241
Prince, Tom von 200–206, 209–211, 222, 234, 237f.
Purtscheller, Ludwig 179, 181–183

Rascher, Matthäus 154–159
Rath, Agatha 156
Richthofen, Ferdinand Freiherr von 119f.
Riedel, Otto 118, 128f., 131
Riruako, Kuaima 99
Rohrbach, Paul 95
Rommel, Erwin 24
Rosendahl, Carl 122
Rütten, Heinrich 156

Schellekens, Johannes 156
Schering, Rudolf 11
Schleinitz, Kurt Freiherr von 179
Schlieffen, Alfred Graf von 71, 85
Schmiele, Georg 135, 146
Schmitt, Sophia 156
Schnee, Heinrich 235

Schubert, Hermann 226f.
Schulz-Ewerth, Erich 138, 142
Schwabe, Kurd 76
Schweinitz, Hans-Hermann Graf von 84
Seckendorff-Aberdar, Luise Freiin von 132
Solf, Johanna (geb. Dotti) 142
Solf, Lagi 142
Solf, Wilhelm 126, 136–139, 141–144
Sonnenberg, Else 29f., 36–38, 44, 48, 50–52, 57, 60, 88f.
Sonnenberg, Gustav 29f., 36, 50, 88f.
Sonnenberg, Werner 30, 89
Stauch, August 92
Stresemann, Gustav 23
Stübel, Otto Wilhelm 115f.

Tamasese, Tupua 115f.
Tirpitz, Alfred von 120, 122
To Mária 155f., 158f.
Treitschke, Heinrich von 16
Trimborn, Karl 140
Trotha, Gustav-Adolf von 86
Trotha, Lothar von 71f., 74–76, 78, 80–87, 89f., 99, 197
Trotha, Wolf-Thilo von 99
Tucholsky, Kurt 225
Tutu, Desmond 39
Twining, Edward 207
T'zu-Hsi, chinesische Kaiserin 123

Unshelm, August 111
Utsch, Anna 156

Vogel, Hans 131
Vogelsang, Heinrich 30f., 34f.
Voigts, Albert 45, 58, 66
Voigts, Dieter 92, 99
Voigts, Frida 64
Voigts, Gustav 44–46, 49, 58, 64, 65f., 92
Voigts, Richard 46, 58, 66
Vosskamp, Johannes 174f.

Wagner, Richard 13
Wahlen, Heinrich Rudolph 128, 134f.
Waldersee, Alfred Graf von 124f.
Wanrow, Heinrich 125

Wecke, Fritz 45
Wendland, Wilhelm 166, 169
Wieczorek-Zeul, Heidemarie 25, 99
Wilhelm I., Deutscher Kaiser 189, 192
Wilhelm II., Deutscher Kaiser 19, 46, 55, 67, 71, 78, 85f., 120–122, 124f., 137–139, 144, 174, 183, 193f., 199
Winkler, Wilhelm 132
Wissmann, Hermann von 72, 196
Witbooi, Hendrik 42–44, 86, 89
Wolf, Eugen 18

Zelewski, Emil von 194f., 200, 202f., 204f.
Zeraua, Amanda 81
Zeraua, Zacharias 81
Zürn, Ralf 62

Literatur

Allgemein / Übergreifend

Aldrich, Robert: *Ein Platz an der Sonne. Die Geschichte der Kolonialreiche.* Stuttgart 2008.

Bechhaus-Gerst, Marianne (Hrsg.)/ Mechthild Leutner (Hrsg.): *Frauen in den deutschen Kolonien.* Berlin 2009.

Becker, Frank (Hrsg.): *Rassenmischehen – Mischlinge – Rassentrennung. Zur Politik der Rasse im Deutschen Kolonialreich.* Stuttgart 2004.

Conrad, Sebastian: *Deutsche Kolonialgeschichte.* München 2008.

Dietrich, Annette: *Weiße Weiblichkeiten. Konstruktionen von »Rasse« und Geschlecht im deutschen Kolonialismus.* Bielefeld 2007.

Eckart, Wolfgang: *Medizin und Kolonialimperialismus. Deutschland 1884–1945.* Paderborn u.a. 1997.

Graichen, Gisela/Gründer, Horst: *Deutsche Kolonien. Traum und Trauma.* Berlin 2007.

Graudenz, Karlheinz/Schindler, Hanns Michael: *Deutsche Kolonialgeschichte in Daten und Bildern.* München 1984.

Gründer, Horst: *»... da und dort ein junges Deutschland gründen«. Rassismus, Kolonien und kolonialer Gedanke vom 16. bis zum 20. Jahrhundert.* München 1999.

Gründer, Horst: *Geschichte der deutschen Kolonien.* Paderborn u.a. 2004.

van der Heyden, Ulrich (Hrsg.)/Zeller, Joachim (Hrsg.): *Kolonialmetropole Berlin. Eine Spurensuche.* Berlin 2002.

Längin, Bernd G.: *Die deutschen Kolonien. Schauplätze und Schicksale 1888–1918.* Hamburg 2005.

Petschull, Jürgen: *Der Wahn vom Weltreich. Die Geschichte der deutschen Kolonien.* Herrsching 1986

Speitkamp, Winfried: *Deutsche Kolonialgeschichte.* Stuttgart 2005.

Wehler, Hans-Ulrich: *Deutsche Gesellschaftsgeschichte, Bd. 3: Von der »Deutschen Doppelrevolution« bis zum Beginn des Ersten Weltkrieges. 1849–1914.* München 2006.

Westphal, Wilfried: *Geschichte der deutschen Kolonien.* Frankfurt/Main, Berlin 1987.

Deutsch-Südwestafrika

Bley, Helmut: *Kolonialherrschaft und Sozialstruktur in Deutsch-Südwestafrika. 1894–1914.* Hamburg 1968.

Drechsler, Horst: *Aufstände in Südwestafrika. Der Kampf der Herero und Nama 1904 bis 1907 gegen die deutsche Kolonialherrschaft.* Berlin 1984.

von Eckenbrecher, Margarethe: *Was Afrika mir gab und nahm. Erlebnisse einer deutschen Frau in Südwestafrika 1902–1936.* Berlin 1937.

Eckl, Andreas E.: *»S'ist ein übles Land hier«. Zur Historiographie eines umstrittenen Kolonialkrieges. Tagebuchaufzeichnungen aus dem Herero-Krieg in Deutsch-Südwestafrika 1903 von Georg Hillebrecht und Franz Ritter von Epp.* Köln 2005.

Estorff, Ludwig von/Kutscher, Christoph-Friedrich (Hrsg): *Wanderungen und Kämpfe in Südwestafrika, Ostafrika und Südafrika 1894–1910*, Wiesbaden 1968.

von Falkenhausen, Helene: *Ansiedlerschicksale. 11 Jahre in Deutsch-Südwestafrika. 1893–1904.* Berlin 1908.

Förster, Larissa (Hrsg.): *Namibia – Deutschland. Eine geteilte Geschichte. Widerstand – Gewalt – Erinnerung.* Köln 2004.

Grimm, Hans: *Gustav Voigts. Ein Leben in Deutsch-Südwest.* Gütersloh 1942.

Kaulich, Udo: *Die Geschichte der ehemaligen Kolonie Deutsch-Südwestafrika (1884–1914). Eine Gesamtdarstellung.* Frankfurt/Main 2003.

Krüger, Gesine: *Kriegsbewältigung und Geschichtsbewusstsein. Realität, Deutung und Verarbeitung des deutschen Kolonialkriegs in Namibia 1904 bis 1907.* Göttingen 1999.

Leutwein, Theodor: *Elf Jahre Gouverneur in Deutsch-Südwestafrika.* Berlin 1908.

Nuhn, Walter: *Sturm über Südwest. Der Hereroaufstand von 1904 – ein düsteres Kapitel der deutschen kolonialen Vergangenheit Namibias.* Augsburg 2002.

Pfingsten, Otto: *Das Schicksal der Else Sonnenberg im Herero-Aufstand. Das Geschehen 1904 in Deutsch-Südwestafrika.* Wendeburg 2004.

Schwabe, Kurd: *Der Krieg in Deutsch-Südwestafrika 1904–1906*, Berlin 1907.

Sonnenberg, Else: *Wie es am Waterberg zuging. Ein Beitrag zur Geschichte des Hereroaufstandes.* Berlin 1905 (neu veröffentlicht 2004).

Zimmerer, Jürgen (Hrsg.)/Zeller, Joachim (Hrsg.): *Völkermord in Deutsch-Südwestafrika: der Kolonialkrieg (1904–1908) in Namibia und seine Folgen.* Berlin 2003.

Südsee

Hahl, Albert: *Gouverneursjahre in Neuguinea*. Berlin 1937 (neu veröffentlicht 1997)

Herold, Heiko: *Deutsche Kolonial- und Wirtschaftspolitik in China 1840 bis 1914. Unter besonderer Berücksichtigung der Marinekolonie Kiautschou.* Köln 2006.

Hiery, Hermann Joseph: *Bilder aus der deutschen Südsee. 1884–1914.* Paderborn u.a. 2005.

Hiery, Hermann Joseph (Hrsg.): *Die deutsche Südsee 1884–1914. Ein Handbuch.* Paderborn u.a. 2002.

Klein, Dieter (Hrsg.): *Jehova se nami nami. Die Tagebücher der Johanna Diehl. Missionarin in Deutsch-Neuguinea 1907–1913.* Wiesbaden 2005.

von Kotze, Stefan: *Südsee-Erinnerungen. Aus Papuas Kulturmorgen.* Berlin 1921.

Leutner, Mechthild: *Kiautschou – Deutsche »Musterkolonie« in China?* In: van der Heyden, Ulrich (Hrsg.)/Zeller, Joachim (Hrsg.): »... *Macht und Anteil an der Weltherrschaft.« Berlin und der deutsche Kolonialismus.* Münster 2005.

von Vietsch, Eberhard: *Wilhelm Solf. Botschafter zwischen den Zeiten.* Tübingen 1961.

Deutsch-Ostafrika

Baer, Martin/Schröter, Olaf: *Eine Kopfjagd. Deutsche in Ostafrika. Spuren kolonialer Herrschaft.* Berlin 2001.

Bauche, Manuela: *Robert Koch, die Schlafkrankheit und Menschenexperimente im kolonialen Ostafrika.* Unter: http://www.freiburg-postkolonial.de/Seiten/robertkoch.htm

Bechhaus-Gerst, Marianne: *Treu bis in den Tod. Von Deutsch-Ostafrika nach Sachsenhausen. Eine Lebensgeschichte.* Berlin 2007.

Becker, Felicitas (Hrsg.)/Beez, Jigal (Hrsg.): *Der Maji Maji-Krieg in Deutsch-Ostafrika. 1905–1907.* Berlin 2005.

von Götzen, Gustav Adolf: *Deutsch-Ostafrika im Aufstand 1905/06.* Berlin 1909.

Heyden, Ulrich van der (Hrsg.): *Kolonialer Alltag in Deutsch-Ostafrika in Dokumenten.* Berlin 2009.

von Lettow-Vorbeck, Paul: *Heia Safari! Deutschlands Kampf in Ostafrika.* Leipzig 1920.

von Lettow-Vorbeck, Paul: *Meine Erinnerungen aus Ostafrika.* Leipzig 1920.

Meyer, Hans/Pleticha, Heinrich: *Die Erstbesteigung des Kilimandscharo.* Stuttgart, Wien 2001.

Michels, Eckhard: *»Der Held von Deutsch-Ostafrika«: Paul von Lettow-Vorbeck. Ein preußischer Kolonialoffizier.* Paderborn u.a. 2008.

Morlang, Thomas: *»Wer gab uns das Recht, auf Menschen zu schießen?« – Der junge Marineoffizier Hans Paasche im Maji-Maji-Krieg in Deutsch-Ostafrika.* Unter: http://www.freiburg-postkolonial.de/pdf/hans-paasche.pdf

Paasche, Hans: *Im Morgenlicht. Kriegs-, Jagd- und Reise-Erlebnisse in Ostafrika.* Berlin 1907.

Patera, Herbert: *Der weiße Herr Ohnefurcht. Das Leben des Schutztruppenhauptmanns Tom von Prince.* Berlin 1939

Pesek, Michael: *Koloniale Herrschaft in Deutsch-Ostafrika. Expeditionen, Militär und Verwaltung seit 1880.* Frankfurt/Main, New York 2005.

Peters, Carl: *Die Gründung von Deutsch-Ostafrika. Kolonialpolitische Erinnerungen und Betrachtungen.* Berlin 1906.

Peters, Carl: *Lebenserinnerungen,* Hamburg 1918.

von Prince, Magdalena: *Eine deutsche Frau im Innern Deutsch-Ostafrikas. ww11 Jahre nach Tagebuchblättern erzählt.* Berlin 1908.

von Prince, Tom: *Gegen Araber und Wahehe. Erinnerungen aus meiner ostafrikanischen Leutnantszeit 1890–1895.* Berlin 1914.

Schulte-Varendorff, Uwe: *Kolonialheld für Kaiser und Führer. General Lettow-Vorbeck – Mythos und Wirklichkeit.* Berlin 2006.

Bildnachweis

Von Archiven und Privatpersonen zur Verfügung gestellte Abbildungen:

AKG: 10, 14, 32, 33, 35 (oben), 41, 74, 109, 113, 121, 123, 128, 152, 227, 228

Archiv der Herz-Jesu-Missionare: 157, 158

Berliner Missionsgesellschaft: 202 (oben)

Bildarchiv Preußischer Kulturbesitz: 20, 28, 51, 69, 95, 105, 106, 107, 118, 146, 171, 180, 186, 193, 196, 207 (unten), 211, 212, 215, 220, 235, 242

Bundesarchiv: 201, 239, 247 (unten)

Cinetext Bildarchiv: 245

Ethnologisches Museum Berlin: 129 (Sammlung Siemens), 145

Interfoto: 15, 100/101, 108, 183, 197, 204, 244

Leibniz-Institut für Länderkunde: 182

Koloniales Bildarchiv in der Universitätsbibliothek Frankfurt/Main: 21 (unten), 34, 35 (unten), 36, 37, 40, 43, 46, 47, 48, 49, 52, 56, 57, 70 (oben), 71, 72, 82, 83, 92 (unten), 93, 110, 114, 127, 137, 139, 140 (unten), 142, 148, 150, 154, 155 (unten), 187, 194, 195, 202 (unten), 203, 208, 216, 221, 226, 236, 237, 247 (oben), 250/251

Linden-Museum, Stuttgart: 149

Privat: 210, 222

Sammlung Albert Hahl: 133

Sammlung Dieter Klein: 140 (oben), 162, 163, 164, 167, 170

Sammlung Peter Weiß: 54

SZ Photo: 7, 11, 23, 45, 59, 62, 65, 70 (unten), 73, 91, 92 (oben), 96, 97, 98, 102, 124, 130, 138, 143, 172, 174, 175, 176/177, 184, 188, 209, 217, 218

Ullstein Bild: 8/9, 19, 21 (oben), 22, 24, 26-27, 31, 39, 75, 77, 79, 86, 94, 115, 116, 117, 155 (oben), 178, 189, 190/191, 207 (oben), 231, 232, 241, 248, 262/263

Aus Büchern entnommene Abbildungen:

von Eckenbrecher, Margarethe: *Was Afrika mir gab und nahm. Erlebnisse einer deutschen Frau in Südwestafrika 1902-1936*. Berlin 1937: 53

Leutwein, Theodor: *Elf Jahre Gouverneur in Deutsch-Südwestafrika*. Berlin 1908: 66

Paasche, Hans: *Im Morgenlicht. Kriegs-, Jagd- und Reise-Erlebnisse in Ostafrika*. Berlin 1907: 223

von Schweinitz, Hans Herman Graf u.a. (Hg.): *Deutschland und seine Kolonien. Amtlicher Bericht über die erste deutsche Kolonialausstellung*. Berlin 1897: 55

Sonnenberg, Else: *Wie es am Waterberg zuging. Ein Beitrag zur Geschichte des Hereroaufstandes*. Berlin 1905 (neu veröffentlicht 2004): 88

Der Urheber der Abbildung auf Seite 153 konnte nicht ausfindig gemacht werden. Für Hinweise sind wir dankbar.

Mehr über unsere Autoren und Bücher: www.pendo.de
Mehr zu »Das Weltreich der Deutschen«: www.shop.zdf.de

ISBN 978-3-86612-251-2
© Pendo Verlag in der Piper Verlag GmbH, München 2010
Lizenz durch: ZDF Enterprises GmbH © ZDF 2010
Ein Projekt der Montasser Medienagentur
Layout: Büro Jorge Schmidt, München
Lektorat und Satz: Heike Gronemeier, München
Lithografie: Lorenz und Zeller, Inning am Ammersee
Druck und Bindung: MohnMedia, Gütersloh
Printed in Germany

Die bewegendsten Momente aus 1000 Jahren deutscher Geschichte

Guido Knopp
Die Sternstunden der Deutschen
in Zusammenarbeit mit Claudia und Mario Sporn
296 Seiten. Gebunden
Mit 173 Abbildungen
€ 19,95 [D], € 20,60 [A], sFr 34,90
ISBN: 978-3-86612-235-2

Dramatische Stunden, geballte Emotionen und schicksalsträchtige Momente – das zeichnet sie aus, die Sternstunden der Geschichte. Ob Ottos Sieg auf dem Lechfeld, Luthers Thesenanschlag, die Entdeckung der Röntgenstrahlen, das »Wunder von Bern« oder die Nacht, in der die Mauer fiel: In seinem Buch versammelt Guido Knopp 100 Ereignisse, die unserer Geschichte und unserem Gefühl als Deutsche eine neue Wende gaben. Entstanden ist so ein ebenso eindrucksvoller wie bewegender Gang durch mehr als 1000 Jahre deutsche Geschichte und Gegenwart.

Die 100 »Sternstunden« unseres Landes – präsentiert in opulenten Bildern und hoch informativen Texten.

Ein Stück Wahrheit in Zeiten der Mythenbildung – neue Fakten zum Mysterium Stauffenberg.

Guido Knopp
Stauffenberg
Die wahre Geschichte
in Zusammenarbeit mit Anja Greulich und Mario Sporn
240 Seiten. Kartoniert
Mit zahlreichen Abbildungen
€ 8,95 [D], € 9,20 [A],
sFr 16,90
ISBN: 978-3-492-25721-3

Er gilt als Lichtgestalt des deutschen Widerstands. Die Bombe, die er in Hitlers Hauptquartier deponierte, hätte Krieg und Völkermord ein Ende bereiten können. Doch was ist Mythos an Stauffenbergs Geschichte?
Was belegbar an jenem Tag, der wie kein anderer Gegenstand von Legenden wurde?
Anhand von bislang unbekannten Dokumenten sowie den Aussagen von Zeitzeugen, die in diesem Buch erstmals zu Wort kommen, zeichnet Guido Knopp ein Bild Stauffenbergs, das die Realität hinter den oft zitierten Mythen zeigt.

Das Psychogramm einer ungewöhnlichen Persönlichkeit – mit bislang unbekannten Dokumenten und Augenzeugenberichten